# Finnland

W0191332

www.baedeker.com

Verlag Karl Baedeker

# TOP-REISEZIELE ★★

**Finnland erwartet Sie! Das Land mit der unvergleichlichen Schärenküste, einem Flickenteppich aus Wäldern und Seen, weiten Mooren und offenen Tundren, hellen Sommernächten und schneereichen Wintern wird leicht zur lebenslangen Liebesgeschichte. Nicht versäumen sollte man die ganz besonderen Highlights – sie sind hier vorab beschrieben.**

**Lappland**
*Nicht gerade scheu sind die Rentiere im riesigen Nationalpark am nordfinnischen Fluss Lemmenjoki.*

1 Inarisee

2 Lemmenjoki-Nationalpark

© Baedeker

3 Rovaniemi

Oulanka-Nationalpark
4

5 Oulu

6 Raahe

7 Kalajoki

**Seenplatte**
*Ruhe für Auge und Seele*

26 Lieksa

8 Vaasa

25 Koli-Berge

27 Kuopio

9 Kristinestad/
Kristiinankaupunki

24 Kloster Lintula    23 Kloster Uusi Valamo

28 Jyväskylä

22 Savonlinna

10 Pori    29 Tampere

30 Hattula    20 Salmaasee    21 Lappeenranta

11 Rauma    31 Hämeenlinna    32 Lahti

12 Naantali    13 Turku    19 Hamina

16 Lohja    18 Porvoo

14 Ålandinseln    15 Tammisaari    17 Helsinki

**Tampere**
*Vergnügungspark Särkenniemi*

**Lahti**
*Ein leuchtender Kubus aus Holz und Glas: Sibeliushalle am alten Hafen*

**Helsinki**
*Winterliche Szenerie im Stadthafen – im
Hintergrund das festlich beleuchtete
Präsidentenpalais*

# DIE BESTEN BAEDEKER-TIPPS

**Von allen Baedeker-Tipps in diesem Buch haben wir hier die interessantesten für Sie zusammengestellt! Erleben und genießen Sie Finnland von seiner schönsten Seite.**

### ⚑ »Södra skärgårdsturen«
Toller Tipp für Radfahrer: die sog. Südliche Schärenroute mit Start und Ziel in Mariehamn ► Seite 160

### ⚑ Erbsensuppe satt
Urfinnischer Sattmacher auf dem Markt in Hämeenlinna ► Seite 165

### ⚑ Mit der Silberlinie von Hämeenlinna nach Tampere
Gemächlich und erholsam auf dem Wasserweg: Die berühmte Schifffahrtslinie »Silberlinie« ist gut geeignet für ein Reiseerlebnis, das in Finnland noch bis ins frühe 20. Jh. der Normalfall allen öffentlichen Personen- und Warentransports war. ► Seite 168

### ⚑ Dem Meister ins Handwerk geschaut
Live beim Glasbläser – im weltbekannten Mekka finnischer Glasbläserkunst in Iittala ► Seite 170

### ⚑ World Design Capital 2012
Die finnische Metropole Helsinki ist 2012 »Welthauptstadt des Design«, eine Auszeichnung, die sie ihren großartigen Formgestaltern verdankt. ► Seite 182

### ⚑ Gast bei der Saunagesellschaft
Für das »echte« Sauna-Erlebnis muss man in einer originalen Holzofensauna sitzen und zum Abkühlen direkt in die Ostsee abtauchen. ► Seite 187

### ⚑ Kaapelitehdas
Kaapelitehdas war früher genau das, was der Name sagt – eine Kabelfabrik. Heute ist es ein alternatives Kulturzentrum mit Theater, Cafés Ateliers. ► Seite 201

### ⚑ Ukkokivi
Reisende am Inarisee in Lappland sollten unbedingt an einer Bootsfahrt auf dem See teilnehmen – etwa nach Ukkokivi, der einstmals heiligsten Insel der Samen in dem See. ► Seite 210

### ⚑ Ein Schloss aus Schnee
»Lumilinna«, ein jährlich neu errichtetes Schloss aus Schnee und Eis, entführt Besucher in eine eisig-schöne Märchenwelt. ► Seite 232

### Spezialitäten der Region ...
*... findet man preisgünstig in den Markthallen.*

**Saunagenuss original ...**
*... zum Beispiel bei der Finnischen
Saunagesellschaft*

**❗ Finnisches Antikparadies**
Sammlerfreunde aufgepasst: Eine riesige
Halle voller Trödel und Krempel lädt zum
Stöbern ein, und ein exotisch ausstaffierter
Wintergarten ist gleichzeitig Schauraum
und Café. ► Seite 241

**❗ Sommerskilauf in Ruka**
In Finnlands einzigem Sommerskigebiet
wird im Winter mit Hilfe von Schneekanonen eine vier Meter dicke Schneedecke
gelegt, die dann meistens bis Ende Juni
hält. ► Seite 266

**❗ Auf Schatzsuche**
Ganz in der Nähe des Touristenzentrums
Luosto liegt die einzige erschlossene
Amethystmine Europas. Man kann

Schmuck kaufen, selber nach dem edlen
Stein suchen oder sogar in Form einer
Aktie »Mitbesitzer« des Bergwerks
werden ► Seite 283

**❗ Pori Jazz**
Einmal jährlich pilgern viele Tausende Jazz-
Fans nach Pori: Immer Mitte Juli kann man
hier renommierte Musiker aus aller Welt
beim legendären Festival »Pori Jazz«
erleben ► Seite 313

**❗ Ausflugsfahrten nach Porvoo**
Von Helsinki aus erreicht man Porvoo auf
nostalgische Art mit einem Museumszug
oder per Dampfschiff ► Seite 315

**❗ Das größte Ruderfestival der
Welt**
Bei der Regatta »Sulkavan Suursoudut«,
dem größten Ruderereignis der Welt,
wetteifern 10 000 Ruderer in Booten vom
schnellen Einer bis zum traditionellen
Kirchenboot. ► Seite 341

**❗ Lecker – oder doch nicht so
lecker?**
Mustamakkara – zu deutsch Blutwurst –
ist eine typische Spezialität aus Tampere.
Entweder man liebt sie oder man findet sie
scheußlich. Gegessen wird sie heiß mit
Preiselbeermus direkt aus dem
Einwickelpapier. ► Seite 349

**Aus Moltebeeren ...**
*... produziert man besten Lakkalikör.*

Einsames Paradies für
Naturliebhaber: Karelien
► **Seite 227**

### PREISKATEGORIEN

**Hotels**
Luxus: ab 120 €
Komfortabel: 60 – 120 €
Günstig: bis 60 €

**Restaurants**
Fein & teuer: ab 30 €
Erschwinglich: 12 – 30 €
Preiswert: bis 12 €
für ein Hauptgericht

*Bootsschuppen bei Kokkola*
▶ **Seite 235**

# TOUREN

*Eine Hütte, eine Sauna, ein Steg – Sommervergnügen auf Finnisch*
▶ **Seite 104**

*Pflücken gestattet:*
*In Finnlands Wäldern gilt*
*das Jedermannsrecht.*
▶ **Seite 32**

# REISEZIELE VON A BIS Z

*Karg und großartig sind*
*Lapplands Fjäll-Landschaften*
▶ **Seite 22**

*Schärenlandschaft
bei Vaasa*
**► Seite 367**

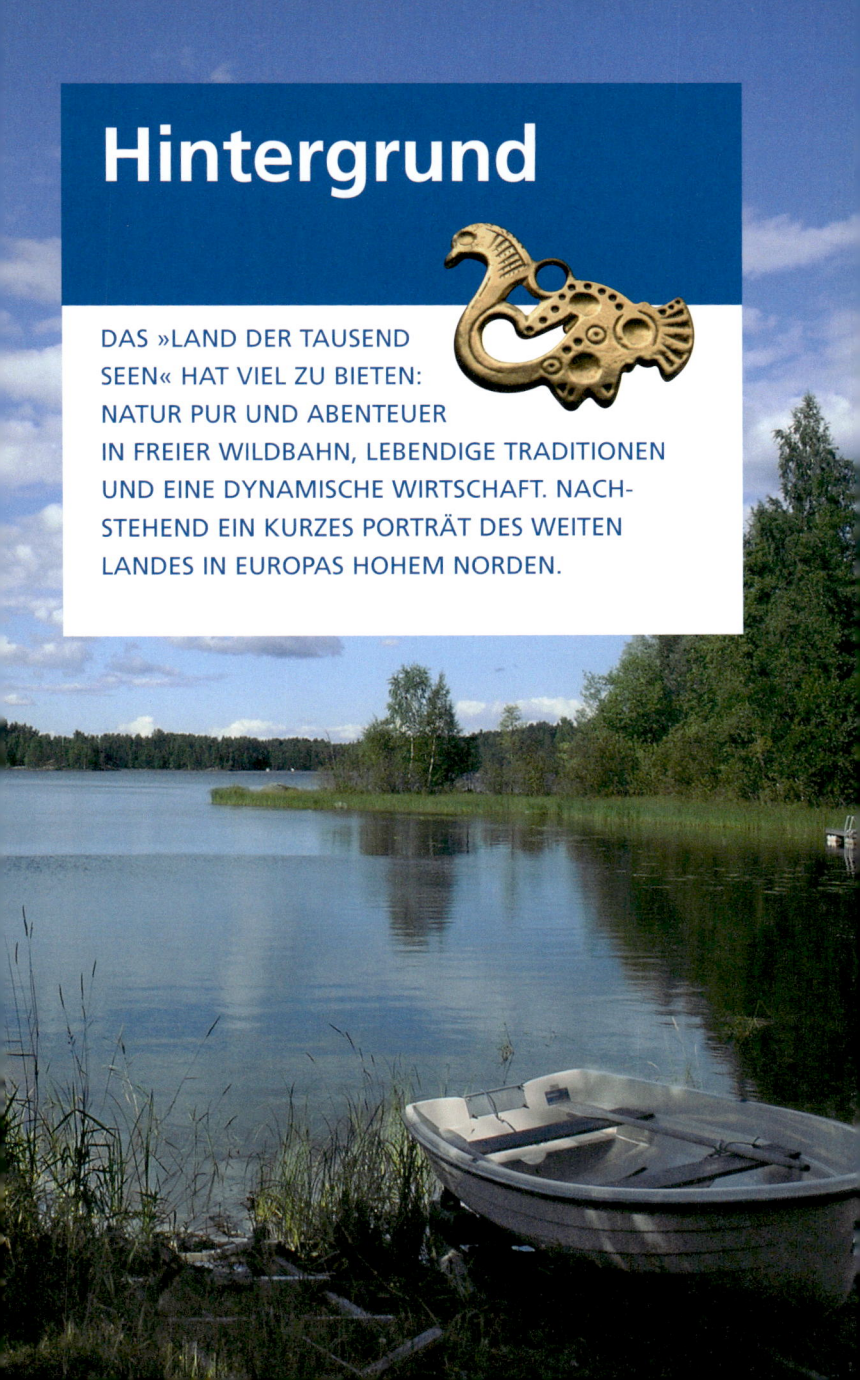

# Hintergrund

DAS »LAND DER TAUSEND
SEEN« HAT VIEL ZU BIETEN:
NATUR PUR UND ABENTEUER
IN FREIER WILDBAHN, LEBENDIGE TRADITIONEN
UND EINE DYNAMISCHE WIRTSCHAFT. NACH-
STEHEND EIN KURZES PORTRÄT DES WEITEN
LANDES IN EUROPAS HOHEM NORDEN.

# ZAUBER DES NORDLICHTS

**Ist Finnland ein Reiseziel ohne Sehenswürdigkeiten kultureller oder landschaftlicher Art? Ein weißer Fleck im Bewusstsein vieler Europäer? Weitab im Norden, wo nach Wald nochmals Wald kommt und Seen auf Seen folgen? Warum hat dieses Land dann so viele Fans? Worin liegt die besondere Faszination Finnlands?**

Ein Grund für diese Begeisterung ist sicher der Zauber des Lichts und der hellen Nächte: In den kurzen Sommern scheint die Natur zu explodieren. Dann strömen die Menschen in die urwüchsige Landschaft mit ihren Tausenden von Seen und unendlich wirkenden Wäldern. Finnland ist ein Land für Individualisten, die sich in unberührter Natur frei bewegen wollen. Allein in einer einfachen Holzhütte an einem See, der sonst niemandem zu gehören scheint, mit Steg, Ruderboot und dem eigenen Saunahäuschen – das ist Erholung total, eine Auszeit, die nicht nur zivilisationsgestresste Mitteleuropäer, sondern auch die Mehrzahl der Finnen selbst sich jeden Sommer gönnen. Sauna ist übrigens das einzige finnische Wort, das in fast alle Sprachen dieser Welt Eingang fand.

## Vom Reiz der kleinen Dinge

Wer die Vorstellung kontemplativer Tage mit Angeln, Beerenpflücken, Pilzesammeln und Saunaheizen allzu gemächlich

*Fangfrische Krebse* findet, kann gleichwohl Erholung und Abenteuer in wilder und un-
*genießt man* berührter Natur finden. Die Voraussetzungen, sich in der Stille der
*beim traditio-* nordischen Landschaft zu erholen, sind ideal, ob bei einer gemütli-
*nellen Krebs-* chen Kanutour auf einem See oder bei einem Wildwasserabenteuer
*essen im August.* auf tosenden Flüssen in der abgelegenen Wildnis von Kuusamo, auf den Ruuna-Stromschnellen in Karelien oder auf dem Tornijoki. Beliebt sind Wanderungen in den lappländischen Nationalparks voll herber Schönheit, auf dem karelischen Bärenpfad oder entlang der Bärenrunde im Oulanka-Nationalpark. Ein besonderes Erlebnis ist auch eine Bootsfahrt durch das Mosaik der Schären der Südwestküste, dem wohl größten Archipel Europas. Oder man nimmt auf den

*← Ferienidylle* Schiffen der »Silberlinie« den gemächlichen Seeweg von Tampere
*an einem der* nach Hämeenlinna – eine Art des Reisens übrigens, die bis ins Finn-
*»1000 Seen«*

### Ein Sommerhaus am See ...

*... ist finnische Familienkultur. Die Stadtwohnung mag klein und zweckmäßig sein, denn im eigenen »Mökki« verbringt man den Sommer, die Ferien, das Wochenende – oder den Mittwochabend.*

### Ganz schön heiß

*Unübertroffenen Genuss gewährt ein Gang in die traditionelle holzgeheizte Sauna mit anschließender Abkühlung im weichen Wasser eines stillen Sees.*

### Wo der Postmann niemals klingelt

*Die Entfernungen auf dem Land sind groß, die Häuser und Höfe liegen oft weit voneinander entfernt. Und der Briefkasten steht an der nächsten Hauptstraße.*

**Des Finnen Schloss: ein Kartano**

*Herrenhäusern begegnet man vor allem in Süd-finnland: Es sind weitläufige Landgüter, die sich in adligem Besitz befanden, oder prächtige Landsitze von Offiziers- oder Fabrikantenfamilien. Viele werden heute als Museen, Schulungsstätten und Hotels geführt.*

**Unsere kleine Stadt**

*Finnische Städte bestanden früher ausschließlich aus niedrigen Holzhäusern wie in dieser Häuserzeile in Loviisa. Allzuoft wurden sie jedoch Opfer verheerender Feuersbrünste. Das größte erhaltene Holzhausviertel Skandinaviens steht in Rauma und ist Teil des UNESCO-Weltkulturerbes.*

**Bauernkaten und Vorratsspeicher**

*Traditionelle Bauweise, handwerkliche Traditionen und bäuerliche Lebensart kann man in den vielen Freilichtmuseen im Land anschaulich erleben.*

land des 20. Jh.s der Normalfall aller sommerlichen Fortbewegung war, denn Straßen gab es nicht viele und das Vorankommen war mühsam.

## Die Kunst, den Sommer zu feiern

In den hellen Sommernächten erwacht auch die Lebensfreude der Finnen, die gerne feiern und jeden Fremden dabei einbeziehen. Man hat die Wahl aus einem großen Angebot an oft qualitätsvollen Theateraufführungen, Musik- und Kunstveranstaltungen zu schöpfen. Am bekanntesten sind die Savonlinna Opernfestspiele in der geschichtsträchtigen Kulisse der Burg Olavinlinna.

Ein kulturhistorisches Erlebnis ist eine Fahrt entlang der alten Königsstraße an der Südküste. Sie passiert die ehemalige Hauptstadt Turku, die malerischen Hafenstädte Naantali, Eknäs und Hanko, alte Herrenhäuser oder mittelalterliche Feldsteinkirchen. An den Küsten trifft man auf die hübschen Städte Rauma, Porvoo, Kristinestad oder Raahe, die mit ihren alten Holzhausvierteln ein lebendiges Abbild städtischen Lebens im Finnland vergangener Zeiten abgeben.

Die weitläufige Hauptstadt Helsinki schließlich ist eine geheime Perle unter den Metropolen dieser Welt. Mit ihrer einzigartigen Lage direkt am Meer, mit der neoklassizistischen Stadtanlage, den Jugendstilstadtteilen, den großen Grünflächen und Binnenseen fühlt man sich ein bisschen an St. Petersburg, ein wenig an Stockholm oder auch etwas an Riga erinnert – das Beste also dieser Städte präsentiert die Weltstadt in überschaubaren Maßstäben und würzt es mit einer Leichtigkeit des Seins, die ein Fremder so weit im »strengen Norden« kaum erwartet hätte. Auf dem Marktplatz, im Esplanade-Park, am Meeresufer oder in den zahlreichen Straßencafés genießen die Hauptstädter den Sommer und die kurzen »weißen Nächte«. Im Winter dann trifft man sich zum Schlittschuhlaufen oder zum Ski-Langlauf, genießt Oper, Konzerte oder die heimische Sauna. Wenn im März und April die Tage merklich länger werden, kann man im ganzen Land bei strahlendem Sonnenschein Ski laufen; in Lappland geht die Ski-Saison gar bis in den Juni hinein. Unabhängig von den Jahreszeiten ist für das leibliche Wohl stets gut gesorgt. Eine Küche, die ihre ländliche Tradition nicht verleugnet, zaubert aus Fisch, Wild, Pilzen und Beeren einfache, aber delikate Köstlichkeiten.

**Nahe am Wasser gebaut** *haben Finnen nur im ganz wörtlichen Sinn: kein Kunststück bei über 180 000 Seen!*

# Fakten

**Ist es in Finnland wirklich so kalt, wie seine nördliche Lage es vermuten ließe? Macht Mittsommersonne besonders intelligent oder haben die Finnen einfach ein besonders erfolgreiches Schulsystem? Und produziert das Land mehr Holz oder mehr Handys?**

# Natur und Umwelt

In der letzten Eiszeit formten gewaltige Gletscher das Land im Norden und hinterließen eine stille weite Landschaft mit Moränen und Hügeln, bedeckt von Fichten- Kiefern- und Birkenwäldern und überzogen von einem schimmernden Mosaik unzähliger großer und kleiner Seen. Rund ein Zehntel der Landesfläche ist von Wasser bedeckt. Die innige Verflechtung von Wasser und Wald nennt sich poetisch das »Land der tausend Seen« – bei einer tatsächlichen Anzahl von über 180 000 Gewässern eine nicht ganz geringfügige Untertreibung.

**Land der tausend Seen**

Während sich an der Süd- und der Westküste ein weites Flachland erstreckt, ist das Landesinnere gen Norden oft bergig. Die Finnische Seenplatte im Südosten des Landes senkt sich allmählich nach Nordwesten zum Bottnischen Meerbusen ab. Auch dort ist der Boden felsig, tosen die Flüsse über anstehendes Gestein. Der gegen Norden fast endlos anmutende Seenbezirk ist im Süden – am von Endmoränen gebildeten Hügelstreifen **Salpausselkä** – viel schärfer begrenzt.

**Landesrelief**

Anders als in den meisten Landesteilen findet man ganz im Süden Finnlands in der **Küstenebene** zwischen Turku im Westen und der russischen Grenze im Osten nur wenige Seen. Stattdessen unterbrechen bizarre Felsformationen an vielen Stellen die tonigen und sandigen Ebenen. Die Südküste bildet ein Gewirr von Buchten, Landzungen, Inseln und felsigen Schären – die Grenze zwischen Land und Meer scheint fließend. Die weit ins Land reichenden Küstenebenen sind landwirtschaftlich geprägt. Das klimatisch wärmste Gebiet ist die fruchtbare Kornkammer des ganzen Landes.

## ℹ Natur für Jedermann

■ Beeren und Pilze sammeln, baden, ein Lagerfeuer anzünden oder für eine Nacht ein Zelt aufschlagen: In Finnland darf das jeder, der sich auf das »Jokamiehenoikeus« beruft. Das ungeschriebene »Jedermannsrecht« gilt traditionell in Finnland, Schweden und Norwegen und gestattet, sich in der Natur auf öffentlichem wie privatem Eigentum frei zu bewegen. Allerdings gelten fest umrissene Spielregeln, deren oberster Leitsatz lautet: nicht stören und nicht zerstören. Privatgrundstücke von Wohn- und Ferienhäusern sind absolut tabu, im trockenen Sommer wird man wegen Waldbrandgefahr kein Lagerfeuer machen und seinen Müll nimmt man unbedingt mit nach Hause!

Von der Küstenebene steigt das Land sachte zur Finnischen Seenplatte an. Diese für Finnland besonders charakteristische Landschaft birgt ein Wirrwarr von Seen, Buchten, bewaldeten Inseln und Halbinseln. Verbunden sind die Seen durch Kanäle oder natürliche Abflüsse mit Stromschnellen, Kaskaden und Wasserfällen. In diesem La-

**Finnische Seenplatte**

← *Baudenkmal und Verkehrszentrum: der Bahnhof von Helsinki*

byrinth aus Wäldern und Hügeln, Wasser und Land verliert man leicht den Überblick, wo der eine See aufhört und wo der andere beginnt. Die Finnische Seenplatte bedeckt fast ein Drittel Finnlands und besteht im wesentlichen aus drei Wasserbecken, die lose miteinander verbunden sind. Im Westen liegt bei Tampere der **Näsijärvi**, in der Mitte der langgestreckte **Päijänne** und im Osten der riesige **Saimaasee**, der im Vuoksen einen Abfluss nach Südosten hat. Alle diese Seensysteme liegen etwa 76 bis 78 m über dem Meeresspiegel.

**Saimaa-Seensystem**

Der größte aller Seen ist der Saimaasee im Südosten, der gleichzeitig auch Zentrum der finnischen Seenplatte ist. Früher herrschte dort noch eine rege Flößerei, bei der in riesigen Floßzügen die Baumstämme durch den See transportiert wurden. Heute macht diese Art von Transport nur noch etwa 20 Prozent aus. Nach der letzten Eiszeit wurde das Saimaa-Seensystem durch Landhebung von der Ostsee abgeschnitten. Dadurch wurden die an der Küste lebenden Eismeer-Ringelrobben vom Meer getrennt. Aus ihnen entwickelte sich eine Unterart, die Saimaa-Ringelrobbe, die heute hier lebt und als gefährdet gilt.

**Höhenzüge Suomenselkä und Salpausselkä**

Die finnische Seenplatte wird nördlich an der Grenze der Provinz Savo durch die Barriere des Höhenzugs **Suomenselkä** begrenzt, der die Wasserscheide zwischen dem Bottnischen und dem Finnischen Meerbusen bildet. Im Südosten setzt der 500 Kilometer lange, doppelte Höhenzug **Salpausselkä** dieser binnenländischen Schärenlandschaft ein jähes Ende. Dieser eigenartige Hügelstreifen ist eine für die südfinnische Landschaft prägende Erscheinung. Die höchste Erhebung der Endmoräne beträgt 233 Meter. Südlich davon flacht sich der Küstenstreifen gleichmäßig zum Finnischen Meerbusen ab. Die Harmonie von Wald und Wasser macht das Gebiet zu einem Paradies für Naturfreunde und Bootsfahrer.

**Schären**

Der gesamten finnischen Küste ist ein Band aus Schären vorgelagert. Vor der südwestlichen Küste Finnlands, zwischen Stockholm und Turku, ist der Schärengarten am breitesten entwickelt. Ganze Schwärme von Felseilanden liegen zwischen Turku und den Ålandinseln. Dort gibt es 24 000 Inseln und Inselchen. Südwestlich von Turku und den Ålandinseln liegen die Inseln Houtskär, Korpo und Nagu mit einer Fläche von etwa 30 Quadratkilometern. Hier verliert sich auch der Höhenzug Salpausselkä, der sich weit aus dem Osten durch das Gebiet der Finnischen Seenplatte erstreckt, endgültig auf den kleinen Schäreninseln. Von den Inseln ist nur der kleinste Teil besiedelt. Die restlichen Inseln

**?  WUSSTEN SIE SCHON …?**

■ Das aus dem Schwedischen kommende Wort »Schären« (skär = Klippe) bezeichnet kleine, buckelartige Felsinseln und -klippen, die zu vielen Tausenden der skandinavischen Küste vorgelagert sind. Besonders dicht gestreut sind die Inseln des Schärengartens zwischen Stockholm und Turku.

## *Finnland*  *Landschaftliche Gliederung*

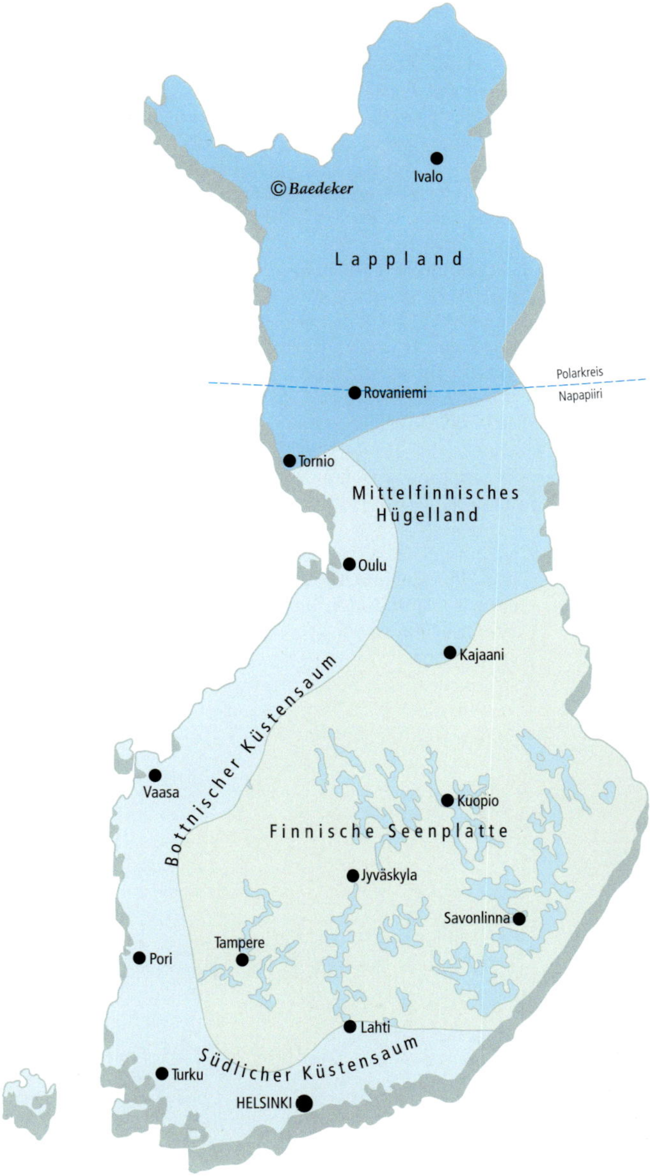

© Baedeker

Ivalo

**L a p p l a n d**

Polarkreis
Napapiiri

Rovaniemi

Tornio

**M i t t e l f i n n i s c h e s
H ü g e l l a n d**

Oulu

Kajaani

Vaasa

B o t t n i s c h e r   K ü s t e n s a u m

Kuopio

**F i n n i s c h e   S e e n p l a t t e**

Jyväskyla

Savonlinna

Pori

Tampere

Lahti

S ü d l i c h e r   K ü s t e n s a u m

Turku

HELSINKI

werden hauptsächlich von Vögeln und Robben bevölkert. Das ökologische Gleichgewicht in den strandnahen Zonen ist ähnlich empfindlich wie im Wattenmeer der Nordsee.

**Entstehung ►** Die Schären wurden von Gletschern während der letzten Eiszeit hinterlassen. Bis heute sind Spuren ihrer eisigen Kräfte zu erkennen: Die Seite der kleinen abgerundeten Felsinseln, die entgegen der Fließrichtung des Eises lag, wurde glattgeschliffen, während die andere Seite ihre rauhe Oberfläche behielt. Schären bilden meistens Gruppen. Nahe am Festland ragen die Steininseln höher auf und sind bewaldet, die weiter im offenen Meer liegenden Inselchen sind völlig kahl und steinig.

**Bottnische Küstenebene** Die Bottnische Küstenebene schließt sich am mittleren und nördlichen Küstenabschnitt des Bottnischen Meerbusens an, wo sie die Provinz Vaasa und den westlichen Teil der Provinz Oulu umfasst. Im Süden gibt es ausgedehnte, durch Entwässerungsgräben aufgeteilte Wiesen, auf denen eine Vielzahl von kleinen Heuschobern steht. Richtung Norden nimmt die Bewaldung immer mehr zu. Die dunklen Wälder werden zwischendurch aber immer noch von den sogenannten Pohjanmaa-Wiesen aufgelockert. Charakteristisch für diese Gegend ist eine Reihe von wilden Flüssen mit zahlreichen Stromschnellen.

**Finnisch Lappland** In Finnisch Lappland finden sich vielfältige Landschaftsformen. Im Süden dominieren weite Naturwälder, aus denen die Höhen der **Tunturis** (finnisch: »waldloser Berg«) ragen. Im Norden dagegen findet man offene Moor-, Heide- und Tundra-Landschaften. Hier züch-

*Die Landschaft Lapplands kann die tollsten Farben hervorbringen.*

ten die Samen ihre Rentiere. Im Nordwesten gibt es die eindrucksvollsten Berge. Der mit 1324 m höchste finnische Berg, der Haltian-
tunturi, befindet sich an der Nordwestgrenze zu Norwegen.
Die Natur in Lappland wirkt grandios. Fast eintönig erstrecken sich
abgerundete, mit Schnee bedeckte Hügel über das Land. Vereinzelt
streifen Rentierherden durch die von bizarren Krüppelbirken und
Kiefern geprägte Vegetation. Sumpfige Böden kommen ebenso vor
wie Moospolster und mit Flechten bewachsene Geröllhalden. Durch
die Landschaft schlängeln sich ungebändigte Flüsse, die im Winter
zu Eis gefrieren. Wer viel Glück hat, kann dort sogar Gold finden.
Unter dem endlos weit scheinenden Horizont erstreckt sich ein Land
von einzigartiger Einsamkeit und Stille. Lappland macht zwar fast
ein Drittel des finnischen Territoriums aus, es ist aber extrem dünn
besiedelt. Hier teilen sich zwei Menschen einen Quadratkilometer.

Die Stimmung der Landschaft ändert sich mit den Jahreszeiten und **Mitternachts-**
dem Licht völlig. Von Ende Mai bis Ende Juli scheint fast Tag und **sonne und**
Nacht die Sonne. Während dieser Zeit bleibt die Landschaft auch **Polarnacht**
nachts wunderbar hell erleuchtet (siehe dazu ► Klima). Wenn sich
der Herbst zunehmend dem Winter nähert und die Nächte immer
länger werden, verdrängt allmählich die Finsternis nördlich des Polarkreises das Tageslicht vollständig. Dann scheint entweder der
Mond, oder das Polarlicht leuchtet in rötlichen bis grünlich-blauen
Bahnen am Himmel.

Im Nordosten Finnlands, in dem Gebirgszug der Skanden, entstand **Fjäll-Landschaft**
durch die Schürf- und Schleifarbeit der Gletscher die typische Fjäll- **und Tundra**
Landschaft. Diese ist gekennzeichnet durch weite, flache Hänge und
runde Bergkuppen. An den Fjällhängen schmilzt der Schnee erst im
Mai. Nach einem kurzen Sommer beginnt der Herbst bereits Anfang
September das Laub mit unzähligen Gelb- und Rottönen zu färben.
Neben den Fjällketten beherrschen die weiten Moore die Landschaft.
Typisch für das nördliche Lappland ist die waldlose Tundra. Auf gut
markierten Wanderwegen mit Rastplätzen kann man auf eigene
Faust oder mit geführten Wandertouren Natur pur erleben.

## Geologie

Im heutigen Landschaftsbild Finnlands sind die geologischen Vor- **Eiszeit**
gänge der letzten Eiszeit von großer Bedeutung. Selbst wo die verbreiteten Moränenüberdeckungen (Moräne = der von Gletschern
verfrachtete Gesteinsschutt) oder andere glaziale Ablagerungen nicht
vorhanden sind, hat die Arbeit des Eises die Erdoberfläche so gründ-
lich verändert, dass alle älteren Formen sozusagen nur durch den
Untergrund hindurchschimmern. Ganz Nordeuropa und Norddeutschland waren mehrere Jahrzehntausende hindurch von mächtigen Eismassen bedeckt, und nur die höchsten Spitzen des skandinavischen Hochgebirges ragten aus der Eisdecke heraus. Während aber

Norddeutschland schon vor etwa 20 000 Jahren eisfrei wurde, war Skandinavien noch vor rund 10 000 Jahren weitgehend von Eis bedeckt. Infolge seines allmählichen Zurückschmelzens hat die Ostsee, die anfangs nur ein ausgedehnter Stausee am Rand des Eises war, ihre Uferlinien immer wieder verändert. Eine offene Verbindung zum Weltmeer erlangte sie erst in Mittelschweden, als dieser Teil von der Eisbedeckung freigegeben wurde.

**Landhebung**

Hatten die etwa 2 km mächtigen Eismassen durch ihr Gewicht das darunter liegende Land stark in die Tiefe gedrückt, so schwand diese Belastung mit dem Abschmelzen der Eismassen. Das Land hob sich, und zwar am stärksten im Zentrum der ehemaligen Eisbedeckung. Damit kamen die Meeresstraßen in Finnland vor rund 8500 Jahren wieder über den Meeresspiegel zu liegen und wurden landfest. Die Ostsee wurde abermals zu einem See, der infolge der weiter zurückgehenden Eisbedeckung schon den heutigen Bottnischen Meerbusen umfasste. Und erst vor rund 7000 Jahren öffneten sich die heutigen Meeresstraßen zwischen den dänischen Inseln und stellten abermals die Verbindung zur Nordsee her. Auf diese Weise entstand das »Litorina-Meer«, der Vorgänger der heutigen Ostsee.

**Entstehung der Seen**

Auf der Ostseite der Skanden ist das große Seengebiet dadurch entstanden, dass die letzten Reste der großen Eisbedeckung nicht im Gebirge, sondern östlich davon lagen und den Abfluss zum Bottnischen Meerbusen versperrten. Daher fanden die Seen anfangs einen niedrigeren Überlauf in westlicher Richtung zum Nordatlantik, so dass im heute norwegischen Gebirge tiefe Täler ausgefurcht wurden. Nach dem Schwinden der letzten großen Eismassen haben diese Seen einen günstigeren Abfluss zur Ostsee gefunden.

**Entstehung der Hügel**

Wie riesige Girlanden ziehen sich quer durch Finnland die Endmoränen (das ist der Gesteinsschutt, der von einem vorrückenden Gletscher zu einem Wall zusammengeschoben wurde) der einzelnen Abschmelzstadien. Immer wieder trifft man auf jene wirren Blockanhäufungen, die bisher nur an wenigen Stellen beseitigt wurden. In Südfinnland wurden diese Endmoränen z.T. unter dem Meeresspiegel abgelagert und von der Brandung gleichmäßig verteilt, so dass dort die regelmäßigen Hügelzüge des Salpausselkä entstanden sind.

# Klima

## Mitternachtssonne und Polarnacht

**Polartag, Mitternachtssonne**

Für viele Finnland-Besucher gehört zu den unvergesslichen Eindrücken einer Reise in den Sommermonaten das Erlebnis der nicht untergehenden Sonne nördlich des Polarkreises. Bedingt durch die

*Auch im südlichen Finnland bleibt es in den Sommermonaten bis spät in die Nacht hinein zauberhaft dämmrig.*

Schräge der Ekliptik (23,5°) steht die Sonne am 21. Juni über der Nordhalbkugel senkrecht über dem nördlichen Wendekreis und geht in dieser Nacht nicht unter. Die Tageslänge beläuft sich astronomisch auf 24 Stunden. Aber auch in Orten südlich des Polarkreises wird es nicht dunkel, berücksichtigt man die Dämmerung. Wenn die Sonne unter dem Horizont steht, beleuchten ihre Strahlen vor dem sichtbaren Aufgang und nach dem Untergang die höheren Schichten der Atmosphäre. Durch Reflexion wird ein Teil der Strahlen (diffus) zur Erde zurückgeworfen und erzeugt die Dämmerung (▶Abb. S. 26)

Im Sprachgebrauch wird die Dämmerung durch die Möglichkeit des Lesens von mittelgroßer Schrift definiert, was einem Sonnenstand bis zu etwa 8° unter dem Horizont entspricht. Aus diesen Gründen tritt auch in Orten weit südlich des Polarkreises in einer oder gar in mehreren Nächten keine vollständige Dunkelheit ein und ein letzter Rest von Dämmerung bleibt erhalten. Die Abenddämmerung geht dann in die Morgendämmerung über.

Je weiter nördlich des Polarkreises ein Ort liegt, umso länger ist der Polartag. Am Nordpol geht bekanntermaßen die Sonne zum Frühjahrsbeginn am 21. März auf und zum Herbstbeginn am 23. September wieder unter.

Zur Zeit der Tag- und Nachtgleichen, im März (21. März) und September (23. September), sind Tag und Nacht auf allen Breitenkreisen fast gleich lang. Zum Juni hin nehmen die Tageslängen nach Norden rasch zu. Bei 65° nördlicher Breite gibt es vom 20. Mai bis zum 25. Juli keine dunkle Nacht mehr (Helsinki: 60°). Bei 70° nördlicher Breite ist der Zeitraum zwischen dem 1. Mai und dem 20. August ohne dunkle Nacht, und zwischen dem 20. Mai und dem 30. Juli steht die Sonne dauernd über dem Horizont (Mitternachtssonne).

**Mitternachtssonne nördlich des Polarkreises**
**Stand der Sonne**
**in Abständen von je einer Stunde**

**Polarnacht** Im Winterhalbjahr der Nordhalbkugel sind die Beleuchtungszeiten entsprechend umgekehrt. Die Polarnacht dauert dann 178 Tage. Bezieht man allerdings die Dämmerung mit ein, so verkürzt sich die Länge der Polarnacht am Pol selbst auf 86 Tage. Wer zum Wintersport nach Finnland fahren will, muss berücksichtigen, dass dort die Tage etwa zu Weihnachten wesentlich kürzer sind als in Mitteleuropa. Bei 70° nördlicher Breite geht die Morgendämmerung zwischen dem 22. November und dem 20. Januar unmittelbar in die Abenddämmerung über; statt des Tages gibt es dann nur eine über zweistündige Dämmerung (Polarnacht).

## Temperaturen

**So kalt ist es gar nicht** Der wichtigste unter den Faktoren, die das Klima in Finnland bestimmen, ist die Lage zwischen dem 60. und dem 70. Breitengrad in der Küstenklimazone des eurasischen Kontinents, für die – je nach Richtung der Luftströme – sowohl Merkmale des Meeres als auch

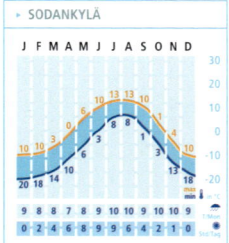

des Kontinentalklimas typisch sind. Die Durchschnittstemperatur in Finnland liegt mehrere Grade, im Winter sogar mehr als 10 °C, über der Durchschnittstemperatur entsprechender Gebiete gleichen Breitengrads wie etwa des südlichen Grönlands oder auch Sibiriens. Die Temperatur wird durch die Ostsee mit ihren Buchten, durch die Binnengewässer und vor allem durch Luftströmungen vom golfstromerwärmten Atlantik angehoben.

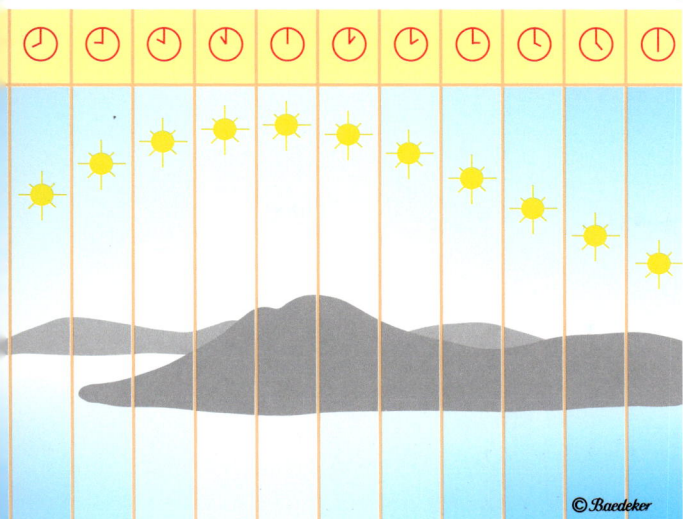

Bei Westwind herrscht oft im größten Teil des Landes warmes und sonniges Wetter; der Grund hierfür ist die durch das norwegische Hochgebirge hervorgerufene Föhnwetterlage. Neben der wärmenden Wirkung des Meeres erstreckt sich zeitweise auch das asiatische Kontinentalklima bis nach Finnland. Dies macht sich im Winter durch eisige Frostperioden und im Sommer durch Hitzewellen bemerkbar. Da Finnland in der Westwindzone der mittleren Breiten gelegen ist, im Grenzgebiet zwischen polaren und tropischen Luftmassen, ändert sich die Wetterlage vor allem im Winter schnell.

Die durchschnittliche Jahrestemperatur liegt in den südwestlichsten Teilen des Landes bei ca. 5,5 °C und fällt nach Südosten und Nordosten hin gleichmäßig ab. Die Grenze, an der die Jahresmitteltemperatur 0 °C beträgt, verläuft noch südlich des Polarkreises. Auf den kontinentalen Charakter des finnischen Klimas weist die Temperaturdifferenz zwischen dem wärmsten und dem kältesten Monat des Jahres hin. Der Unterschied beträgt im südwestlichen Schärengebiet 20 °C und im mittleren Lappland 28 °C.

Die Ostsee trägt kaum zur Milderung des kontinentalen Klimas bei. Zwar ist sie im Sommer kälter als das sich rasch erwärmende Land und wirkt dann wie die vielen finnischen Seen kühlend auf die Umgebung, aber im Winter friert sie regelmäßig zu. Die Schneedecke bleibt im Süden etwa 20 Tage, im hohen Norden bis zu 250 Tage im Jahr liegen. Der Bottnische Meerbusen ist im Winter eisbedeckt.

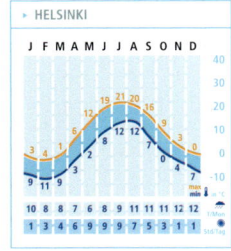

*Zu seltenen Gelegenheiten kann man die Polarlichter auch im Sommer beobachten.*

## Polarlicht

**Wunder des Nordlichts** Der zarte Reigen der Polarlichter gehört zu den beeindruckendsten Naturschauspielen. Nach der römischen Göttin der Morgenröte nennt man sie auf der Nordhalbkugel auch »Aurora Borealis«, auf der Südhalbkugel »Aurora Australis«. Viele besuchen den Norden Finnlands im Winter, um das zauberhafte Schauspiel des Polarlichts zu erleben. Die leuchtenden Schleier treten als ständig bewegte Muster auf: streifenförmig oder als Bänder, dann wieder als größere Flächen am nächtlichen Firmament. Die Lichterscheinungen spielen sich in 100 bis über 300 km Höhe ab und können von Orten gleichzeitig beobachtet werden, die mehrere tausend Kilometer auseinander liegen.

Einst galten Polarlichter als Vorboten von Kriegen oder Katastrophen. Heute bedient man sich wissenschaftlicher Erklärungen und führt ihr Erscheinen auf eine Abfolge von astro- bzw. geophysikalischen Vorgängen zurück: Das Polarlicht entsteht, wenn die von der Sonne ausgesandte Partikularstrahlung auf die äußersten Schichten der Erdatmosphäre trifft, die sog. **Ionosphäre**. Dort werden die Partikel in Richtung der magnetischen Pole geleitet. Hierbei treffen die Elektronen u. a. auf Stickstoff- und Sauerstoffatome und versetzen sie in Schwingungen. Das Ergebnis des Zusammenpralls ist das Aufleuchten der Atome. Stickstoffatome geben ein eher rötliches Licht ab, die Sauerstoffatome schimmern bläulich bis grünlich. Ist die Partikularstrahlung der Sonne sehr stark, was meist in einem Rhythmus von elf Jahren geschieht, kann man Nordlichter mit viel Glück sogar in Süddeutschland sehen.

# Pflanzen und Tiere

## Wald aller Arten

Die Vegetationsgrenzen sind durch bestimmte Frühjahrs- und Herbsttemperaturen sowie die jahreszeitlichen Lichtverhältnisse abgegrenzt und somit gegen Norden abgestuft. Von Süd nach Nord treten drei verschiedene Vegetationszonen auf: die **Mischwaldzone**, der **boreale (nördliche) Nadelwald** und die **Bergtundra**.
Etwa drei Viertel der Landfläche Finnlands ist mit Wald bedeckt. Trotz der intensiven Holzindustrie sind die Waldbestände abseits der nur inselartig verstreuten bäuerlichen Kulturflächen wenig gelichtet und die Vegetation zeigt noch annähernd das ursprüngliche Bild, sofern nicht durch starke Erzverhüttung vergangener Jahrhunderte große Holzmengen verbraucht wurden.

**Grenzen der Vegetation**

In **Südfinnland** gleicht die Vegetation derjenigen Mitteleuropas. Die Buche kommt im südwestlichen Küstengebiet von Finnland und auf den Ålandinseln vor. Die Wälder sind oft Mischwälder mit Kiefern, Fichten, Birken, Erlen, Espen und Weiden. Sogar Eichen kommen noch vor. Im Unterwuchs stehen viele Zwergsträucher wie Preisel- oder Blaubeeren. Maiglöckchen, Siebenstern, Buschwindröschen und andere Blumen bringen Farbe ins Grün. Besonders in den Nationalparks sind die Wälder noch in einem urwüchsigen, urwaldähnlichen Zustand.

**Mischwald im Süden**

Der größte Teil Finnlands gehört zur **nördlichen Nadelwaldzone**. Diese Waldregion Nordfinnlands wird analog zu Sibirien auch **Taiga** (russisch = Urwald) genannt. Hier wachsen vor allem Fichten. Um nicht unter den winterlichen Schneemassen zusammenzubrechen, haben die nordskandinavischen Fichten keine ausladenden Äste sondern eine schmale, säulenförmige Gestalt. Ein anderer bestandsbildender Nadelbaum ist die Kiefer, die auch auf trockenen und nährstoffarmen Standorten gedeiht.
An Laubbäumen gedeiht hier am besten die genügsame Birke. Junge Birken sind noch biegsam genug, um der Schneelast zu trotzen. Andere Laubbaumarten der Taiga sind Espe, Eberesche, Zitterpappel und Weide. Die Laubbäume fassen vor allem an südexponierten Hängen Fuß. Typischer Unterwuchs sind Heidelbeere, Rauschbeere,

**Fichten und Kiefernwald**

Preiselbeere, Krähenbeere und Moospolster mit Isländischem Moos, Gemeinem Widertonmoos und anderen Arten. Abwechslung in die riesigen Waldgebiete bringen Seen, Moore und Höhenzüge.

Typisch für ganz Skandinavien und einmalig auf der Erde ist die Birkenzone, die sich in einem Streifen von 200 m relativer Höhe noch über der Nadelwaldzone ausbreitet. Ein Fünftel der finnischen Wälder sind Birkenwälder. Während die Blätter in Nordfinnland schon im September fallen, verlieren die Birken ihr Blätterkleid im Süden erst im Oktober. Die Baumgrenze des Birkenwalds liegt bei 500 – 800 m. Die Birke wurde immer schon vielseitig genutzt. Aus dem Holz werden Häuser, Saunas und Möbel gebaut; die Rinde wurde als Dachbedeckung, für Körbe, Geschirr oder sogar für Schuhe verwendet, Birkensaft diente als Getränk und mit den Birkenzweigen fördert man heute noch die Hautdurchblutung in der Sauna. **Birkenzone**

Der Begriff Tundra, eine für Nordeuropa typische Vegetationszone, stammt von dem finnischen Wort »tunturi« (= waldloser Hügel). Dieser schmale Streifen an der Eismeerküste Nordeuropas bietet Pflanzen extreme Bedingungen. Die Vegetationsperiode dauert nur drei Monate, so dass der kurze Sommer kaum ausreicht, den Boden vollständig aufzutauen. Deshalb haben größere, tiefwurzelnde Pflanzen keine Chance, sich anzusiedeln. Immergrüne Zwergstrauchheiden, flechtenreiche Geröllhalden, Grasheiden und Moore prägen das Landschaftsbild. Entsprechend der dominierenden Pflanzengesellschaften unterscheidet man Zwergstrauchtundra mit Zwergbirken, Zwergweiden und Heidekrautgewächsen, Moostundren (auf nassen Böden) und Flechtentundren (auf trockenen Böden). **Tundra**

Flechten sind Doppelwesen aus Pilzen und Algen, die auch extreme Kälte und Dürre überstehen können. Sogar auf dem nackten Fels fühlen sich die Überlebenskünstler wohl. Ihre vielen Formen und Farben verwandeln die kahlen Steine in bunte Natur-Kunstwerke. Bekanntestes Beispiel ist die zähe Rentierflechte, eine strauchförmige Flechtenart, die im Winter als Rentierfutter dient. **Flechten**

Die bergige Fjäll-Landschaft im Nordosten von Finnland hat ihren eigenen alpinen Charakter. Hier bestimmt die Höhenlage wie überall auf der Welt die Vegetation. Die unten stehenden Fichten werden zunächst von Fjällbirken, einer Verwandten der Moorbirke, abgelöst. Oberhalb der Waldgrenze herrscht eine tundrenartige Vegetation mit Gräsern, Zwergsträuchern, Moosen und Flechten vor. **Fjäll-Landschaft**

Eine große Rolle in der finnischen Natur spielen die Moore, mit denen Nordfinnland fast zu 30 Prozent bedeckt ist. In südlichen, niederschlagsreichen Gebieten entstehen genau wie in Mitteleuropa **Moore**

← *Stilles Paradies in Grün: der finnische Nadelwald*

Hochmoore. Diese gewölbten Torfgegenden sind saure, nasse und extrem nährstoffarme Lebensräume, die ihre Entstehung dem Torfmoos (Shagnum-Arten) verdanken. Die filigranen Pflänzchen saugen die Feuchtigkeit wie ein Schwamm auf und schneiden die übrige Vegetation vom Grundwasser ab. So sind Hochmoorpflanzen wie Rosmarinheide, Moosbeere und Scheidiges Wollgras allein auf das nährstoffarme Regenwasser angewiesen. Der ebenfalls dort lebende Sonnentau deckt seinen Stickstoffbedarf, indem er sich Insekten einverleibt.

**Aapamoore**

Die typischen Moore in Nordfinnland sind die sogenannten »Aapamoore«, die nach der Schneeschmelze im Frühjahr wochenlang unter Wasser stehen. Das verträgt das Torfmoos nur schlecht, so dass es sich auf die höheren Stellen beschränkt. In den Senken der Aapamoore leben Pflanzen, die bei uns in Niedermooren vorkommen: zahlreiche Seggenarten, Fieberklee oder Schachtelhalm. Ein besonderer optischer Reiz entsteht durch Wollgräser. Ihre weißen und recht wolligen Fruchtstände lassen die Landschaft wie in Watte verpackt wirken.

**Ackerland**

Kaum zehn Prozent der Landesfläche werden landwirtschaftlich genutzt. Die Kulturpflanzen gleichen weitgehend denen in Deutschland. Roggen und Hafer wachsen bis zum 67., Gerste bis zum 68. Breitengrad. Kartoffeln gedeihen sogar in Lappland. Des weiteren gibt es Äpfel-, Birn- und Kirschbäume sowie verschiedene Sträucher, jedoch nicht im hohen Norden. Die fruchtbarsten Gebiete liegen im Süden und Südwesten.

**Beeren**

In den Wäldern und Mooren Finnlands wachsen viele Beerensorten. Heidelbeeren, Himbeeren, Brombeeren, Preiselbeeren und Walderdbeeren sind leicht zu findende Leckerbissen. Kenner entdecken noch etliche Besonderheiten: **Moosbeeren** finden sich in den Ufermooren der Teiche und Seen. Sie werden erst ab September reif und schmecken am besten nach dem ersten Frost, der ihren Zuckergehalt steigen lässt.

Die safrangelbe bis hellorange **Moltebeere** (finnisch: Lakka) wächst auf Bulten (hohe, trockene Stellen) in Bruchwäldern und Mooren, oft in den Moorgebieten Lapplands. Sie ist eine der kostbarsten Beeren und im Juli Objekt vieler Beerensucher. Wer Glück hat, findet hier auch die Arktische Brombeere, die kleiner, dunkler und süßer als die

*Reich an Vitamin C: Preiselbeeren*

Moltebeere ist. Die Arktische Brombeere ist als exotische Delikatesse ein gefragter industrieller Rohstoff, vor allem für Liköre. In Finnland findet man auch die Nordische Krähenbeere und den Sanddornstrauch, der vor allem auf sonnigen Standorten auf den Ålandinseln und den Inseln des Bottnischen Meerbusens wächst.

In den Wäldern sind zahlreiche **Pilzarten** zuhause. Sammler kommen im Sommer und Herbst voll auf ihre Kosten: In den Wäldern

*Im Birkenwald zuhause: der Birkenpilz*

Lapplands gedeihen Blaureizker, Gelbbräunlicher Scheidenstreifling, Zigeunerpilz und Hallimasch. In Birkenwäldern sprießen Täublinge und Birkenpilze aus dem Boden; in Kiefernwäldern finden sich Butterpilz und Sandröhrling. Weit verbreitet im ganzen Land sind auch die Klassiker Pfifferling und Steinpilz.

Wild wachsende Pilze und Beeren dürfen in Finnland in kleinen Mengen **zum eigenen Gebrauch** gepflückt werden (► Kasten S. 19), es sei denn, sie stehen auf Privatgelände oder unter Naturschutz. Finnland hat verschiedene Schutzkategorien für Natur und Landschaft. Es gibt Nationalparks, Reservate, Moor-, Naturschutzgebiete und Naturschutzwälder mit spezifischen Regeln. Siehe dazu ►Praktische Informationen: Nationalparks.

## Elche, Mücken – und was noch?

Zwei Klima- und Vegetationszonen sind für die Tierwelt Finnlands bestimmend. Die Mischwälder der südlichen Landesteile gehören zur gemäßigten mitteleuropäischen Zone und werden im wesentlichen von denselben Arten bevölkert, wie sie in den Wäldern Deutschlands anzutreffen sind oder zumindest früher waren: Dazu gehören Säugetiere wie Reh, Dachs, Hase und Rotfuchs. Bei den Vögeln finden sich Buchfink, Grauschnäpper, Erlenzeisig, Rotkehlchen und verschiedene Meisenarten. Der geringen Bevölkerungsdichte und den maßvollen kulturellen und industriellen Eingriffen in die Natur ist es zu verdanken, dass die Vielfalt der Tierarten weitaus größer ist als in Mitteleuropa, und vielfach noch Tiere vorkommen, die bei uns längst ausgestorben oder weitgehend verdrängt worden sind.

**Tiere in den südlichen Gebieten**

Als nordische Besonderheit taucht der Elch fast überall in Süd- und Mittelfinnland auf. Doch im Vergleich zu Schweden sind die Bestände gering. Mit drei Meter Körperlänge und einer Schulterhöhe von 2,40 m ist der Elch das größte freilebende Wildtier Europas. Sein

**Elche**

massiger, bis zu 800 Kilogramm schwerer Körper lässt den Riesenhirsch plump wirken, aber er ist ein guter Schwimmer und Läufer. Siehe auch S. 194.

**Tiere in Lappland**  Die nördlichen Gebiete, insbesondere Lappland, gehören zum arktisch-alpinen Bereich. Ihre Fauna ist von Natur aus ärmer als die anderer Regionen und durch eine hervorragende Anpassung an härteste Lebensbedingungen ausgezeichnet. Außer Mücken begegnet man in Lappland vor allem den halbdomestizierten Rentieren, die die kargen Tundren in großen Herden beweiden. Die graubraunen Tiere liefern der einheimischen Bevölkerung Fleisch, Milch und Fell. Biologisch gehören die vielseitig genutzten Tiere zur Gattung der Hirsche. Im Gegensatz zu anderen Hirschen tragen auch weibliche Tiere ein Geweih. Dank vielfältiger Schutzmaßnahmen haben sich die Elche im Norden wieder stark vermehrt. Für die Region typisch sind außerdem Schneehase, Berg-Lemming, Polarfuchs und Vielfraß.

**Raubtiere**  Vier große Raubtier-Arten leben in Finnland. Doch keine Angst: Touristen bekommen Bär, Wolf, Luchs und Vielfraß fast nie zu Gesicht. Zum einen sind sie selten. Als natürliche Feinde der Rentiere waren die Fleischfresser lange zum Abschuß freigegeben. Zum anderen sind die Raubtiere menschenscheu und teilweise nachtaktiv wie

*Elche ruhen tagsüber – am ehesten kann man sie in der Dämmerung beobachten.*

der Luchs. Braunbären gibt es vor allem in Tier- und einigen Naturparks. Die wenigen Wölfe sind Grenzgänger zwischen Russland und
Finnland. Mehr berüchtigt als bekannt ist der Vielfraß, eine große
Marderart, die wegen ihres gefräßigen und aggressiven Rufes fast
ausgerottet wurde und heute unter Naturschutz steht.

**Vögel**

Das Land mit den riesigen Feuchtgebieten ist vor allem als Brutstätte
und Rastplatz für Wasservögel bedeutend. Die Vogelwelt der Küsten
bietet uns vertraute Arten wie Rotschenkel, Austernfischer und Sil-
bermöwe, aber auch Besonderheiten wie Gryllteiste, Trottellummen
und Tordalken. Ein fantastisches
Wasservogelparadies ist die finnische Seenplatte. Hier rasten zahlreiche Gänse- und Entenarten,
Kraniche und andere, bevor sie in
den Süden ziehen. Als Brutvögel
lassen sich Waserrallen, Sumpfhüh-
ner, Schilfrohrsänger, Rohram-
mern, Haubentaucher, Lachmöwen
und viele Entenarten häuslich nieder. Über den großen Wasser- und
Schilfflächen ziehen Fischadler und
Rohrweihen ihre Kreise.
In der Taiga tummeln sich Spechte,
Drosseln, Finken, Fichtenkreuz-
schnabel, Rauhfuß- und Habichts-
kauz. Darüber hinaus leben hier
auch Arten wie das Auerhuhn, die
bei uns bereits ausgestorben sind.
Auf den Moorflächen brüten Be-
kassine und Brachvogel, Grünschenkel und Bruchwasserläufer. An
die harten Witterungsbedingungen oberhalb der Baumgrenze haben
sich u. a. Schneeammer, Schnee-Eule, Rauhfußbussard, Moorschnee-
huhn, Ringdrossel und Birkenzeisig angepaßt.

### *i* Angeln

■ Wurmangeln und Eislochangeln gehören
zu den Jedermannsrechten und sind ohne
spezielle Genehmigung erlaubt. Die Angel
darf jedoch keine Wurfangelrolle haben,
und künstliche Köder dürfen nicht benutzt
werden. Für alle anderen Angelarten muss
jeder 18- bis 64-jährige Angler eine
staatliche Fischereiabgabe in Höhe von
15 € für ein Kalenderjahr bzw. 5 € für eine
Woche entrichten, auf Finnisch »kalastuksenhoitomaksu«. Zusätzlich braucht
der Angler eine Genehmigung des
Gewässereigentümers oder eine Angelgenehmigung für die Gewässer der
jeweiligen Verwaltungsregion.

**Reptilien und
Amphibien**

Bei Reptilien und Amphibien trifft man auf wenige, aber aus Mitteleuropa vertraute Arten: Ringelnatter, Kreuzotter, Blindschleiche,
Erdkröte und Gras- und Moorfrosch.

**Fische**

Die finnischen Seen sind überwiegend klar und sauber und entsprechend reich an Fischen wie zum Beispiel Hecht, Lachs, Forelle, Karp-
fen und Saibling. In den Küstengewässern kommt auch der Strömling vor, ein kleiner Weißfisch der Ostsee. Beliebt zum Angeln sind
auch Barsche und Plötze, Brachsen und Zander. Doch auch hier hin-
terlässt die Zivilisation ihre Spuren: Besonders der Hauptwirtschafts-
zweig, die Papier- und Zellulose-Industrie, belastet Luft und Wasser.
Betroffen davon ist vor allem die finnische Westküste, wo stellenweise die Wälder geschädigt und die Gewässer belastet sind.

# Bevölkerung · Politik · Wirtschaft

**Bevölkerungs-struktur**

Finnland hat etwa 5,4 Millionen Einwohner. Die Bevölkerungsdichte im flächenmäßig siebtgrößten Land Europas beträgt knapp 17 Einwohner je km² (Deutschland 230 / km²). Der überwiegende Teil der Finnen wohnt in Städten, lediglich ein Drittel zieht das Leben auf dem Land vor. Die Hauptstadt Helsinki mit ihren Trabantenstädten Espoo und Vantaa ist eine schnell wachsende Boomregion, in der heute bereits eine Million Menschen leben. In der Provinz Uusimaa, die Helsinki umgibt, lebt mehr als ein Viertel der Bevölkerung; in Lappland kaum noch 200 000, weniger als 2 Personen/km², das sind fast so viele Menschen wie Rentiere.

**Sprachen**

Finnisch gehört zur kleinen Gruppe der finno-ugrischen Sprachen, die nur von 23 Mio. Menschen gesprochen werden und zu denen auch das sehr ähnliche Estnische und das sehr weitläufig verwandte Ungarische zählen. Finnisch ist eine der wenigen Sprachen Europas, die nicht indogermanischer Abstammung sind.

Schwedisch war die Sprache der Eroberer, Kolonisatoren und Missionare und Amtssprache des schwedischen Fürstentums, als das Finnland ganze 600 Jahre bis 1809 regiert wurde. Die schwedischen Könige siedelten in den Küstenregionen Bauern und Fischer aus den schwedischen Stammlanden an. In der finnischen Verfassung von 1919 bekam Schwedisch die Stellung einer zweiten Landessprache, die es bis heute behalten hat. Ein sehr weitgehendes Autonomiestatut haben die Ålandinseln, deren finnischsprachiger Bevölkerungsanteil bei weniger als 5 % liegt.

**Finnland-Schweden**

Etwa 92 % der Einwohner von »Suomi« (Landesname auf Finnisch) sind Finnen. Der Ausländeranteil im Lande ist gering – die 5,5 % Finnland-Schweden zählen als Finnen, die schwedisch sprechen: fast 290 000 Menschen, vor allem im Südwesten und auf den ausschließlich von »Schweden« bewohnten Ålandinseln. Finnland ist offiziell zweisprachig, aber auf kommunaler Ebene wird sauber getrennt: Die Gemeinden können einsprachig finnisch, einsprachig schwedisch oder zweisprachig sein. Auf dem Festland gelten 41 Kommunen als zweisprachig, wovon in nur 20 Gemeinden Schwedisch vorherrscht, und acht Kommunen als schwedischsprachig. Durch eigene Zeitungen, eigene Bühnen, eigenes Programm im Rundfunk sowie Sendeplätze im Fernsehen wird für die Bewahrung der kulturellen Identität einer einst herrschenden Minderheit viel getan.

**Lappen, Samen**

Rund 7000 Lappen, korrekt Samen, Samit oder Sameh, erfassten Statistiker vor ein paar Jahren in Finnland (darunter die Gruppe der Skolt-Samen orthodoxen Glaubens, die bis 1944 am Eismeer siedel-

*Rentierzucht ist noch heute einer der Haupterwerbszweige der Samen.*

ten). Die Samen in Finnisch-Lappland werden nach ihren Dialekten in Skolt-Samen (bei Sevettijärvi), Inari-Samen oder Nordsamen (um Utsjoki) unterteilt; Utsjoki galt bei der alten Zählung als einzige, mehrheitlich von Samen bewohnte Gemeinde.

Im Gegensatz zu dem Eindruck, den Touristenprospekte vermitteln, tragen die Samen nur selten ihre bunte Tracht mit Stiefeln und Rentierpelz und der Zipfelmütze. Die Ethnologen nehmen an, dass die Samen sich aus einem finno-ugrischen Stamm entwickelt haben, der schon vor den eigentlichen Finnen ins Land eingewandert war und später nach Norden abgedrängt wurde. Finnisch und Samisch, das drei Hauptdialekte hat, weisen eine deutliche Verwandtschaft auf.

Eine weitere Gruppe mit etwa 10 000 Menschen sind die am Rande der Gesellschaft vorwiegend in Südfinnland lebenden Roma (»Mustalaiset« = Schwarze). Viele von ihnen sprechen neben Finnisch und / oder Schwedisch die angestammte Sprache Romani. Während die Kleidung der Männer nur in Nuancen von der üblichen finnischen abweicht, tragen die Frauen auffällige, zumeist prächtige weite Samtröcke und reich verzierte Blusen. **Roma**

Die Zahl der Ausländer liegt heute bei 2 %. Zahlenmäßig am stärksten vertreten sind Bürger aus den Nachbarstaaten Russland, Estland und Schweden. Die Behörden lassen lediglich Asylsuchende ins Land, die vom UNO-Hochkommissar für Flüchtlingsfragen zugeteilt werden, darüber hinaus Einzelpersonen, deren Einreisegründe sehr genau geprüft werden. **Ausländer**

**Konfessionen**  Religion spielt im Alltagsleben der stark säkularen finnischen Gesellschaft eine stetig schwindende Rolle. Von zehn Finnen und Finninnen gehören jedoch acht der **evangelisch-lutherischen Volkskirche** an. In Lappland leben sehr viele pietistische Lutheraner; sie bezeichnen sich selbst als **Laestadianer**. Da sie Alkohol strikt ablehnen, bekommt der Tourist in Gemeinden, wo die Pietisten das Sagen haben, kein auch noch so schwaches Bier.

Die **Orthodoxen** bilden mit 1,1 % Anteil an der Bevölkerung die zweite Volkskirche. Sie pflegen die Verbindung zu den finnischen Kareliern jenseits der Ostgrenze. Eine der größten gemeinsamen Aufgaben war die Restaurierung des 992 gegründeten orthodoxen Klosters Valamo am Ladogasee.

Andere Glaubensgemeinschaften sind nur marginal vertreten, so Jehovas Zeugen mit 17 000 und die katholischen Christen mit mehr als 10 000 Gläubigen. Den jüdischen Gemeinden in Helsinki und Turku gehören rund 1500 Menschen an.

## Staat und Verwaltung

**Verfassung und Staatsaufbau**  Finnland ist nach seiner neuen, am 1. März 2000 in Kraft getretenen Verfassung eine souveräne Republik. Oberstes Organ der vollziehenden Gewalt sind die Präsidentin der Republik und der »Staatsrat« (Regierung), dessen Mitglieder das Vertrauen des Parlaments genießen müssen. Das Staatsoberhaupt wird in direkter Wahl für eine Amtsperiode von sechs Jahren gewählt. Seit dem 1. März 2000 hat die frühere Außenministerin **Tarja Halonen** als erste Frau das Amt des finnischen Staatspräsidenten inne. Die Staatspräsidentin ernennt und entlässt den Staatsrat, dem das Parlament jedoch das Vertrauen entziehen kann. Sie ist Oberbefehlshaberin der bewaffneten Streitkräfte. Auch wenn die neue Verfassung die Rolle des finnischen Staatsoberhauptes eingeschränkt hat, verfügt dieses, insbesondere in Sicherheitsfragen, über umfassendere Kompetenzen als etwa der deutsche Bundespräsident. Wenn sie verhindert ist, werden ihre Aufgaben vom Ministerpräsidenten wahrgenommen.

**Parlament**  Die Abgeordneten des Reichstags (finnisch: »Eduskunta«, schwedisch: »Riksdag«), eines Einkammerparlaments, werden für vier Jahre gewählt. Im Parlament sind zeitweise bis zu zehn Parteien repräsentiert. Die drei größten sind: Sozialdemokraten, Konservative und Finnisches Zentrum, das früher bäuerlich orientiert war.

Auch viele Finnen sind von der ständigen Parteitreue zum Prinzip der Wechselwahl übergegangen. Eigentlich nur die relativ kleine Finnlandschwedische Volkspartei kann sich auf ihre Wählerschaft verlassen.

**Regierungs-koalition**  Zwei der drei großen Parteien bilden gewöhnlich den Kern der Regierungskoalition, um den herum sich kleinere Parteien gruppieren. Da der Spitzenplatz zwischen den drei großen Parteien hin und her

## *Finnland Provinzen*

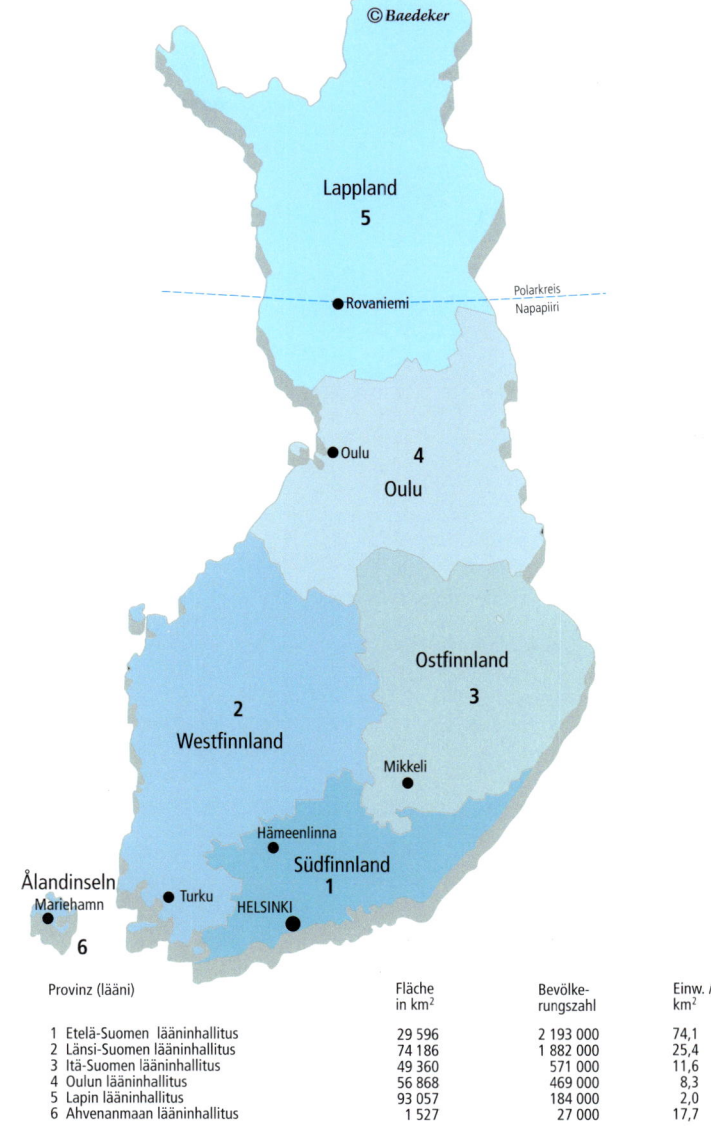

| Provinz (lääni) | Fläche in km² | Bevölke- rungszahl | Einw. / km² |
|---|---|---|---|
| 1 Etelä-Suomen lääninhallitus | 29 596 | 2 193 000 | 74,1 |
| 2 Länsi-Suomen lääninhallitus | 74 186 | 1 882 000 | 25,4 |
| 3 Itä-Suomen lääninhallitus | 49 360 | 571 000 | 11,6 |
| 4 Oulun lääninhallitus | 56 868 | 469 000 | 8,3 |
| 5 Lapin lääninhallitus | 93 057 | 184 000 | 2,0 |
| 6 Ahvenanmaan lääninhallitus | 1 527 | 27 000 | 17,7 |

## *Zahlen und Fakten* Finnland

**Lage**
▶ Nordosteuropa
59° bis 70° nördlicher Breite
20° bis 31° östlicher Länge

**Durchschnittstemperaturen**
▶ Juli: Helsinki 17 °C, Lappland 14 °C
▶ Febr.: Helsinki -4 °C, Lappland -13 °C

**Staatsgebiet**
▶ Fläche: 338 145 km²
davon knapp 70 % Wald, 10 % Wasser,
8 % Ackerland
(Fläche Deutschland: 357 104 km²)
▶ Längster Fluss: Kemijoki (494 km)
▶ Höchster Berg: Haltiatunturi (1324 m;
Lappland)

**Bevölkerung**
▶ 5,4 Mio. Einwohner
▶ Bevölkerungsdichte: 17 Einw./km²
(Vergleich: Hessen 6,1 Mio. Einw.,
287,4 Einw./km²)
▶ Städtische Bevölkerung: 71 %
▶ Minderheiten: ca. 7000 Samen
(Lappen), Roma

**Sprachen**
▶ Amtssprachen:
Finnisch 90,7 %, Schwedisch 5,4 %
▶ Minderheitensprachen:
Samisch, Romani u. a.

**Konfessionen**
▶ 80 % Lutheraner
▶ 1,1 % Finnisch-Orthodoxe
▶ 15 % Konfessionslose

**Staat**
▶ Republik seit 1919
▶ Staatsoberhaupt: Tarja Halonen (SDP)
(Präsidentin seit 2000)

Finnland

©*Baedeker*

**Wirtschaft**
▶ Bruttoinlandsprodukt:
185 Mrd. € (2010)
▶ Beschäftigte (2008):
Handel, Dienstleistungen, Verkehr
37,5 %
Öffentlicher Dienst: 32,4 %
Industrie: 18,3 %
Baugewerbe: 7,3 %
Land- und Forstwirtschaft: 4,6 %
▶ Arbeitslosenquote: 9 % (2010)

**Tourismus**
▶ 5,7 Mio. ausländische Besucher (2009),
davon 2,2 Mio. aus Russland und
332 000 aus Deutschland

wandert und die kleinen immerhin ein Drittel der Mandate haben, sind Koalitionsregierungen von drei oder sogar mehr Parteien unumgänglich. Um wichtige Gesetze durchs Parlament zu bringen, ist fast immer eine Zweidrittelmehrheit erforderlich, so dass eine Koalition auf breiter Basis die Regel ist.

Die Samen haben zwei eigene Volksvertretungen, das Sami-Parlament in Finnland mit 20 Abgeordneten und den Nordischen Samenrat, der für ganz Skandinavien zuständig ist. Beide Gremien besitzen nur beratende Funktion. **Sami-Parlament**

Finnland ist Mitglied der Vereinten Nationen und des Nordischen Rats, der die Beseitigung von Handelsbarrieren zwischen den Mitgliedsstaaten anstrebt. Bei einer Volksabstimmung 1994 sprach sich die Mehrheit der Bevölkerung für den Beitritt des Landes zur Europäischen Union aus. Am 1. Januar 1995 trat Finnland der Europäischen Union und am 1. Januar 1999 der Europäischen Wirtschafts- und Währungsunion bei. **Internationale Organisationen**

Die Schulpflicht beginnt im siebten Lebensjahr. Jedes Kind besucht mindestens neun Klassen Gesamtschule und erhält auf Kosten des Staats täglich ein warmes Mittagessen sowie sämtliche Lehrmittel. Danach geht es in die Berufsausbildung oder aber, nach bestandener Aufnahmeprüfung, aufs »Lukio«, wo man nach drei Jahren das »Ylioppilastutkinto« (Abiturzeugnis) erwerben kann. **Schulwesen**

Für die Aufnahme an einer Universität muss man eine fachgebundene Aufnahmeprüfung bestehen. Für 30 000 Studienbewerber stehen nur etwa 10 000 Studienplätze zur Verfügung. In Finnland gibt es 20 Universitäten und Hochschulen mit rund 180 000 Studierenden. Bildungspolitisch haben die Finnen sich hohe Ziele gesetzt. 1990 stellten sie sich die Forderung, die Finnen müssten anno 2010 die am besten ausgebildeten Europäer sein. Das Ziel scheint erreicht. Bei der jüngsten PISA-Studie schnitt Finnland als bestes europäisches Land ab. **Hochschulen**

Als erstes Land in Europa führte Finnland 1906 das Frauenwahlrecht ein. Heute stellen sie die Präsidentin und haben mit 60 bis 80 Parlamentarierinnen eine starke weibliche Vertretung. Jede zweite Beschäftigte ist eine Frau, nur ist ihre Lohntüte lediglich zu drei Vierteln so reichhaltig gefüllt wie die ihrer männlichen Kollegen. **Emanzipation der Frauen**

## Wirtschaft

Finnland ist ein Waldland. Über 60 % der Fläche werden von einer modernen, auf Nachhaltigkeit bedachten Forstwirtschaft genutzt. Ihre Erzeugnisse – Holz und Holzprodukte, Papier, Möbel – stellen bis zu 40 % der finnischen Exporte. Nach wie vor ist Finnland nach Ka- **Holz und Handys** nada der zweitwichtigste Papier- und Kartonagen-Exporteur der Welt. Das Land ist auch führend im IT-Sektor, die Herstellung von Mobiltelefonen (Nokia) und Mikroelektronik bescherten der finnischen Wirtschaft bis vor kurzem imposante Wachstumsraten. Inzwischen sind 15 % der finnischen Exporte High-Tech-Produkte.

**Dienstleister haben die Nase vorn**

Zwei von drei finnischen Arbeitnehmern haben einen Job im Dienstleistungsbereich, davon arbeitet wiederum jeder zweite von ihnen im öffentlichen Dienst. Knapp 26 % der Arbeitsplätze stellen Industrie und Baugewerbe; Land- und Forstwirtschaft beschäftigen gerade einmal knapp 5 % der Erwerbstätigen.

**Wirtschaftskrise der 1990er-Jahre**

Bis zum Zusammenbruch des sowjetischen Marktes im Jahre 1991 war Finnland wirtschaftlich stark nach Osten ausgerichtet. Der Warenaustausch mit der ehemaligen Sowjetunion machte einen großen Teil des gesamten finnischen Außenhandels aus. Die Wirtschaftskrise, die ab 1989 einsetzte, trieb viele finnische Betriebe und Banken in die Pleite. In nur drei Jahen, von 1990 bis 1993, fiel das Bruttosozialprodukt um 13 %, gleichzeitig stieg die Arbeitslosigkeit von 3,4 % auf über 18 %! Erst mit der Abwertung der Finnmark um bis zu 30 % konnten die Exportaussichten wieder verbessert werden.

*In riesigen Flößen lagert das Holz zur Verarbeitung im Saimaa bei Lappeenranta.*

Der Beitritt zur **Europäischen Union** im Januar 1995 ermöglichte der finnischen Wirtschaft einen Expansionskurs. Finnland erfüllte problemlos alle Konvergenzkriterien von Maastricht und wurde Gründungsmitglied der Europäischen Währungsunion. Im Jahr 2000 erreichte es ein beneidenswertes Wirtschaftswachstum von 5,6 %. Bis 2007 haben sich die Zahlen bei einer Wachstumsrate von knapp 3 % jährlich konsolidiert, die Arbeitslosigkeit sank auf 6,9 %.

**EU-Beitritt 1995**

Die veränderten politischen Konstellationen im Ostseeraum bergen Chancen für die finnische Wirtschaft. Hier leben rund 40 Mio. Menschen, es gibt ca. 50 Großstädte, über 70 Ostseehäfen, ein gut funktionierendes Fährsystem sowie 6 internationale Flughäfen. Gut haben sich die wirtschaftlichen Beziehungen mit Russland und den baltischen Staaten entwickelt. Inzwischen investieren viele Firmen aus der Europäischen Union in Finnland, da die internationale Wettbewerbsfähigkeit des Landes stark gestiegen ist. Ausschlaggebend sind dabei die Kriterien Infrastruktur, Ausbildung, Wissenschaft und Technologie. Selbst der Stuttgarter Sportwagen-Hersteller Porsche ließ einige Jahre lang seinen »Boxster« bei Valmet Automotive in Uusikaupunki fertigen.

◄ Chancen im erweiterten Ostseeraum

**? WUSSTEN SIE SCHON …?**

■ … dass es ein 21-jähriger Finne war, der 1991 das Betriebssystem LINUX entwickelte? Die freie Software wird von Usern und Entwicklern auf der ganzen Welt ständig weiterentwickelt und der geniale Erfinder Linus Torvalds avancierte zum gefeierten Guru der Open-Source-Community.

Von der **Finanz- und Wirtschaftskrise 2008/2009** blieb auch Finnland nicht verschont. Besonders starke Einbrüche mussten die exportorientierte Forstindustrie sowie der Maschinenbau und die Metallindustrie hinnehmen. Im ersten Halbjahr 2009 sackte das finnische Bruttoinlandsprodukt um fast 8 % gegenüber dem Vorjahreszeitraum ab, die Zahl der Arbeitslosen schnellte binnen Jahresfrist von 195 000 auf 255 000 empor und 100 000 Arbeitnehmer wurden beurlaubt.

**Bleierne Zeit für Finnlands Wirtschaft**

Finnland benötigt nicht nur aufgrund seiner nördlichen Lage viel Brennstoff zum Heizen, sondern auch viel Energie für die Wirtschaft. Fossile Energieträger gibt es in Finnland kaum, weshalb viel Erdöl und Erdgas aus Russland eingeführt werden. Mit einem Anteil von ca. 22 % erneuerbaren Energien belegt Finnland jedoch eine Spitzenposition unter den europäischen Ländern. Etwa 20 % des Stroms erzeugen fünf Atomkraftwerke.

**Energieproblem**

Finnland ist verhältnismäßig reich an Mineralien; zum Export gelangen Eisen, Kupfer, Zink und Nickel. Im Jahre 2010 wurde bei Kevitsa (142 km nordöstlich von Rovaniemi) einer der größten Kupfer- und Nickel-Tagebaue der Welt in Betrieb genommen, aus dem etwa 15 Jahre lang etwa 4,5 Millionen Tonnen Erz per annum gefördert werden können.

**Bodenschätze**

*Am Puls der Zeit: Neue
Handy-Modelle mit immer
besseren Features gibt es im
Jahrestakt.*

*Rechts: Hier werden die
Geschicke eines der größten
Arbeitgeber im Land gelenkt:
Nokia Firmenzentrale in
Espoo bei Helsinki*

# HIGH TECH »MADE IN FINLAND«

**Finnische Angler, Waldarbeiter oder Sommerhausbesitzer kauften schon immer Nokia. Schwarz glänzend, wasserdicht und quasi unverwüstlich – die Gummistiefel der Firma aus einem Ort bei Tampere erfüllten höchste Qualitätsansprüche. Heute ist NOKIA ein Global Player der Telekommunikationsindustrie und immer noch ein Aushängeschild finnischer Wirtschaftskraft. Der Elektronikkonzern mit Firmensitz in Espoo beschäftigt rund 50 000 Mitarbeiter in 130 Ländern und verbuchte 2009 einen Umsatz von 40 Mrd. Euro.**

**Fredrik Idestam** gründete 1865 im finnischen Südwesten einen forstwirtschaftlichen Betrieb. 1898 entstand die »Finnish Rubber Works Ltd.«, spezialisiert auf Gummiummantelung von Telegrafenleitungen. 1912 begann die »Finnish Cable Works« Fernmelde- und Stromkabel zu produzieren. 1915 ging »Nokia« erstmals an die Börse. Telefon- und Telegrafentechnik waren damals Zukunftsindustrien. In den 1960er-Jahren, als Gummistiefel zu den wichtigsten Produkten des Unternehmens gehörten, war Innovation kein Fremdwort: So verblüffte Nokia durch die Präsentation knallbunter Gummistiefel, stieg aber zur gleichen Zeit auch in den Telekommunikationsmarkt ein. 1963 wurde – unbemerkt von der Öffentlichkeit – ein Funktelefon entwickelt, 1965 dann Datenmodems. 1981 führte Skandinavien das erste Mobilfunknetz der Welt ein – die Autotelefone hierfür kamen von Nokia.

## Erstes Handy 1987

**Der Konzern** veränderte sein Gesicht und investierte in die Bereiche Fernsehen, PC-Technik sowie Telefon und Informationstechnik. Heute steht das Unternehmen auf den zwei Säulen Telekommunikationsnetze und Mobiltelefone. Die Spezialisierung auf Telekommunikation machte Nokia zu einem der wichtigsten Hersteller und Entwickler von modernen Datenfernübertragungssystemen.

## Marktführer

**Politik und Technologie** haben die Branche ab den 1980er-Jahren stark beeinflusst. Es fand eine breite Deregulierung statt, die den Wettbewerb anregte. Nokia war auf diesen Wettbewerb durch die Konzentration auf die Telekommunikation gut vorbereitet und entwickelte sich rasch zum Weltmarktführer. Mobiltelefone »Made in Finnland« machten bald zwei Drittel des Nokia-Umsatzes aus. Der Markenname Nokia ist auch Nicht-Handy-Besitzern ein Begriff, auch wenn mancher noch glaubt, dass Nokia ein Konzern aus Fernost ist ...

## Kurzmitteilung – eine finnische Erfindung

**»Nokia Research«,** die firmeneigene Forschungseinrichtung, sorgt dafür, dass Nokia weiterhin mit eigenen Entwicklungen in diesen kapitalintensiven Branchen mithalten kann. An den Weltbörsen wird Nokia als die wichtigste nichtamerikanische Firma dieser Art gehandelt.

Übrigens: Auch die inzwischen so beliebten Kurzmitteilungen, SMS, wurden in Finnland erfunden. Als 1993 der Ingenieurstudent Riku Pihkonen die erste SMS abschickte, hielt man dies für keine besonders einschneidende Sache. Niemand konnte sich damals vorstellen, welche Bedeutung Textmitteilungen einmal gewinnen sollten. Heute sind sie weitaus beliebter als Telefonanrufe und ihr Datenvolumen entsprechend höher.

## Arbeitsplätze für Europa

Nach der Eröffnung des Entwicklungszentrums in Bochum im Jahr 2000 wurden binnen Jahresfrist 1000 neue Mitarbeiter eingestellt. Aus der Tiefe der finnischen Wälder gelang der Aufstieg in die weltweiten Datennetze des 21. Jahrhunderts. Inzwischen ist die »Nokia-Karawane« aus dem Ruhrgebiet weggezogen und hat ihre Zelte in Rumänien aufgeschlagen – für wie lange?

## Nokia-Krise 2011

Im Frühling 2011 gab Nokia bekannt, sich von 7000 Mitarbeitern trennen zu müssen. Der Handy-Riese hatte zuvor Marktanteile verloren und bei der Entwicklung eines eigenen Tablet-PC viel Zeit verloren.

# Geschichte

**Finnland liegt im großen Spannungsfeld zwischen West und Ost. Auf das lange Kapitel schwedischer Herrschaft folgte das der russischen, bis schließlich im Kalten Krieg der Name des unbedeutenden, abgelegenen Landes plötzlich zum Synonym für Neutralität und politische Dialogbereitschaft wurde.**

# Frühzeit

| | |
|---|---|
| **ab 8000 v. Chr.** | Erste Besiedlung |
| **1. Jh. n. Chr.** | Die ersten Finnen erreichen das Land |

Erste Zeugnisse einer Besiedlung Finnlands reichen in die Steinzeit **Früheste Spuren** (ca. 8000 v. Chr.) zurück. Man weiß wenig von diesen Jägern, von denen Archäologen jedoch eines wissen: Sie waren keine Vorfahren der Finnen. Gleiches gilt auch für deren Nachfolger, die vor 3000 v. Chr. die **kammkeramische Kultur** mitbrachten, oder spätestens um 1800 v. Chr. die **Bootaxtkultur**. Germanische Kaufleute importierten ab 1200 v. Chr. die Bronzekultur, das neue Material Eisen tauchte dann mit den »echten« Finnen auf.

Wohl aus dem Landschaftsraum westlich des Urals strömten im ers- **Die Finnen** ten Jh. n. Chr. die ersten Finnen bis nach »Suomi«; die benachbarten **kommen** Ungarn, sprachlich entfernt verwandt, machten sich erst Jahrhunderte später auf den Weg gen Süden. Die Neuankömmlinge vermischten sich mit den indogermanischen Stämmen, die hier bereits heimisch geworden waren; ihre Sprachkultur hatte fortan das Sagen. Tacitus bezeichnete die **»Fennen«** 98 n. Chr. in seinem Werk »Germania« als »erstaunlich wild und erschreckend arm«.

Im Zeitraum vom 6. bis 10. Jh. drängten die Finnen die **Samen**, die **Samen und** vor ihnen hier siedelten, aus dem küstennahen Raum im Südwesten **Karelier** nach und nach ins Landesinnere zurück. Im Osten bildeten die **Karelier** am Ladoga-See ein eigenes Stammesgebiet. Innerhalb der Stämme entstanden klare Machtstrukturen, die bis ins feudale Mittelalter fortwirkten. Finnen und »schwedische« Wikinger jenseits des Bottnischen Meerbusens pflegten einen regen Pelzhandel; die besten Jagdgründe waren dafür im Besitz der Samen.

# Die schwedische Epoche

| | |
|---|---|
| **1157** | Schwedischer Kreuzzug gegen die heidnischen Finnen |
| **1284** | Finnland wird schwedisches Herzogtum. |
| **1527** | Gustav Wasa I. führt die Reformation ein. |
| **1700–1721** | Nordischer Krieg, Ostkarelien und Vyborg gehen an Russland. |

←*Vermächtnis aus Finnlands Epoche als russisches Großfürstentum: die orthodoxe Uspenski-Kathedrale in Helsinki*

**Christianisierung**   Während die Fürsten von Nowgorod friedfertige Mönche vorschickten, um den Kareliern (vom heute russischen Vyborg aus) den orthodoxen Glauben näherzubringen, bekehrten die Schweden die Finnen gleich mit dem Schwerte zur römisch-katholischen Kirche: 1157 rief Erik IX. zum Kreuzzug gegen die Heiden auf. Mit Rittern und Priestern kamen die ersten Bauern und Fischer, sie siedelten an der Süd- und Südwestküste. Das missfiel dem Volkshelden Lalli: 1158 erschlug er Bischof Henrik.

**Kolonisation von Westen und Osten**   Es folgt die Kolonisation von Süd- und West-Finnland durch Schweden im 13. Jh.; die Dänen errichteten um 1200 nur vorübergehend einen Stützpunkt an der Südküste. Jaroslaw von Nowgorod sicherte 1227 seinen Machtbereich im Osten durch Zwangstaufe aller Karelier. 1229 war Åbo / Turku mit der Übersiedlung des Bischofs weltliches und geistiges Zentrum im Westen.

**Herzogtum Finnland**   Während des zweiten schwedischen Kreuzzugs gegen die Finnen (und Samen) wurden 1249 weite Teile Mittelfinnlands unterworfen, ab 1250 wurde das endlose Waldareal planmäßig besiedelt. Dieses besetzte Gebiet, das Herzogtum Finnland, war seit 1284 ein integraler Bestandteil der schwedischen Machtsphäre.

**Ost-Expansion**   Im Jahr 1293 dehnte sich der Machtbereich der Schweden bis zum Ladoga-See aus, Vyborg wurde befestigt. Im Frieden von Schlüsselburg 1323 wurden Karelien und Mittel-Finland, etwa entlang einer Linie vom heutigen St. Petersburg bis nach Österbotten im Nordwesten, zwischen dem Schwedischen Reich und dem Stadtstaat Nowgorod aufgeteilt. Als Schwerpunkt im wiedergewonnenen Gebiet gründete Nowgorod 1329 das **Kloster Valamo** im Ladoga-See (erst 1940 in den heute finnischen Landesteil verlegt). Bis 1351 wechselte das Kriegsglück hin und her, dann einigten sich die Parteien im estnischen Dorpat (heute Tartu) auf die alte Grenzziehung und hielten für beinahe 250 Jahre daran fest.
Für all seine Kriegs- und Kreuzzüge brauchte Schweden Waffen tragende Neu- und Alt-Finnen. Dazu diente ab 1279 das Statut von Alsnö: Wer zur schimmernden Wehr ging, zahlte keine Steuern. Der privilegierte Kreis wurde 1345 erweitert, das lockte immer mehr Siedler, und es entwickelte sich eine mit besonderen Rechten und Pflichten ausgestattete Adelsschicht. Albrecht von Mecklenburg brachte viele Landsleute mit, so kamen und blieben deutsche Geschlechter auch im rauhen Nordosten.

**Kalmarer Union**   In der Kalmarer Union vereinte **Königin Margarete** 1397 die nordischen Reiche von Dänemark, Norwegen und Schweden-Finnland. Schon unter dem ersten gemeinsamen Herrscher **Erik XIII.** brach das zentralistisch regierte Gebilde 1439 zeitweilig auseinander; 1523 löste **Gustav Wasa I.** Schweden dann endgültig aus dem Verbund. Im Os-

*Lange Zeit Vorposten schwedischer Macht: die Burg Turku*

ten wurde Nowgorod 1478 ins Großfürstentum Moskau, der Keimzelle des Zarenreichs, integriert.

Zur Zeit der Union wuchs die Macht des Adels; bedeutender Lehens-
besitz befand sich in den Händen von nur wenigen Getreuen, die
große Güter erhielten. In den kleinen Handelsstädten entwickelte
sich ein schwedisches Bürgertum. Die Kluft zwischen den privilegier-
ten Neuankömmlingen und den armen finnischen Bauern wurde immer größer. Letzteren gehörten zwar 90 % des Landes; jedoch hauptsächlich Wald und Sumpf. Reiche Böden besaßen allein Krone, Adel
und Kirche.

**Gustav Wasa I.** (1523 – 1560) trat zum lutherischen Glauben über **Reformation**
und führte 1527 die Reformation ein; damit verschafft er der Krone
die reichen Besitztümer der katholischen Kirche. Der Theologe **Mikael Agricola**, ein Schüler Luthers, übersetzte um 1548 das Neue Testament ins Finnische; somit wird die Ausdrucksform der armen Be-
völkerungsmehrheit erstmals als Schriftsprache fixiert und ausgezeichnet. Die herrschende lutherische Doktrin brachte den Bauern
jedoch eher materielle Nachteile gegenüber Adel und Bürgertum,
und Schwedisch blieb weiterhin die Sprache der Gebildeten.

Von 1561 bis 1583 gewann Schweden ganz Estland. Finnland wurde **Schweden als**
1581 zum Großfürstentum erhoben; kulturell und wirtschaftlich **Großmacht**
blühte der schwedischsprachige Teil dadurch auf (1640 Gründung
der Universität von Åbo). Unter **Gustav II. Adolf** (1611 – 1632) spielte das Land des »Löwen aus dem Norden« in ganz Nordost-Europa

eine dominierende Rolle und erhielt Ostkarelien von Russland zurück sowie von Polen das baltische Livland. 1645–1660 rang es Dänemark das heutige Südschweden und Gotland ab; im Westfälischen Frieden 1648 wurde seine Machtposition bestätigt. Manche der Feldherren gewannen in Finnland riesige Güter; erst mit der Einziehung der Lehen Ende des 17. Jh.s erlangte die Krone wieder ihre Geltung. Diese Schwächung des Adels führte in der Folge zu einer Stärkung des Bürgertums. Aber im **Nordischen Krieg** (1700–1721) verlor Schweden schließlich seine Stellung als europäische Großmacht und musste im Frieden zu Nystad (neben anderem) Vyborg und Ostkarelien an Russland abtreten.

**Machtwechsel in Finnland** Die umfassende Niederlage Schwedens hatte im Innern weit reichende Konsequenzen: Die absolutistische Monarchie löste sich auf, rivalisierende Adelsparteien bestimmten die Geschicke des Landes. Russland bekam im Frieden zu Åbo 1743 den Südosten Finnlands zugesprochen. **Gustav III.** (seit 1771) regierte als aufgeklärter, beliebter Monarch; der Krieg gegen Russland 1788–1790 änderte nichts an der bestehenden finnischen Grenze. Im Geist der Aufklärung am Vorabend der französischen Revolution erwachte auch im Norden der Wunsch nach nationaler und kultureller Unabhängigkeit: 100 schwedische Offiziere gründeten den »Anjala-Bund« mit dem Ziel, ein autonomes Finnland zu gestalten; und die »Aurora-Gesellschaft« setzte sich zum Ziel, dem Finnischen als Sprache neues Gewicht zu verleihen. Nach der Ermordung Gustavs III. 1792 steuerte **Gustav IV.** auf antifranzösischem Kurs gegen Napoleon; das kostete ihn 1809 den Thron und Finnland ging an Russland.

# Die russische Epoche

| 1809 | Finnland erhält von Russland den Status »autonomes Großfürstentum«. |
|---|---|
| 1812 | Helsinki löst Turku als Hauptstadt ab. |
| 1863 | Finnisch und Schwedisch werden zu gleichberechtigten Sprachen. |
| 1899 | Der Versuch, Russisch als Staatssprache einzuführen, scheitert. |
| 1906 | Allgemeines Wahlrecht (auch für Frauen!) für das neu konstituierte Parlament. |

**»Im Kreis der Nationen«** Nach der Niederwerfung Preußens 1807 standen **Napoleons** Truppen an der Ostsee und besetzten Schwedisch-Vorpommern. In Tilsit an der Memel kam es zum Treffen zwischen dem französischen Kaiser und dem **Zaren Alexander I.**: Russland beteiligte sich am Wirt-

schaftsboykott, der Kontinentalsperre gegen Großbritannien; dafür
bekam es freie Hand, Finnland in seinen Machtbereich einzugliedern. 1808 drang die russische Armee in Finnland ein. Um eine rus-
senfreundliche Stimmung zu erzeugen, erklärte Alexander I. 1809
auf dem Landtag in Borgå / Porvoo Finnland zum **autonomen Großfürstentum**; theatralisch erhob er »das finnische Volk in den Kreis
der Nationen«. Im Frieden von Frederikshamn wurde Finnlands Zukunft bestätigt; zuvor an Russland gefallene Ostgebiete wurden mit
dem übrigen Teil wieder vereint.

Zielstrebig verfolgte der Zar nun das Ziel, die kulturelle Dominanz    **Russische**
Schwedens in Finnland zu schwächen und bei erwachendem Natio-    **Einflusssphäre**
nalbewusstsein das Land eng ans russische Reich zu binden. Ein 14-
köpfiger Senat, dessen finnische Mitglieder vom Generalgouverneur
des Zaren ernannt wurden, regelte die inneren Wirtschaftsangelegen-
heiten und diente außerdem als oberste Berufungsinstanz.
1812 wurde statt Åbo das russlandnahe Helsinki zur Hauptstadt erklärt. 1815 gelangte Russland auf dem Wiener Kongress in den Besitz
der ganzen östlichen Ostsee; Finnland gewann militärisch an Bedeutung, auf den Ålandinseln wurde unter **Nikolaus I.** (1825 – 1855) die
gewaltige Festung Bomarsund erstellt. 1827 fiel Åbo den Flammen
zum Opfer – eine willkommene Gelegenheit, die Universität ins repräsentative Helsinki zu verlegen. Vermehrt besann sich das Volk der
Finnen auf seine eigene Sprache, Kultur, Geschichte und mündliche
Überlieferung; 1835 erschien das Nationalepos **»Kalevala«** und legte
davon beredtes Zeugnis ab.

Im Jahre 1854 besetzten Engländer und Franzosen im Krimkrieg die    **Finnlands**
Ålandinseln; der Frieden von Paris 1856 machte sie in der Folge zur    **Förderer**
demilitarisierten Zone, ein Status, der bis heute Gültigkeit hat. Der
neue **Zar Alexander II.** (1855 bis 1881) erwies sich als ein Förderer
von Finnlands eigenständiger Entwicklung: 1863 wurde Finnisch zur
gleichberechtigten Sprache neben Schwedisch; finnische Münzen
wurden erstmals 1865 geprägt.

In den Jahren 1867 / 1868 starben fast 100 000 Menschen, 8 % der    **Wirtschaftliche**
Bevölkerung, an den Folgen einer Hungersnot. In den vorangegan-    **Entwicklung**
genen 100 Jahren war die Bevölkerung um das drei- bis vierfache ge-
wachsen. Der Bau der Eisenbahn sowie niedrigere Zölle bewirkten
dann ab etwa 1870 eine rege Ausdehnung der profitablen Forstwirtschaft und eine erste Industrialisierung.

Unter dem seit 1881 regierenden **Alexander III.** begann eine Russifi-    **Ende der**
zierungswelle in allen Außenposten des Zarenreichs; auch sein    **Autonomie und**
Nachfolger **Nikolaus II.** (1894 – 1917) war ein begeisterter Anhänger    **Russifizierung**
von Russifizierung und Panslawismus. 1898 ernannte dieser **Nikolai
Bobrikov**, den Oberbefehlshaber der finnischen Armee, zum Generalgouverneur Finnlands. Bobrikov wurde zum verhassten Protago-

nisten einer vom finnischen Volk ungeliebten Regierung, er verantwortete die Einführung der russischen Sprache als schulisches Pflichtfach, als Staatssprache in der Verwaltung und die Aufnahme von Russen ins schwedisch-finnische Beamtentum. Nachdem der Zar eine Petition gegen diese Maßnahmen zurückwies, wuchs der passive Widerstand in immer weiteren Kreisen der finnischen Gesellschaft. In seinem symphonischen Werk »Finlandia« wiederspiegelt Jean Sibelius 1899 die Stimmung seines Volkes.

**Revolution und Reaktion**

1904 fiel Bobrikov einem Atttentat zum Opfer. Ende Oktober 1905 kam es zu einer revolutionären Erhebung in St. Petersburg. Der Funke verbreitete sich, auch die finnischen Arbeiter traten in den Generalstreik. Um die Ordnung wiederherzustellen, annullierte der Zar die Erlasse Bobrikovs.

Die Liberalen übernahmen das Ruder im Senat, und als Ersatz für den Landtag billigte der Zar 1906 ein Parlament. Erstmalig erhielten jetzt alle Finnen das **Wahlrecht**, erstmals in Europa auch Frauen. 1907 errangen die Sozialdemokraten 80 von 200 Sitzen. Eine so starke Linke in einem fast wieder autonomen Finnland empfanden der Zar und die nationale Rechte als eine Gefahr für den Bestand von Reich und Regime. Ab 1908 wurde der russische Ministerrat zum »Schiedsrichter« in finnischen Belangen, ab 1910 entschied das russische Parlament, die Duma, über alles, was von allgemeinem Staatsinteresse war, die Eduskunta (= Parlament) jedoch nur noch über Lokales; ab 1912 schließlich hatten die Russen die gleichen Rechte wie die Finnen im Großherzogtum.

**»Grünes Gold«**

Die weiten Wälder wurden zur Basis für einen wirtschaftlichen Aufschwung. Zwischen 1875 und 1914 vervierfachte sich die Ausfuhr an Schnittholz, um 1910 erbrachte die **Holzindustrie** mit Papier, Derivaten und Rohholz 40 % der Exporterlöse, 1913 sogar über 70 %. Es gab viel Arbeit: Von 102 000 Industriebeschäftigten waren 31 000 in Sägewerken tätig. Die sonstige Industrieentwicklung verlief eher schleppend. Eine wohlhabende Schicht von Bauern als Forstbesitzer formierte sich zum ländlichen Mittelstand. Kleinlandwirte und andere Benachteiligte wanderten in die aufstrebenden Städte der Umgebung ab; St. Petersburg vermeldete 1884 über 24 000 Finnen.

**Am Rande des Ersten Weltkriegs**

1905 nahm Zar Nikolaus II. Abschied von dem Plan, die Finnen in die russische Armee zu zwingen. Für 10 Millionen Finnmark im Jahr konnte sich das ganze Volk von der Einberufung »freikaufen«. Als Russland am 30. Juli 1914 die Generalmobilmachung anordnete, blieben Finnlands Männer draußen vor der Kaserne. Metall- und andere Industrien erlebten bis 1917 einen Boom; es waren **goldene Zeiten für Spekulanten und Profiteure**. Bei den Wahlen von 1916 gewannen die Sozialdemokraten die Mehrheit. 2000 Finnen verließen das Land, um in Deutschland Militärdienst zu leisten – als Ausbildung für den drohenden Kampf gegen Russland.

# Unabhängiges Suomi

| 1917 | Februarrevolution in Russland, Zar Nikolaus II. dankt ab. |
| 6.12.1917 | Finnland erlangt die Unabhängigkeit. |
| 1918–1919 | Bürgerkrieg zwischen »Roten« und »Weißen« |

Am 15. März 1917 dankte Zar Nikolaus II. ab, Russland war nun Republik. Die Provisorische Regierung in Petrograd hob die reaktionären Erlasse auf und ernannte einen finnenfreundlichen Generalgouverneur; die Hälfte der Sitze im Senat besetzten Sozialdemokraten. Diese wollten nun in Verhandlungen mit Russland die volle Selbständigkeit für Finnland erlangen, fanden jedoch kein Gehör und suchten deshalb die Verständigung mit den Bolschewiki. Am 17./18. Juli beschloss das Parlament ein von dem Kongress der Sowjets abgesegnetes Gesetz, das Finnland von fremder Oberhoheit befreite; daraufhin wurde am 31. Juli das Parlament, die Eduskunta, aufgelöst.

**Der Schritt zur Souveränität**

Bei den Neuwahlen am 3./4. Oktober gewannen die bürgerlichen Parteien die Mehrheit. Die Lebenshaltungskosten hatten sich in vier Jahren vervierfacht, die Finnmark war nur noch ein Viertel so viel wert wie 1913. Am 7. November übernahmen die Bolschewiki in Petrograd die Macht, und im gesellschaftlich gärenden Finnland wurde am 13. November der **Generalstreik** ausgerufen. Die Radikalsozialisten strebten nach der Staatsgewalt, doch als am 19. November der Streik mit Annahme des Acht-Stunden-Arbeitstags beendet wurde, erhielt die bürgerliche Regierung die Initiative zurück. Alle Bürgerlichen erstrebten jetzt mit Nachdruck die Unabhängigkeit, Finnland sollte nicht Teil eines neuen »roten«, sowjetischen Reichs werden. Am 6. Dezember billigte die Eduskunta den Weg zum souveränen Suomi; und Lenin entließ das gespaltene Finnland am 31. Dezember in eine Selbständigkeit, die aller Voraussicht nach in einen Bürgerkrieg münden würde.

**Erringung der Selbständigkeit**

Schon seit Sommer 1917 bildeten sich »rote« Arbeiter- und Bauernmilizen im Süden des Landes. Die Arbeiterbewegung betrachtete den Parlamentsbeschluss, Polizei und reguläre Truppen zur Wiederherstellung der Ordnung aufzustellen, als Kampfansage. Am 19. Januar 1918 gerieten Rote und Weiße Garde erstmals aneinander. Fünf Tage zuvor hatte **General Carl Gustav Mannerheim** (►Baedeker Special S. 202) den Oberbefehl über die neue finnische Armee übernommen. Während die Weißen die sowjetischen Garnisonen in Vaasa entwaffneten, besetzten die Roten am 27./28. Januar Helsinki und schufen eine kommunistische Gegenregierung. Der Süden war nun »rot«, der Norden »weiß«. Der daran anschließende Bürgerkrieg endete mit einem Sieg der Regierungstruppen unter General Mannerheim in der Schlacht von Tampere.

**»Rote« gegen »Weiße«**

**Sieg der »Weißen«**

Mehr als 25 000 Opfer hatte der Bürgerkrieg gekostet, im Krieg gefallen, ermordet durch den Terror der Roten, umgekommen in den Lagern der Weißen – lange Zeit ein nationales Trauma. Dabei befanden sich die bürgerlichen Weißen von ihrem Selbstverständnis her sowohl in einem Befreiungskampf (»vapaussota«) gegen die Sowjets als auch, wie der Tagesbefehl Mannerheims vom 23. Februar zeigt, auf einem Eroberungsfeldzug in Ost-Karelien.

**Ein deutscher Herrscher**

Nach dem Friedensschluss am 3. März 1918 zwischen dem Deutschen Reich und Sowjetrussland geriet Finnland politisch wie wirtschaftlich unter deutsche Hegemonie. Im Juli wurde dem Land im Rahmen einer Militärallianz und zur Herstellung dauerhafter freundschaftlicher Beziehungen ein deutscher Prinz als neuer Monarch aufgedrängt. Am 9. Oktober 1918 wurde Friedrich-Karl von Hessen vom »weißen« Eduskunta mit 64 zu 41 Stimmen zum König gewählt; am 14. Dezember (das Deutsche Reich war inzwischen Republik) verzichtete er jedoch auf den Thron, und das kurze Kapitel deutscher Dominanz in Finnland ging zu Ende.

**Die unruhige Republik**

Das junge, in Preußen ausgebildete Offizierskorps bestimmte die Armee. Im Osten versuchte Finnland weiterhin, Einfluss in Karelien zu gewinnen; erst nach Gründung einer Sowjetrepublik schloss der neue Staat mit Sowjetrussland zur Sicherung seiner Grenzen im Oktober 1920 Frieden. Am Eismeer erhielt Finnland Petsamo, den einzigen eisfreien Hafen. Um internationale Anerkennung und um einen Ausgleich mit Schweden sowie der schwedisch-sprachigen Bevölkerung im Lande bemüht, gestand die Republik den Ålandinseln 1920 die Selbstverwaltung zu. Im Innern blieb der tiefe Graben zwischen Weiß und Rot bestehen: 1922 wurde die Akademisch-Karelische Gesellschaft (AKS) gegründet, ein Verein, der die totale Finnlandisierung der Gesellschaft auf seine Fahnen schrieb. Linke suchten nach dem Verbot der linkssozialistischen Partei 1923 ihr Glück im finnischsprachigen, kommunistischen Karelien. Sie bestimmten die Gewerkschaftspolitik; als Streikbrecher-Organisation formierte sich die Organisation »Vientirauha«, deren Mitglieder meist aus dem ländlichen Österbotten stammten, wo auch die am italienischen Faschismus orientierte **Lapua-Bewegung** (siehe unten) ihre Wurzeln hat.
Im Land nimmt die städtische Bevölkerung rapide zu, die Wirtschaft floriert, Holz bringt den Bauern Geld und den Kommunisten die meisten Stimmen von armen Waldarbeitern. Der Held des Jahrzehnts ist aber kein Haudegen, sondern der große Langstreckenläufer: **Paavo Nurmi**.

**Kommunisten kontra Konservative**

Am letzten Sonntag im November 1929 marschierte der kommunistische Jugendverband mit wehenden roten Fahnen durch Lapua, eine Provokation für die gottesfürchtigen Bürger des kleinen Städtchens. Die Agitation griff um sich, und landauf, landab kam es zu Ausschreitungen gegen Sozialisten, an denen sich die »Suojeluskunta«, eine paramilitärische Truppe von 100 000 Mann, beteiligte. Der weiße Terror ging unkontrolliert weiter. Am 14. Oktober 1930 wurde der liberale Ex-Präsident Ståhlberg zur sowjetischen Grenze deportiert; daraufhin distanzierten sich die konservativen Kräfte von der »Bewegung«. Im November billigte die Eduskunta das Verbot jeglicher kommunistischer Tätigkeit. Im März 1932 riefen Lapua-Mitglieder zum Regierungssturz auf, aber die Armee schloss sich dieser Forderung nicht an. Im März 1937 machte dann die agrar-konservative Regierung einer Mitte-Links-Regierung Platz.

Lange bestimmten die Bauern das Geschehen; 1930 wurden noch 47 % des Bruttosozialprodukts auf dem Land erzeugt (in Schweden nur 13 %). Neben Holz waren jetzt auch mit Getreide oder Milch Gewinne zu erzielen. Gegen Ende der 1930er-Jahre verbesserte sich die Situation der Arbeiter. Wichtigster Handelspartner vor Hitler-Deutschland ist bis 1940 Großbritannien.

# Der Zweite Weltkrieg und seine Folgen

| | |
|---|---|
| **1939** | Beginn des »Winterkriegs« gegen die Rote Armee |
| **1941** | »Fortsetzungskrieg« gegen die Sowjetunion auf Seiten der Deutschen Wehrmacht |
| **1944** | Lapplandkrieg gegen Deutschland |
| **1947** | Der Pariser Friedensvertrag diktiert hohe Reparationszahlungen Finnlands an die Sowjetunion. |
| **1948** | Freundschaftspakt mit der Sowjetunion |

**Von Krieg zu Krieg**

Die Sowjetunion strebte eine weiterreichende Sicherung ihrer Grenzen an. Für eine Flottenbasis auf Suursaari in der Finnischen Bucht war Stalin bereit, der Fortifizierung Ålands durch Finnland zuzustimmen; ein sehr günstiger Handelsvertrag und ein Gebietsaustausch wurden angeregt; im März 1939 endeten die Gespräche ergebnislos. Der **»Hitler-Stalin-Pakt«** vom 23. August schlug Finnland – wie auch das später von Stalin annektierte Baltikum – der sowjetischen Interessensphäre zu.

**Winterkrieg**

Bis 13. November folgten weitere Gespräche mit der Großmacht, wieder ohne Resultat; am 30. November überschritt die Rote Armee die Grenze und der **»Winterkrieg«** (finnisch »talvisota«) begann. Trotz beachtlichen Anfangserfolgen der sich verteidigenden Nation war der sowjetische Sieg im Winterkrieg nur eine Frage der Zeit. In aussichtsloser Lage suchte das Land den Frieden mit dem übermächtigen Nachbarn.

**Verlust Kareliens**  Am 13. April 1940 unterzeichnete Finnland in Moskau die Bedingungen: u. a. Abtretung der karelischen Landenge mit Vyborg, Suursaari und den östlichen Inseln in der Bucht, Überlassung der Hanko-Halbinsel auf 30 Jahre als Flottenbasis.

**Fortsetzungs-krieg**

Bündnis mit Hitler-Deutschland ▶

Suomi hoffte, mit Hitlers Hilfe verlorenes Terrain zurückgewinnen zu können und billigte deshalb im August 1940 die Stationierung von deutschen Verbänden in Lappland; dafür erhielt es Waffen und Ausrüstung. Mitte Dezember befahl Hitler, den Angriff auf die Sowjetunion vorzubereiten. Am 22. Juni 1941 griff Nazi-Deutschland die Sowjetunion an, Finnland folgte Anfang Juli. Im so genannten »**Fortsetzungskrieg**« konnte das gut ausgerüstete Land seine eigenen militärischen Ziele in Karelien bis Ende 1941 erreichen, nicht zuletzt deshalb, weil es sich nicht am Angriff auf Leningrad beteiligte. Die Frontlinie entlang dem Swir und dem Onega-See hielt bis zur sowjetischen Gegenoffensive im Juni 1944. Die finnische Führung ging derweil davon aus, Ost-Karelien und die Kola-Halbinsel einzugliedern; aber der Vorstoß der Wehrmacht kam vor Murmansk zum Stehen, und nach Stalingrad suchte Suomi die Verständigung mit der Sowjetunion. Mit 150 000 Mann im Lande konnte Deutschland jedoch genügend Druck ausüben, um Finnland bis August 1944 bei der Stange zu halten.

**Bedingungen zum Waffenstillstand**

Erst **General Carl Gustav Mannerheim**, Armeechef und neuer Präsident, trennte sein Land von Hitler-Deutschland als Vorbedingung zum Waffenstillstand. Die Eduskunta akzeptierte am 19. September 1944 das Unvermeidliche: die Grenzen von 1940 und den Verlust von Petsamo, Flottenbasis im Eismeerhafen Porkkala statt Hanko, Entwaffnung der deutschen Truppen binnen zweieinhalb Monaten, Reparationen an die Sowjetunion im Wert von 300 Millionen US-Dollar, zahlbar in sechs Jahren, und ein striktes Verbot aller »rechtsradikalen« Organisationen sowie die Zusage zur Durchführung von »Kriegsverbrecherprozessen«.

**»Lappland-verbrenner«**

Während die deutschen Truppen den Süden des Landes ohne Widerstand räumten, kam es in Lappland zu erbitterten Kämpfen. Ganze Siedlungen wurden zerstört, viele Finnen starben auf der Flucht. Eine sowjet-beherrschte Alliierte Kontrollkommission regelte drei Jahre lang das politische und wirtschaftliche Geschehen der Nation, die sich nicht als besiegt betrachtete.

**Pariser Friedensvertrag**

Im Pariser Friedensvertrag wurden 1947 die Waffenstillstandsbedingungen bestätigt und die Armeestärke verringert. Finnland zahlte einen hohen Preis für den Frieden: Die Reparationen waren (gemessen am Bruttosozialprodukt) viermal so groß wie die deutschen Zahlungen von 1925 bis 1930. Und fast eine halbe Million Menschen aus Ost-Karelien und mehr als 100 000 Menschen in Lappland brauchten wieder ein Dach über dem Kopf.

Die neue politische Großwetterlage brachte 1944 die Kommunisten **Freundschafts-**
in die Regierung; mit 49 Sitzen in der Eduskunta waren sie vor den **pakt**
beinahe gleichstarken Sozialdemokraten und Agrariern (Zentrum)
stärkste Fraktion. 1946 wurde nach dem Rücktritt des kriegsbelaste-
ten Mannerheim der Realist **Juho Kusti Paasikivi** Präsident, in dessen
Amtszeit der Traum von einem »Groß-Finnland« endgültig begraben
wurde. Am 6. April 1948 schloss Finnland mit der Sowjetunion einen
»Vertrag über Freundschaft, Zusammenarbeit und gegenseitigen Bei-
stand«. Er band das Land an den kommunistischen Block, ohne dass
es wie andere Staaten an den Grenzen der Sowjetunion seine innere
Souveränität verlor; der übermächtige Nachbar erhielt den Status des
»Meistbegünstigten«.

# Die Ära Kekkonen

| | |
|---|---|
| **1952** | Olympische Sommerspiele in Helsinki |
| **1956** | Urho Kekkonen wird Staatspräsident. |
| **1973–1975** | Erste KSZE-Konferenz in Helsinki |
| **1973** | Aufnahme diplomatischer Beziehungen zu BRD und DDR |

Im Jahre 1950 wurde Paasikivi wiedergewählt, und der Justizminister **Minister-**
zur Zeit der »Kriegsverbrecherprozesse«, **Urho Kaleva Kekkonen**, **präsident**
Ministerpräsident. Die Sowjetunion betrachtete den Politiker als Ga- **Kekkonen**
ranten für den Bestand freundschaftlicher Beziehungen zu Suomi,
und Kekkonen nutzte seine Schlüsselposition, auch zum eigenen
Vorteil. 1952 begrüßte Helsinki »die Jugend der Welt« zu den Olympischen Sommerspielen. 1955 gab Moskau den Stützpunkt Porkkala
nach Verlängerung des Freundschaftsvertrags um 20 Jahre zurück;
Finnland wurde Mitglied in der **UNO** und im **Nordischen Rat**.

Am 1. März 1956 übernahm Kekkonen das Amt des Staatspräsiden- **Staatspräsident**
ten, das er über 25 Jahre bekleiden sollte. 1961 schloss sich Finnland **Kekkonen**
der **EFTA** an, nachdem sich die Europäische Freihandelsgemeinschaft
auch für die Sowjetunion öffnete.

In Skandinavien wollte Finnland neben dem ganz neutralen Schwe- **Politische und**
den und den NATO-Staaten Norwegen und Dänemark als Wahrer **wirtschaftliche**
der Balance gelten. Die Wirtschaft unterzog sich einem strukturellen **Erfolge**
Wandel: Verdienten 1950 noch 45,8 % der Erwerbstätigen ihr Geld
in der Forstwirtschaft, so zählte man 1960 nur noch 35,2 % und
1970 gerade noch 20,3 %; 1970 waren knapp 19 % der Finnen beim
Handel beschäftigt und der Dienstleistungssektor hatte sich auf 18 %
erhöht, beinahe doppelt so viel wie 20 Jahre zuvor.

# FINNLANDISIERUNG – WAS WAR DAS?

**Erinnern wir uns an die Bundesrepublik der 1970er-Jahre: Während Bundeskanzler Willy Brandt sich um Entspannungspolitik bemühte, wurde die SPD von Opposition und konservativer Presse der »Finnlandisierung« Deutschlands gescholten.**

**Finnlandisierung** – besonders Franz-Josef Strauß liebte den von ihm demagogisch besetzten Kampfbegriff aus der Mottenkiste des Kalten Krieges, obwohl vielen schon damals nicht ganz klar war, was damit denn eigentlich gemeint sei. Das abgelegene Land im Norden – war es denn nicht ein demokratischer, marktwirtschaftlich und westlich ausgerichteter Staat, wenngleich auch politisch neutral? Und waren das Österreich oder Schweden nicht auch?! Der damalige finnische Staatspräsident **Urho Kekkonen** dagegen verstand das geflügelte Wort von der »Finnlandisierung« als Kompliment für seine erfolgreiche Balancepolitik zwischen West und Ost. Um den Begriff zu klären, bedarf es eines Blicks auf die finnische Geschichte: Das Land hatte im Winterkrieg 1939/1940 einen sowjetischen Angriff erfolgreich abgewehrt und kam im Friedensvertrag 1940 mit erträglichen Gebietsabtretungen davon. 1941 bis 1944 beteiligte sich Finnland am deutschen Angriff auf die Sowjetunion, verhielt sich dabei aber militärisch eher zurückhaltend.

Es ging Marschall Mannerheim dabei vorrangig um eigene Interessen: die Rückgewinnung der 1940 verlorenen Gebiete. Und nicht ohne Grund befürchtete man, versagte man die Waffenbrüderschaft, eine Besetzung Finnlands durch Hitlers Armeen. Im September 1944 schließlich verließ Finnland das sinkende Schiff der Achsenmächte. Im Friedensvertrag von 1947 musste es endgültig die Gebietsverluste von 1940 anerkennen und wurde zu hohen Reparationszahlungen an die Sowjetunion verpflichtet.

## Der Pakt mit dem Feind

**Ein Freundschafts-** und Beistandsvertrag, der 1948 mit dem großen Nachbarn geschlossen wurde, ließ im Westen zum ersten Mal das Wort von der »Finnlandisierung« aufkommen: Helsinki verpflichtete sich, keine fremden Truppen ins Land zu lassen und keiner Allianz beizutreten, die gegen die Sowjetunion gerichtet sein könnte. Während man sich im übrigen Europa auf die Konfrontation der Supermächte und auf feindliches

Blockdenken einstellte, schien sich Finnland – obwohl eigentlich eine westliche Nation – von Moskau eine Neutralität diktieren zu lassen. Das erregte Widerwillen in vielen westlichen Hauptstädten. Doch die Finnen hatten keine Wahl: Das Schicksal der osteuropäischen Staaten bot ein überaus warnendes Beispiel dafür, wie die Sowjetunion mit Ländern innerhalb ihres Machtbereiches umspringen konnte; die damals sehr starke Position der finnischen, angeblich putschbereiten Kommunisten und die lange, verletzliche Landgrenze zur Sowjetunion taten ein übriges, um die Regierung unter Juho Kusti Paasikivi zum Einlenken zu zwingen. Einen dritten Waffengang gegen die Russen innerhalb eines Jahrzehnts konnte und wollte man sich nicht mehr vorstellen.

## Gewinn durch Neutralität

**In der Folge** musste Finnland stets sowjetische Interessen berücksichtigen: Weder konnte es am Marshall-Plan partizipieren noch der NATO beitreten. Im Gegenzug konnte die staatliche Souveränität erhalten bleiben. Wirtschaftlich ging es nach dem Krieg rasch bergauf, was zur Entschärfung der Lage beitrug; Finnland erlangte mit Holzexporten beträchtlichen Wohlstand und wurde florierende Industrienation.

Viele Kritiker beargwöhnten die erfolgreiche Schaukelpolitik der Finnen. Vertraglich und wirtschaftlich an die Sowjetunion gebunden, hatte sich Finnland seine Unabhängigkeit und Neutralität bewahren können – besaß aber nicht die Freiheit, einem westlichen Militärbündnis beitreten zu können. Kritik an innersowjetischen Angelegenheiten kam finnischen Politikern der Nachkriegszeit fast nie über die Lippen. Der große Staatsmann Urho Kaleva Kekkonen konnte in der Zeit des erbitterten Kalten Krieges das Kunststück des finnisch-sowjetischen Ausgleichs durchsetzen. Sein Rezept war einfach, aber wirkungsvoll: Nicht politischer Druck, nur Entspannung konnte den Weg der angestrebten Neutralität zwischen Ost und West offenhalten. Kekkonen feierte seinen größten internationalen Erfolg, als er 1969 alle europäischen Staaten sowie Kanada und die USA zur Sicherheitskonferenz nach Helsinki lud. Diese Konferenz endete 1975 mit der Unterzeichnung der »KSZE-Akte«. Damit gewann der kleine, zwischen West und Ost lavierende Randstaat eine gewichtige Stimme im Reigen der Mächte. Eine Stimme, die dem miteinander Verhandeln das Wort redete und damit ihren Anteil hatte an der allmählichen Auflösung der unversöhnlich festzementierten Machtblöcke.

**Moderator der** Um aller Welt zu demonstrieren, dass Finnland nicht ein nützliches
**Entspannung** Werkzeug in den Händen der östlichen Supermacht ist, sondern
durchaus seinen eigenen Weg geht, regte Kekkonen 1969 eine »**Konferenz über Sicherheit und Zusammenarbeit in Europa**« (KSZE) an.
Von 1972 bis 1975 tagten Abgesandte aller europäischen Staaten außer Albanien in der Hauptstadt, und fortan wurde Helsinki zum Synonym für politische Entspannung. Siehe dazu auch S. 194 ff.
Im Jahre 1973 nahm Finnland gleichzeitig diplomatische Beziehungen mit der Bundesrepublik Deutschland und mit der Deutschen
Demokratischen Republik auf. Im gleichen Jahr schloss es mit der
Europäischen Wirtschaftsgemeinschaft ein Freihandelsabkommen
ab. Bei den Importen stand die Bundesrepublik Deutschland an erster Stelle, bei den Exporten Großbritannien.

**Das Ende der Ära** Die Eduskunta verlängerte die Amtszeit Urho Kekkonens um vier
**Kekkonen 1981** Jahre, und 1978 wurde er mit 259 von 300 Stimmen der Abgeordneten für weitere sechs Jahre zum Präsidenten gewählt. 1981 erlitt Kekkonen mehrere Schlaganfälle und schied als einer der dienstältesten
politischen Dirigenten Europas aus dem Amt.

# Wendung nach Westen

| | |
|---|---|
| **1988** | Finnlands Neutralität wird offiziell anerkannt. |
| **1991** | Zusammenbruch der Sowjetunion |
| **ab 1991** | Schwerste Wirtschaftskrise der Nachkriegszeit |
| **1995** | EU-Beitritt |
| **2000** | Tarja Halonen wird erste Präsidentin Finnlands. |
| **1.1.2002** | Der Euro löst die Finnmark ab. |
| **2009** | Die finnische Wirtschaft erlebt einen schweren Einbruch. |

**Staatspräsident** Neuer Staatspräsident (und erster Sozialdemokrat in diesem Amt)
**Koivisto** wurde **Mauno Koivisto**, ein Entscheid, der die gesellschaftspolitische
Wirklichkeit aufzeigte. 1985 kamen die Außenminister der KSZE-
Staaten zum Gedankenaustausch in Helsinki zusammen. Im August
1986 trauerte die Nation um Urho Kaleva Kekkonen.

**Neutralitäts-** Am 25. Okt. 1988 traf der sowjetische Staatschef **Michail Gorbat-
status** **schow** zu einem Staatsbesuch in Helsinki ein. Gemeinsam mit Staatspräsident Koivisto unterzeichnete er eine finnisch-sowjetische Dekla-
ration, in der erstmals Finnlands Status als neutrales Land ohne Ein-
schränkung anerkannt wurde.

**Ende der** Nach dem Ende der Sowjetunion im Jahre 1991 wurde der Freund-
**Sowjetunion** schaftspakt aufgelöst und 1992 mit der Russischen Förderation –

diesmal ohne die Beistandsklauseln – erneuert. Nach dem Wegfall der Rücksichtnahmen auf seinen mächtigen Wirtschaftspartner im Osten beantragte Finnland die Aufnahme in die Europäische Union. Das Verhältnis zu den skandinavischen Nachbarn im Westen besserte sich.

1994 trat der Sozialdemokrat und ehemalige Sonderbeauftragte der Vereinten Nationen in Afrika, **Martti Ahtisaari**, die Nachfolge Koivistos als Staatspräsident Finnlands an. Am 1. Januar 1995 wurde Finnland Mitglied der Europäischen Union. **EU-Beitritt**

Der Stuttgarter Automobilkonzern Porsche vergab 1997 wegen Kapazitätsengpässen den Auftrag zum Bau der neuen Porsche Boxster an das finnische Unternehmen Valmet Automotive in Uusikaupunki. Hier lag die Arbeitslosigkeit zuvor bei 40 %. **Porsche goes Uusikaupunki**

Finnland gehörte zu den Gründungsstaaten der am 1. Januar 1999 in Kraft tretenden Europäischen Wirtschafts- und Währungsunion. Lag die Arbeitslosigkeit zu Beginn der 1990er-Jahre noch bei fast 20 %, konnte 1999 die Zahl um die Hälfte gesenkt werden. **Euroland**

Die Sozialdemokratin **Tarja Halonen** wurde im Jahr 2000 als erste Frau in der Geschichte Finnlands zur Staatspräsidentin erstmals und 2006 wieder in das höchste Amt des Staates gewählt. **Der Präsident ist eine Frau ...**

2003 kam Finnland ganz in Frauenhand: Anneli Jäätteenmäki wurde Ministerpräsidentin, musste jedoch nach nur kurzer Amtszeit aufgrund einer innenpolitischen Affaire zurücktreten. Nachfolger im Amt wurde **Matti Vanhanen**, der 2007 wiedergewählt wurde. Finnland bekannte sich weiterhin zur Bündnisfreiheit, schloss einen Beitritt zur NATO jedoch nicht aus. Im Sommer 2010 trat Vanhanen zurück. Seine Nachfolgerin wurde Mari Kiviniemi, die bereits den Vorsitz der Zentrumspartei übernommen hatte, **... der Ministerpräsident ebenfalls**

Auch Finnland bekam die Auswirkungen der weltweit grassierenden Finanz- und Wirtschaftskrise nachhaltig zu spüren. Das Bruttoinlandsprodukt brach um 7,5 % ein. Die größten Einbußen (bis zu 31 % gegenüber dem Vorjahr) mussten die exportorientierte Holz- sowie die Metallindustrie hinnehmen. **Wirtschaftskrise 2009**

Die Parlamentswahlen vom 18. April 2011 sorgten für denkwürdige Ergebnisse. Die bislang tonangebende **Zentrumspartei** erlitt eine herbe Niederlage und fiel auf Platz 4 im finnischen Parteien-Ranking zurück. Stattdessen wurde die **Nationale Sammlungspartei** führende politische Kraft. Einen großen Erfolg erzielte die rechtspopulistische und der Europäischen Union gegenüber sehr kritisch eingestellte Partei »Wahre Finnen«. Sie gewann 39 Sitze und wurde drittstärkste Kraft im Parlament. **Parlamentswahlen 2011**

# Kunst und Kultur

**Vor gerade einmal hundert Jahren erwachte Finnland, inspiriert von mündlich tradierter Volksdichtung und karelischer Formensprache, zur Blüte seiner nationalen Kunst. Heute sind finnisches Design und finnische Architektur weltweit berühmt, Markenzeichen schnörkelloser und klar gestaltete Ästhetik.**

# Kunst und Architektur

## Bildende Kunst

Bis einschließlich des 18. Jh.s waren die sog. Bildenden Künste, allen **Malerei**
voran die Malerei – abgesehen von Kirchenmalereien – in Finnland
schlichtweg nicht vorhanden. Mit der allmählichen Entwicklung einer bürgerlichen Schicht erblühte auch die Malerei als typisch bürgerliche Kunst, anfangs noch unter stark deutschem Einfluss. Erst im
19. Jh. brachte Finnland Maler hervor, die über die Landesgrenzen
hinaus bekannt wurden.

Das Goldene Zeitalter der finnischen Kunst war die Wende vom 19. ◄ Goldenes
zum 20. Jh., als die Einflüsse aus Europa wie Impressionismus, Sym- Zeitalter
bolismus, Jugendstil sich mit finnisch-nationalromantischen Strömungen vereinten. Die meisten damaligen Künstler verstanden sich als
Kosmopoliten und verbrachten viel Zeit in Frankreich und Italien, in
unmittelbarem Kontakt zu den großen künstlerischen Strömungen
der Zeit. Gleichzeitig erwachte ein stark nationales Bewusstsein und
damit der Anspruch, eine Kunst von unverwechselbarer finnischer
Prägung zu schaffen.

Der zunächst unter französischem Einfluss stehende **Albert Edelfelt**
(1854 – 1905) sah es wie viele seiner Zeitgenossen als seine Aufgabe
an, die Russifizierungspolitik der letzten Zaren zu bekämpfen. In seinen Werken betonte er die Eigenständigkeit und das hohe zivilisato-
rische Niveau der finnischen Menschen.

**Pekka Halonen** (1865 – 1933) bewegte sich am Übergang von der Romantik zum Realismus. Seine Motive waren die einfachen Menschen
und ihr Alltag.

**Akseli Gallén-Kallela** (1865 – 1931) sollte der gefeierte »Grandseig-
neur« der finnischen Malerei werden. Er begeisterte sich an der my-
thologischen Welt der Kalevala. Schon zu Lebzeiten wurde ihm große
Anerkennung zuteil, so auch die Ehre, 1900 den Finnischen Pavillon
bei der Weltausstellung in Paris mit Fresken zu versehen. Seine bekanntesten Werke stellen Schlüsselszenen aus dem Nationalepos dar.

Die bedeutendste skandinavische Malerin dieser Zeit war **Helene
Schjerfbeck** (1862-1946). Der Großteil ihrer Werke besteht aus Port-
raits von engsten Angehörigen, noch zentralere Bedeutung für
ihr Werk hat die Fülle der Selbstportraits, die den erschütternden
Verlauf ihres Alterns und langsamen Sterbens dokumentieren.

Der prominenteste Vertreter des Symbolismus in Finnland ist **Hugo** ◄ Symbolismus
**Simberg** (1873 – 1917). Seine Werke beschäftigen sich oft mit Krankheit und Tod. Am eindrucksvollsten sind seine Fresken im Dom zu
Tampere. Auch die »armen Teufel« waren seine Spezialität. Der Teufel macht bei Simberg keinen furchterregenden Eindruck; keine Spur

← *Die Kreationen der Marimekko-Designerin Maija Isola im
Designmuseum in Helsinki*

! *Baedeker* TIPP

**Musentempel**

Sie interessieren sich für Kunst? Für Finnland? Für Geschichte?
Dann statten Sie unbedingt dem Staatlichen Kunstmuseum
Athenäum in Helsinki einen Besuch ab. Denn hier sind sie
versammelt, die finnischen Künstler, und bereits ein kurzer
Besuch zeigt mehr Atmosphärisches über Landschaft, Menschen
und deren Leben und Alltag im Finnland vergangener
Jahrhunderte als jedes Geschichtsbuch vermitteln könnte.

von mephistophelischer Tradition. Er ist eine Synthese finnischer mythologischer Gestalten, die seit jeher zum Alltag der Menschen dazugehören.

**Expressionismus** ▶ Als Hauptfigur des finnischen Expressionismus gilt **Tyko Sallinen** (1879–1955). Er stellte das Handwerk über jegliche Theorie und wurde zum vehementen Verfechter der »reinen Farbe«.

**Bildhauerei** Als Bildhauer macht sich **Väinö Aaltonen** (1894–1966) einen Namen; eines seiner bekanntesten Werke ist die monumentale Statue des Dichters Aleksis Kivi (1939) vor dem Stadttheater in Helsinki.

## Architektur

**Steinarchitektur vom Mittelalter bis zum 17. Jh.** Seit Beginn der Besiedelung auf finnischem Boden war Holz der universelle, leicht verfügbare Baustoff. Aus dauerhaftem Stein wurden im Mittelalter lediglich überregional bedeutsame Kirchen sowie Burgen errichtet, mittels derer der schwedische König seinen Machtbereich in den östlichen Provinz zu stärken suchte.

**Burgbau** Die zum Ende des 13. Jh.s begonnene **Burg Turku** war lange eine der bedeutendsten Burgen in Finnland. In ihrer wichtigsten Bauphase um 1400 wurde sie um ein drittes Stockwerk erhöht und der zweischiffige Königssaal mit gotischem Kreuzgewölbe entstand. In der ersten Hälfte des 16. Jh.s zur Zeit Gustav Wasas war die Burg das Zentrum der höfischen, von der europäischen Renaissance beeinflussten Kultur in Finnland.

Die **Burg Häme** im heutigen Hämeenlinna wurde 1249 bis 1520 aus Feldsteinen erbaut und in den nächsten Jahrhunderten mit Backstein – damals in Finnland eine Seltenheit und durch den Einfluss des Deutschen Ritterordens nach Finnland gekommen – erweitert.

Ebenfalls gegen Ende des 13. Jh.s entstanden die **Burg Viipuri / Vyborg** (heute im russischen Teil Kareliens) sowie die auf einer kleinen Felseninsel im Saimaasee gebaute **Burg Olavinlinna**, um die später die Stadt Savonlinna entstand. Die Festung wurde 1475 zur Befestigung der stets umkämpften Grenze nach Russland errichtet und ist eine der ersten Burgen in Skandinavien, bei der schon in der Planung die Verwendung von Feuerwaffen berücksichtigt wurde. Sehr gut erkennbar sind Einflüsse sowohl der baltischen als auch der italienischen Burgenarchitektur.

Die ersten Kirchen wurden im 12. Jh. infolge der Kreuzzüge und des von der katholischen Kirche verbreiteten christlichen Glaubens gebaut. Die ältesten Holzkirchen sind nicht erhalten. Die ca. 70 erhaltenen Steinkirchen wurden bis zum Anfang des 16. Jh.s vom mittelalterlichen Stil geprägt. In diesen aus großen Feldsteinen gemauerten und mit hohem Satteldach bedeckten einfachen Kirchenbauten hinterließ die internationale Gotik vereinzelt Spuren in Ziegelsteinprofilen der Tür- und Fensteröffnungen und im gelegentlich aus Backstein gemauerten Giebeldekor. Die Kirche in Hattula bei Hämeenlinna (frühes 14. Jh.) ist, wie schon die Burg Häme, die einzige ganz aus Backstein gebaute mittelalterliche Kirche. Wie auch die Kirche in Lohja ist sie durch ihre überaus reiche Ausmalung der Innenwände und Gewölbe bekannt. Die bedeutendste mittelalterliche Kirche Finnlands ist der imposante Dom zu Turku, dessen vielfältige Baugeschichte um 1250 begann. Im 15. Jh. wurde der Dom durch Kreuzwölbungen des Mittelschiffes zu einer Basilika erhöht. Der Westturm wurde 1827 fertiggestellt. Nach dem verheerenden Stadtbrand von

**Mittelalterliche Steinkirchen**

*Ein Bilderbuch biblischer Geschichten: Fresken in der Kirche von Lohja*

1827 wurde der größte Teil der Backsteingewölbe erneuert und der Turm erhielt eine von Carl Ludwig Engel entworfene neugotische Turmhaube.

**Volkstümliche Bautradition**

Die ältesten noch erhaltenen Wohnbauten in Finnland stammen aus dem 17. Jh. und zeigen eine waagerechte Blockbauweise mit einfachen Satteldächern. In Ostbottnien entwickelte sich im 18. Jh. ein zweistöckiger Wohnbau nach schwedischem Muster. In Karelien entstand zur gleichen Zeit das sog. karelische Haus, das Einflüsse der nördlich-großrussischen Bautradition zeigt: Wohnraum und Stallungen wurden in einem sehr großen, rechteckigen Blockbau untergebracht, Giebel und Fensterrahmen wurden durch ornamentale Schnitzereien und Bemalungen dekoriert.

**17. Jahrhundert**

Während der Großmachtzeit Schwedens, die von der Krönung Gustafs II. Adolf im Jahre 1611 bis fast ans Ende desselben Jahrhunderts dauerte, erlebte Finnland eine rasche wirtschaftliche Entwicklung, die eine wachsende Bautätigkeit zur Folge hatte. Im Mittelalter gab es in Finnland ganze sechs Städte (Turku, Viipuri, Porvoo, Ulvila, Rauma und Naantali), zum Ende des 17. Jh.s stieg deren Zahl schon auf dreißig. Allerdings waren die neuen Holzstädte klein, sie beherbergten nur einen Bruchteil der ansonsten bäuerlich lebenden Bevölkerung. Der wachsende Wohlstand des Adels zeigte sich in Herrenhäusern wie Louhisaari bei Askainen (1650); hier experimentiert man mit den neuartigen architektonischen Stilidealen des Barock. In der Kirchenarchitektur trat die **Kreuzkirche** als eine neue, durch internationale Vorbilder der Renaissance beeinflusste Bauart auf.

**18. Jahrhundert**

Zu Beginn des 18. Jh.s hatte sich der Barock als maßgebender Stil in der finnischen Architektur durchgesetzt. Neue Festungsbauten wie die achteckige Radialstadt **Hamina** (ab 1723) und die im Jahre 1748 gegründete **Festungsinsel Suomenlinna** (früher Sveaborg) sind vor Helsinki entstanden. In der sog. gustavianischen Zeit (1775 – 1809) wurden die klassizistischen Züge in der Architektur deutlicher, und zwar durch König Gustav III. Interesse an der Antike. Zu den Hauptwerken dieser Periode gehören die Kirche in Hämeenlinna (1798) und das Akademiegebäude in Turku (1801 – 1815). Bauten wie der Gutshof des Hüttenwerkes Fagervik in Inkoo (1773) oder das Herrenhaus in Teijo (1770) repräsentieren den Rokoko in Finnland.

**Holzkirchen**

Im 18. Jh. wurden zahlreiche neue Holzkirchen gebaut. Sie wurden in der traditionellen Blockbautechnik errichtet und vereinigen internationale Stileinflüsse mit volkstümlicher Bautradition. Es entstanden die **Hallenkirchen** in Kuorevesi (1779), Kuru (1781) und Pihlajavesi (1782). Neu ist der Typus der **Kreuzkirche**, zu sehen in Petäjävesi (1765) oder in Kuortane (1777). In Ostfinnland entwickelte sich der Kirchentyp der **Doppelkreuzkirche**. Eines der wenigen erhaltenen Beispiele ist die Kirche Lappee (1794) in Lappeenranta.

*Eine der wenigen erhaltenen Doppelkreuzkirchen steht in Lappeenranta.*

Im Laufe des 18. Jh.s entwickelte sich das Bürgertum in Finnland. Repräsentative Herren- und Bürgerhäuser wurden errichtet. Als Finnland 1809 autonomes Großfürstentum Russlands wurde, regelte ein Intendent die Planung öffentlicher Gebäude wie Rathäuser, Krankenhäuser, Schulen und Kirchen. Der erste Leiter des Büros war der in Italien geborener Architekt **Carlo Bassi** (1772 – 1840). Als Zar Alexander I. 1812 Helsinki zur Hauptstadt Finnlands erhob, beauftragte er den in Deutschland geborenen Architekten **Carl Ludwig Engel** (1778 – 1840 ► Berühmte Persönlichkeiten), das neue repräsentative Zentrum der Stadt zu planen. Engel entwarf den Senatsplatz mit den dazugehörenden öffentlichen Bauten wie dem Senatsgebäude, der Universität und dem Dom – weltweit eines der schönsten und geschlossensten klassizistischen Ensembles. Engel wurde der wichtigste finnische Architekt dieser Epoche; es gibt kaum eine Stadt im Land, die sich nicht eines Rat- oder Herrenhauses oder zumindest eines Speichers oder einer Turmhaube aus der Feder des Meisters rühmen könnte.

**Bürgerliche Bauten; Klassizismus**

In der Architektur des späteren 19. Jh.s wurden in Finnland verschiedene Stilelemente der historischen Architekturepochen miteinander kombiniert. Zu den ersten neugotischen Bauten gehörten das Ritterhaus in Helsinki (1862) und das Gebäude des Appellationsgerichtes in Vaasa (1862). Die ersten großen **Fabrikgebäude** für Textil- und

**Zweite Hälfte des 19. Jahrhunderts**

! *Baedeker* TIPP

**Kansallisromantikka – Finnischer Jugendstil**

Wussten Sie, dass Helsinki ein Geheimtipp für Liebhaber des Jugendstils ist? Die Bauten in Helsinkis Villenstadtteil Eira, aber auch in Katajanokka und Ullanlinna sind fast durchgehend von dem finnischen Stil der »Volksromantik«, einer nordischen Ausprägung des Jugendstils, geprägt. Liebhaber dieser Architekturrichtung sollten sich einen Spaziergang durch zumindest eines dieser Viertel auf keinen Fall entgehen lassen.

Papierindustrie entstanden u. a. in Tampere, Vaasa und Forssa. Entsprechend der europäischen Großstadtarchitektur errichtete man in Helsinki repräsentative Wohnbauten und den Museumsbau Ateneum (1887) im Stil der Neorenaissance.

**National-romantik** Die Architektur in Finnland erlebte um die Jahrhundertwende bedeutende inhaltliche und stilistische Erneuerungen. In der als Nationalromantik bezeichneten goldene Ära der finnischen Kunst machten sich auch die Architekten auf die Suche nach den Wurzeln der finnischen Kultur. Man fand sie teils an der Geburtsstätte des finnischen Nationalepos »Kalevala«, in Karelien, teils in den bescheidenen Holz- und Steinkirchen oder den Steinburgen des Mittelalters und vermischte in der Folge ostfinnisch-karelische Elemente mit denen des internationalen Jugendstils zu einer Synthese, die am besten in dem Gesamtkunstwerk **Hvitträsk** östlich von Helsinki zu besichtigen ist. Ihr Atelierhaus planten die Architekten **Herman Gesellius**, **Eliel Saarinen** und **Armas Lindgren** ganz in dem maßgeblich von ihnen geprägten neuen Stil. Selbst Textilien, Möbel und Teppiche entsprechen den Prinzipien dieser Ästhetik. Bedeutende öffentliche Bauten des Künstler-Trios waren der (später abgebaute) Finnische Pavillon auf der Pariser Weltausstellung 1900 und das Nationalmuseum in Helsinki (1905 – 1912).

Die Johanniskirche in Tampere (1907, der heutige Dom) von **Lars Sonck** (1870 – 1956) ist ein wichtiges Bauwerk dieser Epoche. Eliel Saarinens erster Entwurf für den neuen Hauptbahnhof von Helsinki 1904 enthielt noch stark nationalromantische Züge. In Anpassung an eine im Wandel begiffene Ästhetik passte Saarinen seinen Plan rationalistischeren Entwurfsprinzipien an. Bevor der Bahnhof 1916 vollendet wurde, verbreitete sich an Stelle der nationalromantischen Formensprache ein archaisierender Monumentalismus und bautechnischer Rationalismus in der finnischen Architektur. Ein ausgesprochen repräsentatives Beispiel davon ist das aus Stahlbeton konstruierte Suvilahti-Kraftwerk (1908) in Helsinki von **Selim A. Lindqvist** (1867 – 1939).

Der sog. Nordische Klassizismus kennzeichnet die Architektur der 1920er-Jahre. Die klassizistischen Dekorationen und Formen der griechisch-römischen Antike wurden neu interpretiert und opulent kombiniert; gleichzeitig suchte man, die zeitgenössischen skandinavischen Einflüsse zu integrieren.

**Nordischer Klassizismus**

Bis zum neuerlichen wirtschaftlichen Aufschwung Ende der 1920er-Jahre hatte der soziale Wohnungsbau Vorrang: Berühmte Beispiele in Helsinki sind die kommunalen Mietshäuser in der Mäkelänkatu (1926) und die Gartenstadt Käpylä mit ihren in Fertigbautechnik ausgeführten Holzhäusern. Wichtige öffentliche Bauten aus dieser Zeit sind **Alvar Aaltos** (1898–1876; ► Berühmte Persönlichkeiten) Haus der Arbeiterschaft (1925) in Jyväskylä und die Kirche in Muurame (1929), Hilding Ekelunds (1893–1984) Kunsthalle (1928, mit Jarl Eklund) und die Töölö-Kirche (1930) in Helsinki und vor allem **Johan Sigfrid Siréns** (1889–1961) monumentales Reichstagsgebäude in Helsinki (1931).

Die moderne Architektur erreichte Finnland um 1928 unter dem Namen Funktionalismus in den Entwürfen der führenden Architekten der Zeit, u. a. bei **Alvar Aalto, Erik Bryggman, Pauli E. Blomstedt** und **Hilding Ekelund**. Der Funktionalismus als Gestaltungsstil vorzugsweise öffentlicher Bauten sollte die Modernität der jungen Republik betonen.

**Funktionalismus**

Zu den ersten Realisierungen der klassischen Moderne in Finnland gehörte Alvar Aaltos Gebäude für die Tageszeitung Turun Sanomat in Turku (1930). Andere bedeutende Bauten des Funktionalismus sind das Olympiastadion in Helsinki oder das für das Olympiadorf vorgesehene Wohngebiet in Helsinki. Funktionalistische Industrie- und Ladengebäude entstanden an vielen Orten Finnlands.

Ende der 1930er-Jahre schuf Alvar Aalto seine persönliche Ausdrucksform, die zunächst zur **organischen** Architektur führte und die moderne Architektur mit psychologischen und regionalistischen Faktoren wesentlich bereicherte. Aaltos Hauptwerk aus dieser Zeit ist das Privathaus Villa Mairea (1939) in Noormarkku.

Nach dem Krieg konzentrierte sich der Wiederaufbau zunächst auf den Wohnungsbau. Zu Beginn der 1950er-Jahre entwickelte sich die mit vorgefertigten Elementen arbeitende industrielle Bautechnik, wie sie z. B. am Hotel- und Bürogebäude Palace im Südhafen von Helsinki (1952) zu erkennen ist.

**Nachkriegs-architektur**

Kennzeichnend für die Architektur dieser Jahre sind klare Formen, die Anwendung von rotem Backstein und Holz; hinzu kommt die bewusste Integration des Baus in die Natur. Bemerkenswerte Beispiele sind Aaltos Rathaus in Säynätsalo (1952) und Kulturhaus (1958) in Helsinki, Kaija und Heikki Sirens Kapelle in Otaniemi (1957) oder die Wohnhäuser der Gartenstadt Tapiola in Espoo (1952), die trotz späteren Ausbaus das repräsentativste Beispiel Finnlands der in die Natur eingebetteten »Waldstadt« ist.

**Sechziger und siebziger Jahre** In den 1960er-Jahren entwarf Aalto seinen Plan für das Monumentalzentrum von Helsinki, verwirklicht wurde davon jedoch nur die Finlandia-Halle (1971; ▸3D-Folder S. 194)). Die rationalistische Tradition des Funktionalismus lebte in architektonisch-minimalistischen Betonbauten weiter.

**1980er-Jahre und Postmoderne** Anfang der 1980er-Jahre entstand in Nordfinnland eine neue Architekturrichtung, die »Ouluer Schule«. Neben dieser regionalistisch betonten Bewegung liebäugelte man auch mit dem internationalen Postmodernismus.

**Zeitgenössische Architektur** Finnlands zeitgenössische Architektur war bis ins neue Jahrtausend noch stark durch die Tradition des Funktionalismus geprägt, der in zahlreichen Industrie-, Wohn-, Kultur- und Sakralbauten weiterentwickelt wurde. Obwohl Alvar Aalto nie eine eigene »Schule« in Finnland schuf, sind seine Einflüsse bis heute spürbar. Interessant ist, dass nach einem Jahrhundert der öffentlichen Stein- und Betonarchitektur sich eine junge Generation finnischer Architekten wieder auf den ureigensten Baustoff des Landes, das Holz, besinnt. Ein weithin beachtetes Beispiel ist die 2000 entstandene Sibeliushalle in ▸Lahti.

*Eine der größten Holzkonstruktionen der Welt: die Sibeliushalle in Lahti*

# Literatur

Die Wurzeln der finnischen Literatur sind zweigeteilt. Zum einen reichen sie in die Frühzeit, in die über Jahrhunderte mündlich überlieferte mythische Welt der uralten »Runen«, der Gesänge der Kalevala (▶ Baedeker Special S. 254). Finnisch als Schriftsprache existierte nicht, bis der Reformator Mikael Agricola (▶ Berühmte Persönlichkeiten) 1543 eine erste finnische Übersetzung des Neuen Testaments herausgab. Der andere Zweig knüpft über die schwedischsprachige Kultur an die Traditionen Europas an. Fast alle schriftlichen Aufzeichnungen waren bis weit in das 19. Jh. in Schwedisch, der Sprache der Herrschermacht und des »gebildeten« Bürgertums, verfasst.

**Wurzeln**

Mit der Epoche des nationalen Erwachens besann man sich auf die eigenen Wurzeln. **Elias Lönnrot** (1802 – 1884; ▶ Berühmte Persönlichkeiten) kompilierte aus Volksüberlieferungen das Nationalepos **»Kalevala«** (1835, endgültige Fassung 1849), das weltliterarische Geltung erlangte. Noch in schwedischer Sprache schrieb der finnische Dichter **Johan Ludvig Runeberg** (1804 – 1877; ▶ Berühmte Persönlichkeiten). Sein Hauptwerk, der Balladenzyklus »Erzählungen des Fähnrichs Stahl«, trug wesentlich zur Entstehung eines finnischen Nationalbewusstseins bei. Das einleitende Lied »Vårt Land« wurde in der Vertonung von Fredrik Pacius zur **finnischen Nationalhymne**. **Aleksis Kivi** (1834 – 1872; Berühmte Persönlichkeiten) schließlich kommt das Verdienst zu, mit **»Die sieben Brüder«** den ersten finnischen Roman verfasst zu haben.

**Nationales Erwachen**

Gegen Ende des 19. Jhs. begann sich die finnische Literatur an den gesamteuropäischen Literaturströmungen zu orientieren. Einige Schriftsteller richteten sich nach einem von Zola und Ibsen geprägten **Realismus**. Dazu gehören die Gruppe Nuori Suomi (Junges Finnland), ein Schriftstellerkreis um die Dramatikerin **Minna Canth** (1844 – 1897), die in ihren sozialkritischen Dramen und Novellen für die Rechte der Frau kämpfte, der Erzähler Juhani Aho (1861 – 1921) und der Tolstoj-Schüler Arvid Järnefelt (1861 bis 1932).

**Gruppe Nuori Suomi**

Die bei Kivi angelegte Konzentrierung auf die Schilderung des finnischen Volkslebens erfuhr nach der Jahrhundertwende neue Belebung. Die Romantik mit ihren emotional geladenen Naturbeschreibungen war besonders stark in der Lyrik ausgeprägt. Hier nahm das poetische Werk von Eino Leino (1878-1926) eine überragende Stellung ein. Auch nach der Unabhängigkeitserklärung Finnlands 1917 blieb die Volksschilderung vorherrschendes Thema der Autoren.

**Themen: Volksleben und Natur**

**Frans Eemil Sillanpää** (1888 – 1964) erhielt für seinen Roman »Nuorena mukkunut« (»Silja, die Magd«) 1939 den Nobelpreis für Literatur. Der im Ausland bekannteste und meist gelesene finnische Autor

**20. Jahrhundert**

ist **Mika Waltari** (1908–1982), dessen Roman »Sinuhe, der Ägypter« nach 1945 ein Bestseller in aller Welt geworden ist. Die in Estland gebürtige **Hella Wuolijoki** (1886-1954) wurde für die deutsche Literaturgeschichte relevant: Zusammen mit dem im finnischen Exil lebenden **Bertolt Brecht** schrieb sie das Volksstück »Herr Puntila und sein Knecht Matti«.

**Nachkriegsliteratur**
Themen der finnischen Nachkriegsliteratur sind das Trauma, das der Krieg auch in Finnland hinterlassen hat, und die langsame Abkehr der Schilderung ländlicher Schauplätze hin zur Beschreibung des Lebens in der Stadt. **Väinö Linna** hatte mit »Unbekannter Soldat«  auch außerhalb Finnlands einen großen Buch- und Filmerfolg.

Eine großartige Gesellschaftsanalyse Finnlands vom Ende des 19. Jh.s bis zu Beginn der 1950er-Jahre gelang ihm mit »Täällä Pohjantähden« (»Hier unter dem Polarstern«). Die Familiensaga gilt als finnische Antwort auf Thomas Manns »Buddenbrooks«.

Ein ganz anders gearteter Erfolg wurde der Kinderbuchautorin und Zeichnerin **Tove Jansson** (1914–2001) zuteil: Die von ihr geschaffenen Mumin-Trolle sind in Buchform bereits seit 1945 fester Bestandteil finnischer Kinderstuben und bis heute tägliches TV-Vergnügen von Vorschulkindern.

**Zeitgenössische Literaten**
Bekannt wurde der finnisch-jüdische Erzähler **Daniel Katz** mit seiner autobiografisch inspirierten Geschichte »Als Großvater auf Skiern nach Finnland kam«. Gegenwärtig auch international sehr erfolgreich ist **Arto Paasilinna** mit einer Reihe äußerst skurriler Romane, mit denen ihm doch eine anschauliche Schilderung der »finnischen Seele« seiner Landesgenossen gelingt. (siehe auch ▶Praktische Informationen, Literaturtipps)

# Musik

**Kantele**
Das national-finnische Instrument schlechthin ist die sog. Kantele, eine Art Zither oder Tischharfe mit einem hellen, sehr melodischen Klang. Mit diesem traditionell mit fünf pentatonisch gestimmten Saiten bestückten Instrument wurden früher die Lieder begleitet, die Elias Lönnrot zu seinem Kalevala-Epos gesammelt hat. Aus diesen balladesken Liedern entwickelten sich Kunstliedformen, die noch heute gerne und viel gesungen werden. In der Kalevala fertigt der mythische Zaubersänger Väinämöinen aus dem Kiefer eines gigantischen Hechts die erste Kantele.

**Fredrik Pacius**
Den ersten Impuls für die Entwicklung einer finnischen Kunstmusik gab der deutsche Komponist, Dirigent und Geiger Fredrik Pacius

*Kantelespielerin in Seurasaari, dem Freilichtmuseum von Helsinki →*

»*Der finnische Tango ist kein Kampf zwischen Mann und Frau im Liebesakt, sondern ein melancholisches Miteinander in dem Wissen, dass alle Gefangene dieser Erde sind.*«

# MELANCHOLIE AUF DEM TANZBODEN

**Der Tango kam erstmals 1908 von Argentinien über Paris in die europäischen Hauptstädte. Allerorten löste der »verruchte« Tanz eine heftige, jedoch zumeist schnell verebbende Tangomanie aus. In Finnland jedoch trafen die melancholischen Klänge mitten ins Herz der Volksseele. Und so haben die schwermütigen Weisen im fernen Norden eine neue Heimat gefunden.**

**Es war der Sommer 1913.** Damals trat ein dänisches Tanzpaar in einem populären Helsinkier Restaurant auf und betörte mit einem verführerischen und bis dahin unbekannten Tanz das Publikum. Nicht lange, und der Tango war der ausgemachte Lieblingstanz der weltoffenen Oberschicht und der Finnischen Bohème. Der einfache Mann auf der Straße jedoch schüttelte den Kopf über solch schamloses und unverholen erotisches Gebaren ...

Dann kam der Zweite Weltkrieg. Auch die Barmusiker und -komponisten mussten zum Vaterlandsdienst in die Armee. Statt in den Salons der Hauptstadt entstanden ihre Stücke jetzt in den Schützengräben an der Front. Und der einst so frivole und feurige Tango wandelte sich, beeinflusst von russischen Romanzen und deutscher Marschmusik, zu einer ernsten, tieftraurigen Musik. Die Texte handeln vom Ende – dem Ende einer Liebe, des Sommers oder gar des Lebens, von unerfüllten Hoffnungen und Wünschen.

Nach dem Zweiten Weltkrieg blieb der finnische Tango auf Erfolgskurs. Fast jedes Lied, das damals im Finnischen Rundfunk gespielt wurde, stammte aus der Feder des Komponisten Toivo Kärki. Als der Sender nicht immer nur einen Komponisten spielen wollte, reagierte Kärki mit finnischer Bauernschläue: Er erfand eine Reihe von »Pappkollegen« namens Kaari Aava oder den Spanier Pedro de Punta, den Italiener Antonio Brave, die Herren Stone aus Amerika und Klaparow aus Russland. Waren deutsche Klänge gefragt, agierte Kärki unter dem Pseudonym Karl Stein. Dem Finnischen Rundfunk blieb dieses Schelmenstück über Jahre verborgen und deswegen spielte man dort nach wie vor – wenn auch ungewollt – weiterhin unzählige Kärki-Stücke.

## Zwei tragische Gestalten

**Der populärste Sänger** der damaligen Zeit – und noch heute in Finnland eine Legende – war Olavi Virta. In den 1960er-Jahren entstand der Tango

*Das Tangofestival in Seinäjoki:*

*TANGOMARKKINAT*
*Torikatu 15*
*FIN-60100 Seinäjoki*
*Tel. 06 / 4 20 11 11*
*Fax 06 / 4 20 11 50*
*www.tangomarkkinat.fi.*

»Satumaa«, (dt. Märchenland), geschrieben von Unto Mononen – das bis heute bekannteste und beliebteste Lied Finnlands. Es gibt wohl kaum einen Finnen, der zu dieser Melodie nicht schon einmal getanzt, gesungen, geweint oder zumindest getrunken hat. Die Leben von Virta und Mononen verliefen tragisch wie die der Helden in ihren Liedern – sie liefen einem unerreichbaren Glück hinterher und verfielen beide dem Alkohol. Der eine starb 1972 völlig verarmt, der andere beendete 1968 seinen aussichtslosen Kampf gegen den Alkoholismus und nahm sich das Leben.

## Tangohauptstadt in Lappland

**Im Sommer 1985** veranstaltete die Gemeinde Seinäjoki erstmals ein Tangofestival. Schnell wurde aus der kleinen, regionalen Veranstaltung das größte Festival Finnlands, bei dem sich jeden Sommer Hunderttausende Musik- und Tanzbegeisterte treffen. Bei dieser Gelegenheit werden auch die besten Tangosänger des Landes – die Tangokönigin und der Tangokönig – gewählt. Die Gewinner des Wettbewerbes sind ganz automatisch Volkshelden und ihre Namen bleiben für lange Zeit im Gedächtnis haften. Ganz zu schweigen von den rasant steigenden Umsätzen, die ihre Platten machen. Beim Tangofestival wird eine Woche lang Tag und Nacht in den Straßen und Kneipen der Stadt getanzt, dabei herrscht eine Stimmung, bei der man sich in Argentinien wähnen könnte – zumindest fast. Denn in den Bewegungen der finnischen Tänzer sucht man die südamerikanische Leidenschaft meist vergebens und außerdem sind die Paare bei den Freiluftveranstaltungen nur selten mit geschlitztem Abendkleid und Frack unterwegs, sondern oft in der finnischen »Nationaltracht« – dem Trainingsanzug. Ein Besuch in Seinäjoki ist auch für Nichttänzer ein einmaliges Erlebnis. Nirgends kann man den finnischen Nationalcharakter – falls es denn so etwas gibt – so intensiv kennen lernen wie während der Woche des Tangomarktes Mitte Juli in Seinäjoki.

(1809–1891). Aus seiner Feder stammt das Lied »Vårt Land« (1848), das mit den Versen Johan Ludvig Runebergs (►Berühmte Persönlichkeiten) zur finnischen **Nationalhymne** wurde, sowie die erste finnische Oper »Kung Karls Jakt«.

**Jean Sibelius**  Etwa zeitgleich mit dem Erwachen der Kultur Finnlands wurde Jean Sibelius (►Berühmte Persönlichkeiten) 1865 geboren. Der Begründer der **national-finnischen Kunstmusik** gilt als Finnlands bedeutendster Sinfoniker. Stilistisch lassen seine Kompositionen den Einfluss der deutschen Romantiker und Spätromantiker erkennen, inhaltlich unterlegt er seinen stark programmatisch geprägten Werken vielfach Themen aus den finnischen Mythen und Sagen, insbesondere aus dem Nationalepos »Kalevala« (►Baedeker Special S. 254).

**Zeitgenössische Komponisten**  Die finnischen Top-Protagonisten der zeitgenössischen Musik sind durchaus international erfolgreich: Zu nennen wären Kaija Saariaho, Magnus Lindberg, Einojuhani Rautavaara, Esa-Pekka Salonen und Kalevi Aho.

**Pelimannit-Musik**  Spielleute, die sogenannten **Pelimannit**, spielen mit Geigen, Bass und Ziehharmonika Musiken wie Humppa, Polka, Walzer, Märsche usw. Diese Volksmusik erlebt heute eine neue Blüte: Mit einer modernen Tonsprache gewann sie Hörer jeden Alters und erregte auch international Aufsehen. Die Renaissance der Spielmannsmusik begann schon in den frühen 1970er-Jahren mit **Konsta Jylhäs** beliebten Spielleuten **Purppuripelimannit**. Heute genießt die Gruppe **Värttinä** weltweit große Popularität. Im Dorf Kaustinen in Österbotten wurde 1968 das erste **Volksmusikfestival Kaustinen** ausgerichtet, das sich im Laufe der Jahre zum größten Festival seiner Art in Skandinavien entwickelt hat.

---

*i* **Die besten Musikfestivals**

- Savonlinna Opernfestspiele (Juli – August)
- Pori Jazz (Juli)
- Volksmusikfestival Kaustinen (Juli)
- Luftgitarren-Weltmeisterschaft in Oulu (August)
- Ilmajoki Opernfestival (Juni)
- Provinssirock in Seinäjoki (Juni)
- Tangofestival Tangomarkkinat in Seinäjoki (Juli)
- Tuska, Open air Metal Festival in Helsinki (August)
- Ruisrock in Turku (Juli)
- Musikfestspiele Naantali (Juni)
- Alle finnischen Festivals: www.festivals.fi

---

Der **finnische Jazz** konnte vor ein paar Jahren sein 80. Jubiläum feiern. Der Legende zufolge fasste der Jazz durch amerikanisch-finnische Musiker, die 1926 an Bord der MS Andania ankamen, in Finnland Fuß. Seither hat sich viel getan auf diesem Gebiet – bis hin zu der internationalen Anerkennung, die der finnische Jazz heute genießt. Eero Koivistoinen, Heikki Sarmanto oder Martti Vesala haben auf der ganzen Welt ihre Fans. Das größte Jazz-Treffen in Finnland ist das Festival **Pori Jazz**. Nationale und internationale Künstler begeistern hier alljährlich über viele Tage ein großes Publikum. Geradezu eine Institution in Finnlands Jazz-Szene ist die Big-Band UMO, das Neue Musik Orchester, deren Mitglieder zu der Elite finnischer Jazzmusiker gehören.

Die Vielförmigkeit der finnische Pop- und Rock-Szene gleicht einem mächtigen Strom, der von kleinen Bächen gespeist wird und in dem sich alle Musikstile ungestört weiterentwickeln können. **Nightwish, HIM** und **The Rasmus** sind die aktuellsten international bekannten Bands. Dennoch blieb trotz aller Professionalisierung der Szene und dem harten Wettbewerb auf den Märkten die wichtigste Stärke der finnischen Populärmusik erhalten: eine unvoreingenommene Experimentierlust und Sinn für Humor. Finnische Musiker waren sich nie zu schade, bei schräg anmutenden Projekten mitzumachen. Die **Leningrad Cowboys**, das Heavy-Cello-Ensemble **Apocalyptica** und der Männerchor **Huutajat**, der sein Repertoire in einem Schreigesang absolviert, sind Gruppen, die wohl nur in Finnland entstehen konnten. Und wo sonst hätte sich eine alljährliche Weltmeisterschaft der Luftgitarristen zu einem großen Publikums- und Medienereignis aufplustern können?

**Pop und Rock**

# Film

Aki Kaurismäki schaffte den Durchbruch: Sein 2002 gedrehter Film »Der Mann ohne Vergangenheit« erhielt den großen Preis von Cannes, fand weltweite Anerkennung – und markierte verdientermaßen den einstweiligen Höhepunkt des finnischen Films. Die großen Erfolge, die die Brüder Aki und Mika Kaurismäki mit ihren vorangegangenen Filmen weltweit erzielten, haben die zeitgenössische finnische Filmkunst aus ihrer Isolation befreit. Aki Kaurismäki beherrscht ein breites stilistisches Spektrum von der Slapstikkomödie bis hin zum absurden Drama: »Leningrad Cowboys Go America« 1989, »Das Mädchen aus der Streichholzfabrik« 1990 sowie »I hired a contract killer« 1992 waren die bekannteren Titel vor seinem jüngsten Erfolg. Die Filme leben von sparsamen Dialogen und einem skurril-lakonischen Humor. Sein Bruder Mika lebt seit Anfang der 1990er-Jahre in Brasilien und drehte seine letzten Filme über brasilianische Themen.

**Kaurismäki und Kaurismäki**

Doch ungeachtet dieser Erfolge ist das Land ein hartes Pflaster für Filmemacher. Die Budgets sind winzig und eine Filmhochschule wie beispielsweise in München oder Berlin gibt es nicht. Folglich geht ein großer Teil der jungen Künstler ins Ausland, um dort sein Handwerk zu lernen.

# Berühmte Persönlichkeiten

**Mika Häkkinen und Kimi Räikönen kennt fast jeder, auch Jean Sibelius und Alvar Aalto sind den meisten ein Begriff – doch wer waren Aleksis Kivi, Elias Lönnrot oder Akseli Gallen-Kallela? In Finnland kennt und ehrt man sie, die Menschen, die Politik, Sport oder Kultur des kleinen Volkes prägten.**

## Alvar Aalto (1898 – 1976)

Alvar Aalto gilt als Nestor der großen Architekten unseres Jahrhunderts. Er wurde am 3.2.1898 in Kuortane geboren. Nach seiner Ausbildung an der Technischen Hochschule in Helsinki eröffnete er 1923 im damals unbedeutenden Jyväskylä ein Architekturbüro.

**Architekt und Designer**

Im Jahre 1944 wurde Aalto mit dem Wiederaufbau der im Zweiten Weltkrieg zerstörten Stadt Rovaniemi beauftragt; von 1946 bis 1948 war er Gastprofessor am Massachusetts Institute of Technology in Cambridge (USA). Gemeinsam mit seiner ersten Frau Aino Marsio (gest. 1949) entwarf er Möbel wie die aus gebogenem Schichtholz gefertigte Serie **»Artek«**, die er in eigenen Industriebetrieben herstellen ließ und die zu weltbekannten Designklassikern werden sollten.

Aalto gilt als ein Vertreter des »organischen Bauens«. Sein Konzept bestand darin, Baukörper ihrer landschaftlichen Umgebung anzugleichen, wobei er vielfach freie Formen verwendete, unter Nutzung einheimischer natürlicher Baustoffe, vor allem Holz.

Sein bekanntestes Gebäude ist das 1962 – 1971 gebaute Kongress- und Konzertzentrum **Finlandia-Halle** in Helsinki (► 3D-Folder S. 194). Alvar Aalto starb am 11.5.1976 in Helsinki. Sein preisgekrönter Entwurf des Opernhauses in Essen wurde unter Mitwirkung seiner zweiten Frau Elissa Makiniemi 1983 – 1988 posthum ausgeführt.

## Mikael Agricola (1510 – 1557)

Mikael Agricola, der Reformator Finnlands, wurde um 1510 in Pernaja, einem schwedischsprachigen Ort am Finnischen Meerbusen, geboren. Allerdings zeigt seine Sicherheit im Umgang mit der finnischen Sprache, dass seine Familie finnischsprachig war. In den Jahren 1536 – 1539 studierte er unter Martin Luther und Philipp Melanchthon in Wittenberg und begann dort, von dem Vorbild Martin Luther angeregt, die Bibel ins Finnische zu übertragen. 1537 kehrte er als Magister nach Turku zurück. 1548 konnte er das Neue Testament und 1551 den Psalter in finnischer Sprache herausgeben. In diesen Ausgaben nahm er Luthers Vorreden in abgewandelter Form auf und strich dessen heftige Attacken gegen die römische Kirche und den Papst. Dafür schrieb er zum Neuen Testament und zum Psalter eigene Vorreden, in denen er den Leser über die finnische Religions- und Kirchengeschichte informierte. Bereits zuvor hatte er 1543 das »Abckiria«, ein ABC-Buch zum Erlernen der finnischen Sprache, herausgegeben. Tatsächlich kann man damit Mikael Agricola als den Schöpfer der finnischen Schriftsprache bezeichnen, denn er musste aus verschiedenen finnischen Dialekten eine allgemein verständliche »Hochsprache« entwickeln. 1554 wurde Agricola Bischof von Turku. Auf der Rückreise von Moskau starb er 1557 in Uusikirkku und wurde in Viipuri (Vyborg, heute Russland) begraben.

**Reformator**

← *Großmeister der finnischen Architektur: Alvar Aalto*

## Bertolt Brecht (1898 – 1956)

**Deutscher Schriftsteller**

Der am 10. 2. 1898 in Augsburg geborene deutsche Schriftsteller und Dramatiker Bertolt Brecht war bereits in den 1930er-Jahren durch seine Theaterstücke, u. a. durch die »Dreigroschenoper«, international bekannt geworden. Durch seine konsequent antifaschistische Einstellung hatte er sich die Feindschaft der Nationalsozialisten zugezogen. So musste er nach der Machtergreifung Adolf Hitlers im Jahre 1933 aus Deutschland emigrieren und war dann über Dänemark und Schweden 1940 nach Finnland gekommen. Während seines Finnland-Aufenthaltes hielt er sich auf dem bei Helsinki gelegenen Gutshof Märlebäck der sozialdemokratischen Abgeordneten Hella Woulijoki auf und wartete auf die Erteilung eines Einreisevisums in die Vereinigten Staaten von Amerika. Hier auf Märlebäck entstanden neben Gedichten die Dramen **»Der gute Mensch von Sezuan«** und **»Herr Puntila und sein Knecht Matti«.** 1941 fuhr Brecht über Wladiwostok in die USA weiter und kehrte dann 1947 nach Europa zurück, wo er sich im damaligen Ost-Berlin niederließ und gemeinsam mit seiner Frau Helene Weigel das »Berliner Ensemble« gründete. Bertolt Brecht starb am 14. 8. 1956 in Berlin.

---

### *i* Finnische Landschaft

■ Fischreiche Wässer! Schönbäumige Wälder!
Birken- und Beerenduft!
Vieltoniger Wind, durchschaukelnd eine Luft
So mild, als stünden jene eisernen Milchbehälter
Die dort vom weißen Gute rollen, offen!
Geruch und Ton und Bild und Sinn verschwimmt.
Der Flüchtling sitzt im Erlengrund und nimmt
Sein schwieriges Handwerk wieder auf: das Hoffen.
Er achtet gut der schöngehäuften Ähre
Und starker Kreatur, die sich zum Wasser neigt
Doch derer auch, die Korn und Milch nicht nährt.
Er fragt die Fähre, die mit Stämmen fährt:
Ist dies das Holz, ohn' das kein Holzbein wäre?
Und sieht ein Volk, das in zwei Sprachen schweigt.

Aus: Bertolt Brecht, Gedichte 1961 – 1965

---

## Carl Ludwig Engel (1778 – 1840)

**Baumeister**

Der Architekt und Baumeister, der nicht nur das Gesicht der finnischen Hauptstadt, sondern eine ganze Bauepoche in Finnland nachhaltig prägen sollte, wurde am 3. Juli 1778 in Berlin geboren. Er studierte an der Akademie der Künste in Berlin, wo er sich mit Karl Friedrich Schinkel anfreundete. Später nahm er den Posten eines Stadtbaumeisters in Tallinn an. 1816 wurde er im Auftrag von Zar Alexander I. nach Helsinki geholt, um den von dem Balten Albert Ehrenström erstellten Plan zum repräsentativen Ausbau der neuen Residenzstadt auszuführen. Er entwarf auch die Pläne für über 30 monumentale Bauwerke im Empirestil, von denen heute noch 20 erhalten sind. Die Innenstadt Helsinkis mit dem Senatsplatz, der Domkirche und den umgebenden Gebäuden ist das berühmteste, später kaum veränderte Werk Engels.

## Akseli Gallen-Kallela (1865–1931)

Akseli Gallen-Kallela wurde am 26. 4. 1865 in der südwestfinnischen **Maler und** Hafenstadt Pori als Axel Gallén geboren. Später finnisierte er seinen **Grafiker** Namen in Akseli Gallen (ohne den Accent aigu) und fügte ihm den Namen Kallela hinzu. Ab 1881 besuchte er die von Finnlands Künstlervereinigung gegründete Zeichenschule. Mit 19 Jahren malte er sein erstes bedeutendes Gemälde »Junge mit Wolf«. Danach folgte ein Studienaufenthalt in Paris, wo er eine Privatakademie besuchte und sich an den Landschaftsbildern des Vorimpressionisten Jules Bastien-Lapage (1848–1884) orientieren konnte.

Anfang der 1890er-Jahre kehrte er nach Finnland zurück und ließ sich in Karelien nieder. Hier vollendete er im Auftrag des Finnischen Senats ein Motiv aus dem finnischen Nationalepos **»Kalevala«**, das er bereits in Paris begonnen hatte, und malte das Triptychon »Aino«. Seine künstlerisch bedeutendste Zeit erreichte er um die Jahrhundertwende. Zahlreiche Reisen führten ihn u. a. öfter nach Berlin, wo er in seinem Stammlokal »Zum schwarzen Ferkel« in einem Kreis internationaler Künstler verkehrte, die sein späteres Schaffen stark beeinflussten, darunter der schwedische Dichter August Strindberg (1849–1912), der norwegische Maler Edvard Munch (1863–1944) und der polnische Dichter Stanislaw Przybyszewsky (1868–1927).

Den ehrenvollsten Auftrag erhielt er vom Finnischen Senat: die Ausschmückung des Finnischen Pavillons auf der Pariser Weltausstellung von 1900. Diese Motive verwendete er nochmals 1928 für die Vorhalle des Nationalmuseums in Helsinki. Nach längeren Reisen nach Ostafrika und in die USA hielt er sich gern in Deutschland auf, wo er zahlreiche Ausstellungen veranstaltete. Die deutsche expressionistischen Malergruppe **»Die Brücke«** in Dresden wählte ihn als einzigen Skandinavier zu ihrem Mitglied. Akseli Gallen-Kallela konnte, im Gegensatz zu vielen anderen Künstlern, bereits zu seinen Lebzeiten den Ruhm seiner Arbeiten voll auskosten. Ende der 1920er-Jahre begann er eine komplette Illustration der Kalevala, konnte allerdings diese Arbeit nicht mehr vollenden, da er am 7. 3. 1931 in Stockholm starb.

## Mika Häkkinen (* 1968)

Mika Pauli Häkkinen wurde am 28. September 1968 in Vantaa gebo- **Formel-1-** ren. Er fuhr von 1991 bis 2001 in der Formel 1. Häkkinen begann **Rennfahrer** 1991 beim Team Lotus. Für die Saison 1993 wechselte er als Testfahrer zu McLaren-Ford. Nach zwei Auftritten im Porsche Supercup (Monaco und Hungaroring) ersetzte er ab dem Rennen in Estoril den erfolglosen Amerikaner Michael Andretti und fuhr gleich im ersten Qualifying schneller als sein Teamkollege Ayrton Senna. Nach einigen Podestplatzierungen in den Jahren 1993 bis 1996 errang Häkkinen 1997 seinen ersten GP-Sieg auf McLaren-Mercedes, bevor er 1998 und 1999 überlegen mit acht bzw. fünf Siegen Weltmeister vor seinem ewigen Rivalen Michael Schumacher wurde. 2000 scheiterte Häkkinen trotz vier weiterer Siege knapp am erneuten Titelgewinn und wurde hinter Michael Schumacher Vizeweltmeister, bevor er nach einer insgesamt enttäuschenden Saison 2001 zurücktrat. Der Doppelweltmeister errang in seiner Karriere 26 Pole Positions, 25 schnellste Rennrunden, 20 GP-Siege und 420 WM-Punkte.

## Urho Kaleva Kekkonen (1900 – 1986)

**Staatspräsident** Der frühere finnische Staatspräsident Urho Kaleva Kekkonen war zweifellos der überragendste Politiker und Staatsmann in Nordeuropa während des 20. Jahrhunderts. Mit 26 Dienstjahren ist er bisher das am längsten amtierende republikanische Staatsoberhaupt der

*So sah ihn die finnische Künstlerin Eila Hiltunen.*

Welt (1956 – 1981). Kekkonen wurde am 3.9.1900 in Pielavesi in der Provinz Kuopio geboren. Er wuchs in einfachen Verhältnissen in Nordostfinnland auf. Am Freiheits- und Bürgerkrieg 1918 nahm er als Melder teil. Danach studierte er Jura und ging in die Politik. Seit 1936 war er Mitglied des Finnischen Reichstags (Bauernpartei, später Zentrum), 1936 und zwischen 1944 und 1946 Justizminister, zwischen 1937 und 1939 Innenminister, von 1943 bis 1946 Leiter des Amts für Rationalisierung und von 1947 bis 1950 Reichstagspräsident und zugleich Außenminister.

Kekkonen war 1941 gegen den Kriegseintritt Finnlands nach Beginn des deutschen Russlandfeldzugs. 1943 trat er in Stockholm dafür ein, dass Finnland sich aus dem Krieg zurückzieht – kaum jemand hörte auf ihn. Nach dem Krieg war er mehrfach Ministerpräsident, und 1956 wurde er mit der knappsten denkbaren Mehrheit von 151 : 149 Stimmen zum Staatspräsidenten gewählt, der in Finnland vor allem auf außenpolitischem Gebiet mit großer Machtfülle ausgestattet ist. Von Anfang an hatte er die Bürgerlichen und einen großen Teil der Sozialdemokraten gegen sich. Stützen konnte er sich nur auf die Agrarunion (jetzt Finnisches Zentrum) und auf die Volksdemokraten, die seinen Kurs der Verständigung mit der Sowjetunion begrüßten. Aus dieser Situation heraus entwickelte Kekkonen den autoritären Regierungsstil, der sich mit zunehmendem Alter verfestigte.

Besser noch als sein Vorgänger Paasikivi vermochte Kekkonen die Staatsführungen der beiden damaligen Supermächte von der Ehrlichkeit des finnischen Neutralitätsstrebens zu überzeugen. 1981 wurde Urho Kekkonen nach einem Angelunfall geschäftsunfähig. Er starb am 11.8.1986 in Helsinki.

## Aleksis Kivi (1834 – 1872)

Der finnische Schriftsteller Aleksis Kivi (ursprünglich A. Stenvall)  **Schriftsteller**
wurde am 10. Oktober 1834 als Sohn armer Schneidersleute in Nur-
mijärvi, Südfinnland, geboren. Vom 12. Lebensjahr an erhielt er nur
gelegentlich Unterricht, mit 13 Jahren ging er nach Helsinki, wo er
sich privat auf das Abitur vorbereitete, das er 1857 bestand. Nach einigen Semestern unter Entbehrungen in Helsinki verließ er die Universität und versuchte, sich mehr schlecht als recht als freier Schriftsteller durchzuschlagen. Bei ► Elias Lönnrot hörte er Vorlesungen
über die »Kalevala«; ferner befasste er sich mit Geschichte und Literaturgeschichte und las Werke der Weltliteratur. Sein Hauptwerk, der
Roman **»Die sieben Brüder«** (1870), gilt als der erste Roman der finnischen Literatur.  In einer derben und rustikalen Sprache mit bur-
leskem Humor schildert er das Leben der tavastländischen Bauern.
Aleksis Kivi, dessen Leben von großer Armut und Krankheit geprägt
war, starb im Alter von 38 Jahren in geistiger Umnachtung.

## Elias Lönnrot (1802 – 1884)

Lönnrot wurde am 9. 4. 1802 in dem westlich von Helsinki gelegenen  **Schriftsteller**
Dorf Sammatti als achter Sohn eines Schneiders geboren. Der spätere
Arzt, Schriftsteller, Sprachforscher, Volkskundler und Botaniker
nahm nach dem Besuch der Kathedralschule in Helsinki, die er aus
Geldmangel 1818 verlassen musste, zunächst Privatunterricht. Wegen
seiner guten Lateinkenntnisse konnte er eine Stellung in einer
Apotheke antreten. Ab 1822 war er an der Universität Turku immatri-
kuliert und bestand das philologi-
sche Staatsexamen. 1829 begann er an der Universität Helsinki das Me-
dizinstudium und promovierte 1832 mit dem Thema »On finnares
magiska medicin«, was bereits auf sein späteres Interessengebiet hin-
deutete. Die von ihm mitgegründe-te Finnische Literaturgesellschaft
erkannte den Wert seiner Arbeit und unterstützte ihn fortan finanziell. Nach dem Abschluss seines Studiums war Lönnrot als Kreisarzt
in ► Kajaani tätig und sammelte bei den Reisen überlieferte Volksdichtung, die er 1835 im Natio-nalepos **»Kalevala«** zusammenfass-
te (►Baedeker Special S. 254).

*In dieser Stube im südfinnischen Sammatti wuchs Lönnrot mit sieben Geschwistern als Sohn eines Schneiders auf.*

*i* **Aus der Kalevala**

■ Väinämöinen, alt und weise,
spielte Kantele so lange,
spielt' bald Kantele, bald sang er,
freute sich am Zeitvertreibe.
Tönt' das Spiel in Mondesstube,
freudereich zum Sonnenfeuer.
Trat der Mond heraus zum Hause,
auf die Birke schön gebuckelt;
Sonn' entsprang dem festen Hause,
ließ sich, Kantele belauschend,
nieder in dem Föhrenwipfel,
Freude staunend aufzunehmen.

Im Jahre 1840 erhielt Lönnrot von der Literaturgesellschaft den Auftrag, ein finnisch-schwedisches Wörterbuch mit allen vorhandenen finnischen Wörtern zusammenzustellen. Gewissermaßen als »Nebenprodukt« dieser Arbeit gab er schon 1874 einen »Schwedischen, finnischen und deutschen Sprachführer« mit etwa 10 000 Wörtern heraus. Mit diesem Wörterbuch schuf er die Grundlage zur finnischen Schriftsprache. Nebenbei gab Lönnrot 1839 »Des finnischen Bauern Hausarzt« heraus, in dem er zahlreiche, bisher in der finnischen Sprache unbekannte medizinische Begriffe prägte und einführte. Als ein weiteres bedeutendes Werk Lönnrots gelten die 1842 erschienenen »Sprichwörter des finnischen Volkes«. 1850 übernahm er eine Professur für finnische Sprache und Literatur an der Universität Helsinki, die er 1862 aufgab, um sich ganz der Herausgabe des finnisch-schwedischen Wörterbuches zu widmen. Das zweibändige Werk, das zwischen 1867 und 1880 fertiggestellt wurde, umfasst mehr als 200 000 Wörter. Lönnrot starb am 19. 3. 1884 in seinem Geburtsort Sammatti.

### Paavo Nurmi (1897 – 1973)

**Leichtathlet**  Einer der größten und erfolgreichsten Leichtathleten aller Zeiten wurde am 13. 6. 1897 in Turku geboren. Der Langstreckenläufer Paavo Nurmi lief zwischen 1922 und 1931 insgesamt 22 Weltrekorde auf den Strecken von 1500 m bis 2000 m und »brachte damit Finnland auf die Weltkarte«, so ein US-Reporter. Bei den Olympischen Spielen 1920 (Antwerpen), 1924 (Paris) und 1928 (Amsterdam) gewann er neun Gold- und drei Silbermedaillen, wobei er allein 1924 in Paris innerhalb von 70 Minuten zwei Goldmedaillen erringen konnte.

Von der Teilnahme an den Olympischen Spielen 1932 in Los Angeles, bei denen er seine Sportler-Laufbahn mit einem Sieg im Marathonlauf krönen wollte, wurde er durch einen stark umstrittenen Beschluss des Internationalen Leichtathletik-Verbandes wegen »Verstoßes gegen das Amateurstatut« ausgeschlossen. Da die Finnen diesen Beschluss ignorierten, konnte der 36-jährige Nurmi als »Nationaler Amateur« 1933 noch Finnischer Meister über 1500 m werden. Am Olympiastadion in Helsinki steht das 1924 von dem Bildhauer Väino Aaltonen geschaffene Bronzestandbild Nurmis.

*Er hat ein wachsames Auge auf die Flaneure im Esplanadi-Park: →*
*Johan L. Runeberg, der Schöpfer der finnischen Nationalhymne*

## Johan Ludvig Runeberg (1804 – 1877)

**Dichter** Der finnische Dichter Johan Ludvig Runeberg wurde 1804 in der nordwestfinnischen Hafen- und Zigarrenstadt Pietarsaari geboren. 1830 erschien – auf Schwedisch geschrieben – sein erster Gedichtband. Sein Hauptwerk ist der Balladenzyklus »Fänrik Ståls sägner« (»Erzählungen des Fähnrichs Stahl«; 1848 – 1860), der wesentlich zur Entstehung eines finnischen Nationalbewusstseins beitrug. Das einleitende Lied **»Vårt Land«** wurde in der Vertonung des aus Deutschland stammenden ► Fredrik Pacius zur finnischen Nationalhymne. Der durch seine patriotischen Gedichte zum finnischen Nationaldichter gewordene Runeberg starb 1877 in Porvoo.

## Jean Sibelius (1865 – 1957)

**Komponist** Der international bekannte finnische Komponist wurde als Johan Julius Christian Sibelius am 8. 12. 1865 in Hämeenlinna geboren. Ab 1885 studierte er Violine am Konservatorium in Helsinki und später

*Sibelius auf Ainola*

Komposition in Berlin und Wien. Nach 1892 kehrte er nach Finnland zurück und lehrte als Dozent am Konservatorium und an der Orchesterschule des Philharmonischen Orchesters in Helsinki.

Mit seiner vom finnischen Nationalepos »Kalevala« inspirierten Chorsinfonie **»Kullervo«**, die als bahnbrechend für die finnische Nationalromantik gilt, gelang ihm bereits 1892 der erste große Erfolg. Ab 1897 erhielt er ein unbefristetes staatliches Stipendium, und so konnte er sich, ohne materielle Sorgen, ganz der schöpferischen Arbeit widmen. Im Jahre 1904 zog er mit seiner Frau Aino in die Villa Ainola nach Järvenpää bei Helsinki, wo er, unterbrochen von zahlreichen Konzertreisen, bis zu seinem Tod lebte.

Sibelius wurde zu einem der bedeutendsten Vertreter der skandinavischen Musik. Seine sinfonischen Dichtungen sind meist programmatisch ausgerichtet, indem sie Themen der finnischen Volksdichtung, Geschichte und Mythologie musikalisch umsetzen. Das Konzert auf der Pariser Weltausstellung von 1900 brachte Sibelius u. a. mit der 1. Sinfonie e-Moll und der sinfonischen Dichtung »Finnlandia« große Anerkennung.

## Johan Vilhelm Snellman (1806 – 1881)

**Philosoph und Staatsmann** Der Philosoph und Staatsmann Johan Vilhelm Snellman wurde 1806 als Sohn einer finnisch-schwedischen Kapitänsfamilie in Stockholm geboren. Die Familie siedelte 1813 nach Kokkola in Österbotten über. Nach seinem Studium der Philosophie und Theologie in Turku und Helsinki wurde Snellman 1836 Dozent. Seit 1830 war er Mitglied der **»Samstagsgesellschaft«**, die die Anhebung des allgemeinen Bildungsniveaus und das Erwecken eines finnischen Nationalgefühls zum Ziel hatte. Snellman forderte die Befreiung des finnischen Volkes von der kulturellen Bevormundung durch Schweden und der politischen Dominanz Russlands. Zur Erweckung eines finnischen Nationalbewusstseins sei es notwendig, dass die finnische Sprache als eine der offiziellen Amtssprachen anerkannt werde. In der mittelfinnischen Provinzstadt Kuopio gründete er eine finnische und eine schwedische Wochenzeitung. 1856 erhielt er eine Professur für Philosophie an der Universität Helsinki, wo er sich zu einem Vertreter des **»Linkshegelianismus«** entwickelte. Im Frühjahr 1863 wurde er von Zar Alexander II. zum Senator und Chef der Finanzverwaltung ernannt. Der Zar sicherte ihm sowohl die Einführung einer finnischen Währung als auch die einer finnischen Amtssprache im Großfürstentum Finnland zu. Mit seinem Lebenswerk setzte er die Bemühungen um ein finnisches Nationalbewusstsein fort, die bereits Mikael Agricola 300 Jahre zuvor propagierte. Johan Vilhelm Snellman starb am 4. 7. 1881 in Kirkonummi.

## Linus Torvalds (*1969)

Linus Torvalds' Familie gehört zur Schwedisch sprechenden Minderheit in Finnland. Er besuchte ab 1988 die Universität Helsinki. Dort entwickelte er 1991 eine Software, um sich effizienter in die UNIX-Rechner seiner Universität einwählen zu können. Bald entstand der Plan, ein richtiges Betriebssystem zu entwickeln. Die erste fehlerfrei lauffähige Version von **Linux** wurde im März 1994 an der Universität Helsinki vorgestellt. 1996 veröffentlichte Linus Torvalds den Linux-Kernel 2.0. Zusammen mit der freien GNU-Software der Free Software Foundation und vieler anderer Open-Source-Software verbreitete sich das auf dem Linux-Kernel basierende Betriebssystem auf vielen verschiedenen Rechnerarchitekturen auch mit Prozessoren, die nicht mit denen des Marktführers Intel kompatibel sind. In seiner Autobiographie »Just for Fun. Wie ein Freak die Computerwelt revolutionierte« klingt das folgendermaßen: »Das war mein Leben: Ich aß. Ich schlief. Vielleicht ging ich zur Uni. Ich programmierte. Ich las eine Menge E-Mails. Mir war klar, dass manche meiner Freunde mehr Sex hatten, aber das war okay. Offen gesagt, die meisten meiner Freunde waren auch Loser.« **Tux** der Pinguin wurde zum offiziellen Logo für Linux. Linus lebte mehrere Jahre mit Frau und drei Töchtern in der Nähe von Portland, Oregon (USA). Er arbeitet heute beim Open Source Development Lab (OSDL), um hauptberuflich an der Weiterentwicklung des Linux-Kernels zu arbeiten.

**Software-Revolutionär**

# Praktische Informationen

WIE KOMMT MAN HIN? WIE REIST MAN WEITER? WAS IST EIN MÖKKI, EIN LÖYLY UND EIN KALAKUKKO? LESEN SIE ES NACH – AM BESTEN SCHON VOR DER REISE.

# Anreise · Reiseplanung

**Mit dem Flugzeug**

Finnlands nationale Fluggesellschaft Finnair und die Lufthansa verbinden Helsinki mit den wichtigsten Zentren im deutschsprachigen Raum. Auch die Billigflieger haben Finnland erobert: Ryanair, Germanwings usw. bieten eine ernsthafte Preiskonkurrenz zu den etablierten Airlines. Informationen gibt es bei den Fluggesellschaften, im Internet und in vielen Reisebüros.

**Mit dem Auto und dem Schiff**

Die einzige Möglichkeit, Finnland komplett auf dem Landweg zu erreichen, führt über Polen, die baltischen Staaten, St. Petersburg und die karelische Landenge – angesichts der beträchtlichen Entfernungen kaum eine Alternative für »Normaltouristen«.

**Anreise über Dänemark und Schweden ►**

Immer noch aufwendig, aber eine reelle und zugleich die finanziell günstigste Möglichkeit ist die Anreise mit dem Auto über Dänemark und Schweden: Mit den Fähren der sog. Vogelfluglinie oder über die Öresundbrücke gelangt man nach Schweden, von Stockholm wiederum verkehren Fähren nach Helsinki oder Turku. Wer viel Zeit hat, kann statt der Finnland-Fähre auch den Landweg um den Bottnischen Meerbusen herum wählen.

**Fährfahrt Deutschland – Finnland ►**

Von Lübeck und Rostock aus laufen Autofähren den Hafen von Helsinki an; die mit nur 22 Stunden Fahrzeit schnellste Möglichkeit ist die Fährfahrt von Rostock nach Hanko.

**Anreise über das Baltikum ►**

Eine interessante, aber etwa umständliche Route führt über das Baltikum: Erst geht es mit der Fähre von Lübeck nach Riga, dann auf dem Landweg nach Tallinn, von dort folgt schließlich eine kurze Überfahrt nach Helsinki.).

## ► FÄHRE UND FLUGZEUG

### FÄHRVERBINDUNGEN

**► Deutschland – Finnland**
Rostock – Hanko
(22 Std., Superfast Ferries)
Travemünde – Helsinki
(27 bzw. 38 Std.; Finnlines)

**► Deutschland – Schweden**
Travemünde – Trelleborg
(7 – 9 Std., TT-Line)
Kiel – Göteborg
(14 Std.; Stena Line)

**► Vogelfluglinie**
Puttgarden (D)– Rødby (DK)
(45 Min.; Scandlines)

Helsingør (DK) – Helsingborg (S)
(30 Min.; Scandlines)

**► Schweden – Finnland**
Stockholm – Mariehamn –
Helsinki (ca. 13 Std.; Silja Line,
Viking Line)
Stockholm – Mariehamn – Turku
(10 Std.; Silja Line, Viking Line)
Umeå – Vaasa
(3 Std.; RG-Line)

**► Estland – Finnland**
Tallinn – Helsinki
(2 bzw. 4 Std.; Linda Line, Tallink,
Eckerö Line)

## FÄHRGESELLSCHAFTEN

▶ **Eckerö-Line**
Tel. 03 58 / 60 00 43 00 (FIN)
www.eckeroline.fi

▶ **Finnlines**
Tel. 04 51 / 1 50 74 43 (D)
www.finnlines.com

▶ **RG-Line**
Tel. 020 / 2 07 71 68 10 (FIN)
www.rgline.com

▶ **Scandlines**
Tel. 0 18 02 / 11 66 99 (D)
www.scandlines.com

▶ **Tallink Silja**
Tel. 04 51 / 58 99-222 (D)
www.tallinksilja.com

▶ **Stena Line**
Tel. 0 18 05 / 91 66 66
www.stenaline.de

▶ **TT-Line**
Tel. 0 45 02 / 801-81 (D)
www.ttline.com

▶ **Viking Line**
Tel. 04 51 / 38 46 30 (D)
www.vikingline.de

## FLUGGESELLSCHAFTEN

▶ **Blue 1**
Tel. 0 20 / 585 62 40 (FIN)
www.blue1.com

▶ **Finnair**
Tel. 0 18 05 / 01 04 66 (D)
Tel. 06 00 / 14 01 40 (FIN)
www.finnair.com

▶ **Germanwings**
Tel. 09 00 / 19 19 100 (D)
www.germanwings.com

▶ **Lufthansa**
Tel. 0 18 05 / 805 805 (D)
Tel. 020 /358 358 (FIN)
www.lufthansa.com

*Wahre Hochhäuser auf dem Meer sind die Finnland-Fähren.*

**Bahn und Schiff**  Möglich ist auch eine kombinierte Bahn- und Schiffsreise. Züge fahren von Hamburg nach Kopenhagen; weiter geht es zuerst mit dem Schiff nach Malmö (Schweden) und dann mit der Bahn nach Stockholm. In Stockholm steigt man in die Fähre nach Turku oder nach Helsinki.

## Ein- und Ausreisebestimmungen

**Reisedokumente**  Deutsche, Österreicher und Schweizer benötigen für die Einreise
**Personalpapiere ▶**  nach Finnland lediglich einen gültigen amtlichen Personalausweis oder einen gültigen Reisepass. Kinder unter 16 Jahren brauchen einen gesonderten Kinderausweis, falls sie nicht im Reisepass der Eltern eingetragen sind. Auch die übrigen Länder Skandinaviens, bereits in der Nordischen Pass- und Zollunion vereint, sind dem Abkommen beigetreten, so dass zwischen ihnen keine Grenzkontrollen
**Fahrzeugpapiere ▶**  stattfinden. Der deutsche Führerschein und Kraftfahrzeugschein werden anerkannt und sind mitzuführen. Zweckmäßig ist die Mitnahme der grünen Internationalen Versicherungskarte für Kraftverkehr. Kraftfahrzeuge müssen eine EU-Plakette oder das Nationalitätskennzeichen tragen.

**Haustiere**  Haustiere, die gegen Tollwut geimpft sind, dürfen vom europäischen Festland nach Finnland mitgebracht werden; dem Zoll muss eine Impfbescheinigung vorgelegt werden, aus der das Impfdatum sowie Name und Anschrift des ausstellenden Arztes hervorgehen. Die Impfung muss mindestens 30 Tage und darf höchstens 12 Monate zurückliegen.Bitte beachten: Hunde dürfen in viele Hotels, Restaurants, Wanderheime und Geschäfte nicht mitgenommen werden!

## Zollbestimmungen

**Einreise aus**  Finnland ist Mitglied der Europäischen Union. Reisende über 20 Jah-
**EU-Staaten**  ren, die aus einem »Alt«-EU-Staat einreisen, dürfen Waren (auch Alkohol und Tabak) zum persönlichen Gebrauch in unbegrenzter Menge nach Finnland einführen. Für Reisende, die aus einem der erst 2004 beigetretenen Staaten einreisen (z. B. Estland), ist die Mitnahme von Zigaretten auf 200 Stück begrenzt.

**Ålandinseln**  Für Reisende, die aus einem EU-Land auf die Ålandinseln reisen, gelten dieselben Beschränkungen wie für Reisende aus Nicht-EU-Ländern. Die Ålandinseln sind heute die einzige Duty-Free-Zone in der Europäischen Union.

**Einreise aus**  Für Reisende, die direkt aus Nicht-EU-Ländern, beispielsweise der
**Nicht-EU-Staaten**  Schweiz, einreisen, liegen die Freimengengrenzen bei der Einreise nach Finnland für Personen über 18 Jahren bei 200 Zigaretten oder 100 Zigarillos oder 50 Zigarren oder 250 g Rauchtabak, ferner bei 1 l Spirituosen, 2 l Aperitif- und Schaumweine, 4 l Wein und 16 l Bier.

# Auskunft

## ► WICHTIGE ADRESSEN

### FINNISCHE TOURISMUS-ZENTRALE

► **Vist Finland**
Tel. 0 61 34 / 282433 (D)
www.visitfinland.com
www.mek.fi
Zuständig für Deutsch-
land, Österreich, die
Schweiz, die Niederlande, Belgien
und Luxemburg

► **Matkailun Edistämiskeskus**
(Finnisches Fremdenverkehrsamt)
Töölönkatu 11
FIN-00101 Helsinki
Tel. 010 / 6 05 80 00
www.mek.fi

### DEUTSCH-FINNISCHE GESELLSCHAFT

► **Deutsch-Finnische Gesellschaft**
Fellbacher Straße 52
D-70736 Fellbach
Tel. 07 11 / 5 18 11 65
www.deutsch-finnische-
gesellschaft.de

### BOTSCHAFTEN

► **Vertretung in Deutschland**
Finnische Botschaft
Rauchstr. 1
D-10787 Berlin
Tel. 0 30 / 50 50 30
www.finnland.de

► **Vertretung in Österreich**
Finnische Botschaft
Gonzagagasse 16
A-1010 Wien
Tel. 01 / 53 15 90
www.finnland.at

► **Vertretung in der Schweiz**
Finnische Botschaft
Weltpoststrasse 4, CP 11
CH-3000 Bern 15
Tel. 0 31 / 350 41 00
www.finlandia.ch

► **Vertretungen in Finnland**
Deutsche Botschaft
Krogiuksentie 4 b
FIN-00340 Helsinki
Tel. 09 / 45 85 80
www.helsinki.diplo.de

Österreichische Botschaft
Unioninkatu 22
FIN-00130 Helsinki
Tel. 09 / 68 18 60-0
E-Mail: helsinki-ob@bmeia.gv.at

Schweizerische Botschaft
Uudenmaankatu 16 A
FIN-00120 Helsinki
Tel. 09 /622 95 00
www.eda.admin.ch/helsinki

### INTERNET

► **www.finland.de**
Sehr umfangreiches, aber leider
nicht sehr übersichtliches Portal der
Deutsch-Finnischen Gesellschaft.

► **www.visitfinland.de**
Die offizielle Hompage der Finnischen Zentrale für Tourismus hilft
bei allen touristischen Belangen.

► **www.finland.com**
Unterkünfte landesweit, Events,
Sehenswürdigkeiten – perfekt für
alle Bedürfnisse des Reisenden.

▶ **www.schneeland.com**
Sehr informative Seite eines Finn-landspezialisten mit jeder Menge Hintergrundinfos.

▶ **www.festivals.fi**
Was? Wann? Wo? Hier findet man fast alle regelmäßigen Ver-anstaltungen in Finnland.

▶ **www.finn-land.net**
Online-Magazin mit Hintergrund-artikeln zu fast jedem Finnland-Thema

▶ **www.fmi.fi**
Reisewetter, Wassertemperaturen etc. gibt es stets und tagesaktuell

beim finnischen meteorologischen Institut.

*Baedeker-Empfehlung*

▶ **www.virtual.finland.fi/de**
Da behaupte noch einer, staatliche Internetseiten seien trocken und unübersichtlich! Das Internet-Portal des finnischen Außenministeriums sucht seinesgleichen. Es gibt kein landesspezifisches Thema, sei es aus den Bereichen Wirtschaft, Geschichte, Menschen, Kultur oder Natur, das hier nicht umfassend und unterhaltsam präsentiert wäre. Dieser Multimedia-Guide leistet ausgezeichnete Dienste.

# Badestrände und Badeseen

**Es ist wärmer als man denkt!** Niemand wird nach Finnland reisen und dort einen ausgiebigen Badeurlaub planen. Dennoch gibt es auch hier während der sommerlichen Hochsaison (Juli/August) Möglichkeiten, in der mindestens 18 °C warmen Ostsee zu baden. An der Küste Süd- und Südwestfinnlands übersteigen dann die Temperaturen auch nicht selten die 20 °C-Marke. Entlang der Westküste gibt es einige sehr gut zum Baden geeignete Strände, und auch in den geschützen Schärenbuchten der Südküste kann ein Bad im Meer ein schönes Erlebnis sein.

*i* **Finnlands Top-Strände**

▪ Pori: Legendär ist der kilometerlange Sand-strand von Yteri mit schützenden Sanddünen
▪ Kalajoki: Sandstrand und Baderummel
▪ Hanko: direkt vom Ort an den Strand

**Seen im Landesinneren** Im Sommer erreicht das Wasser in den seichteren Bereichen der Tausenden von Seen, die das Landesinnere durchziehen, durchaus angenehme Badetemperaturen. Ansonsten hält man es wie die Finnen: Nach einem Gang in die Sauna spielt die Temperatur des Sees, in dem man sich abkühlt, nur noch eine sehr untergeordnete Rolle.

**Badestellen** Unabhängig ob am Meer oder am See: Fast alle finnischen Gemeinden haben für jeden zugängliche öffentliche Badestellen eingerichtet.

# Mit Behinderung in Finnland

Finnland ist schon seit vielen Jahren vorbildlich, was Einrichtungen für behinderte Reisende und Mitbürger betrifft. Viele Hotels bieten besonders ausgestattete Zimmer, alle öffentlichen Gebäude verfügen über Behindertentoiletten. Oft sind Bordsteine an Straßenecken für Rollstuhlfahrer abgeflacht, auch gibt es Rollstuhllifts. Verkehrsampeln geben Signale für Seh- und Hörgeschädigte, auch viele Campingplätze besitzen behindertengerechte sanitäre Anlagen. **Hoher Standard**

▶ **Rullaten ry**
Pajutie 7, 02770 Espoo
Tel. 09 / 8 05 73 93, Fax 8 55 14 70
www.rullaten.fi

Unter dieser Adresse gibt es Broschüren in englischer und deutscher Sprache für Reisende mit einem Handicap.

# Elektrizität

Das finnische Stromnetz führt in der Regel 220 Volt Wechselspannung. Adapter werden nicht benötigt.

# Essen und Trinken

Die finnische Küche ist ihrer Herkunft nach einfach und nahrhaft, und sie verführt manchen Mitteleuropäer bisweilen zu kulinarischen Neuentdeckungen. Bestandteile fast jeder Mahlzeit sind Kartoffeln. Doch wer jemals die kleinen gelben finnischen Sommerkartoffeln mit hauchzarter Schale, verfeinert mit einem Stich salziger Butter und frischem Dill, probiert hat, wird diesem Geschmackserlebnis wenig hinzufügen wollen. Vielleicht noch etwas frisch geräucherten »Siika« (Maräne/Felchen) vom Markt oder ein gemischtes Pilzragout frisch aus dem Wald – und fertig ist das perfekte Sommerhausessen. **Kartoffeln – zum neu Entdecken**

*In Finnland haben festliche Büfetts Tradition.*

*»Lakka« heißt die
begehrte Moltebeere
auf Finnisch.*

# DIE ENTDECKUNG DER EINFACHHEIT

**Die finnische Küche hat ihren Ursprung in dem Zeitalter vor der Erfindung der Weltmärkte und Tiefkühlschränke. Die langen Winter und die kurzen, jedoch heftigen Vegetationsphasen des Nordens zwangen die Menschen zu genialen Improvisationen, denn irgend etwas musste man schließlich essen ... Die durchaus brauchbaren Ergebnisse solch handfester Zwänge konnten bis in unsere Zeit gerettet werden.**

Der Tag manches Finnen beginnt noch heute mit einer großen Schale nahrhaftem »Puuro«. Puristen garnieren den mit Wasser gekochten Gersten- oder Roggenbrei lediglich mit einem Schlag Preiselbeermarmelade – in einem Land mit langen Wintern eine durchaus sinnvolle Art der Vitamin-C-Versorgung. Stets gaben Vollkornmehl und Vollkornbrot den Ton an und gehören auch heute zu Finnland wie Baguette zu Frankreich. Dunkles gesäuertes Roggenbrot in flacher Ringform, Fladenbrote aus Hafer und Gerste oder knackiges Knäckebrot schmecken herzhaft und sind zugleich sehr gesund.

## Milch macht's

Besonders köstlich und vielfältig sind die finnischen Milchprodukte. »Piimä« ist eine erfrischende Sauermilch, nicht nur Kinder trinken sie gerne zum Essen. »Viili« gehört zu den beliebtesten Sauermilcherzeugnissen des Landes und überrascht den Fremden zunächst durch seine leicht zähe Konsistenz. »Leipäjuusto«, »Brotkäse« ist ein flacher Käse, der gerne mit goldgelber »Lakkahillo« (Moltebeerenmarmelade) genossen wird.

## Beeren

Waldbeeren sind einer der großen Reichtümer der finnischen Natur. »Mustika« (Heidelbeeren) gedeihen in allen Landesregionen und sind frisch, im Kuchen oder als »Kiisseli« (Kompott) ein vitaminreicher Genuss. Im Supermarkt-Kühlregal bei den Milchprodukten findet man »Mustikakeitto« (Heidelbeersuppe) – probieren lohnt sich! »Puolukka« (Preiselbeeren) findet man in offenen Waldgegenden; die roten Vitamin-Bomben schmecken aber nur als Marmelade. Waldhimbeeren sind frisch gepflückt besonders köstlich und ergeben eine intensive Marmelade, die besonders gut zu den kleinen »Lettu« (Pfannkuchen) schmeckt. Eine rare Spezialität der Moore Lapp-

*»Outdoor food« – fangfrische Fische am Lagerfeuer gebraten*

lands ist »Lakka«, die gelbe Molte-beere, die auch als gleichnamiger Likör ihre Liebhaber hat.

## Frisches vom Markt

Zu den perfekten Sommergenüssen finnischer Märkte zählen süße Erbsen in der Schote und Erdbeeren. Beide kauft man nicht nach Gewicht, son-dern nach Litern – und beide eignen sich hervorragend zum sofortigen Verzehr direkt auf dem Markt.

## Fleisch und Wurst

Hackfleischbällchen in Soße ist eines der Alltagsgerichte, das man an jeder Tankstelle als schnelle Mahlzeit be-kommen kann. Zu festlichen Anlässen gibt es glasierten Schweineschinken, Roastbeef oder Lammbraten. Mit Soße und Kartoffeln natürlich. Und mit einem Schlag Johannisbeer- oder Preiselbeermarmelade.

Finnische Würste sind – insbesondere für Deutsche – eine Herausforderung. Denn ob kleine »Nakki«, rote »Grill-imakkara« oder gekringelte »Lenkki-makkara« – das Verhältnis Fleisch zu Mehl entspricht nicht unbedingt mit-teleuropäischen Gewohnheiten. Übri-gens: Würste mit der Aufschrift der »A-luoka« (A-Klasse) sind denen der »B-luoka« qualitativ deutlich über-legen. »Sinappi«, leicht süßer finni-scher Senf, wird von Ausländern ent-weder geliebt – oder verabscheut!

## Fisch

Fisch, ob frisch, geräuchert oder ein-gelegt, ist ein wichtiger Bestandteil der finnischen Küche. »Kirjolohi«, die Regenbogenforelle, ist auf den Märk-ten ein beliebter Verkaufsschlager – kommt aber zumeist aus Kanada. Sicherlich aus finnischen Gewässern stammen »Siika« (Maräne / Felchen), »Muikku« (Strömling) und »Ahven« (Barsch). »Silli«, verschiedenartig ein-gelegter Hering, fehlt auf keinem finnischen Buffet. Recht spektakulär ist die Zubereitung von »Loimulohi« (Flammlachs). Hierbei werden Lachs-filets auf Holzbretter genagelt und am offenen Feuer gegart.

## Spezialitäten

Die sog. Spezialitäten sollte man natürlich auch probieren: »Poro« (Rentierfleisch) – gebraten oder ge-räuchert – gehört dazu und natürlich auch »Rapu« (Krebse), die zwischen dem 20. Juli und 20. September, mit Dill in Salzwasser gekocht, eiskalt serviert und mit einem kräftigen Schluck Klaren fast zeremoniell ver-speist werden. Der karelische »Kala-kukko« (»Fischhahn«) ist ein mit Fisch und Schweinefleisch gefülltes Roggenbrot. Unter »Voileipäpöytä« versteht man ein dem schwedischen »Smörgåsbord« entsprechendes Bü-fett, auf dem alle Köstlichkeiten des Landes versammelt sind.

> ! *Baedeker* TIPP

**Karjalan Piirakka**

Die beliebteste finnische Spezialität sind wohl die Karelischen Piroggen. Sie ähneln optisch einem Mokkassin und bestehen aus einer feinen »Sohle« aus Roggenteig mit einer Füllung aus Milchreis oder Kartoffelmus. Man isst sie frisch aus dem Ofen mit einer gehörigen Portion »Munavoi«, einer Mischung aus salziger Butter und hart gekochten Eiern. Und obwohl es Karjalan Piirakka im ganzen Land zu kaufen gibt – die besten gibt es nach wie vor frisch gebacken auf dem Markt in Joensuu.

Donnerstags gibt es **Erbsensuppe** – diese Tradition aus kargen Zeiten wird noch in manchen Familien hochgehalten. Für Kochmuffel gibt es die Suppe auch aus der Dose und sie wird mit Senf und Sahne abgeschmeckt. Die Kraftbombe schlechthin heißt **Karelischer Fleischtopf** (Karjalan paisti) und besteht aus Rinder-, Hammel- und Schweinefleisch mit Kalbsnieren, Karotten und Steckrüben.

Finnen lieben **Büfetts**. Berühmt ist das Weihnachtsbüfett mit einem gekochtem Schinken im Mittelpunkt. Unbedingt dazu gehören Aufläufe aus Steckrüben, gesäuerten Kartoffeln, Karotten, Leber, Reis oder Makkaroni und **»Rossoli«**, ein Heringssalat mit Kartoffeln, Äpfeln und Roter Beete.

**Essen gehen** **Restaurants** sucht man in Finnland nur zu besonderen Gelegenheiten auf, sie bleiben zumeist ein teures Vergnügen. Als Nokia noch für seine Autoreifen und Gummistiefel bekannt war, beherrschte das Wort **»Baari«** das Straßenbild. Serviert wird hier immer noch urfinnisches Fastfood wie »Lihapiirakka« (frittierte Fleischpiroggen) und »Broileri« (Grillhähnchen). Selbstverständlich haben Pizza-, Tex-Mex- und China-Ketten auch die entferntesten Winkel erobert. Eine ungleich angenehmere Art, seinen Mittagshunger zu stillen, bieten die im ganzen Land üblichen **Mittagsbüfetts**. Dort bekommt man zumeist Suppe oder einen Eintopf, Brote, Salate, eingelegten Fisch, und als Getränke »Kotikalja« (hausgemachtes Malzbier) und Kaffee.

**Alltagsgetränke** Zu den Mahlzeiten trinken die Finnen Wasser, Milch, Buttermilch oder leichtes Bier. Legendär ist der exorbitante Kaffeekonsum der Finnen: Schon seit vielen Jahren halten sie die Top-Stellung im weltweiten Pro-Kopf-Verbrauch.

**Alkohol** Der Verkauf alkoholischer Getränke ist durch früher stark einschränkende, heute jedoch gelockerte Gesetze geregelt. Der Fremde, der in der Regel größere Lokale besucht, wird davon lediglich merken, dass Alkohol vor allem in Kneipen und Restaurants immer noch erheblich teurer als in Mitteleuropa ist. Leicht- und Mittelbier kann man heute überall im Supermarkt kaufen, für Wein und Höherprozentiges sind nach wie vor nur die staatlichen Alko-Läden zuständig.

*»Loimulohi« – Flammlachs wird an Holzbretter genagelt, →
mit Salzwasser besprengt und am offenen Feuer gegart.*

# Feiertage · Feste · Events

**Veranstaltungsprogramme**  Die regionalen und lokalen Fremdenverkehrsbüros (▶Auskunft) halten umfangreiche Veranstaltungsprogramme bereit. Außerdem sind der Tagespresse und den regionalen Veranstaltungskalendern (englisch, zum Teil deutsch) aktuelle Termine zu entnehmen. Überall in Finnland wird am vorletzten Freitag bzw. Samstag im Juni Mittsommer gefeiert. Im Dezember gibt es ebenfalls einige Veranstaltungen, die im ganzen Land stattfinden: am 6. Dezember Feiern zum **Unabhängigkeitstag**, am 13. Dezember Feiern zum **Lucia-Fest** und am 31. Dezember **Neujahrsbegrüßung** auf den Marktplätzen.

▶ WAS · WANN · WO?

## GESETZLICHE FEIERTAGE

▶ **1. Januar**
Neujahr

▶ **6. Januar bzw. folgender Samstag**
Dreikönigstag

▶ **1. Mai**
Tag der Arbeit

▶ **vorletzter Fr. / Sa. im Juni**
Mittsommer

▶ **1. November**
Allerheiligen

▶ **6. Dezember**
Unabhängigkeitstag

▶ **25. und 26. Dezember**
Weihnachten

### *i* Feiertage

▪ Wie alle Skandinavier feiern auch die Finnen gern. Viele Büros und Geschäfte haben am Tag vor einem Feiertag oftmals gar nicht oder eventuell nur vormittags geöffnet. Und am Mittsommerwochenende steht das ganze Land still.

▶ **Bewegliche Feiertage**
Karfreitag, Ostersonntag, Ostermontag, Christi Himmelfahrt, Pfingstsonntag

## VERANSTALTUNGEN

▶ **Informationen zu Festivals**
www.festivals.fi

### JANUAR

▶ **Tampere**
Beim »Pispalan Sottiisi« treffen sich Volkstänzer und -musiker aus aller Welt zu spontanen Tänzen (www.sottiisi.net).

### FEBRUAR

▶ **Kokkola**
Beim höchst stimmungsvollen »Winterakkordeon Festival« an der österbottnischen Küste trifft man alles, vom Akkordeon-Schamanen bis zum Klassik-Künstler (www.talviharmonikka.com).

▶ **Oulu**
Eines der bedeutendsten Kinder- und Jugendtheaterfestivals in Europa (www.ouka.fi/teatteri/festival).

▶ **Rovaniemi**
Winterlicher Rentierschlitten-Wettbewerb im verschneiten Lappland.

## MÄRZ

▶ **Helsinki**
»Musica nova« – die ganze Welt der Neuen Musik mit Konzerten und Workshops (www.musica nova.fi).

▶ **Oulu**
Die Frühjahrsmusikfestspiele kombinieren verschiedene Musikstile und Kunstgattungen virtuos miteinander (www.oulun musiikijuhlat.fi).

## APRIL

▶ **Espoo**
»April Jazz« ist das bedeutendste Jazzfestival in der Region Helsinki (www.apriljazz.fi).

## MAI

▶ **Vaasa**
Das »Chorfestival Vaasa« ist eine der jährlichen Großveranstaltungen internationaler klassischer und moderner Chormusik (www.vaasa.fi/choirfestival).

## JUNI

▶ **Landesweit**
Am Mittsommerwochenende (Fr./Sa. nach dem 21.6.) feiert ganz Finnland eine landesweite Party mit Sonnenwendfeuer, Tanz im Freien und reichlich Alkohol.

▶ **Ikaalinen**
Lieblingsinstrument der Finnen: das Akkordeon. Akkordeonmusik von Klassik, über Jazz, Tango nuevo und Moderne präsentiert das internationale Festival »Sata-Häme Soi« (www.satahamesoi.fi).

*Finnische Volksmusik: Akkordeon ist immer, Geige ist meistens dabei.*

▶ **Järvenpää**
Der »Lakesideblues« versammelt Ende Juni / Anfang Juli Bluesfolk und Musikfans an den Ufern des Tuusula-Sees (www.puistoblues.fi).

▶ **Naantali**
Klassische Musik präsentiert das »Musikfestival Naantali« in Finnlands hübscher Sonnenstadt (www.naantalimusic.com).

▶ **Seinäjoki**
Das dreitägige Rockfestival »Provinssirock« präsentiert Stars aus dem In- und Ausland sowie die Stars der Zukunft (www. provinssirock.fi).

▶ **Sodankylä**
Tausende von Filmfans wandern Mitte Juni über den Polarkreis, um die Sonnenwende beim fünftägigen »Midnight Sun Film Festival« zu feiern (www.msfilmfestival.fi).

## JULI

▶ **Hankasalmi**
»Kihveli Soikoon« ist das einzige internationale Festival für Skiffle-Beat. Kochlöffel, Waschbrett oder Koffer – der Instrumentenvielfalt

sind keine Grenzen gesetzt
(www.kihvelisoikoon.com).

▶ **Kaustinen**
Das »Kaustinen Folk Music
Festival« ist das größte und älteste
Fest für Volksmusik und -tanz
in Skandinavien (www.kaustinen.
net).

▶ **Kuhmo**
Kammermusik jährlich unter
einem anderen Motto gibt es bei
den berühmten »Kuhmo
Kammermusikfestspielen«
(www.kuhmofestival.fi).

▶ **Pori**
»Pori Jazz« ist eine internationale
Großveranstaltung mit Stars der
Weltklasse und jährlich 120 000
Besuchern (www.porijazz.fi).

▶ **Raahe**
»Jazz on the Beach« ist ein kleines
Festival, aber eines der wichtigsten
des modernen Jazz in Finnland
(www.rajatsi.fi).

▶ **Savonlinna**
Finnlands Top-Festival, die »Sa-
vonlinna Opernfestspiele«, ver-
sammeln große Sänger, Top-
Orchester und ein internationales
Publikum in den historischen
Mauern der Burg Olavinlinna
(www.operafestival.fi).

▶ **Seinäjoki**
Das Tango-Event schlechthin in
Finnland: Der »Tangomarkkinat«
lockt alljährlich über 100 000
Besucher nach Westfinnland
(www.tangomarkkinat.fi).

**AUGUST**
▶ **Helsinki**
Ein Feuerwerk an Events für alle

Sinne sind die »Helsinki Festwo-
chen«. Highlight ist die Nacht der
Künste (www.helsinkifestival.fi).

▶ **Rovaniemi**
In den hellen Nächten Lapplands
vereint das »Jutujaiset Festival«,
ein Folklorefest zum Thema Ren-
tierkultur, Samen, Ethnologen und
Touristen.

▶ **Tornio**
In den Grenzstädten Tornio und
Haaparanda treffen sich Jazz- und
Bluesbegeisterte zum größten
Festival des Nordens.

**SEPTEMBER**
▶ **Porvoo**
Zigeunermusik im Geist von
Django Reinhardt und die
schönsten Roma-Tangos gibt es
bei den »Internationalen Roma
Musikfestspielen« (www.romani
music.fi).

**OKTOBER**
▶ **Järvenpää**
Musik rund um Sibelius im
»Sibelius Festival« der Sibelius
Akademie (www.jarvenpaa.
fi/tapahtumat).

**NOVEMBER**
▶ **Tampere**
Das »Tampere Jazz Happening«
bringt heiße Klänge in den kühlen
nordischen Herbst (www.tampere.
fi/jazz).

**DEZEMBER**
▶ **Helsinki, Turku u. a.**
Dezember ist die Zeit der Weih-
nachtsmärkte. Der Frauen-Weih-
nachtsmarkt (auch für Männer)
im Vanha Satama Helsinki oder
der Weihnachtsmarkt von Turku
sind besonders schön.

# Geld

Finnland ist Mitglied der Europäischen Währungsunion, damit ist der Euro das offizielle Zahlungsmittel. Als einziges »Euroland« hat Finnland keine 1- und 2-Cent-Münzen im Umlauf. Wer solche als Souvenir mitbringen möchte, erhält sie bei Banken oder an einigen Kiosken in Helsinki.

**Euroland**

Schweizer müssen weiterhin umrechnen: 1 CHF entspricht 0,78 €, für 1 € bekommt man 1,28 CHF.

> ! **Baedeker** TIPP
>
> **Karte verloren? Tel. 116 116**
>
> Unter der zentralen **Sperr-Notrufnummer** (aus dem Ausland mit Vorwahl 00 49!) kann man verlorene oder gestohlene Bank- und Kreditkarten sowie Handys, Versichertenkarten etc. sperren lassen.

An **Geldautomaten** kann man mit Bank- und Kreditkarten Bargeld abheben. Die Automaten sind in ganz Finnland durch ein orangefarbenes Schild mit der Aufschrift »OTTO« gekennzeichnet.

Banken, größere Hotels und Restaurants, Autovermieter und auch viele Geschäfte akzeptieren alle international gängigen Kreditkarten (Mastercard, Visa, American Express, Diners).

**Kreditkarten**

Banken haben Mo.– Fr. 9.00 – 16.30 Uhr geöffnet.

**Banken**

# Gesundheit

Allgemeiner Notruf (u. a. Notarztwagen): 112
Arztvermittlung (Hausbesuche): 008

**Notruf**

Die Behandlung von Kranken und Unfallopfern erfolgt normalerweise über die Aufnahmestationen der Krankenhäuser (finn. Sairaala).

**Krankenhäuser**

Krankenkassen-Versicherte haben Anspruch auf Leistungen, wenn sie während ihres Aufenthalts in Finnland erkranken. Mit der Europäischen Krankenversicherungskarte (EHIC) der gesetzlichen Krankenkassen hat man Anspruch auf Leistungen. Detaillierte Auskünfte erteilen die Krankenkassen. Da die Kassen die Kosten eines Rücktransports in der Regel nicht übernehmen und eine ärztliche Behandlung mit Kostenbeteiligung verbunden ist, empfiehlt sich der Abschluss einer privaten Zusatzversicherung.

**Versicherungs-schutz**

Apotheken (finn. apteekki) haben zu den gewöhnlichen Geschäftszeiten geöffnet; Bereitschaftsdienste sind eingerichtet.

**Apotheken**

# Mit Kindern unterwegs

**Kinderfreund-liches Land**  Finnland, wie auch seine skandinavischen Nachbarn, ist ein ausgesprochen kinderfreundliches Reiseland. Wälder, Seen, Strände am Meer, Kletterfelsen, Spielplätze, Abenteuer-, Freizeit- und Vergnügungsparks, dazu kindgerecht ausgestattete Campingplätze, Ferienhäuser, Hotels und zahllose Möglichkeiten für Urlaub auf dem Bauernhof lassen keine Langeweile aufkommen.

Karussells und Riesenräder drehen sich beispielsweise im Vergnügungspark **Linnanmäki** in Helsinki sowie im **Särkäniemi** in Tampere. Und im Mumintal bei Tampere können die Kleinen freundliche trollartige Wesen knuddeln. Im **Santa Park** von Rovaniemi gibt es eine Weihnachtswerkstatt und hier dürfen Kinder ihre Wunschzettel fürs nächste Weihnachtsfest persönlich abgeben.

*Unübertroffenes Kinderparadies: Feriengrundstück am See*

# Knigge

**Nationalstolz**  Die Finnen haben ein stark ausgeprägtes Nationalgefühl. Es ankert sowohl in ihrer Geschichte als auch in den jüngsten spitzentechnologischen Leistungen des Landes. Und obwohl Finnen zuweilen selbst nicht unbedingt sehr gut über die Geschichte andere Länder informiert sind, kratzt es doch empfindlich am nationalen Ego, wenn der Besucher zu den entscheidenden Ereignissen der finnischen Geschichte nicht zumindest ahnungsvoll nicken kann oder wenn er sich gar die Blöße gibt, Nokia für einen japanischen Mobilfunkgiganten zu halten.

**Gleich-berechtigung**  Die Gleichberechtigung von Mann und Frau hat in Finnland eine lange Tradition. Frauen in bedeutenden politischen Funktionen und als geschäftliche Verhandlungspartner sind schon lange keine Ausnahme mehr. Männlicher Chauvinismus und eine herablassende Behandlung von Frauen gilt als grober Verstoß gegen die Etikette.

**Reden**  Schon Bertolt Brecht (▶ Berühmte Persönlichkeiten), der 1942 als Flüchtling in Finnland weilte, erfand die geistreiche Sentenz vom »Volk, das in zwei Sprachen schweigt«. Die Realität mag sich im Einzelfall anders darstellen, Fakt ist jedoch, dass die gesellschaftliche Konvention des Smalltalks sicher nicht von den Finnen erfunden wurde. Besonders im Umgang mit Fremden geben sie sich zwar freundlich, aber eher zurückhaltend. Fast alle Finnen verstehen gut Englisch, haben jedoch häufig große Scheu, in der ungewohnten Sprache unbefangen zu plaudern.

Es scheint fast, als ob **Handys** eigens für die Kommunikationsbedürfnisse der »schweigsamen Finnen« erfunden wurden, denn das Bild von einsam an der Kneipentheke telefonierenden Finnen ist mehr als ein treffendes Klischee. Handyklingeln beim Essen und bei Besuchen gilt kaum als unschicklich, absolut tabu ist und bleibt es jedoch in Kirchen und Konzerten.

*Die höchste Ehre: Einladung in die Familiensauna*

**Umgang**

Das Duzen ist in Finnland sehr verbreitet. Im öffentlichen Leben und am Arbeitsplatz ist es normal, sich über alle Rangunterschiede hinweg mit Du anzusprechen. Die Verwendung des Vornamens hingegen setzt schon etwas nähere persönliche Beziehungen voraus, wenngleich sich diese bereits dadurch ergeben, dass man absehbarerweise über einen längeren Zeitraum miteinander zu tun hat.

**Grüßen**

Finnen lieben es locker – und eher etwas distanziert. Ein Kopfnicken, ein knappes »moi«, mehr braucht es nicht. Ein Handschlag ist bereits sehr förmlich und eine Umarmung gar schon fast intim. Zum Abschied benutzt man ein freundliches »hej hej«.

**Trinken**

Die Finnen stehen in dem zweifelhaften Ruf, eine Nation notorischer Trinker zu sein. Statistisch gesehen bewegen sie sich jedoch mit etwas über neun Litern reinen Alkohols im Jahr im europäischen Mittelfeld. Dennoch gibt es einen Trend zu besonders häufigem Genuss von Hochprozentigem, und das dann durchaus in der Absicht, sich einen Rausch anzutrinken. Wer jemals an einem späten Freitagabend oder gar am Mittsommerwochenende durch finnische Innenstädte gegangen ist, wird sich an eindeutige Szenen erinnern können. Das Trinkverhalten der Finnen ist jedoch stark im Wandel begriffen; besonders die Anghörigen der gebildeteren Schichten belassen es bei dem ein oder anderen Bier in der Kneipe oder der Flasche Wein beim Essen mit Freunden.

*Schlüssel zu finnischer
Alltagskultur: die Sauna*

# SAUNIEREN WIE DIE PROFIS

**Wer jemals in deutschen Wellness-Oasen nach Sanduhr und Gebrauchsan-
weisung saunierte, vergisst das Gelernte am besten, bevor er eine Sauna in
Finnland betritt. Eine Nation, für die das Saunieren bereits vom Kleinkindalter
zum Leben gehört, lacht nämlich über derartigen Firlefanz. Erlaubt ist, was gut
tut, man bleibt, solange es gefällt, sucht Abkühlung, wenn einem danach ist,
geht so oft rein, wie man mag, und das höchste Lob an den Gastgeber muss
anschließend lauten: »Sauna oli hyvää!«**

**Der weltweite Siegeszug** der finnischen Sauna begann etwa vor 2000
Jahren, als die steinzeitlichen Stämme
der Finno-Ugrer vom nördlichen Ural
kommend das heutige Finnland er-
reichten und es sich nach ihrem
langem Marsch endlich gemütlich
machen konnten. Schon im fernen
Russland hatten sie so mächtig ge-
bibbert, dass sie vom Lagerfeuer allein
nicht richtig warm wurden. Die erste
Sauna muss eine Hütte oder ein Zelt
um ein Feuer herum gewesen sein. In
den Flammen wurden Steine erhitzt.
Dann löschte man das Feuer, schloss
die Luken und genoss wohlige Wärme
rundum. Außerdem reinigte das
Schwitzen die Poren – sehr praktisch,
denn Badezuber oder gar Duschen
gab es nicht. Rauchsauna hieß diese
frühe Form nordischer Erquickung,
die von Enthusiasten noch heute als
unübertroffene Mutter aller Saunen
gepriesen wird.

Mit der Zeit kamen die Verfeine-
rungen: Die Erfindung des Ofens aus
Gusseisen oder Stein war der große
Schritt nach vorn im mittelalterlichen
Finnland. Erste Exporte und Nach-
ahmungen im Ausland waren zu beobachten, hauptsächlich in Schweden
und Russland. Dank eines Ofenrohrs
konnte nun rauch- und rußfrei
durch- und vor allem aufgeheizt
werden. 90 Grad und mehr – davon
dürften die alten Finnen nur geträumt
haben. Das Schlagen von kunstvoll
gebundenem, aromatisch duftendem
Birkenreisig auf den Schwitzenden
erhöhte den Genuss und die
Blutzirkulation.

## Kulturgut Sauna

**Der Nationalismus des 19. Jh.s** erfasste
erstaunlicherweise auch das bis dahin
rein bäuerliche Saunawesen und ret-
tete es vor dem moralisierenden Zu-
griff der Kirchen: Die finnischen

*Außerhalb der Familie saunieren Männer und Frauen in Finnland stets getrennt.*

Patrioten der ersten Stunde erklärten mangels anderer urfinnischer Traditionen die steinzeitliche Schwitzhütte zum Jungbrunnen der Nation. Was dem Preußen der heldische Gewaltmarsch und dem Briten der mannhafte Segeltörn war, galt beim Finnen von nun ab das glühende Dampfbad. Der Besitz einer Saunahütte wurde zu einer Art vaterländischem Statussymbol. Der bis heute übliche Brauch, politische Männerfreundschaften demonstrativ im Schwitzhaus zu besiegeln, nahm damals seinen Anfang (der finnische Staatschef Urho Kekko-

*Schon bereit ist nun die Sauna Wasser steht dort, Büschel warten, frisch gefegt sind alle Bänke, Nimm ein Bad dir zur Genüge, Wasser gieß nach Wunsch und Willen (aus der Kalevala)*

nen verhandelte mit dem sowjetischen Staatschef Nikita Chruschtschow mit Vorliebe in der Sauna). **Medizinisch** sind die Mythen der hölzernen Gluthölle längst geklärt und bestätigt: Abhärtung und Vorbeugung gegen Erkältungen, Kreislauftraining, Hauttonisierung, muskuläre Entspannung, seelisches Wohlbefinden und so fort. Auch die Libido wird befördert, was die Popularität mit zu erklären vermag. Die das Schwitzen befördernde Luftfeuchtigkeit wird dadurch reguliert, dass man mittels einer Schöpfkelle Wasser auf die glühenden Steine wirft. Wenn es aufhört angenehm zu sein, kann man ruhig rausgehen, auch ohne auf die Uhr zu schauen. **Die anschließende Abkühlung** ist unerlässlicher Bestandteil der gesamten Zeremonie. Es gibt kaum etwas Schöneres, als im Abendlicht direkt aus der Sauna nackt in einen stillen See zu springen. Im finnischen Winter hackt man zum Zweck der Abkühlung ein Loch ins Eis oder die Saunagesellschaft wälzt sich im frisch gefallenen weichen Schnee. Man kann sich aber auch gemächlich an der frischen Luft abkühlen lassen, solange man nicht friert. Zum Saunieren muss man nicht eigens nach Finnland reisen. Aber wer einmal das »originale« Vergnügen hatte, in einer holzbeheizten Sauna in einem »Saunamökki« auf dem Land mit Steg zum See zu schwitzen – für den wird alles andere immer nur ein Ersatz sein ...

**Sauna** Eine besondere Ehre ist es, wenn man von finnischen Bekannten auf ihr Sommerhaus und dort in die eigens für den Gast geheizte Sauna eingeladen wird. Wer hier kneifen will, findet nur bei plausiblen gesundheitlichen Gründen ehrlich gemeintes Verständnis. Wenn Gäste dabei sind, gehen Frauen und Männer gewöhnlich getrennt in die Sauna. Auch öffentliche Mischsaunen gehören nicht zur finnischen Saunakultur.

**Besuch in der Wohnung** In finnischen Häusern und Wohnungen ist es immer üblich, vor dem Betreten der Wohnräume die Schuhe auszuziehen. Dies gilt unbedingt auch für Gäste. Wer das vorher weiß, hat die Möglichkeit, ein passendes Paar Socken für den Anlass zu wählen.

**Privatsphäre** In Skandinavien gibt es zwar das Jedermannsrecht – weit darüber steht aber das Recht auf Privatsphäre. Damit verbietet es sich von selbst, in (zumeist gardinenlose) Fenster, Höfe und Gärten zu schauen. Sollte man bei einem Spaziergang oder einer Wanderung zufällig auf eine Hütte stoßen, hält man angemessenen Abstand, denn auf Privatgrund haben Fremde nichts zu suchen.

**Schweden** In den Küstenregionen Finnlands leben viele schwedischsprachige Finnen. Ein großer Fehler wäre es nun, mit ihnen über die Vorzüge Schwedens palavern zu wollen, denn: sie sprechen zwar Schwedisch (wenngleich es im Vergleich zum »echten« Schwedisch sehr finnisch klingt), sind aber Finnen und vestehen sich auch vehement als solche. Und dass ein echter Finne nie gut auf die Schweden an sich zu sprechen ist, ist quasi historisch bedingte nationale Ehrensache.

# Literaturtipps

**Aleksis Kivi:** Die sieben Brüder. Manesse 1997. Der erste in finnischer Sprache geschriebene Roman ist nichts für den eiligen Leser. Wenn man sich aber in die weitgehend dialogisch geschriebene Geschichte der sieben Brüder, die bis zu ihrer Läuterung eher als die «sieben Schwaben« Finnlands erscheinen, eingelesen hat, erlebt man ein tiefes Stück finnischer bäuerlicher Kultur und »nordischer« Seele.

**Leena Lander:** Mag der Sturm kommen. btb Verlag 2001. Der Roman der erfolgreichsten Schriftstellerin der finnischen Gegenwartsliteratur ist gleichzeitig Liebes- und Familiengeschichte, Thriller und bietet Eindrücke von Finnlands sozialer Zerrissenheit während des Bürgerkriegs zwischen »Weißen« und »Roten«.

**Leena Lehtolainen:** Die Todesspirale. Rowohlt TB 2004. Lehtolainen hat in ihren Krimis mit der Kommissarin Maria Kallio eine sympathische Frauengestalt geschaffen, die Mordfälle in Helsinki löst. So auch den einer Eiskunstläuferin, die von ihren eigenen Schlittschuhen erschlagen aufgefunden wird.

**Daniel Katz:** Als Großvater auf Skiern nach Finnland kam. Fischer TB 1985. Der finnisch-jüdische Autor, dessen Großvater tatsächlich aus Russland nach Finnland gekommen war, erzählt mit Sprachwitz und melancholischer Ironie eine Art Autobiografie, angesiedelt im Finnland der ersten Hälfte des 20. Jahrhunderts.

**Arto Paasilinna:** Im Wald der gehenkten Füchse. Lübbe 2000. Paasilinna ist einer der erfolgreichsten finnischen Autoren im Ausland. In seinen Büchern zeichnet er ein von skurrilen Individuen bevölkertes Finnland, deren Abenteuer die Grenzen des Absurden streifen – wie in diesem Roman den skrupellosen und doch weichherzigen Goldräuber Juntunen, der sich in der Wildnis Lapplands versteckt, und den alkoholkranken Major Remes, der vom Gegner zum Freund wird.

**Mika Waltari:** Sinuhe der Ägypter. Lübbe 2000. Der 1945 erstmals veröffentlichte historische Roman ist das international erfolgreichste Werk eines Finnen. Das epische Mammut-Oeuvre spielt zur Zeit Pharao Echnatons in Ägypten. Der Arzt Sinuhe schildert in Form bekenntnishafter Tagebuchaufzeichnungen sein bewegtes Leben im vorchristlichen Orient.

**Klaus Mann:** Flucht in den Norden. Rowohlt TB 2003. Der älteste Sohn von Thomas Mann unternahm 1932, als sich die politische Situation in Deutschland bereits verfinsterte, mit seiner Schwester Erika eine Reise nach Finnland. Die Eindrücke, die er auf dieser Reise sammeln konnte, inspirierten ihn zu seinem ersten Roman, der bereits 1934 veröffentlicht wurde. Er erzählt die bittersüße Liebesbeziehung einer jungen Deutschen, die aus politischen Gründen aus Deutschland fliehen muss, mit einem jungen Gutsbesitzer in Finnland. Zugleich zeichnet Mann ein sehr lebendiges Bild des fernen Finnlands der 1930er-Jahre.

# Medien

Die wichtigste Tageszeitung Finnlands ist der **Helsingin Sanomat** **Zeitungen** (Auflage: knapp 500 000 Exemplare). Größte schwedischsprachige Zeitung ist das **Hufvudstadsbladet** (Auflage 60 000). FAZ, Süddeutsche und Welt kann man ganzjährig am Flughafen Helsinki sowie in den Bahnhöfen Helsinki, Turku und Tampere kaufen – allerdings erst einen Tag nach Erscheinen. Stern, Spiegel, Zeit und internationale Magazine gibt es ganzjährig in gut sortierten Zeitschriftenläden.

**Rundfunk** In Finnland können Radio-Sendungen der Deutschen Welle auf Kurzwelle und des Deutschlandfunks auf Mittel- und Langwelle empfangen werden.

**Fernsehen** Das Fernsehen bringt Filme und Serien gewöhnlich in der Originalsprache mit Untertiteln in der Landessprache. Reisende, die den Wetterbericht am Ende der abendlichen Nachrichtensendungen anschauen, sollten sich folgende Abkürzungen merken: »K« bedeutet ein Hoch und »M« bedeutet ein Tief.

**Internet** Finnland hat hinter den USA die zweithöchste Internetdichte der Welt. Kostenfreien, bzw. preisgünstigen Internetservice bieten die städtischen Bibliotheken und Postämter. Internetcafés sind in allen größeren Städten vorhanden.

# Nationalparks

**Viel Platz für Nationalparks** In Finnland gibt es 35 Nationalparks, die größten davon im Norden oder Nordosten des Landes. Sie sind jedermann zugänglich und zumindest in Teilen durch markierte Wanderwege, Feuerstellen, Zeltplätze und Wildmark-Hütten erschlossen.
Im nördlichen Landesteil sind die Unterschiede zwischen den Jahreszeiten besonders ausgeprägt. Die besonders schöne **»Ruska«**-Zeit, während der die Blätter sich herbstlich verfärben, beginnt in Lappland gewöhnlich in der zweiten Septemberwoche.
Im Winter kann man in der Fjällregion Skiwanderungen und -touren machen.

**Auskünfte** Sehr detaillierte Auskünfte zu den einzelnen Nationalparks gibt es auf Englisch auf den Internetseiten der finnischen Nationalparkverwaltung.

▶ NATIONALPARKS

▶ **Metsähallitus**
(Finnische
Nationalparkverwaltung)
Vernissakatu 4
P.O. Box 94
FIN-01301 Vantaa
Tel. 02 05 / 6 41 00
www.metsa.fi

# *Nationalparks* *Orientierung*

● Nationalparks

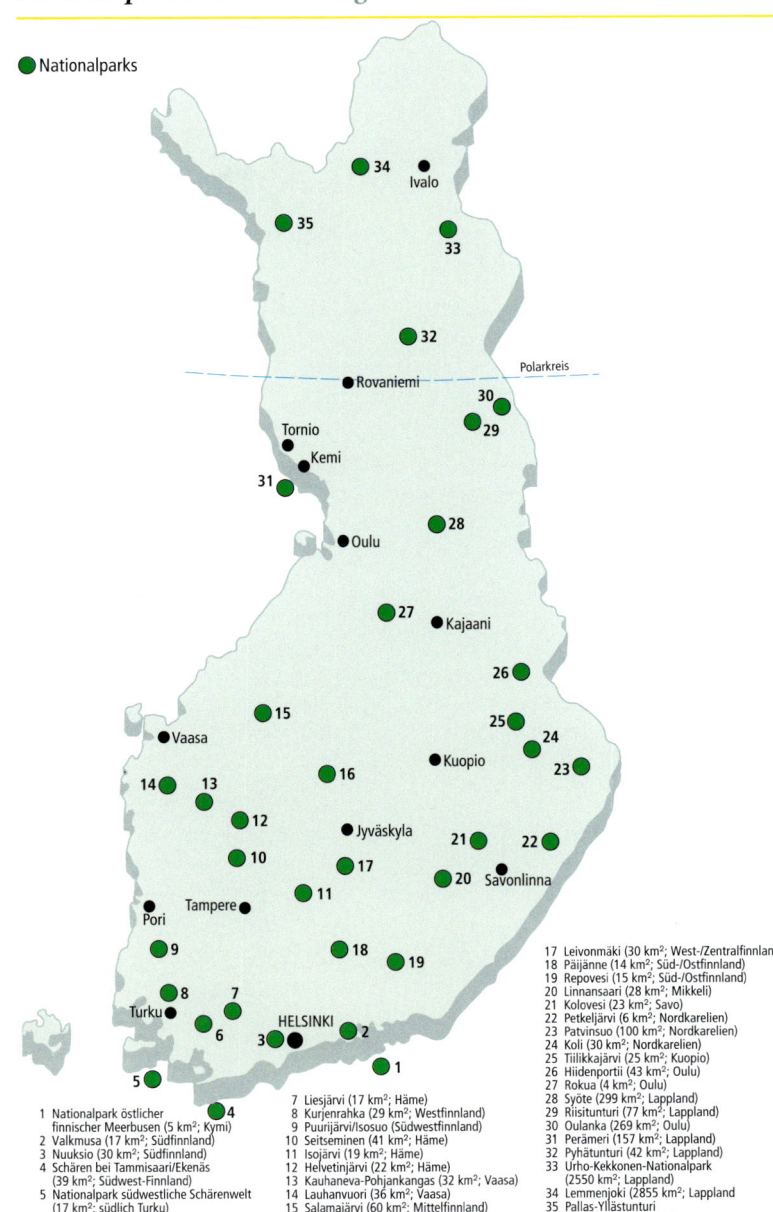

1  Nationalpark östlicher
   finnischer Meerbusen (5 km²; Kymi)
2  Valkmusa (17 km²; Südfinnland)
3  Nuuksio (30 km²; Südfinnland)
4  Schären bei Tammisaari/Ekenäs
   (39 km²; Südwest-Finnland)
5  Nationalpark südwestliche Schärenwelt
   (17 km²; südlich Turku)
6  Torronsuo (26 km²; Häme)

7  Liesjärvi (17 km²; Häme)
8  Kurjenrahka (29 km²; Westfinnland)
9  Puurijärvi/Isosuo (Südwestfinnland)
10 Seitseminen (41 km²; Häme)
11 Isojärvi (19 km²; Häme)
12 Helvetinjärvi (22 km²; Häme)
13 Kauhaneva-Pohjankangas (32 km²; Vaasa)
14 Lauhanvuori (36 km²; Vaasa)
15 Salamajärvi (60 km²; Mittelfinnland)
16 Pyha-Häkki (12 km²; Mittelfinnland)

17 Leivonmäki (30 km²; West-/Zentralfinnland)
18 Päijänne (14 km²; Süd-/Ostfinnland)
19 Repovesi (15 km²; Süd-/Ostfinnland)
20 Linnansaari (28 km²; Mikkeli)
21 Kolovesi (23 km²; Savo)
22 Petkeljärvi (6 km²; Nordkarelien)
23 Patvinsuo (100 km²; Nordkarelien)
24 Koli (30 km²; Nordkarelien)
25 Tiilikkajärvi (25 km²; Kuopio)
26 Hiidenportii (43 km²; Oulu)
27 Rokua (4 km²; Oulu)
28 Syöte (299 km²; Lappland)
29 Riisitunturi (77 km²; Lappland)
30 Oulanka (269 km²; Oulu)
31 Perämeri (157 km²; Lappland)
32 Pyhätunturi (42 km²; Lappland)
33 Urho-Kekkonen-Nationalpark
   (2550 km²; Lappland)
34 Lemmenjoki (2855 km²; Lappland)
35 Pallas-Yllästunturi
   (1020 km²; Lappland)

# Notdienste

▶ **Zentraler Notruf / Unfall-
rettung / Notarzt / Feuerwehr**
Tel. 112

▶ **Polizei**
Tel. 100 22

▶ **Pannendienst**
Mo. – Fr. (18.00 Uhr)

Tel. 09 / 72 58 44 00
Fr. (18.00 Uhr) – So. (22.00 Uhr)
u. Fei. Tel. 02 00  80 80.

▶ **Deutsche Verkehrsflugwacht**
Tel. 00 49 / 7 11 / 70 10 70

▶ **ADAC-Notrufzentrale München**
Tel. 00 49 / 89 / 22 22 22

# Post · Telekommunikation

 ## POSTDIENST, TELEFON

### POSTDIENST

▶ **Porto**
Postkarten: 0,75 Euro
Brief bis 20 g: 0,75 Euro
Brief bis 50 g: 1,05 Euro

▶ **Postämter**
Öffnungszeiten:
Mo. – Fr. 9.00 – 18.00 Uhr

### TELEFONVORWAHLEN

▶ **Inland**
Ålandinseln: 018
Uusimaa: 019
Mittelfinnland: 014
Häme: 03
Kymi: 05
Kuopio: 017
Mikkeli: 015
Lappland: 016
Nordkarelien: 013
Oulu: 08
Helsinki und Vororte: 09

Turku / Pori: 02
Vaasa 06
Bei Inlandsgesprächen ist die Null
mitzuwählen!

▶ **Ausland**
nach Deutschland: Tel. 0049
nach Österreich: Tel. 0043
in die Schweiz: Tel. 0041
vom Ausland nach Finnland:
Tel. 00 358

### TELEFONAUSKUNFT

▶ **Inlandsauskunft**
Tel. 118
Tel. 02 02 02

▶ **Telefonauskunft
für Ausländer**
Tel. 1 00 13
Achtung! In Helsinki
gibt es keine öffentlichen
Telefonzellen.

# Preise · Vergünstigungen

Finnland war früher als eines der teuersten Reiseländer der Welt bekannt. Seit dem EU-Beitritt liegt das Preisniveau nur noch ca. 10 % über dem deutschen. Teurer sind lediglich Obst und Gemüse, die wegen der kurzen Saison im Gewächshaus produziert oder eingeführt werden müssen. Auch die heimische Fleischproduktion deckt den Bedarf nicht. Essen gehen im Restaurant ist immer noch vergleichsweise teuer, und Alkohol wird hoch besteuert und ist deshalb vor allem in Lokalen zwar deutlich billiger als früher, jedoch immer noch teurer als in Deutschland.

**Preisniveau**

Bei der finnischen **Bahn** gibt es Gruppentickets (ab drei Personen) mit 15 % Ermäßigung. Mit dem **Finnrail Pass** kann man wahlweise 3, 5, oder 10 Tage unbegrenzt mit der Bahn fahren. Studenten zahlen für Zugfahrkarten unter Vorlage des Studentenausweises die Hälfte. Gruppentickets bei **Fernreisebussen** (über 80 km) gewähren 25 % Ermäßigung.

Die **Helsinki Card** ist für 1 – 3 Tage erhältlich und berechtigt zu unbegrenzten Fahrten mit öffentlichen Verkehrsmitteln und freiem Eintritt in Museen und anderen Sehenswürdigkeiten. Turku, Tampere und etliche andere Städte bieten ähnliche Touristenkarten an.

**Ermäßigungen**
◄ Verkehr

◄ Touristenkarten

## ▶ WAS KOSTET WIE VIEL?

### PREISE

**3-Gänge-Menü**
**ab 20 €**

**Einfache Mahlzeit**
**ab 10 €**

**Eine Tasse Kaffee**
**ab 2 €**

**U-Bahn-Fahrt zwei Zonen**
**2 €**

**Einfaches Doppelzimmer**
**ab 60 €**

**Ein Bier im Lokal**
**ab 5 €**

*Die langen Tage im Sommer locken viele Touristen an den Inarisee.*

# Reisezeit

**Sommer**  Jede Jahreszeit hat in Finnland ihren ganz besonderen Reiz. Juni, Juli und August sind sicherlich die wärmsten und meist auch die trockensten Monate des Jahres. Dann verschwindet die Sonne im hohen Norden gar nicht oder nur für kurze Zeit hinter dem Horizont. Auch in Nordfinnland kann es im Sommer recht warm werden, wobei Temperaturen über 20 °C keine Seltenheit sind. Der Besucher kann – hauptsächlich im hohen Norden – in dieser Zeit jedoch besonders stark von den Mücken heimgesucht werden.

**Herbst**  Insider nennen den Herbst (September bis November) wegen der unvorstellbar schönen Farbenpracht der Landschaft (finnisch Ruska, samisch Aika) als beste Reisezeit. Die Nächte können jedoch schon sehr kalt werden.

**Winter**  Im Winter üben die Polarnacht und die zu dieser Zeit besonders gut sichtbaren Polarlichter einen ganz besonderen Reiz aus. Temperaturen von -20 bis -30 °C sind aber keine Seltenheit. Die Trockenheit der eisigen Luft hilft jedoch, diese Extremtemperaturen zu überstehen. Für den Wintersport sind die Monate März und April besonders geeignet, weil dann die Tage wieder länger werden.

Der Frühling (Mai bis Juni) ist die Zeit der Schneeschmelze. Da nun das Land sehr sumpfig ist und sich kaum Möglichkeiten finden, befestigte Wege zu verlassen, ist das Frühjahr, insbesondere der Mai, der ungünstigste Zeitpunkt für eine Reise nach Finnland.   **Frühling**

# Shopping

Die finnischen Märkte, die in jeder größeren Stadt täglich abgehalten werden, sind eine gute Fundgrube für typisch Finnisches. Große und kleine Korbwaren aus Birkenspänen, handwerklich hergestellte Besen, typisch finnische Häkelmützen, Holzbecher und -löffel sind die schönsten und preiswertesten traditionellen Souvenirs. Aber auch Rentierfelle, Finnmesser, Angler- oder Saunazubehör, Leinenstoffe und Töpferwaren sind gute Mitbringsel.   **Volkstümliches**

Finnland ist zurecht berühmt für seine hochwertigen **Design-Produkte**. Seien es Möbel, Stoffe, Kleidung, Glas, Geschirr oder Haushaltswaren: Für jede Sparte gibt es berühmte finnische Hersteller, deren moderne Klassiker klare Formen mit höchster Qualität und ausgezeichneter Funktionalität vereinen. Möbel von Artek, Textilien von Marimekko, Glas aus Iittala, Haushaltswaren von Hackmann,

*Handgehäkeltes von finnischen Großmüttern*

Geschirr von Arabia oder Pentic: Solche Produkte sind in den großen Kaufhäusern wie z.B. Stockmann, Forum oder Sokos zu erhalten. Die meisten dieser Geschäfte übernehmen es, die gekauften Waren auf dem Postweg an die Heimatadresse zu versenden. Nachbestellungen, was vor allem beim Kauf von Tafelgeschirr interessant ist, sind ebenfalls aus dem Ausland möglich.

Neben diesen großen Geschäften gibt es auch Boutiquen oder kleine Geschäfte der einzelnen Designer. Ein Besuch dieser Verkaufsräume lohnt auch ohne Kaufwunsch, allein um sich über finnisches Design zu informieren.

**Sport- und Freizeitartikel**
Wer einen Aktivurlaub in Finnland unternimmt, findet in den zahlreichen Sportgeschäften, Spezialgeschäften für Outdoor-Aktivitäten (Angeln, Wandern, Skilaufen, Radfahren) oder den Sportabteilungen der großen Kaufhäuser ein reichhaltiges Angebot in bester Qualität und meist günstiger als in Deutschland.

**Spirituosen**
Im Unterschied zu seinen nordischen Nachbarstaaten ist in Finnland der Umgang mit Alkohol etwas weniger streng reguliert. Nicht allein die Preise sind moderater, auch werden häufiger aus heimischen Früchten schmackhafte Erzeugnisse hergestellt, die vom Likör über Beerenschaumwein bis hin zum Vodka reichen.

**Tax-Free-Service**
Nicht-EU-Bürger können beim Einkaufen größerer Gegenstände vom Tax-Free-System Gebrauch machen. Geschäfte, die diesen besonderen Service bieten, sind mit einem blaugelben Aufkleber gekennzeichnet. Die gekauften Waren werden verpackt und versiegelt

# ► BEKANNTESTE HERSTELLER FINNISCHEN DESIGNS

► **Aarikka**
Gebrauchsgegenstände, Modeschmuck und aus Holzkugeln zusammengesetzte Tierfiguren aus finnischer Fichte, Kiefer und Birke

► **Annikki Karvinen**
Exklusive Damenbekleidung

► **Arabia**
Alles für den Tisch: Glas, Porzellan, Steingut, Dekorationsartikel und Haushaltsgegenstände

► **Artek**
Möbel, nach Entwürfen der Architektenschule Alvar Aaltos

► **Hackman**
Pfannen, Töpfe, Besteck

► **Iittala**
Glasdesign vom Kunst- bis hin zum Gebrauchsglas

► **Kalevala Koru**
Kunsthandwerk aus Bronze und Silber. Besonders traditioneller

Schmuck, dessen Muster historische Vorbilder z.T. aus der Wikingerzeit haben. Jedem Schmuckstück liegt eine kurze Darstellung des geschichtlichen Hintergrundes bei.

► **Karhu**
Sportbekleidung, Sportgeräte

► **Lapponia**
Silber- und Goldschmuck mit Mustern, die der samischen Tradition entsprechen und neues Design mit aufnehmen.

► **Marimekko**
Bekleidung und Accessoires

► **Nokia**
Mobiltelefone

► **Palmroth**
Schuhe

► **Pentik**
Keramik, Kürschnerwaren, Lederbekleidung

*Hübsche kleine Boutiquen findet man in den historischen Gassen der Altstädte.*

und dürfen erst außerhalb Skandinaviens wieder ausgepackt werden. Die Steuer wird dem Käufer gegen Vorlage des Tax-Free-Scheins bei der Ausreise zurückerstattet.

In der Regel sind die Geschäfte Mo. – Fr. 9.00 – 20.00 und Sa. 9.00 bis 15.00 Uhr geöffnet. Lebensmittelgeschäfte haben oft auch So. 12.00 – 20.00 Uhr geöffnet; Kioske, Blumenläden und Apotheken haben freie Öffnungszeiten. **Öffnungszeiten**

## Sprache

Fast alle Finnen, insbesondere die der jüngeren Generation, haben sehr gute Englischkenntnisse. Insbesondere an touristischen Sehenswürdigkeiten, in Informationsbüros, Restaurants und Hotels wird es also kaum Verständigungsschwierigkeiten geben. Deutsch wird nicht in allen Schulen gelehrt, kann also nicht als Verkehrssprache vorausgesetzt werden. **Englisch hilft!**
Auf jeden Fall ist die Kenntnis wenigstens der wichtigsten Wörter und Redewendungen von Nutzen. Die folgenden Erläuterungen und Wörterverzeichnisse bieten das Allernotwendigste.

**Finnische Sprache** Finnisch gehört zu den finno-ugrischen Sprachen und ist somit nicht mit der skandinavischen Sprachgruppe der indogermanischen Sprachfamilie verwandt. Als Hauptdialekte unterscheidet man das West- und das Ostfinnische, die ihrerseits wieder in verschiedene Unterdialekte zerfallen. Sechs Prozent der Bevölkerung Finnlands spricht Schwedisch (besonders an der Süd- und Südwestküste).

## *i* Finnisch lernen in 3 Minuten

- Anteeksi = Entschuldigung
- En puhu suomea = Ich spreche kein Finnisch
- Hyvää huomenta = Guten Morgen
- Hyvää iltaa = Guten Abend
- Iso tuoppi! = Ein Bier, bitte!
- Kiitos = Danke
- Kippis! = Prost!
- Saanko laskun = Zahlen, bitte!
- Moi = Hallo / Tschüss
- Sisään! = Herein!
- Mitä kuuluu? = Wie geht's?
- Sinulla on kauniit siniset silmät! = Du hast schöne blaue Augen!
- Tämä on hyvää = Das ist gut
- Minulla oli mukavaa = Es war schön
- Vettä! = Wasser, bitte!
- Näkemiin = Auf Wiedersehen
- Perkele = beliebtestes finnisches Fluchwort, Benutzung auf eigene Gefahr ...

Finnisch ist eine sehr vokalreiche Sprache. Das finnische Alphabet umfasst 21 Buchstaben; b, c, d, f, g, w, x und z findet man nur in Fremdwörtern oder bei Eigennamen.

So kompliziert das Finnische aussehen mag – die Aussprache ist verblüffend einfach: Was man liest, das spricht man auch, wobei die Betonung stets auf der ersten Silbe des Wortes liegt. Die einfachen Vokale spricht man kurz (y wie ü), die Doppelvokale (z. B. aa, uu) sehr lang, aber nie getrennt, falls sie nicht durch einen Bindestrich geschieden sind. H wird immer deutlich gesprochen und dient niemals der Dehnung (h nach Vokal vor Konsonanten wie ch, z. B. die Stadt Lahti wie lachti); s immer stimmlos; v immer wie w. Doppelkonsonanten verkürzen nicht wie im Deutschen den vorhergehenden Vokal, sondern sind doppelt lang bzw. besonders deutlich zu sprechen.

# SPRACHFÜHRER FINNISCH

## Essen gehen

| | |
|---|---|
| Restaurant | ravintola |
| Schnellgaststätte | ruokabaari, baari |
| Frühstück | aamiainen |
| Mittagessen | päivällinen |
| Abendessen | illallinen |
| essen | syödä |
| trinken | juoda |
| viel, viele | paljon, monia |
| wenig | vähän |
| sofort | heti |

| | |
|---|---|
| gegrillt | pariloitu |
| gebraten | paistettu |
| gekocht | keitetty |
| Brot | leipä |
| Kuchen | kakku |
| Suppe | keitto |

### Gemüse (vihannekset)

| | |
|---|---|
| Blumenkohl | kukkakaali |
| Bohne | papu |
| Erbse | herne |
| Gurke | kurkku |
| Kartoffel | peruna |
| Kohl | kaali |
| Kopfsalat | salaatti |
| Rotkohl | punakaali |
| Spinat | pinaatti |
| Tomate | tomaatti |

### Fleisch (liha)

| | |
|---|---|
| Braten | paisti |
| Hammel | lammas |
| Hammelkeule | lampaanreisi |
| Kalb | vasikka |
| Lamm | lammas |
| Rentier | poro |
| Rind | nauta |
| Schinken | kinkku |
| Schwein | sika |
| Schweinebraten | sianpaisti |
| Wurst | makkara |

### Fisch (kala)

| | |
|---|---|
| Lachs | lohi |
| Räucherlachs | savustettu lohi |
| Maräne | muikku |
| Renke | siika |
| Scholle | kampela |
| Dorsch | turska |
| Hering | silli |
| Forelle | taimen |
| Hummer | hummeri |

| Krabbe | katkarapu |
|---|---|
| Krebs | rapu |

## Nachtisch (jälkiruoka)

| Speiseeis | jäätelö |
|---|---|
| Kompott | hillo |
| Speisekarte | ruokalista |
| Pudding | vanukas |
| Schlagsahne | kermavaahto |

## Obst (hedelmät)

| Apfel | omena |
|---|---|
| Apfelsine | appelsiini |
| Birne | päärynä |
| Erdbeere | mansikka |
| Heidelbeere | mustikka |
| Himbeere | vadelma |
| Kirsche | kirsikka |
| Pflaume | luumu |
| Preiselbeere | puolukka |
| Zitrone | sitruuna |

## Getränke (juomat)

| Wein | viini |
|---|---|
| Rosé | rosé-viini |
| Rotwein | punaviini |
| Weißwein | valkoviini |
| Bier | olut |
| Kaffee | kahvi |
| Milch | maito |
| Tee | tee |
| Saft | mehu |
| Milch | maito |
| Wasser | vesi |

## Wochentage

| Montag | maanantai |
|---|---|
| Dienstag | ttistai |
| Mittwoch | keskiviikko |
| Donnerstag | torstai |

*Baedeker* **SPECIAL GUIDE**

DAS PLUS ZUM BAEDEKER FINNLAND

# Urlaub im Mökki

→ Ferienhütten für Naturliebhaber
→ Sauna, Boot und Badesteg
→ Wälder, Wasser, wilde Tiere

ISBN 978-3-8297-1333-7

9 783829 713337

€ 22,95 [D]
€ 23,60 [A]

*Ein Kanu gehört einfach zu einem Mökki-Urlaub in Finnland.*
▸ **Seite 3**

*Sobald der Schnee geschmolzen ist, machen sich die Mökki-Besitzer an die Arbeit.*
▸ **Seite 3**

*Schnuckelig: Wohnbereich eines Mökki im Osten Finnlands*
▸ **Seite 9**

# FERIEN IM MÖKKI

**Waldbeeren pflücken und dabei einem Rentier begegnen. Beerenkuchen backen für ein Picknick am See. Auf dem Bootssteg träumen, glitzernde Forellen angeln, nach dem Saunagang ins kühle Wasser springen. Dazu der Duft nach Pilzen, Moos und feuchtem Holz. Das ist der finnische Sommer. Wo könnte man ihn besser genießen als in einem Ferienhaus am See? In Finnland heißen solche Häuser »Mökki« und es gibt sie in unterschiedlichsten Kategorien, von ganz einfach bis luxuriös.**

Ein Wald, ein See, ein Holzhaus, ein Boot. An einem solchen Ort kann man Gedanken zu Ende denken, die man sonst aus Zeitmangel beiseiteschiebt. Man kann hören, wie die Welt klang, bevor es Motoren gab. Und man kann Dinge tun, die man als Kind gern getan und dann irgendwann vergessen hat: ein Feuer anzünden. Ein wildes Tier beobachten. Einen Freudentanz tanzen. Wer von einem solchen Ort in den Alltag zurückkehrt, weiß wieder, wer er ist und warum er tut, was er tut. Oder warum er künftig vieles anders machen wird.

Einen solchen Zufluchtsort muss man nicht viele Flugstunden entfernt – in Kanada oder Alaska – suchen. Auch in Finnland kann man noch **echte Einsamkeit** finden, wenn man sie sucht.

## Zurück zur Natur

»Mökki« bedeutet auf Finnisch »Hütte«, und genau das waren die finnischen Ferienhäuser ursprünglich. Als in der zweiten Hälfte des 19. Jahrhunderts die Industrialisierung immer mehr Menschen in die Städte zog, wuchs der Wunsch nach Rückzugsorten fernab der Zivilisation. Man wollte im Sommer zurückkehren zum einfachen Leben, zurück zur Natur. Um 1900 gab es in Finnland erst rund 1000 solcher Blockhütten in der Wildnis. In den 1950er-Jahren erfasste der Wunsch nach einem Sommerhäuschen dann weite Teile der Bevölkerung, die Mökkis wurden immer mehr zu einer **Zweitwohnung** für finnische Familien. Und das ist heute noch so: Sobald der letzte Schnee geschmolzen ist, zieht es die Finnen hinaus aufs Land. Inzwischen gibt es in Finnland rund eine halbe Million Mökkis und viele davon werden auch an Touristen vermietet. Zu fast allen gehören eine **Sauna** und ein **Boot**, viele verfügen heutzutage über fließendes Wasser, Satellitenfernsehen und Internetanschluss, einige sogar über wahre Wellness-Oasen. Allen ist jedoch eines gemeinsam: Man kann in ihnen auf ganz besondere Art in Kontakt zur Natur treten. Und bei einem Aufenthalt im Mökki lernt man mehr über Finnland und die Finnen als auf einer Rundreise durchs ganze Land.

## Norden? Süden? Osten? Westen?

Bei dem **großen Ferienhausangebot** in Finnland hat man die Qual der Wahl. Ganz im Süden Finnlands locken die Schären vor Turku und die schwedischsprachigen autonomen Ålandinseln mit mildem Klima, viel Sonne, Wildblumenpracht und felsigen Klippen. Seen gibt es hier selten, aber zum Angeln, Baden und Paddeln hat man die Ostsee.

Die meisten Mökkis findet man im Südosten Finnlands rund um den **Saimaa-See**. Hier gibt es Süßwasser in allen Erscheinungsformen: Seen, Bäche, Flüsse, Stromschnellen, Wasserfälle und Kanäle. In dieser Region Finnlands gibt es darüber hinaus geschichtsträchtige Städte, alte Burgen und ein großes kulturelles Angebot. Man kann hier tagsüber einsam am See sinnen

und abends eine Weltklasse-Oper in Savonlinna genießen. Besonders in der **»Juhannuswoche«** rund um das finnische Mittsommerfest ist es hier allerdings fast unmöglich, kurzfristig ein Quartier zu finden, denn dann sind die Finnen selbst in ihren Mökkis.

Beliebt sind auch das **Päijänne-Seengebiet** und das Näsijärvi-Gebiet im Südwesten rund um die Stadt **Tampere**, wo man ebenfalls Naturerlebnis und Kulturgenuss kombinieren kann. Diese Region zählt zu den wärmsten Gegenden Finnlands.

Von Süd nach Nord nimmt in Finnland sowohl die Temperatur als auch die Zahl der Menschen ab, dafür steigt die Zahl seltener Wildtiere, die man beobachten kann. In den stillen Wäldern Nordkareliens und Lapplands können Wanderer sogar auf Spuren von **Bären, Wölfen** oder **Luchsen** treffen. Wer kein Interesse an einer Begegnung mit diesen Waldbewohnern hat, sollte möglichst geräuschvoll gehen, denn die Tiere legen ebenfalls wenig Wert auf ein Tref-

## Mücken

*Weltmeister im Mückenerschlagen ist der Finne Henri Pellonpä. Er schaffte 1995 binnen fünf Minuten 21 Mücken. Das könnte doch zu toppen sein! Wer darauf keine Lust hat: Gegen Mücken hilft das Tragen heller Kleidung und das Einreiben von unbedeckten Hautstellen mit Repellentien, vor allem in der Dämmerung. Wer nächtlichen Mückenstress vermeiden will, sollte vorsichtshalber Mückennetze einpacken, falls im Ferienhaus nicht vorhanden. Übrigens: Mücken lieben Fußschweiß, also häufiger die Socken wechseln.*

*Adrettes Ferienhaus mit gepflegtem Garten im Südosten Finnlands*

fen. Im Norden gibt es allerdings nicht nur mehr Wildtiere, sondern auch deutlich mehr Mücken, besonders in den Abendstunden.

## Wo buchen?

Bei vielen großen Reiseveranstaltern kann man in Reisebüros oder im Internet finnische Mökkis buchen, etwa bei **Interchalet, Novasol** oder **TUI**. Auch zertifizierte Internet-Reiseportale wie **Casamundo, Atraveo** oder **Opodo** haben viele Mökkis im Angebot.

Das deutsche Unternehmen **Fintouring** hat sich seit 1973 ganz auf Finnland-Reisen spezialisiert. Die Mitarbeiter haben 150 Mökkis persönlich ausgewählt. Auf Wunsch kann man sich von Fintouring auch die Anreise organisieren lassen.

Zwei finnische Anbieter sind ebenfalls interessant für deutsche Mökki-Mieter: **Lomarengas**, der größte Ferienhausanbieter Finnlands, hat im Internet auch eine deutschsprachige Website. Und über die finnische Traditionsreederei **Viking Line** kann man traumhafte Ferienhäuser auf den Åland-Inseln mieten. Die Kataloge im Internet gibt es zwar nur auf Schwedisch und auf Englisch, buchen kann man aber beim Büro in Lübeck auf Deutsch. Eine Buchung ist allerdings nur in Verbindung mit einer Fährpassage mit Viking Line möglich.

Finnische Mökkis direkt vom Anbieter findet man unter **www.huvi la.net**. Hier sind die Preise in der Regel günstiger als bei Ferienhausanbietern, dafür muss man sich über den Service vor Ort oder über die Endreinigung des Objektes selbst mit dem Vermieter einigen. Im Folgenden einige Beispiele für

## *Empfohlene Adressen*

### INTERNET

www.fintouring.de
www.interchalet.com
www.novasol.de
www.tui-ferienhaus.de
www.casamundo.de
www.atraveo.de
www.opodo.de
www.lomarengas.fi
www.vikingline.de
www.huvila.net

### INSELMÖKKIS

**Luxusmökki im Schärengarten vor Turku**
www.fintouring.de
Buchungsnummer B 500, bis 6 Personen,
3528 – 4116 € pro Woche

**Mökki auf der der Ålandinsel Föglö**
www.vikingline.de
Buchungsnummer 041055, bis zu 7 Personen,
1025 – 1075 € pro Woche

**Blockhaus Hatsola/Saimaa-See**
www.fintouring.de
Buchungsnummer G 070, bis zu 4 Personen,
994 – 1260 € pro Woche

**Einfaches Mökki, Nordkarelien**
www.interchalet.de
Buchungsnummer FIK 060, bis zu 4 Personen,
255 – 425 € pro Woche

**Trauminsel für Familien**
im See Vihtajärvi (ca. 70 km östl von Kupio)
www.kaavilomakeskus.fi
Haus Nr. 1, bis zu 5 Personen, 364 – 686 €

*Nobles Mökki auf der Åland-Insel Föglö*

ganz besondere Mökkis. Alle besitzen eine Sauna, ein Boot und einen Badesteg.

## Reif für die Insel

Viele Mökkis liegen auf einer der 200 000 finnischen Inseln und wer ein bisschen sucht, kann sogar eines in Alleinlage auf einer einsamen Insel finden.

Das Luxus-Mökki mit 300 Quadratmetern Wohnfläche auf einer bewaldeten Insel im **Schärengarten vor Turku** (Bild s. S. 8) sprengt wohl das ein oder andere Urlaubsbudget. In der Wochenmiete von rund 4100 Euro (Hochsommer) ist die Nutzung des Hubschraubelandeplatzes zwar inbegriffen, den privaten Butler muss man aber extra buchen.

Wer lieber das hellgraue Mökki auf einer kleinen Felsinsel nahe der Åland-Insel **Föglö** (Bild s. S. 6) mietet, muss den Hubschrauber zu Hause lassen. Das ist aber kein Problem, denn die 100 Meter vom Ufer zum Inselchen schafft auch ein ungeübter Ruderer. Mit 120 Quadratmetern Wohnfläche gehört auch dieses Mökki zur Oberklasse. Allerdings ist es mit einem Mietpreis von

1075 Euro pro Woche in der Hauptsaison schon erschwinglicher. Ungefähr in derselben Preislage kann man sich den Traum von einer eigenen Insel auch in **Hatsola** (Bild s. S. 12) im Saimaa-Gebiet erfüllen. Eine Insel mit Birkenwald, ein Blockhaus mit rund 100 m² Wohnfläche, eine Strandsauna und ein eigener Strand kosten hier im Hochsommer 1260 Euro. Die Stadt Savonlinna mit ihrem kulturellen Angebot ist von hier aus in etwa einer Stunde erreichbar.

Mit ein bisschen Abenteuerlust gibt es ein Insel-Haus auch viel preiswerter: Das kleine, grün-weiß gestrichene Mökki auf einem Inselchen im See **Pittijärvi** in Nordkarelien kostet selbst in der Hauptsaison nur 425 Euro pro Woche. Es ist allerdings auch nur 25 Quadratmeter groß und die Einrichtung sehr einfach und rustikal. Trinkwasser gibt es auf der Insel nicht, die nächste Quelle findet man auf dem Festland und zum Wasserholen muss man 600 Meter mit dem Boot zurücklegen. Wen das ebenso wenig stört wie die »Trockentoilette« 20 Meter vom Haus entfernt,

---

## Finnland-Ferien mit Hund

*Hunde müssen vor der Einreise nach Finnland gegen Tollwut und Fuchsbandwürmer geimpft sein. Außerdem benötigen sie eine Kennzeichnung durch Tätowierung oder Mikrochip sowie einen Heimtierpass. Einige Fährgesellschaften bieten spezielle Kabinen für Reisende mit Hunden, Auslaufflächen und ein »Bäumchen« an Deck. Außerhalb von privaten Grundstücken müssen Hunde in Finnland an der Leine geführt werden.*

*Luxus-Mökki auf einer bewaldeten Schäreninsel vor Turku*

der kann hier idyllische Urlaubs-
wochen ganz allein zu zweit verbringen.

Weiter westlich, in der Nähe von
Kuopio, gibt es sogar eine fami-
lientaugliche Trauminsel im kleinen See **Vihtajärvi**. In dem zweistöckigen blauen Holzhaus haben
fünf Personen genug Platz, sogar
der Familienhund darf mit. Auf der
Insel ist man ganz ungestört und
trotzdem kann man in der Umgebung viel erleben. Das Haus gehört
zu einem größeren Ferienzentrum
mit Restaurant, Rauchsauna, Ten-
nis-, Volleyball- und Federballplät-
zen. Man kann hier natürlich auch
Wildwassertouren buchen oder
Ausflüge hoch zu Ross unternehmen, und in der Umgebung gibt es
Wander- bzw. Mountainbikewege.
Die Besitzer sprechen Deutsch.
Preis: 686 Euro pro Woche in der
Hauptsaison.

## Ab in die Wildnis

Wälder, Moore, klares Wasser, frische Luft, Vogelstimmen, sonst
nichts und niemand. Einen solchen
Traum vom »Ausstieg auf Zeit«
kann man sich in Finnland leicht
erfüllen. Selbst wer nicht ganz auf
gewohnten Komfort verzichten will,
findet in unberührter Wildnis
Quartiere mit allen Annehmlich-
keiten. Spülmaschine, Waschmaschine, Toaster und Bügeleisen besitzt beispielsweise ein 80
Quadratmeter großes Blockhaus
am Waldrand in der Nähe von
**Auvila** im Saimaa-Gebiet. Nachbarn
gibt es hier nicht, dafür zwei
Saunen, eine im Haupthaus und
eine weitere im Strandhaus direkt
am Seeufer. Das Haus aus dem Jahr
2006 ist modern und geschmackvoll
eingerichtet. Vier Personen finden
hier einen Schlafplatz, zwei weitere

*In der Region Kainuu nahe der russischen Grenze kann man auch Bären beobachten.*

können im Strandhaus nächtigen. So viel Komfort inmitten der Wildnis hat natürlich seinen Preis: 1045 Euro pro Woche kostet das Haus inklusive Endreinigung.

Etwa 260 Kilometer weiter nördlich in **Sonkajärvi** gibt es ebenfalls ein komfortables Quartier in unberührter Natur. Das kleine Blockhaus ist das einzige Haus an einem Waldsee. Im Erdgeschoss befinden sich ein Wohnzimmer mit Schlafcouch, eine Küche, ein Bad mit Dusche und WC sowie eine Sauna. Das Loft im oberen Stockwerk ist über eine steile Treppe erreichbar, dort gibt es drei weitere Matratzen.

Das Häuschen ist günstig, es kostet 493 Euro pro Woche im Hochsommer. Bewohnt man es allerdings mit fünf Personen, wird es auf den 29 Quadratmetern eng.

Wem die genannten Quartiere noch immer viel zu »zivilisiert« sind, der kann im Mökki-Urlaub auch mehr Abenteuer erleben. **Bären** beobachten kann man beispielsweise in der **Region Kainuu** nahe der russischen Grenze. Hier gibt es ein zweckdienlich eingerichtetes Haus für bis zu sechs Personen mit Strandsauna am See. Nicht weit entfernt von der Hütte befindet sich das Wildniscamp des Tierfotografen **Lassi Rautiainen**, der Bärensafaris organisiert. Rautiainen kennt das Gebiet wie seine Westentasche. Er weiß, wo Adler brüten, Wölfe leben und Bären hausen. In Beobachtungshütten können die Teilnehmer seiner Safaris vor Wind und Wetter geschützt mit hohen Trefferquoten Wildtiere beobachten und knipsen. Die Chance, einen Bären zu sehen, liegt hier bei 95 Prozent. Preis für die Hütte im Hochsommer: 1050 Euro pro Woche. Eine Bärensafari kostet 158 Euro pro Person.

Schon fast als Survival kann man eine Ferienwoche in einer winzigen Hütte in **Kammi** am Muddusjärvi-See in Lappland bezeichnen. Die Hütte wurde 1990 aus Holz und Torf erbaut. Sie ist 16 Quadratmeter groß und besteht aus einem einzigen Raum. Hier sorgen Kerzen für Licht, man kocht auf einem Gaskocher, die Töpfe und das Geschirr hängen aufgereiht an der Wand. Sitzen kann man auf lederbespannten Baumstamm-Hockern, ein großer, steinerner Kamin sorgt für Wärme. Wasser gibt´s im See und eine Toilette draußen im Wald. Eine Woche kostet 353 Euro, der Transport zur Hütte mit Boot oder Motorschlitten ist inklusive. Nur für Wildnisliebhaber geeignet!

## Ran an den Haken

Angeln kann man in Finnland eigentlich überall. Einige Flüsse und Seen allerdings sind wahre Anglerparadiese. Ein Beispiel ist der Fluss **Kymijoki** etwa 150 Kilometer östlich von Helsinki. Wen der Lachs lockt, der sucht sich am besten ein Quartier in der Nähe von **Kotka**, wo der Kymijoki in den

Finnischen Meerbusen mündet. In einem kleinen blauen Holzhaus in **Kultala**, etwa 20 Kilometer von Kotka entfernt, wohnt man idyllisch im Grünen und kann von hier aus unterschiedliche Angelreviere besuchen: Am Wurfsteg von **Korkeakoski** sind die Chancen groß, eines der begehrten Schwergewichte aus dem Wasser zu ziehen. Das durchschnittliche Gewicht der Lachse, die hier gefangen werden, beträgt sechs Kilogramm, einige Exemplare erreichen auch mehr als 15 Kilogramm. Der Steg liegt unterhalb eines Kraftwerkes, die Fische sammeln sich hier in einem Becken und müssen von den Anglern nur noch herausgezogen werden. Dementsprechend groß ist der Andrang auf dem Steg. Wer beim Angeln Einsamkeit und Stille liebt, sollte sich lieber direkt beim Ferienhaus ein ruhiges Plätzchen am Flussufer suchen. Preis: 650 Euro pro Woche im Hochsommer.
»Fischreiche Wässer! Schönbäumige Wälder! Birken- und Beerenduft!" So beschrieb der Schriftsteller Bert Brecht 1940 die Gegend rund um das Gutshaus **Marlebäck** in der

### Sonkajärvi
*Wer seine Frau im Urlaub gern auf Händen trägt, kann in Sonkajärvi dafür sogar ausgezeichnet werden. In dem kleinen finnischen Ort werden in jedem Sommer die Weltmeisterschaften im Ehefrauen-Schleppen ausgetragen. Die Teilnehmer müssen ihre Partnerinnen über einen Hindernis-Parcours und durch ein Wasserbecken tragen. Das Siegerteam wird mit dem Gewicht der Liebsten in Bier entlohnt.*

## MÖKKIS IN DER WILDNIS

### Wildnis mit Komfort
Auvila, Saimaagebiet
www.atraveo.de
Buchungs-Nr. 743485, bis zu 6 Personen,
1045 € pro Woche

### Frauentragen in Sonkajärvi
www.interchalet.com
Buchungsnummer FIJ150, bis zu 5 Personen,
330 – 493 € pro Woche

### Bären beobachten an der russischen Grenze
www.fintouring.de
Buchungsnummer P610, bis zu 6 Personen,
924 – 1050 € pro Woche

### Survival in Lapplands Wildnis
www.lomarengas.fi
Buchungsnummer 4274, bis zu 2 Personen,
353 € pro Woche

## MÖKKIS ZUM FISCHEN

### Blaues Holzhaus in Kultala bei Kotka
www.fishinginhelsinki.com/cottagesinkotka.htm
oder über www.huvila.net
bis zu 5 Personen, 550 – 950 € pro Woche

### Zweistöckiges Blockhaus nahe Iitti
www.fintouring.de
Buchungsnummer A 436, bis zu 5 Personen,
840 – 1400 € pro Woche

### Blockhaus »Jylhänrinne« am Längelmävesi
www.eskolanlomamokit.fi
oder über www.huvila.net
bis zu 6 Personen, 450 – 1000 €

### Blockhaus mit Bär bei Rovaniemi
www.lomarengas.fi
Buchungsnummer 7806, bis zu 10 Personen,
1043 – 1137 € pro Woche

*Blockhaus in der Nähe von Iitti*

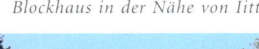

*Ferienhaus bei Hatsola mit Seeterrasse*

Nähe von **Iitti**, wo er 13 Monate im Exil lebte. Marlebäck liegt ca. 80 km nördlich von Kotka. Hier ist der Kymijoki breit wie ein See, hier beißen Forellen, Zander, Barsche, Hechte, Brassen und Maränen. Ein nagelneues zweistöckiges Blockhaus für fünf Personen samt Strandsauna und Boot kostet in dieser Region 1400 Euro pro Woche.

Ein Geheimtipp für Hechtangler ist der See **Längelmävesi** in der Region Tampere. Das Haus »Jylhänrinne« bietet von zwei Terrassen aus einen grandiosen Blick auf diesen See. Ein Holzsteg führt direkt vom Haus zum Wasser. Die Ausstattung ist mit Waschmaschine, Spülmaschine, fließendem Wasser und TV so komfortabel, dass man es hier auch länger aushalten kann. Kostenpunkt: 800 Euro im Hochsommer.

Ein uriges Angler-Ambiente bietet ein Ferienhaus in Lappland, etwas südlich von **Rovaniemi**: In einer Ecke des Wohnzimmers steht ein ausgestopfter Bär, an der Wand hängt ein Elchkopf, die Möbel bestehen teilweise aus Baumstämmen. Die Ausstattung allerdings ist alles andere als einfach: Das geräumige Blockhaus (150 Quadratmeter!) verfügt über Spülmaschine, Waschmaschine, fließendes Wasser und fünf Kamine. Der Besitzer ist Wildmarkführer und ermöglicht den Mietern Angelausflüge und Exkursionen. Im Mietpreis von 1137 Euro pro Woche sind fünf Genehmigungen zum Netzfischen enthalten.

*Hier sieht es aus wie in Bullerbü: familienfreundliches Ferienhaus in Pantsernäs*

## Kunterbunte Kinderparadiese

Sauna? Damit kann man Kinder selten locken. Einsamkeit? Wie langweilig! Und Beeren sammeln? Kann man ja mal machen, aber Abenteuer wären auch schön. Familien mit Kindern brauchen andere Häuser als Paare oder Gruppen und auch die gibt es in Finnland in großer Zahl. Sie bieten Sandstrände zum Baden oder Buddeln, Spiel- und Sportgeräte im Garten, Streicheltiere in der Nachbarschaft oder Ausflugsziele in der Umgebung.

Wenn Kinder klein sind, ist Wasser in unmittelbarer Nähe des Hauses für Eltern kein Erholungsfaktor, sondern Stress pur, denn man muss die Winzlinge ständig im Auge behalten, um sie von gefährlichen Erkundungstouren abzuhalten. Im winzigen Weiler **Pantsernäs** im Norden Ålands kann man ein Ferienhaus mieten, das aussieht wie eines der Häuser in Bullerbü. Der idyllische Garten besitzt einen Holzzaun, hier kann man im Schatten der Bäume auch mal in Ruhe ein Buch lesen. Strand und Boot liegen 700 Meter vom Haus entfernt. Das rote Holzhaus bietet auf 75 Quadratmetern 5 Schlafplätze. Nahe beim Haus gibt es einen Bauernhof mit Tieren. Das Haus hat keine Sauna, dafür ist auch der Mietpreis von 438 Euro pro Woche wirklich familienfreundlich.

Ein Traumhaus für Familien mit Kids, die schon sicher schwimmen können, ist das nagelneue Ferienhaus auf einer Halbinsel direkt am See **Ylä-Hippa** im Saimaa-Gebiet. Das Haus ist hell, geräumig und geschmackvoll eingerichtet. Das Elternschlafzimmer ist im Erdgeschoss, die Kinder haben im Obergeschoss ihr eigenes Reich mit Balkon. Am See gibt es einen kleinen Privatstrand und einen Bootssteg mit Leiter. Ein Ruderboot ist im Mietpreis inbegriffen, zusätzlich kann man aber auch ein Kajak und zwei Fahrräder buchen. Die Vermieter bieten zusätzlich Kurse in Tai Chi und Karate an. In einer halben Stunde Fahrt erreicht man von hier aus ein Ferienzentrum, wo man Ausritte und Kanusafaris buchen kann. Mietpreis im Hochsommer: 833 Euro pro Woche.

Ein tolles Quartier für befreundete Familien mit Teenagern findet man in der Nähe von **Mikkeli** im Saimaa-Gebiet: Auf einer einsamen Landzunge kann man hier drei Gebäude für insgesamt dreizehn Personen mieten.

Das komfortable Haupthaus verfügt über drei Schlafzimmer, Wohnzimmer, Küche und zwei Badezimmer. Dank einer Rampe ist der Zugang barrierefrei möglich. Im Strandsaunagebäude am See gibt es zwei weitere Schlafplätze samt Bad und WC. Zusätzlich kann man ein kleines Gästehaus auf dem Gelände mit fünf Schlafplätzen, Bad, WC und Kochnische mieten. Jung und Alt können hier also in getrennten Gebäuden nach eigener Fasson glücklich werden. Treffen kann man sich am See oder auf dem Sportplatz des Ferienhauses, zum Fußball, Volleyball, Badminton, Basketball, Tischtennis oder Krocket. Außerdem gibt es einen Sandkasten und eine Schaukel.

*Ein Mökki-Bewohner beim Angeln unten am See*

## FÜR FAMILIEN MIT KINDERN

### Bullerbü-Haus auf den Åland-Inseln

www.vikingline.de
Buchungsnummer 051113, bis 5 Personen,
325 – 438 € pro Woche

### Familienhaus im Saimaa-Gebiet

www.interchalet.com
Buchungsnummer FIJ 091, bis 6 Personen,
450 – 833 €

### Ferienspaß für Gruppen

bei Mikkeli im Saimaa-Gebiet
www.fewo-direkt.de
Buchungsnummer 606762, bis 13 Personen,
1340 – 2330 € pro Woche

## IMPRESSUM

Beilage zum Baedeker Allianz Reiseführer »Finnland«

Text: Andrea Mecke; Bilder: Mauritius/Nakamura (Titel), Fintouring (S. 2 unten, 8, 9, 11, 12), Mauritius/CuboImages (S. 2 oben), Mauritius/age Finland (S. 14), Riitta Hämeen-Anttila (S. 2 Mitte, 5), Viking Line (S. 6, 13)

Urheberschaft: Karl Baedeker Verlag, Ostfildern; Nutzungsrecht: MairDumont GmbH & Co KG, Ostfildern

Der Name Baedeker ist als Warenzeichen geschützt. Alle Rechte im In- und Ausland sind vorbehalten. Jegliche – auch auszugsweise – Verwertung, Wiedergabe, Vervielfältigung, Übersetzung, Adaption, Mikroverfilmung, Einspeicherung oder Verarbeitung in EDV-Systemen ausnahmslos aller Teile des Werkes bedarf der ausdrücklichen Genehmigung durch den Verlag Karl Baedeker GmbH.

Anzeigenvermarktung: MAIRDUMONT MEDIA, Tel. 0049 711 4502 333, Fax 0049 711 4502 1012, media@mairdumont.com, http://media. mairdumont.com

Printed in China. Gedruckt auf 100 % chlorfrei gebleichtem Papier

Baedeker **SPECIAL GUIDE**

DAS PLUS ZUM BAEDEKER FINNLAND

# Urlaub im Mökki

→ Ferienhütten für Naturliebhaber
→ Sauna, Boot und Badesteg
→ Wälder, Wasser, wilde Tiere

ISBN 978-3-8297-1333-7

€ 22,95 [D]
€ 23,60 [A]

9 783829 713337

| | |
|---|---|
| Freitag | perjantai |
| Samsatg | lauantai |
| Sonntag | sunnuntai |

## Unterhaltung

| | |
|---|---|
| Deutschland | Saksa |
| Finnland | Suomi |
| deutsch / Deutscher | saksalainen |
| finnisch / Finne | suomalainen |
| Sprechen Sie ... | puhutteko ... |
| ... deutsch | ... saksaa |
| Ich verstehe nicht ... | en ymmärrä ... |
| ja | niin / kyllä |
| nein | en / ei |
| bitte | olkaa hyvä / pyydän |
| danke | kiitos |
| vielen Dank | kiitoksia paljon |
| Herr | herra |
| Frau | nainen / rouva |

## Ich suche ...

| | |
|---|---|
| Wo ist ...? | missä on ...? |
| die ... Straße | ... katu |
| die Straße nach ... | tie ... |
| der ... Platz | ... tori |
| die Kirche | kirkko |
| das Museum | museo |
| wann? | milloin? |
| offen / geöffnet | avoinna |
| die Post | postikonttori |
| eine Briefmarke | postimerkki |
| eine Bank | pankki |
| der Bahnhof | rautatieasema |
| ein Hotel | hotelli |
| Übernachtung | yöpyä |
| ich möchte | haluaisin mielelläni |
| ein Zimmer | huoneen |
| mit einem Bett (Einzelzimmer) | yhden hengen huone |
| mit zwei Betten (Doppelzimmer) | kahden hengen huone |
| mit Bad | kylpyhuoneella |
| ohne Bad | ilman kylpyä |
| der Schlüssel | avain |
| die Toilette | vessa |
| ein Arzt | lääkari |

*Eines der berühmtesten finnischen Hotelgebäude: das Valtionhotelli in Imatra*

| | |
|---|---|
| rechts | oikealla |
| links | vasemalla |
| geradeaus | suoraan eteenpäin |
| oben | ylhäällä / päällä |
| unten | alhaalla / alapuolella |
| alt | vanha |
| neu | uusi |
| Was kostet? | paljonko maksaa? |
| Ich möchte ... | haluaisin ... |
| eine Zeitung | (sanoma)lehti |
| teuer | kallis |

## Natur

| | |
|---|---|
| Berg | vuori |
| waldloser Berg | tunturi |
| Hügel | mäki |
| Bergrücken | selkä |
| Tal | laakso |
| Fluss | joki |
| Wasserfall | koski |
| Wasser / Gewässer | vesi |
| Strand / Küste | ranta |
| See | järvi |
| Insel | saari |

Wald . . . . . . . . . . . . . . . . . . . . . . . . . . . . . . metsä
Moor . . . . . . . . . . . . . . . . . . . . . . . . . . . . . suo

## Unterwegs

Stadt . . . . . . . . . . . . . . . . . . . . . . . . . . . . . kaupunki
Stadtzentrum . . . . . . . . . . . . . . . . . . . . . keskusta
Dorf . . . . . . . . . . . . . . . . . . . . . . . . . . . . . . kylä
Haus . . . . . . . . . . . . . . . . . . . . . . . . . . . . . . talo
Sommerhaus / Hütte . . . . . . . . . . . . . . . . mökki
Kirche . . . . . . . . . . . . . . . . . . . . . . . . . . . . kirkko
Schloss . . . . . . . . . . . . . . . . . . . . . . . . . . . linna
Garten / Park . . . . . . . . . . . . . . . . . . . . . . puutarha / puisto
Straße . . . . . . . . . . . . . . . . . . . . . . . . . . . . katu
Landstraße . . . . . . . . . . . . . . . . . . . . . . . . maantie
(Markt-)Platz . . . . . . . . . . . . . . . . . . . . . . (kauppa-)tori
Brücke . . . . . . . . . . . . . . . . . . . . . . . . . . . . silta
Eisenbahn . . . . . . . . . . . . . . . . . . . . . . . . . rautatie
Fähre . . . . . . . . . . . . . . . . . . . . . . . . . . . . . lossi / lautta
Schiff . . . . . . . . . . . . . . . . . . . . . . . . . . . . . laiva
Autowerkstatt . . . . . . . . . . . . . . . . . . . . . autokorjaamo
Tankstelle . . . . . . . . . . . . . . . . . . . . . . . . . huoltoasema

## Zahlen

| | | | |
|---|---|---|---|
| 0 | nolla | 1 | yksi |
| 2 | kaksi | 3 | kolme |
| 4 | neljä | 5 | viisi |
| 6 | kuusi | 7 | seitsemän |
| 8 | kahdeksan | 9 | yhdeksän |
| 10 | kymmenen | 11 | yksitoista |
| 12 | kaksitoista | 13 | kolmetoista |
| 14 | neljätoista | 15 | viisitoista |
| 16 | kuusitoista | 17 | seitsemäntoista |
| 18 | kahdeksantoista | 19 | yhdeksäntoista |
| 20 | kaksikymmentä | 21 | kaksikymmentäyksi |
| 22 | kaksikymmentäkaksi | 30 | kolmekymmentä |
| 40 | neljäkymmentä | 50 | viisikymmentä |
| 60 | kuusikymmentä | 70 | seitsemänkymmentä |
| 80 | kahdeksankymmentä | 90 | yhdeksänkymmentä |
| 100 | sata | 101 | satayksi |
| 200 | kaksisataa | 300 | kolmesataa |
| 1000 | tuhat | erster | enssimmäinen |
| zweiter | toinen | dritter | kolmas |

# Übernachten

**Hotels** Die Hotels in den nordischen Ländern gehören fast alle zu wenigen großen Ketten und sind bekannt für ihren hohen Standard – und ihre hohen Preise. Die sachlichen Betonblöcke, meist im Herzen der Innenstadt gelegen, können sehr luxuriöse Hotels beherbergen, sind allerdings oftmals eher praktisch als besonders schön. Auch im hohen Norden gibt es sehr gute Hotels und behaglich eingerichtete Gasthöfe. Zahlreiche Häuser haben Familienzimmer mit zusätzlichen Betten. Die finnischen Hotels sind mit Einrichtungen für Körperbehinderte und Allergiker ausgestattet. Viele der großen Hotels haben ermäßigte Sommerpreise oder günstige Wochenendpakete.

**Sommerhotels, Gasthöfe** Manche Ferienhotels sind nicht ganzjährig, sondern jeweils nur während der Sommer- oder Wintersaison geöffnet. Darüber hinaus gibt es spezielle Sommerhotels, die einfachen Standard bieten, jedoch preisgünstig sind. Die Gasthöfe (Matkustajakoti) in abgelegeneren Landesteilen sind oft einfacher, aber immer sauber. Unter »Majatalo« versteht man ein ländliches Gasthaus.

*Eine der schönsten Urlaubsmöglichkeiten in Finnland: ein Ferienhaus*

Um die Sonderangebote der Hotelketten nutzen zu können, muss man häufig einen Hotelpass oder Hotelscheck (Ermäßigung für eine Übernachtung, meist mit Frühstück) erwerben. So basiert das System des **»Finncheque«** auf dem Zusammenschluss mehrerer finnischer Hotelketten. Die Hotelschecks müssen vor Antritt der Reise erworben werden.

Ein echt finnisches **»Mökki«** (►Baedeker Special Guide), ein Ferienhaus im Wald oder an einem See gelegen, mit eigener Sauna und einem Ruderboot, bietet die sicherlich schönste Möglichkeit, finnisches Sommerleben kennenzulernen. Die Ferienhäuser sind in fünf **Kategorien** eingeteilt, deren Klassifizierung sich nach der Ausstattung und dem Platzangebot richtet wie Grundfläche, Schlafraum, Strom- und Wasserversorgung, Sanitärbereich, WC usw. Übrigens: Die Finnen selbst mögen es im Ferienhaus rustikal: Ein Plumpsklo im Wald – eine Einrichtung die, wenn man daran gewöhnt ist, durchaus ihren Reiz hat – und der Abwasch von Hand mit Wasser aus dem See gehören für sie einfach dazu. Üblicherweise werden Ferienhäuser zum Wochenpreis angeboten. Eine Ausnahme bildet die Zeit um Mittsommer, wenn sie auch für nur ein Wochenende vermietet werden. Neben diesen meist einzelnen Ferienhäusern bieten auch fast alle

**Hütten, Ferienhäuser, Bed & Breakfast**

# ► ÜBERNACHTEN

## FERIENHÄUSER

► **Lomarengas**
Eteläesplanadi 22 C
FIN-00130 Helsinki
Tel. 09 / 57 66 33 50
Fax 57 66 33 66
www.lomarengas.fi
Finnlands größter Anbieter mit 1300 Ferienhäusern in allen Regionen Finnlands sowie Adressen für B & B und Ferien auf dem Bauernhof.

► **Schärenreservierung Finnland AG**
Kompassi, 21660 Nauvo
Tel. 02 / 4 65 10 00
Fax 4 65 10 11

www.archipelagobooking.com
Ferienhäuser und B & B in der Schärenregion

## JUGENDHERBERGEN

► **Finnischer Jugendherbergsverband**
Yrjönkatu 38B
FIN-00100 Helsinki
Tel. 09 / 565 71 50
www.hostellit.fi

## CAMPING

► **Finnischer Campingverband**
www.camping.fi
Plätze suchen, Campingkarte bestellen etc. – alles übersichtlich und online, sogar auf Deutsch!

Campingplätze zusätzlich die Möglichkeit, auf ihren Anlagen Hütten oder Ferienhäuser auch für nur eine Übernachtung zu mieten.

**Jugendherbergen** Jugendherbergen und Wanderheime, die in mehr als 150 Orten zu finden sind und nicht nur Jugendlichen offenstehen, sind eine günstige Übernachtungsgelegenheit. Bei hohen Besucherzahlen beträgt die maximale Aufenthaltsdauer in Jugendherbergen sieben Tage.

## Camping und Caravaning

**Campingplätze** In den meisten Fällen liegen die ca. 350 Campingplätze (70 davon ganzjährig geöffnet) mit über 35 000 Stellpätzen und über 6300 Hütten naturnah an einem der zahlreichen Gewässer. Die fünf Kategorien richten sich nach der jeweiligen Ausstattung. Plätze mit einem Stern bieten nur die Grundversorgung mit sanitären Einrichtungen und Kochgelegenheit, während 5-Sterne-Campingplätze über umfangreiche Serviceleistungen wie etwa Einkaufszentrum, Vergnügungspark oder Diskothek verfügen können.

**Campingplatzsuche** Inhabern der **Camping Card Scandinavia** werden vielfältige Rabatte eingeräumt. Sowohl Campingplatzsuche als auch die Bestellung der Camping Card sind online unter **www.camping.fi** möglich. Ebenfalls recherchieren kann man unter **www.campingfuehrer.adac.de**.

## _i_ Jedermannsrecht

■ In Finnland hat grundsätzlich jedermann das Recht, Strand, Ufer, Wald und Wiese auch dann zu benutzen, wenn sie Privateigentum sind. Auch das Pflücken von Beeren, Pilzen und Blumen ist erlaubt. Es handelt sich hier um ein allseits respektiertes, nirgendwo niedergeschriebenes Gewohnheitsrecht, dessen Grenzen fließend sind.
Man darf dieses Recht allerdings keinesfalls als Freibrief für ungehemmtes wildes Campen verstehen. Wer nicht anecken will, sollte vermeiden, auf dem Grund und Boden anderer ohne Genehmigung zu zelten, Feuer zu entfachen oder auch Lärm zu machen. Wohnwagen, Wohnmobile und Zelte dürfen nie näher als 150 Meter vom nächsten Haus oder der nächsten Hütte aufgestellt werden. Beim Verlassen des Platzes dürfen keinerlei Fäkalien oder Müll hinterlassen werden und der Platz muss so verlassen werden, wie er vorgefunden wurde.

# Urlaub aktiv

## Angeln

Tausende von Seen und unzählige Flüsse bieten Petrijüngern eine rie-  **Angelgebiete**
sige Auswahl an Angelplätzen und Beutefischen. Ob Lachsfang oder
Wurmangeln, hier kommt jeder Angler voll auf seine Kosten. Die
Flüsse um Kuusamo sind innerhalb
Finnlands berühmt für ihren
Reichtum an Großforellen, während die Flüsse Teno (Nordlappland), Tornionjoki (finnisch-
schwedisches Grenzgebiet) und Kymijoki (Südost-Finnland) besonders von Lachsanglern geschätzt
werden. Der Barsch, Speisefisch
Nummer 1 in Finnland, kommt in
fast allen Seen wie auch im Brackwasser zwischen den Ostseeinseln
vor. Besonderer Beliebtheit erfreut
sich der Barsch bei eingefleischten
Eisanglern, die im Winter an seichten Meeresstellen oft beträchtliche
Fänge machen. Ebenfalls das

*Anglerzubehör gibt es auf Märkten und in Fachgeschäften.*

Brackwasser bevorzugt der Hecht; zwischen den Schären vor Turku  ◀ Informationen
und den Ålandinseln liegt das beste Fanggebiet. Aber auch in den  zum Fischen:
Seengebieten im übrigen Finnland wird der Hecht vor allem im  www.visitfinland.
schilfbestandenen Uferwasser gefangen. In den Gewässern vor Espoo  com/fishing
und in Vanhankaupunginlahti (bei Helsinki) sind die besten Reviere,
um während der Dämmerung Zander zu fangen. Acht bis zehn Kilogramm schwere Exemplare sind hier keine Seltenheit. Der Raub-
fisch bevorzugt trübe, tiefe Gewässer mit geringem Hechtbestand.

Wurmangeln und Eislochangeln sind auch ohne staatliche Fischerei-  **Vorschriften**
abgabe erlaubt. Hierbei darf die Angel jedoch keine Wurfangelrolle
haben. Künstliche Köder dürfen ebenfalls nicht verwendet werden.
Ansonsten müssen beim Angeln folgende Vorschriften befolgt werden: Das Angeln in natürlichen Gewässern erfordert zwei Genehmigungen. Jeder zwischen 18 und 64 Jahre alte Angler muss eine staatliche Fischereiabgabe in Höhe von 22 Euro pro Jahr bzw. 7 Euro für
eine Woche entrichten (finnisch **»kalastuksenhoitomaksu«**). Zusätzlich braucht der Angler eine regionale Angelgenehmigung des Gewässereigentümers oder eine Angelgenehmigung für die Gewässer
der jeweiligen Verwaltungsregion (finnisch **»viehekalastusmaksu«**).
Diese kostet weitere 29 Euro pro Kalenderjahr bzw. 7 Euro pro Woche. Die Quittung der Zahlung muss beim Angeln immer mitgeführt
werden! Informationen zum Fischen: **www.visitfinland.com/fishing**

## Golf

**Golfen ohne Gedränge**

In Finnland gibt es insgesamt 107 Golfplätze. Die Golfsaison dauert in der Regel von Mai bis September / Oktober. Einige Golfclubs bieten auch während der »arktischen Nacht« Golf im Schnee an. Detailliertere Informationen zum Golfen in Finnland sowie zu einzelnen Golfplätzen unter **www.visitfinland.com/golf**.

## Rad fahren

**Fast ohne Bergetappen!**

Radfahrern bietet Finnland neben dem Erlebnis, die beeindruckende Natur in Ruhe genießen zu können, ein gut erschlossenes Wegenetz mit abwechslungsreichen Routen. Sowohl Tagesausflüge als auch ein mehrtägiger Fahrradurlaub sind dabei möglich. Sollen größere Entfernungen mit öffentlichen Verkehrsmitteln überbrückt werden, ist die Mitnahme des Rades kein Problem. Gegen eine geringe Gebühr werden Fahrräder im Zug und Bus als Gepäckstück mitgenommen, und die Finnair bietet einen Transport ohne Gebühr.

Fast in ganz Finnland können Touren unternommen werden, wobei die Kondition häufig nur durch stärkere Winde auf die Probe gestellt wird. Auf Grund des flachen Reliefs stellen Steigungen kein Problem dar. Auch wenn die Straßen Finnlands nicht allzusehr vom PKW-Verkehr belastet sind, lässt sich die idyllische Natur am besten auf ruhigen Seitenwegen erkunden oder auch auf den Pfaden der Nationalparks. Obwohl das Jedermannsrecht auch die Möglichkeit zum Fahren im unbefestigten Gelände einräumt – Begrenzungen gibt es nur in Nationalparks –, sollte vernünftiges Verhalten in freier Natur selbstverständlich sein. Viele Gemeinden bieten ein- und mehrtägige geführte Radtouren an. Buchung und Information beim jeweiligen Tourismusbüro.

> ! **Baedeker TIPP**
>
> **Radfahrrouten**
>
> Unter www.visitfinland.com/cykling erhält man viele nützliche Informationen zum Radfahren in Finnland. Unter dem Menüpunkt »Route Guides« werden sechs überregionale Radfahrrouten durch veschiedene Regionen des Landes sehr detailliert beschrieben. Man kann wählen zwischen den Routen »Via Finlandia« von Helsinki nach Vaasa, der »Küstenroute« von Turku nach Oulu, der Tour »durch den Süden Finnlands« von Turku nach Kouvola, der alten Handelsroute »Königsstraße« von Turku nach Helsinki, der »Großen Seenrundfahrt« in Südostfinnland und der Route »Mittelfinnland« von Helsinki nach Jyväskylä.

**Mountainbiking**

Auch in Finnland hat in den letzten Jahren die Zahl der aktiven Mountainbiker zugenommen. Sowohl für Anfänger als auch für sportlich ambitionierte Fahrer gibt es hervorragende Reviere. Gerade aber die Anhänger dieser Sportart sollten sich an die für sie ausgewiesenen Fahrstrecken halten. Die dünne Vegetationsdecke aus Moosen und Flechten kann sehr leicht zerstört werden, und es dauert Jahre, bis sie sich nach einem solchen Eingriff regenerieren kann.

## Wandern und Trekking

Die einzigartige Landschaft Finnlands lockt alljährlich Tausende von **Natur pur** Naturfreunden in die zahlreichen Nationalparks und Schutzgebiete. Gut ausgeschilderte Wanderwege, mit Informationstafeln bestückte Naturlehrpfade, aber auch völlig wilde Trampelpfade eröffnen fast unendlich viele Möglichkeiten, die faszinierende Natur des Landes zu erkunden. Die beste Jahreszeit zum Wandern ist der Spätsommer, da dann in den Flüssen und Bächen nur wenig Wasser fließt, so dass diese leicht zu überqueren sind. Auch gibt es nicht mehr so viele Mücken. Eine unvergleichliche Farbenpracht zeigt sich dem Wanderer im Herbst während der »Ruska« (Laubfärbung). Dieses einzigartige Naturschauspiel verwandelt insbesondere die Fjällandschaften in ein buntes Meer aus Rot-, Gelb - und Brauntönen. Detaillierte Informationen zum Wandern gibt es online unter **www.visitfinland.com/hiking**.

### *i* Nicht vergessen:

■ Bei größeren Wanderungen sollten zur Ausrüstung gehören: warme, regenfeste Kleidung (zwei Garnituren), Schlafsack (wasserdicht verpackt), Isomatte, Zelt mit Reparaturset, Campingkocher, Draht, Zündhölzer und Grillanzünder, Ersatzschnallen für den Rucksack und Nähutensilien, Verbandszeug und Medikamente, Trinkflasche, ein zweites Paar Schuhe, leichte, kalorienreiche Nahrungsmittel und **Mückenschutzmittel!**

*Auf schwankenden Planken geht es über einen Fluss im Oulanka-Nationalpark.*

## Wassersport

**Finnland ist ein Wassersport-paradies**
Finnland ist ein Paradies für Wassersportler aller Art. Neben Seglern finden aber vor allem Paddler fast unbegrenzte Möglichkeiten, aktiv zu werden. Ob eine gemütliche Kanutour auf einem See oder ein Wildwasserabenteuer auf einem tosenden Fluss –332 für jeden Geschmack hat Finnland einiges zu bieten. Problemlos können in allen größeren Orten Boote ausgeliehen werden. Auch geführte Bootswanderungen und Paddelkurse für Anfänger und Fortgeschrittene werden angeboten. Im Internet gibt es recht gute Informationen unter: www.finland.de/kanu.

**Wintersport** ►Kapitel Wintersport, S. 134 ff

# Verkehr

## Flugverkehr

**Flüge nach Finnland**
Von Deutschland nach Finnland kommt man nonstop auf dem Luftweg in etwa zwei Stunden mit der Finnair, der Lufthansa, der günstigen Finnair-Tochter Blue1 und den Billigfliegern Germanwings und Ryanair (►Anreise).

**Inlandsflüge**
Die Strecken innerhalb Finnlands können sehr weit sein, deshalb hat der Inlandflugverkehr eine relativ große Bedeutung. Die Finnair mit ihren Tochtergesellschaften fliegt von Helsinki aus 21 Flughäfen zum Teil auch mehrmals am Tag an.

## Eisenbahn

**Streckennetz**
Das rund 6000 km lange Streckennetz der finnischen Staatsbahnen (VR) ist zwar weitmaschig, wird aber durch Autobus- und Schiffslinien ergänzt. Vor allem der südliche Landesteil ist durch ein relativ dichtes Netz erschlossen; die beiden Hauptlinien in den Norden führen von Helsinki bis nach Kemijärvi und nach Kolari in Lappland. Von Helsinki fahren täglich mehrere Expresszüge (ca. 3½ Std.) nach St. Petersburg und ein Nachtzug nach Moskau (13,5 Std.).

**Tarife**
Bahnfahren ist in Finnland im Vergleich zu den anderen nördlichen Ländern günstiger. Können dann noch zusätzliche Vergünstigungen genutzt werden, verringert sich der Betrag erheblich (► Preise und Vergünstigungen). Senioren ab 65 Jahren zahlen nur 50 %.

**Railpässe**
Unbegrenzt reisen an 3, 5 oder 10 Tagen eines Monats kann man mit dem **Finnrail Ticket**. Mit dem **Holiday Pass** hat man von Juni – August an drei Tagen innerhalb eines Monats feie Fahrt. In Dänemark, Nor-

wegen, Schweden und Finnland gilt der **InterRail Pass** (22-Tage-Pass oder Flexi-Pass für 5 oder 10 innerhalb von 10 oder 22 Tagen). Zusätzlich gibt es Ermäßigungen für Fahrten auf vielen Bus- und Fährverbindungen.

Um die langen Entfernungen mit dem Pkw in den Norden zu überbrücken, hat die Bahn das Angebot von sogenannten **»car-sleeper-trains«** im Programm. Ab Helsinki, Tampere und Turku verkehren diese Züge nach Kontiomäki, Oulu, Rovaniemi und Kolari. Buchungen müssen möglichst frühzeitig erfolgen.

**Autozüge**

## ADRESSEN FLUG, BAHN & BUS

### FLUGVERKEHR

▶ **Helsinki-Vantaa International Airport**
Informationen: Tel. 0200 14 636
www.helsinki-vantaa.fi
Lage: 19 km nördl. des Zentrums
Nahverkehrsanschluss: Bus 615
(Fahrzeit: 35 Minuten)

▶ **Weitere wichtige Flugplätze**
Enontekiö, Ivalo, Joensuu, Jyväskylä, Kajaani, Kemi, Kittilä, Kokkola / Jakobstad, Kuopio, Kuusamo, Lappeenranta, Mariehamn (Åland), Mikkeli, Oulu, Pori, Rovaniemi, Savonlinna, Tampere, Turku, Vaasa, Varkaus

### FLUGGESELLSCHAFTEN

▶ **Finnair**
Tel. 0600 140 140
www.finnair.com

▶ **Air Åland**
Tel. 018 / 17 110
www.airaland.com

▶ **Finncomm**
Tel. 09 / 42 43 20 00
www.fc.fi

▶ **Fly Lappeenranta**
Tel. 040 / 7 70 27 97
www.flylappeenranta.fi

*Pendolino: der schnellste Zug in Finnland*

### BAHNVERKEHR

▶ **Finnische Staatsbahn (VR)**
Service:
Tel. 0600 41 902
www.vr.fi

### FERNBUSVERKEHR

▶ **Oy Matkahuolto Ab**
Fahrplanservice:
Tel. 0200 4000
www.matkahuolto.fi

## Bus fahren

**Liniennetz** Das Fernbusliniennetz ist in Finnland sehr gut ausgebaut, so dass es kaum einen Ort gibt, der nicht mit öffentlichen Linienbussen zu erreichen ist. Durch die Vernetzung aller wichtigen Haltepunkte sowie die Abstimmung auf Fähr- und Zugankunftszeiten sind nur geringfügige Wartezeiten einzuplanen. Ab 80 km Fahrtstrecke wird eine Ermäßigung von 10 % auf die Rückfahrkarte gewährt. Senioren, Kinder, Studenten zahlen 50 % der Fahrpreise.

## Mietwagen

**Bedingungen** Bedingungen für das Mieten eines Kraftfahrzeuges ist das Mindestalter von 21 Jahren und der Besitz eines internationalen Führerscheins, für Reisende aus Deutschland genügt der nationale Führerschein. Mietwagenfirmen sind an internationalen Flughäfen und Bahnhöfen vertreten. Außer den internationalen Mietwagenfirmen bieten auch einheimische Verleihfirmen vor Ort Wagen an – oft auch günstiger.

## Binnenschifffahrt

**Kreuzfahrten** Von kurzen Rundfahrten bis zu mehrtägigen Kreuzfahrten auf alten Passagierdampfern gibt es viele Möglichkeiten, das »Land der Tausend Seen« kennenzulernen. Berühmt sind die »Silberlinie« und die »Dichterlinie« (▶ Hämeenlinna, Tampere). Die Saison für die Binnenseeschifffahrt beginnt Mitte Juni und endet Ende August, in einigen nördlichen Regionen auch bereits Mitte August.

## ▶ MIETWAGEN & AUTOMOBILKLUBS

### MIETWAGEN

▶ **Avis**
Tel. 09 / 859 83 56
www.avis.fi

▶ **Sixt**
Tel. 0200 / 111 222
www.sixt.fi

▶ **Europcar**
Tel. 0200 / 12 154
www.europcar.fi

▶ **Hertz**
Tel. 0200 / 11 22 33
www.hertz.fi

### AUTOMOBILKLUBS

▶ **Autoliitto**
Automobile and Touring
Club of Finland
Hämeentie 105 A
00550 Helsinki
Infos: Tel. 09 / 72 58 44 00
Pannenhilfe: Tel. 0200 80 80
www.autoliitto.fi

▶ **ADAC**
Tel. 00 49 / 89 / 22 22 22
www.adac.de

▶ **ACE**
Tel. 00 49 / 18 02 / / 34 35 36
E-Mail: notruf@ace-online.de

*Wenn die Straße in den See führt – dann geht es mit einer Lossi (Fähre) weiter.*

**Fährverkehr**

Die Benutzung einer Kurzfähre (finn. Lossi), die als Verbindung von zwei Straßen im Pendelverkehr eingesetzt wird, ist kostenlos. Längere Passagen mit großen Fährschiffen sind jedoch kostenpflichtig.

## Straßenverkehr

**Straßennetz und Straßenzustand**

Finnland verfügt über ein dichtes Verkehrswegenetz. Die großen Hauptstraßen und wichtigen Nebenstraßen sind durchweg asphaltiert. Abseits der Hauptwege gibt es viele Straßen, bei denen Schotter, Rollkies oder Sand die Oberfläche bilden. Sie werden mit Planiermaschinen und chemischen Staubbindemitteln möglichst eben gehalten und lassen sich, mit etwas Übung und dem Gefühl für die richtige Geschwindigkeit, sehr gut befahren. Bei längerem Regen werden die Straßen, die keine feste Decke besitzen, schmierig oder gar schlammig und erfordern dann eine besonders vorsichtige Fahrweise. Gewisse Straßenabschnitte im Norden sind wegen des langen Winters im Durchschnitt nur von Juni bis Oktober befahrbar.

Das rechts abgebildete Zeichen sieht man an den Straßen Finnlands und der anderen nordischen Länder relativ häufig. Es weist auf Sehenswürdigkeiten hin, z. B. eine Burg.

**Straßentypen**

Bei den numerierten Hauptstraßen unterscheidet man Straßen erster und Straßen zweiter Ordnung; Nummern auf rotem Grund zeigen Fernstraßen oder Reichsstraßen an. Es gibt immer mehr Autobahnabschnitte bzw. vierspurig gut ausgebaute Autostraßen (»Moottoritie«) in der Umgebung der Großstädte.

**Verkehrsregeln** In Finnland herrscht **Rechtsverkehr**. Straßenbahnen und Busse haben immer Vorfahrt. Wie in ganz Skandinavien muss auch in Finnland tagsüber das **Abblendlicht** eines jeden Kraftfahrzeuges außerhalb geschlossener Ortschaften eingeschaltet werden. Für alle Insassen eines Fahrzeuges gilt **Gurtpflicht**. Die **Promillegrenze** liegt bei 0,5. Bei Übertretungen drohen Geld- oder gar Haftstrafen. An vielen Straßen sind Geräte zur **Geschwindigkeitsüberwachung** aufgestellt.

---

**i Höchstgeschwindigkeiten**

- In geschlossenen Ortschaften: 50 km/h
- Landstraßen: 80 – 100 km/h, Winter 80 km/h
- Autobahnen: 120 km/h, Winter 100 km/h
- Pkw mit Wohnanhänger: 80 km/h

---

**Winter** Winterreifen sind in Finnland selbstverständlich Pflicht. Schneeketten sind erlaubt, ebenso Reifen mit Spikes. Sämtliche Straßen in Finnland sind im Winter gut geräumt und in der Regel problemlos zu befahren

**Tanken** An finnischen Tankstellen gibt es unverbleites Benzin als Normal (95 Oktan) und Super (98 Oktan). Die Benzinpreise liegen geringfügig niedriger als in Deutschland (Stand 2011). Besonders in abgelegenen Gebieten sind Tankstellen nicht allzu dicht gesäht: Rechtzeitiges Tanken ist angeraten.

**Wildtiere** Besonders in der Dämmerung muss man auf kleineren Landstraßen ohne einen sog. Elchzaun damit rechnen, dass Elche oder im Norden auch Rentiere plötzlich auf die Straße treten. Warnschilder zeigen an, an welchen Stellen es häufiger zu Wildwechsel kommen kann. Die Gefahr ist nicht nur theoretisch: **Kollisionen mit Elchen** sind eine der häufigsten Ursachen für tödliche Verkehrsunfälle in Finnland. Sollte es zu einem Zusammenstoß mit einem Wildtier gekommen sein, ist sofort die nächste Polizeistation in Kenntnis zu setzen (Tel. 100 22).

# Wintersport

**Schnee ist garantiert!** Finnland ist für aktive Winterurlauber ein ideales Reiseziel, und das nicht nur, weil die Winter hier im Norden fast ein halbes Jahr dauern. Das kontinentale Klima beschert schneesichere Verhältnisse von November bis Mai. Die dann herrschende trockene Luft macht selbst tiefste Temperaturen und Frosttage erträglich, so dass die ganze Vielfalt des Wintersports auf die besten Bedingungen trifft.

*Der Weihnachtsmann ist in Finnland selbstverständlich →*
*mit dem Rentierschlitten unterwegs.*

# WINTERSPORT

## WINTERSPORTZENTREN

▶ ① **Lahti**
Weltbekanntes Mekka für Nordische Disziplinen. Das Langlaufgebiet (60 km) reicht vom Lahti-Skistadion bis zum Ferienzentrum **Messilä** und zum **Tiirisma**, wo 14 Hänge für Abfahrten erschlossen sind. Nur Profis sollten sich beim Skispringen in Lahti üben.

▶ ② **Jyväskylä / Laajavuori**
6 Abfahrten, 5 Lifte, 62 Loipenkilometer (www.laajavuori.com).

▶ ③ **Kuopio**
Dichtestes Loipennetz Finnlands mit insgesamt 200 km. Alpinpisten **Puijo** und **Kasurila** (www.kuopio info.fi). Wintersportzentrum **Tahko** (ca. 70 km. nördlich): 7 Lifte, 40 km Loipen (www.tahko.fi).

▶ ④ **Koli-Berge mit Lieksa**
Die landschaftlich schönste Lopie in Nordkarelien geht direkt vom Koli-Berg aus. Skitouren auf dem Bärenpfad oder Schneeschuh- und Snow-mobil-Touren von Lieksa aus bleiben unvergesslich.

▶ ⑤ **Sotkamo / Vuokatti**
Bekannt als internationales Trainingsgebiet der Wintersportler, ist diese Region vor allem für Skilangläufer ideal (www.vuokatti.fi).

▶ ⑥ **Kuusamo / Ruka**
Ausgangspunkt für ein 250 km langes Loipennetz. Teile des berühmten Wanderweges Bärenrunde sind im Winter gespurt. Das Wintersportzentrum von Ruka bietet außerdem 28 Pisten für Alpinabfahrten (www.ruka.fi).

▶ ⑦ **Rovaniemi / Onasvaara**
Wintersport oder Motorschlitten- und Rentierschlittenfahrten rund um den Polarkreis. Die mit Kunstschnee präparierten Loipen verlegen den Saisonstart bereits in den Oktober (www.ounasvaara.fi).

▶ ⑧ **Kemijärvi / Suomutunturi**
In Kemijärvi beginnen Loipen und Motorschlitten-Safaris mitten in der Stadt. Auf dem Suomu-Fjäll am Polarkreis gibt es die besten Abfahrten in Finnisch-Lappland (www.suomu.com).

▶ ⑨ **Salla / Sallatunturi**
Skizentrum für die ganze Familie; Abfahrten und Loipen.

▶ ⑩ **Kolari / Yllästunturi**
Die längste Abfahrtspiste Finnlands ist in Ylläsjärvi zu finden, in dessen Umkreis Loipen von insgesamt 280 km gespurt sind. Erweitert um die im Norden anschließenden Gebiete, sind es sogar ca. 1000 km (www.yllas.fi).

▶ ⑪ **Sodankylä / Luostotunturi**
Die Fjäll-Skigebiete Pyhä und Luosto sind ein Dorado für Ski-Könner (www.pyha.fi, www.luosto.fi).

▶ ⑫ **Muonio / Olostunturi**
Ab Oktober kann bereits die Kunstschneeloipe am Olostunturi genutzt werden, was selbst die finnische und ausländische Nationalmannschaften zum Training in den Westen Lapplands führt. Das Bergland zwischen Pallas und Hetta ist wegen seiner vielen Hütten für längere Skiwanderungen hervorragend geeignet.

## *Wintersportzentren* *Orientierung*

Wintersportzentren

14
15
Ivalo
13
12
10
11
7
Rovaniemi
8
9
6
Tornio
Oulu
Kajaani 5
Koli-Berge 4
Kuopio 3
Vaasa
2
Jyväskyla
Savonlinna
Tampere
Pori
1
Turku
HELSINKI

1 Lahti
2 Jyväskylä mit Laajavuori
3 Kuopio mit der Puijohöhe
4 Koli-Berge mit Lieksa
5 Sotkamo mit
  Vuokatti
6 Kuusamo – Ruka
7 Rovaniemi mit dem
  Ounasvaara

8 Kemijärvi mit dem Suomutunturi
  und dem Pyhätunturi
9 Salla mit dem Sallatunturi
10 Kolari – Yllästunturi
11 Sodankylä mit dem Luostotunturi
12 Muonio mit dem Olostunturi
13 Pallastunturi-Gebiet
14 Kilpisjärvi mit dem Saanafjäll
15 Saariselkä – Kaunispää, Inari

▶ ⑬ **Pallastunturi**
Am Pallastunturi finden an-
spruchsvolle Skiwanderer in den
Fjälls bei Enontekiö eine
Herausforderung.

▶ ⑭ **Kilpisjärvi / Saana-Fjäll**
Ganz im Norden an der Grenze zu
Norwegen, wo die Winter bis weit
in den Juni gehen und wo auch
erst im Mai die richtige Skisaison
beginnt, gibt es zu Mittsommer
ein Ski-Rennen auf dam Saana-
Fjäll.

▶ ⑮ **Saariselkä / Kaunispää
Inari**
Vor allem Tourenskifahrer finden
hier durch ein dichtes Netz von
Hütten hervorragende Bedingun-
gen. Aber auch Loipenfans und
Alpinisten haben rund um den
Kaunispää ihr Revier.

▶ **Kuhmo /Suomussalmi**
Auch hier dominiert das Loipennetz den Wintersport. Auch Mo-
torschlittensafaris werden auf dem
400 km langen Streckennetz
durchgeführt.

▶ **Iso-Syöte**
Im südlichen Teil Lapplands gelegen, bietet diese Skiregion von der
Wanderloipe bis zur Nachtlauf-
loipe bei Flutlicht alles.

▶ **Salla**
Das traditionsreiche Wintersport-
gebiet rund um das Sallatunturi-
Fjäll ist mit 150 km Langlaufloipen
und neun Skipisten zu einem
modernen Zentrum des Sports
mitten in der Wildmark geworden.

▶ **Levi**
Finnen schätzen dieses in West-
lappland gelegene Fjällgebiet bei
Kittilä besonders als alpines Zentrum. Dazu gibt es 200 km Loipen
durch die Weiten Lapplands mit
Verbindungsmöglichkeiten zu den
anderen nahegelegenen Wintersportzentren.

▶ **Ylitornio**
In diesem auch im Winterurlaub
preiswerten Gebiet im west-
lappländischen Seengebiet gehört
bei Skiwanderungen oder Motor-
schlittenfahrten auch die Angel ins
Gepäck, denn die Seen Iso-Vieto-
nen und Miekojärvi sind ideal

*Ein besonderes Wintervergnügen: Skirennen mit Rentieren als Zugtieren*

Gegenüber mitteleuropäischen Skiregionen ist Schneesicherheit Finnlands Trumpf. Wo sonst kann man in Europa wie etwa in Lappland noch im März / April bei strahlendem Sonnenschein 16 Stunden lang Skilaufen?

In Finnland laden Hunderte von Kilometern gespurter, zum Teil beleuchteter Loipen zum Langlaufen,

dem Volkssport Nummer 1, ein. Aber auch Tourengeher kommen in den fast menschenleeren Weiten des Landes voll auf ihre Kosten. Ein besonderer Spaß ist das Wandern mit Schneeschuhen, die in vielen Wintersportzentren gemietet werden können.

In den gebirgigeren Regionen hingegen wurden in den letzten Jahren mehrere Alpinzentren errichtet, die selbst diejenigen unter den Skisportlern begeistern werden, die bislang von den Alpenländern verwöhnt wurden. **Alpinski**

Auch die fast nur in den arktischen Regionen durchgeführten Hundeschlittenfahrten und Rentiersafaris erfreuen sich zunehmender Beliebtheit. Es ist ein unvergessliches Erlebnis, von 6 bis 8 Huskies oder einem Gespann aus Rentieren gezogen durch den tiefen Schnee zu gleiten. Ein- oder Mehrtagestouren werden vielerorts von lokalen Veranstaltern angeboten. **Hundeschlitten-, Rentiersafaris**

Der berühmteste finnische Wintervolkslauf ist der **Finlandia-Hiito**: Ca. 6000 Teilnehmer gibt es bei dem 75 km langen Langlaufwettbewerb zwischen Hämeenlinna und Lahti. Anmeldung: Finlandia-Hiito, Urheilukesku, 15110 Lahti, Tel. 03 / 7 34 98 11, Fax 7 51 00 79. **Winterliche Volksläufe**

Die Begeisterung an der Jagd nach dem Puck vereint fast alle Finnen. Vielerorts sind die kommunalen Bolzplätze im Winter beeist und so trifft sich die Dorfjugend von Klein auf zum Eishockey. Dass Finnland eine top-erfolgreiche Nationalmannschaft stellt, ist fast die logische Konsequenz: Sie wurde 2011 Weltmeister. **Eishockey**

# Zeit

In Finnland gilt die Osteuropäische Zeit (OEZ = MEZ + 1 Stunde). Da von April bis Oktober auch hier die Sommerzeit eingeführt wurde, muss man das ganze Jahr über bei Ankunft in Finnland die Uhr um eine Stunde vorstellen.

# Touren

IN DIE SCHÄREN VOR DER SÜD-
KÜSTE, DIE WEITEN WÄLDER
NORDKARELIENS ODER DIE
BAUMLOSE EINSAMKEIT DER
NORDISCHEN FJÄLL-LANDSCHAFTEN: WIR ZEIGEN,
WO FINNLAND AM SCHÖNSTEN IST!

# TOUREN DURCH FINNLAND

Finnland-Reisende haben viele Möglichkeiten, ihre Reisestrecke nach Zeit-
budget und Interessengebiet auszuwählen: Wildnisfreaks werden in den
Wäldern Nordkareliens und den lappländischen Fjälls fündig. Wer Schären-
charme mit Kulturgeschichte würzen will, folgt der Route durch den Süden.
Auch eine Rundreise von der Westküste nach Ostkarelien ist denkbar – und
unsere Tourangebote verstehen sich letztlich als professionelle Denkansätze.

**— TOUR 1   Entlang der Westküste**
Am Anfang stehen Helsinki und Turku – zwei Städte voller kultureller
Highlights. Danach geht es stets der Küste entlang nach »oben«, vorbei
an historischen Holzstädten und Finnlands höchsten Dünen. Ein mögli-
ches Ziel ist Oulu, Finnlands nördlichste Großstadt.   ▶ **Seite 146**

**— TOUR 2   Östliches Finnland**
Im Osten gibt sich Finnland ernst und einsam: Einst war Hamina Grenz-
bastion zum Russischen Reich; heute verläuft die Grenze weiter östlich,
doch werden die Wälder in dieser Richtung spürbar dichter und die Orte
sichtbar kleiner. Die Seele finnischer Nationalkultur lebt in den Wäldern
Nordkareliens und die wohl »finnischste« aller finnischen Landschaften
ist das große Saimaa-Seengebiet um Savonlinna.   ▶ **Seite 148**

**— TOUR 3   Fahrt in den Norden**
Die rund 1000 Kilometer von Helsinki bis zum Inarisee reichen tatsächlich aus, um den Gegensatz von Süd und Nord sinnfällig zu erleben.
Fruchtbare Kulturlandschaft geht über in waldreiches Seengebiet, und
das wiederum mündet nördlich des Polarkreises bei Rovaniemi in den
kargen Weiten Lapplands.   ▶ **Seite 150**

**— TOUR 4   Rundfahrt durch den Süden**
Finnische Kultur und Geschichte zum »Anfassen«: Auf ihrem südlichen
Teil folgt die Route der legendären Königsstraße, auf der einst schwedi-
sche Könige, russische Gesandte und baltische Kaufleute verkehrten.
Hier ist Finnland kleingliedrig, belebt und durchaus
abwechslungsreich.   ▶ **Seite 152**

**Pori**
*Finnische
Jazzhauptstadt*

**Uusi Valamo**
*Zentrum der
Orthodoxie*

**Vaasa**
*Schärenromantik*

✱ Inarisee

● Ivalo
● Kaunispää

✱ Lemmenjoki-
Nationalpark

© *Baedeker*

● Sodankylä

**TOUR 3**

● Pyhätunturi

✱ Oulanka-
Nationalpark

✱ Rovaniemi

Tornio
Kemi

● Kuusamo

● Oulu

✱ Raahe

✱ Kalajoki

Kajaani   ✱ Vuokatti

Kokkola
Jakobstad/
Pietarsaari

**TOUR 1**

✱ Nurmes   ✱ Lieksa

**TOUR 3**

✱ ✱ Koli-
Berge

● Vaasa

✱ ✱ Kuopio

✱ ✱
Kloster
Uusi Valamo   ● Joensuu

✱ Kristinestad/
Kristiinankaupunki

● Jyväskylä

**TOUR 2**

**Saimaa-
Gebiet**
*Jedem seine
Hütte am See*

Mänttä

✱ ✱ Savonlinna

● Pori   ✱ Tampere

**TOUR 4**

Jämsä   Sysmä

Mikkeli   ● Imatra

Taipalsaari

Iittala   Padasjoki

● Lappeenranta

✱ ✱
Rauma   ✱ Hattula   Vääksy

Jusikaupunki   ✱ ✱ Hämeenlinna
✱ Hollolan kirkko

✱ Lahti

✱ Naantali
Turku
Parainen

Espoo

Porvoo

✱ ✱ Hamina
✱ Kotka
Loviisa

Sammatti

● Lohja
Tammisaari

✱ ✱
Helsinki

**landinseln**

# Unterwegs in Finnland

**Nicht schnell –
aber entspannt!**

Finnland ist ein Land ruhiger und großflächiger Landschaftsräume. Schön ist es im Grunde überall, doch wer wirklich spektakuläre landschaftliche Gegensätze sucht, muss schon von der Küste an die Seenplatte, oder vom Süden in den lappländischen Norden reisen.

Obwohl Reiseführer aus strukturellen Gründen nach Städten geordnet sind, muss man für Finnland hinzufügen: Manche der finnischen Städte können sehr lohnende Ziele sein, viele jedoch sind eher gesichtslose Wirtschafts- und Versorgungszentren, die selber kaum einen Aufenthalt wert sind, deren Reize jedoch in der landschaftlich schönen Umgebung liegen. Die Distanzen im Land sind nicht gering zu schätzen, aber mit genügend Zeit gut machbar. Von Helsinki bis zum Inarisee sind es knapp 1200 km, nach Oulu 680 km, nach Kajaani 550 km, aber Turku und Tampere beispielsweise liegen keine 200 km von der Hauptstadt entfernt. Wer nach Lappland mit dem Auto fährt, braucht schon etwa vier Wochen Zeit, sonst bleibt kaum Zeit für Sehenswürdigkeiten und Abstecher am Wegesrand.

Reisen auf Finnlands Straßen ist nichts für besonders Eilige, dafür eine vergleichsweise entspannte Angelegenheit: Das **Landstraßennetz** ist sehr gut ausgebaut, **Autobahnen** gibt es bislang jedoch in Finnland nur von Helsinki nach Lahti und von Helsinki über Hämeenlinna nach Tampere sowie von Turku nach Osten. Abseits der oft durchaus belebten Hauptverkehrswege gibt es viele **Nebenstraßen**, die nicht asphaltiert, sondern mit einer Staub- oder Schotteroberfläche versehen sind. Sie sind in der Regel gut gepflegt und lassen sich bei angepasster Geschwindigkeit gut befahren. Eine kurzweilige finnische Spezialität sind die **»Lossis«**, kostenlose Kurzfähren, die als Teil des staatlichen Straßennetzes hier und da über See- oder Meerengen hinüberführen.

Verbringt man seinen Urlaub auf einem einsamen **Mökki** (Ferienhaus; ▶Baedeker Special Guide) im Wald, so ist für An- und Abfahrt und die notwendigen Einkäufe in

## ℹ Mücken

■ Finnland ohne Mücken, das wäre wie der Nil ohne Krokodil oder Russland ohne Rubel ... Und tatsächlich können die Quälgeister in einigen Regionen des Landes – und zwar nach Norden zunehmend – vor allem im Frühsommer eine das Urlaubsvergnügen deutlich mindernde Plage darstellen. Man ist ihnen jedoch nicht immer, nicht überall und vor allem nicht schutzlos ausgeliefert. Sie scheuen helles Tageslicht, sind dafür bei Sonnenauf- und untergang umso aktiver, was im hohen Norden bedeutet, dass sie die ganze Nacht über nerven. Sie meiden Wind und (Lager-)Feuer, ein Kriterium also für die Wahl des Zeltplatzes. Finnische Häuser und Mökkis sind immer mit effizienten Moskitonetzen ausgestattet; bei Zelten sollte man auf engmaschige (unter 1 mm) Insektennetze achten, die auch die ganz kleinen schwarzen Mücken abhalten. Abwehrmöglichkeiten bieten sich durch passende Kleidung / Kopfbedeckung und gutes Mückenschutzmittel. Die finnische Hausmarke heißt übrigens »OFF«, eine Mücke auf Finnisch »hyttynen«, viele Mücken sind »hyttysiä«.

*Man müsste sich schon in die Lüfte erheben, um das weite Labyrinth aus Wäldern und Seen in Ostfinnland zu überblicken.*

der »Zivilisation« ein **Auto** fast unerlässlich. Ansonsten ist das Auto zwar bequem, aber nicht unentbehrlich: Mit **Zügen**, vor allem aber mit den **überregionalen Bussen** kommt man in alle Winkel des Landes – allerdings immer nur bis zur nächstgrößeren Hauptstraßenkreuzung oder Siedlung.

**Südfinnland**

In Südfinnland leben die meisten Finnen, alleine jeder fünfte von ihnen im Ballungsgebiet Helsinki / Espoo / Vantaa. Die Städte liegen hier am dichtesten; zu sehen gibt es liebliche Schärenlandschaften, mittelalterliche Kirchen, prachtvolle Herrenhäuser und geschäftige Städte. Zudem ist die südfinnische Küstenebene die agrarisch stark genutzte Kornkammer des Landes: Weite Felder im Wechsel mit kleineneren Wäldern bestimmen das Landschaftsbild.

**Westfinnland**

Der Westen des Landes ist geprägt von der Bottnischen Meeresküste und der kulturellen Nähe zu Schweden. Alte Holzstädte, malerische Buchten und  lange, ruhige Sandstrände kann man hier finden, und Sonnenanbeter kommen voll auf ihre Kosten: Nirgends in Finnland gibt es mehr Sonnenstunden als an der Westküste. Das Hinterland ist sehr flach und besonders fruchtbar: Eindrucksvoll sind die gelb blühenden Rapsfelder mit ihren bunten Speicherhäusern.

**Ostfinnland**

Nach Osten wird das Land spürbar einsamer: Die Felder weichen Wäldern und Seen, auf die wiederum Wälder und Seen folgen. Lappeenranta ist das städtische Zentrum Südkareliens, von hier führt der Saimaa-Kanal direkt zum nahe gelegenen Russland. Nordkareliens Wälder sind die Heimat der »Kalevala«; Wanderer könnten auf Bär, Wolf oder Luchs treffen und Wildwasserfahrer finden hier ihr persönliches Paradies.

**Lappland**  Nördlich des Polarkreises beginnt mit Finnisch-Lappland noch einmal eine ganz eigene Welt. Die mitternächtliche Sonne über der kargen, endlos weiten Landschaft oder der eisige, sonnenlose Polarwinter mit irisierenden Nordlichtern über makellosen Schneefeldern zählen vielleicht zum Eindrücklichsten, das ein Reisender in Finnland erleben kann.

# Tour 1 Entlang der Westküste

**Tourenlänge:** ca. 1110 km  
**Start:** Helsinki

**Dauer:** ab 2 Wochen (einfache Strecke)  
**Ziel:** Oulu

**Im Sommer sind Teile der Westküste ein durchaus annehmbares Badeparadies. Ansonsten gibt es hier hübsche Holzstädte, Finnlands höchste Dünen, blühende Rapsfelder und freundliche, oftmals schwedischsprachige Menschen.**

Nach einer ausgiebigen Erkundung von ❶ ✷ ✷ **Helsinki** verlässt man die Hauptstadtund fährt auf der Autobahn westwärts. Ein erster Abstecher führt nach ❷ **Espoo** mit dem Ateliermuseum des Malers Akseli Gallen-Kallela. Über Salo (►Königsstraße), Piikkio und Kaarina gelangt man nach ❸ **Parainen** (►Turku, Umgebung) und kann von hier aus weiter in das großartige, weit verzweigte Schärengebiet vorstoßen. Südlich von Parainen liegt beispielsweise die als Badeplatz viel besuchte Insel Stormälö und bereits weit vor der Küste die über eine »Lossi« erreichbare Insel Korpo mit einer schönen Kirche mit Holzbildwerken.

Die Hauptstrecke führt weiter nach ❹ ✷ ✷ **Turku**, der ältesten Stadt Finnlands. Hier sollte man zumindest die mittelalterliche Burg besuchen, durch die Markthalle bummeln und in einem Café am Ufer des Aurajoki das entspannte Flair der Universitätsstadt genießen. Sehr lohnend ist ein kurzer Abstecher in das romantische alte Badestädtchen ❺ ✷ **Naantali**, und eine nächste Stadtbesichtigung bietet sich in der Hafenstadt ❻ **Uusikaupunki** an, dort werden übrigens die Porsche-Automobile der Serie Boxter produziert. Ein Höhepunkt der Strecke ist sicherlich ❼ ✷ ✷ **Rauma**, dessen intakte historische Altstadt zum UNESCO-Weltkulturerbe erklärt wurde. ❽ ✷ **Pori** nahe der Mündung des Kokemäenjoki in den Bottnischen Meerbusen ist jeden Sommer im Juli eine Woche lang das Mekka von Jazzliebhabern aus aller Welt. ❾ ✷ **Kristinestad** kann mit einer sehr schönen Altstadt aufwarten, sehenswert ist dort das Kaufmannshaus-Museum Lebell. Die Hauptstraße – oder alternativ die kleinere Küstenstraße – führt direkt nach ❿ ✷ **Vaasa**, das mit rund 220 Sonnentagen im Jahr als Finnlandssonnigste Stadt gilt. Sehenswert ist hier das Österbotten-Museum und der durch die Landhebung noch wachsende Schärengürtel vor der Küste.

**Vaasa**
*Warten auf das
nächste Boot*

**15** ✴Oulu

75 km

**14** ✴Raahe

61 km

**13** ✴Kalajoki

67 km

**12** Kokkola

37 km

**11** Jakobstad/
Pietarsaari

130 km

**10** ✴Vaasa

90 km

**Turku**
*Turm der
romanischen
Domkirche*

**9** ✴Kristinestad/
Kristiinankaupunki

101 km

**8** ✴Pori

50 km

**7** ✴✴Rauma

78 km
**6** ...aupunki

88 km

16 km

✴Naantali **5**

**4** ✴✴Turku

**3** Parainen

152 km    Espoo

20 km

**2**    32 km    **1**

✴✴Helsinki

**Helsinki**
*Im Zentrum liegt
der Domplatz*

Nächstes Ziel ist ⓫**Pietarsaari**, der Geburtsort des Dichters Johan Ludvig Runeberg. Zu sehen gibt es Skandinaviens älteste Tabakfabrik und das Arktische Museum Nanoq. Die Hauptstrecke führt nun unweit einer durch Schären gebildeten Bucht vorbei nach ⓬**Kokkola**, eine Stadt, die einst mit Teerhandel beträchtlichen Wohlstand erlangte. Bei ⓭✳ **Kalajoki** gibt es schöne Sanddünen und im Sommer gar einen richtigen Baderummel. ⓮**Raahe** ist eine weitere hübsche Holzhausstadt mit deutlich weniger Trubel als Rauma. ⓯✳ **Oulu**, Finnlands nördlichste Groß- und Universitätsstadt, ist End- oder Wendepunkt. Hier lohnen ein Besuch des Wissenschaftszentrums Tietomaa und eine Bootsfahrt zum Freilichtmuseum Turkansaari.

# Tour 2  In die Wälder Kareliens

**Tourenlänge:** ca. 1540 km      **Dauer:** 2 – 3 Wochen
**Start:** Helsinki      **Ziel:** Helsinki

**Die Tour führt in einer großen Runde von Helsinki nordwärts bis nach Mittelfinnland und zurück über die abgelegenen Regionen Kareliens und das ostfinnische Seengebiet, um am Ende noch einige Hafenstädte der Südküste zu streifen.**

Von ❶✳✳ **Helsinki** geht es per Autobahn zunächst in die Sportstadt ❷✳ **Lahti**, die außer den berühmten Skisprungschanzen (und einem Sportmuseum mit Skisprungsimulator!) im Gebiet des Alten Hafens ein durchaus anmutiges Gesicht zeigt. ❸**Mikkeli**, eine Stadt mit wenig touristischem Charme, aber schöner Umgebung, ist das nächste Ziel. Viel hübscher präsentiert sich rund 300 km nördlich ❹✳✳ **Kuopio**, wo man auf keinen Fall das sehenswerte Orthodoxe Kirchenmuseum versäumen sollte. ❺**Kajaani**, die alte Teerstadt, war lange Zeit Wirkungsstätte des Kalevala-Dichters Elias Lönnrot. Vom nördlichsten Punkt dieser Fahrt wendet man sich nach Südosten in die Gegend von ❻✳ **Nurmes**. In den urtümlichen Wäldern mit stillen Seen und reißenden Flüssen gibt es unendliche Möglichkeiten für Wanderer und Kanufahrer. Für die Weiterfahrt gibt es zwei Möglichkeiten: Entweder man hält sich östlich und erreicht das herrlich am See Pielinen gelegene ❼✳ **Lieksa**, einen der touristisch interessantesten Orte in Nordkarelien. Oder man hält sich westlich des Pielinen-Sees, um auf den Höhen der ❽✳✳ **Koli-Berge** Finnlands berühmteste Aussicht zu genießen. ❾**Joensuu** ist als Stadt keine Erleuchtung, auf dem Marktplatz gibt es jedoch die anerkannt besten Karelischen Piroggen von ganz Finnland! Ein touristisch sehr beliebtes Ziel im Umkreis von Joensuu ist das orthodoxe ❿✳✳ **Kloster Uusi Valamo**, das hier entstand, als das Urkloster im Ladogasee zur Sowjetzeit von den finnischen Pilgern nicht mehr erreicht werden konnte. ⓫✳✳ **Savonlinna** mit der Burg Olavinlinna ist ein Ziel, das

Kajaani **5**

116 km

177 km

**6** ✱ Nurmes

62 km

**7** ✱ Lieksa

74 km

✱✱Koli-
Berge **8**

125 km

76 km

**Lahti**
*Sibeliushalle am
alten Hafen*

✱✱Kuopio **4**

✱✱Kloster
Uusi Valamo **10**

**9** Joensuu

**Joensuu**
*Flöße auf dem
Weg in den
Hafen*

71 km

285 km

125 km

105 km

**11** ✱✱ Savonlinna

114 km

Mikkeli **3**

**12** Imatra

128 km

38 km

**13** Lappeenranta

✱Lahti **2**

113 km

103 km

**14** ✱ Hamina

108 km

**15**

**1** 48 km ✱✱ Porvoo

✱✱Helsinki

**Lappeenranta**
*Ideale Gegend für
Mökki-Urlaub*

man keinesfalls versäumen sollte. Reist man allerdings zur Zeit der
Opernfestspiele an, sind Unterkünfte in dem kleinen Städtchen fast
nicht mehr zu erhalten. **12** ✱ **Imatra** galt bereits als Touristenattraktion, als Finnland noch Teil des Russischen Reiches war: Einmal täglich öffnen sich die Schleusen und der Wasserfall tobt wild wie einst,
als hier noch keine Elektrizität gewonnen wurde. **13** ✱ **Lappeenranta**
ist unbedingt einen kurzen Besuch wert, besonderes Highlight ist eine Schiffahrt über den Saimaa und in den nach Russland führenden
Saimaa-Kanal hinein. Bei **14** ✱ **Hamina** erreicht man die Ostseeküste.
Das alte Garnisonsstädtchen hat den wohl originellsten Stadtgrund-
riss ganz Finnlands: Den Altstadtstraßen liegt ein sternförmiges Ok-
togon zugrunde. Kurz vor dem Ende der Reise ist **15** ✱✱ **Porvoo** ein
besonderer Höhepunkt. Die malerisch am Fluss gelegene Altstadt
vermittelt eine Vorstellung vom Leben und Wohnen im Finnland
vergangener Jahrhunderte.

# Tour 3 Fahrt in den Norden

**Tourenlänge:** ca. 1500 km
**Start:** Helsinki

**Dauer:** ca.3 Wochen (einfache Strecke)
**Ziel:** Inarisee

**Wer sich für eine Fahrt in den hohen Norden entscheidet, braucht ein gutes Zeitpolster, denn sonst sieht man außer Landstraßen und – zuweilen auch etwas eintönigen – Wald-Panoramen nichts von den Schätzen am Wegesrand. Insbesondere das Päijänne-Gebiet nördlich von Lahti sei einer genaueren Erkundung empfohlen.**

Startpunkt ist auch hier die Ostseemetropole ❶ ✳ ✳ **Helsinki**. Nur rund eine Stunde Fahrt ist es nach ❷ ✳ **Lahti**. Die Stadt ist schon seit langem international bekannt für ihre Wintersportwettbewerbe. Ein noch verhältnismäßig neues architektonisches Highlight ist der Konzertsaal Sibeliushalle, übrigens der größte Holzbau, der in den vergangenen hundert Jahren in Finnland errichtet wurde. Von Lahti ist es nicht weit zu etlichen landschaftlich schönen Zielen in der Umgebung: In ❸ **Vääksy** beispielsweise kann man bei der Schleuse am Kanal vom See Vesijärvi zum großen Päijänne den gesamten Bootsverkehr der Region an sich vorüberziehen lassen, um danach über eine von Finnlands schönsten Straßen, die Landbrücke Pulkkilanharju, nach ❹ **Sysmä** zu fahren, wo die Freizeitangebote des Päijänne-Tourismus gebündelt sind. Von ❺ **Padasjoki** kann man Bootsausflüge zu den Inseln des ▶ Päijänne-Nationalparks unternehmen. Nahe von ❻ **Jämsä** liegt der kleine Nationalpark Isojärvi und ist ein schönes Ziel für Wanderungen. ❼ **Mänttä**, ein kleines Städtchen mit Papierverarbeitung, präsentiert immer zur Sommerszeit im Mänttä Art Festival finnische Gegenwartskunst.

❽ ✳ **Jyväskylä**, die Wirkungsstätte des finnischen Architekturgroßmeisters Alvar Aalto, lässt sich kaum ein architekturinteressierter Finnland-Urlauber entgehen. ❾ ✳ **Oulu** ist eine lebhafte Universitätsstadt mit geschäftigem Marktplatz und schöner Wasserfront. In den vielen Straßencafés kann man urbanes Sommerleben genießen. ❿ **Kemi** hat im Sommer nicht allzu viel zu bieten, im Winter hingegen kann man hier in »Lumilinna«, einer Burg ganz aus Eis und Schnee, übernachten oder einen Drink nehmen oder mit einem echten Eisbrecher aufs Meer fahren. ⓫ **Tornio** liegt an der »friedlichsten Grenze der Welt« und ist eng verwachsen mit der schwedischen Zwillingsstadt Haparanda. Beim Golfen auf dem berühmten Golfplatz kann man von einem Land ins andere pitchen. ⓬ ✳ **Rovaniemi** schließlich ist als Stadt nicht unbedingt eine Reise wert, versteht sich jedoch als Tor zu Lappland. Von hier geht es fast schnurgerade auf der sog. Eismeerstraße nach Norden. Nur wenig abseits der Hauptroute liegt der ⓭ **Pyhätunturi-Nationalpark**, eines der ältesten Naturschutzgebiete in Finnland. ⓮ **Sodankylä** ist eine kleine Versorgungsstadt, von hier aus kann man Europas einzige Amethyst-Mine be-

**Lappland**
*Nordlicht erhellt die Polarnacht*

**17** ✳ Inarisee
  *40 km*
Ivalo **16**
  **15** Kaunispää
  ⌐ *2 km*

**Rovaniemi**
*Hier ist der Weihnachtsmann zu Hause.*

**14** Sodankylä
*123 km* **13** Pyhätunturi
  ⌐ *44 km*
**12** ✳ Rovaniemi
Tornio *142 km*
**11**
*24 km* **10** Kemi
*131 km*
**9** ✳ Oulu

**426 km**

**Helsinki**
*Bahnhof im Jugendstil*

*38 km* **8** ✳ Jyväskylä
Mänttä **7** *59 km*
Jämsä **6**
*64 km* **5** **4** Sysmä
Padasjoki
*32 km* **3** Vääksy  *40 km*
*28 km* **2** ✳ Lahti

**Oulu**
*Köstlichkeiten in der Markthalle*

*103 km*
**1** ✳✳ Helsinki

sichtigen. Der ⑮**Kaunispää** ist ein typisch lappländisches Fjäll, von dessen kahler Kuppe man einen herrlichen Weitblick über den Urho-Kekkosen-Nationalpark genießen kann. ⑯**Ivalo** liegt am Ivalo-Fluss, in dem auch heute noch manch ein Desperado nach Gold sucht. Am ⑰✴ **Inarisee** ist es insbesondere die menschenleere Landschaft, die beeindruckt. Der See war den Samen heilig; Reste von Kultplätzen findet man auf der Insel »Ukonkivi«. Sie ist ab Inari im Sommer per Schiff zu erreichen.

# Tour 4 Schätze des Südens

**Tourenlänge:** ca. 900 km       **Dauer:** ab 2 Wochen
**Start:** Helsinki       **Ziel:** Helsinki

**Im Süden ballen sich die kulturellen Highlights des Landes. Ob Städte, Industriedenkmale, Kirchen oder Herrenhäuser – innerhalb relativ kurzer Entfernungen kann man die ganze Palette finnischer Geschichte erleben.**

Wieder ist der Startpunkt für die Tour in der Hauptstadt ❶✴✴ **Helsinki**. Diesmal geht es nach Osten, wo man nach nur kurzer Fahrt das pittoreske Städtchen ❷✴✴ **Porvoo** erreicht. In den Altstadtgassen lässt es sich herrlich bummeln, einkaufen, auch Essen gehen und in der Sonne sitzen. ❸**Loviisa** ist sehr bekannt für das örtliche Kernkraftwerk, weniger jedoch bislang für sein kleines historisches Holzhausviertel und die uralten roten Speichermagazine am kleinen Gästehafen. ❹✴ **Kotka** hat mit dem »Maretarium« direkt am Stadthafen ein modernes Erlebnisaquarium, in dem sich auch nichtangelnde Naturmuffel für die finnische Fischwelt begeistern lassen.

In ❺✴ **Lappeenranta** ist man bereits in der Hauptstadt Finnisch-Kareliens angekommen. Die Besichtigung der Fortifikation über dem Hafen – übrigens dem größten Binnenhafen Finnlands – sollte unbedingt mit einem Café im hübschen Kahvila Majurska abgeschlossen werden. Von Lappeenranta kann man einen landschaftlich besonders schönen Abstecher entlang des Saimaa-Sees nach ❻**Taipalsaari** unternehmen und die große Holzkirche bestaunen. Die Hauptstrecke führt jedoch nach ❼✴ **Lahti**. Skisprungenthusiasten dürfen auf keinen Fall den Skisprungsimulator im Sportmuseum unterhalb der drei großen Schanzen versäumen. Von Lahti führt eine kleine Straße am Vesijärvi entlang nach ❽✴ **Hollolan kirkko**. Hier steht eine besonders schöne mittelalterliche Feldsteinkirche, die eine Besichtigung auf jeden Fall lohnt.

Eine gute Fahrstunde ist es von hier nach ❾✴✴ **Hämeenlinna**, dem Geburtsort Jean Sibelius'. Die nie belagerte oder zerstörte Backsteinburg Häme ist ein interessantes Besichtigungsobjekt. Bereits aus dem 14. Jh. stammt die Kirche von ❿✴ **Hattula**. Sie ist berühmt für ihre

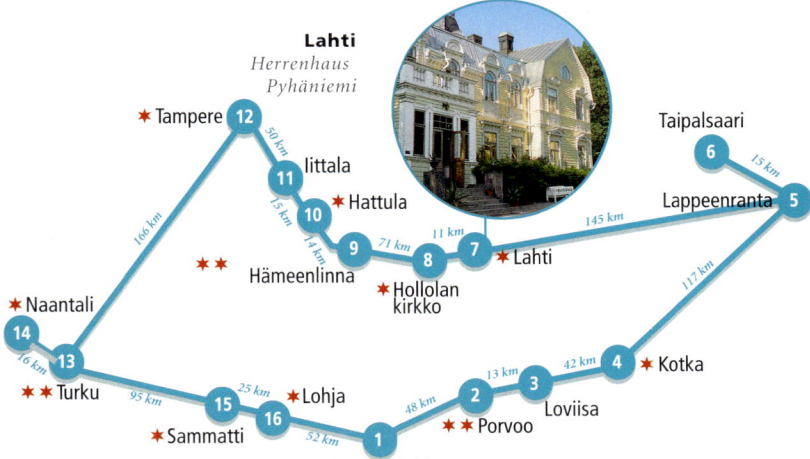

**Lahti**
*Herrenhaus*
*Pyhäniemi*

Tampere **12**

**11** Iittala

**10** Hattula

50 km

15 km

14 km

**9** Hämeenlinna    71 km    **8**    **7** ✶ Lahti

11 km

145 km

Taipalsaari
**6**

15 km

Lappeenranta **5**

166 km

✶✶

✶ Naantali

**14**

Hollolan
kirkko

117 km

**13**

16 km

✶✶ Turku    95 km    **15**    25 km ✶ Lohja

**16**

✶ Sammatti    52 km    **1**

48 km

**2**    13 km    **3**    42 km    **4** ✶ Kotka

Loviisa

✶✶ Porvoo

✶✶ Helsinki

Wandmalereien. **11** **Iittala** ist den meisten eher als Hersteller, denn als Ort ein Begriff. Und tatsächlich ist die gleichnamige Glasfabrik hier zu finden. Interessant ist eine Führung durch die Produktionshalle, und der angeschlossene Fabrikverkauf hält manch Schnäppchen als dauerhaftes Souvenir bereit. **12** ✶ **Tampere** ist eine Stadt, in der man wie nirgendwo sonst finnische Industriegeschichte erleben kann. In den Backsteinhallen der ehemaligen Textilfabrik »Finlayson« brannten übrigens 1882 die ersten Glühbirnen des Landes. Heute findet man hier mitten in der Stadt Museen und gemütliche Cafés.

**13** ✶✶ **Turku**, die ehemalige Hauptstadt, blickt auf eine viel längere Geschichte zurück. Die Universitätsstadt ist stolz auf ihre hervorragenden Museen und ihr studentisch geprägtes »dolce vita«. Zur Vorweihnachtszeit putzt sie sich besonders festlich heraus und nennt sich »Finnlands Weihnachtsstadt«. Im Sommer sollte man auf keinen Fall den kleinen Abstecher nach **14** ✶ **Naantali** scheuen. Nostalgische Holzhäuser und gemütliche Restaurants und Cafés am kleinen Hafen erfreuen die Erwachsenen. Kinder hingegen erinnern sich noch lange an Begegnungen mit den sympathischen Mumin-Trollen im Freizeitpark »Muuminmaailma«. Von Turku nach Osten lohnt es sich unbedingt, von der schnellen Hauptstraße abzuweichen und die kleine Straße nach **15** ✶ **Sammatti** zu nehmen. Die kleine Gemeinde ist eng verknüpft mit Leben und Schaffen des Arztes und Schriftstellers Elias Lönnrot, dem Schöpfer der berühmten »Kalevala«. Geburtskate und Alterswohnsitz können besichtigt werden. Abschluss der Tour bildet ein Besuch der mittelalterlichen Kirche in **16** ✶ **Lohja**. Decken und Wände des mittelalterlichen Gotteshauses gleichen einem soeben aufgeschlagenen Bilderbuch und erzählen farbig und sinnenfroh allerlei biblische Geschichten.

# Reiseziele von A bis Z

ERKUNDEN SIE DIE LIEBLICHEN
LANDSCHAFTEN DER KÜSTENGEGENDEN,
GENIESSEN DIE MAJESTÄTISCHE RUHE DER
FINNISCHEN SEENPLATTE ODER LASSEN SIE SICH
ZU ABENTEUERN IN DER HERBEN SCHÖNHEIT
LAPPLANDS VERFÜHREN. »TERVETULOA« –
SUOMI HEISST SIE WILLKOMMEN.

# ★ Ålandinseln · Åland (Ahvenmaa)

**Region:** Autonomes Verwaltungsgebiet Åland (Ahvenanmaan maakunta)
**Einwohnerzahl:** 27 500

**Gesamtfläche:** 6739 km²
(Landfläche: 1481 km²)

**Die Ålandinseln liegen zwischen Finnland und Schweden am Südrand des Bottnischen Meerbusens. Die liebliche Schärenlandschaft, das milde Klima und die vielen Sonnentage machen sie zu einem touristisch besonders reizvollen Ziel.**

**Liebliches Inselreich**

Die komplett schwedischsprachige Region besteht aus mehr als 6500 Inseln, Klippen und Felsen. Das sehr milde, sonnige Klima und der kalkreiche Boden lassen eine für Skandinavien eher untypische Flora gedeihen; man findet hier Eichen, Eschen, Ulmen, Ahorn und Linden und sogar verschiedene Orchideengewächse. Von den Tausenden von Inseln und Inselchen sind heute noch zwischen 50 und 60 bewohnt. Die wichtigsten Erwerbszweige sind Schifffahrt und Landwirtschaft, insbesondere der Gemüseanbau. Und natürlich der Tourismus. Dem Besucher stehen zahlreiche Hotels und Gastheime zur Verfügung. Freizeitkapitäne können in vielen kleinen Gasthäfen anlegen, Weltklassesegler finden sich immer wieder zum Ålandia Match Race in Mariehamn ein. Nach dem Wegfall der Duty-Free-Shops in der Europäischen Union sind die Ålandinseln eine der letzten **Duty-Free-Oasen** in der EU.

**Geschichte**

Bereits 4 200 v. Chr. kamen die ersten Menschen auf die Inseln. Die weitere frühe Siedlungstätigkeit ist durch Funde von Steinhügelgräbern aus der Zeit von 1500 bis 400 v. Chr. belegt. Im Laufe der Jahrhunderte entwickelten sich die Inseln immer mehr zum Brückenkopf zwischen Finnland und Schweden und die Bevölkerung wuchs stetig. So wurde z. B. 1638 ein regelmäßiger Postgang über Åland errichtet. Während des großen Nordischen Krieges wurde Åland 1714 von den Russen zerstört. Der größte Teil der Bevölkerung floh nach Schweden. Der Frieden von 1718 währte nicht lange, bereits 1742 wurde Åland erneut von russischen Truppen besetzt (Kleiner Nordischer Krieg). Die Ålandinseln kamen 1809 mit ganz Finnland an Russland. Mit dem Zerfall des russischen Zarentums gab es 1917 Bestrebungen, die Inseln an das ehemalige Mutterland Schweden anzuschließen. Der Völkerbund in Den Haag sprach jedoch die Inselgruppe 1921 der seit 1917 selbstständigen Republik Finnland zu. Finnland musste sich jedoch verpflichten, den Bewohnern volle Selbstverwaltung, den ausschließlichen Gebrauch der schwedischen Sprache, Weiterführung der gewohnten Kultur und der lokalen Sitten zu garantieren. Ebenso musste die Entmilitarisierung, die Åland bereits beim Frieden von Paris 1856 nach dem Krimkrieg für alle Zukunft zugesprochen worden war, akzeptiert werden.

*Finnland wie aus dem Bilderbuch: der Hafen von Karlby*

**Autonomiestatus**

Nach den ersten eigenen Wahlen fand am 9. Juni 1922 im åländischen Parlament in Mariehamn die erste Plenarsitzung statt. Finnland hat die Autonomie der Inselgruppe, die seit 1970 auch Mitglied im Nordischen Rat ist, stets anerkannt und später sogar ausgeweitet. So besitzen die Åländer seit 1954 eine eigene Flagge (rotes Kreuz im gelben Feld auf blauem Grund), und seit 1984 werden eigene Briefmarken herausgegeben. Seit 1994 besteht auch eine eigene Postverwaltung, so dass auf Åland keine finnischen Briefmarken gelten.

Die Åländer sind stolz auf ihre Selbständigkeit und werden nicht gerne als Finnen bezeichnet. Nur auf der Insel geborene Menschen dürfen hier Grund erwerben. Festlandsfinnen müssen dafür nachweisen, dass sie fünf Jahre auf den Inseln gelebt haben und ausreichend schwedisch sprechen.

## Sehenswertes auf den Ålandinseln

**Mariehamn**

Auf der Hauptinsel Ålands, dem »Festland Åland«, liegt Mariehamn (finn. Maarianhamina; 11 000 Einw.), die einzige Stadt der Inselgruppe, in der gut 40 % der Bevölkerung Ålands leben. Die »Stadt der tausend Linden« wurde 1861 auf einer Landzunge im Süden der Insel von Zar Alexander II. gegründet und nach seiner Gemahlin Maria Alexandrowna benannt. Seit 1889 ist sie eine viel besuchte Kur- und Badestadt und ist heute zugleich das Wirtschafts- und Verwaltungszentrum von Åland. Neben der einen Kilometer langen Prachtstraße **Norra Esplanadgatan**, die vom West- zum Osthafen (Österhamn) führt, ist das alte Seefahrtsviertel zu besichtigen.

Das Geschäftszentrum rund um die Fußgängerzone bietet die Möglichkeit, einige åländische Delikatessen zu probieren wie z. B. Kastelholmskäse, frische Weinbergschnecken, in Holzgefäßen eingelegte Strömlinge (kleine Heringe) oder saunageräucherten Schinken. Im Zentrum steht an der Norra Esplanadsgatan die Kirche St. Göran von 1927 mit schönen Glasmalereien.

**Ålands-Museum**  An der Storagatan liegt das Ålands-Museum mit einer tollen Ausstellung zur Archäologie und Kulturgeschichte der Inseln. Im selben Gebäude ist auch das Ålands-Kunstmuseum untergebracht, in dem traditionelle Malerei und moderne Kunst zu sehen sind (Öffnungszeiten: Juni – Aug. tgl. 10.00 – 17.00, Sept. – Mai Di. u. Do. 10.00 bis 20.00, Mi. u. Fr. 10.00 – 16.00, Sa., So. 12.00 – 16.00 Uhr).
Im Seefahrtsviertel an der Uferpromenade kann man zuschauen, wie in der eigenen Werft auf traditionelle Art Schiffe nach alten Vorbildern gebaut werden (Öffnungszeiten: Mitte Juni – Mitte August tgl. 10.00 – 18.00, sonst nur 12.00 – 16.00 Uhr).

**Seefahrts-museum**  Am Westhafen liegt das in Form eines Schiffes errichtete Seefahrtsmuseum, das einen Querschnitt durch die åländische Seefahrtstradition zeigt. Hierbei wird vor allem an die bedeutende Zeit der Großsegler erinnert (Infos zu Öffnungszeiten: Tel. 018/19930).

**Historisches Segelschiff**  Zu Beginn des 20. Jh.s lebte der Reeder Gustaf Eriksson in Mariehamn. Seine mehr als 40 Segelschiffe machten ihn in den 1930er-Jahren zum größten Reeder der Welt. Er fuhr noch mit Seglern über die Weltmeere, als bereits die Epoche der Dampfschifffahrt begonnen hatte. Am Westhafen liegt, umgeben von zahlreichen Cafés und Restaurants, die als Museum eingerichtete 95 m lange Viermastbark **»Pommern«**, das Wahrzeichen der Stadt. Die ursprüngliche Form des Frachtenseglers aus der Flotte Erikssons ist erhalten geblieben. In der Zeit von 1903 bis 1952 war er auf der Weizenroute zwischen Australien und England im Einsatz (Öffnungszeiten: Mai – Aug. tgl. 9.00 – 17.00, Juli bis 19.00, Sept. tgl. 10.00 – 16.00 Uhr).

*Galionsfigur des Museumsschiffs »Pommern«*

# *Åland-Inseln* Orientierung

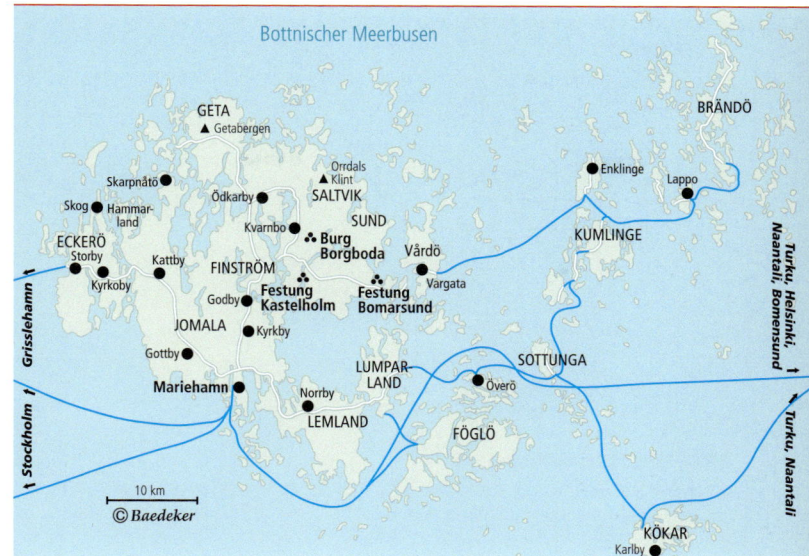

Drei Kilometer westlich von Mariehamn liegt das schöne Natur- **Ramsholmen**
schutzgebiet Ramsholmen. Dort findet man für die Inseln typische
artenreiche Hainwiesen und Laubgehölze. Im Frühling beeindrucken
große Teppiche von weiß blühenden Anemonen und der kleinen,
leuchtendgelben »Tussilago«.

Etwa 23 km nordöstlich von Mariehamn (über Jomala; Kirche mit **Festung**
romanischen Fresken) liegt die Festung Kastelholm. Das russische **Kastelholm**
Bollwerk war als **»Gibraltar des Nordens«** geplant, und obwohl ge- ⏱
krönte Häupter diese abseits gelegene Festung nur selten besuchten, Öffnungszeiten:
beherbergte sie unter anderem den berühmten schwedischen König Mai – Sept. tgl.
Gustav Wasa mit seiner dritten Frau Catherine Stenbock bei Jagd- 10.00 – 16.00, im
ausflügen. Sein Halbbruder Erik XIV. hingegen wurde hier mit seiner Hochsommer bis
Familie für einige Monate im Herbst 1571 gefangen gehalten. Im 17.00 Uhr
13. Jh. errichtet, wurde die Burg erstmals 1388 schriftlich erwähnt.
Bis 1634 war Kastelholm Sitz des Statthalters von Åland. Dänische
Flotteneinheiten unter Sören Norrby verwüsteten Kastelholm im Jahre 1507. In der Mitte des 18. Jh.s wurde die Burg durch ein Feuer
weitgehend zerstört. Erst in den 1980er-Jahren begann man mit einer
umfassenden Restaurierung; inzwischen ist die Festung im Rahmen
von Führungen wieder zugänglich.

In der Nähe zeigt das Freilichtmuseum Jan Karlsgården Ausstellun- **Freilichtmuseum**
gen zur alten åländischen Bauernkultur. Zum Museum gehört auch **Jan Karlsgården**

## ▶ ÅLANDINSELN ERLEBEN

### AUSKUNFT
*Ålands Turistförbund*
Storgatan 8, AX-22100 Mariehamn
Tel. 018/ 24 000, Fax 24 265
www.visitaland.com

### ANREISE
#### ▶ Autofähren
von Schweden: Stockholm,
Kapsellskär, Grisslehamn;
von Finnland: Helsinki, Turku
und Naantali

#### ▶ Flugverbindungen
von Stockholm, Helsinki, Turku

### ESSEN & ÜBERNACHTEN
#### ▶ Komfortabel
*Bastö Hotel und Feriendorf*
Bastövägen 531, AX-22310 Pålsböle
Tel. 0 18 / 4 23 82

Fax 4 25 20
www.basto.aland.fi
In der Mitte von Åland, 27 km
nördlich von Mariehamn, liegt
das sympathische Feriendorf mit
komfortablem Hotel, Restaurant
und 27 Ferienhütten.

#### ▶ Günstig
*Kastelholms Gästhem*
Tosarbyvägen 47
AX-22520 Kastelholm
Tel. 0 18 / 4 38 41
Fax 4 37 41
kastelholms.gasthem@aland.net
Ganz in der Nähe der berühmten
Festung und unmittelbar neben dem
Golfplatz liegt das sympatische rot
gestrichene Gästehaus mit 35 Betten
und einigen Ferienhütten und guter
Bewirtung.

⏱ das historische Krongefängnis »Vita Björn« (Weißer Bär) mit Einrichtungen aus dem 18. Jahrhundert (Öffnungszeiten: Mai – Sept. 10.00 – 17.00 Uhr).

**Steinkirche St. Johannes** Wenige Kilometer nördlich von Kastelholm ist in Sund die Steinkirche St. Johannes (13. Jh.) mit alten Holzskulpturen sehenswert. Nicht weit entfernt entdeckte man in einem Wald die spärlichen Reste der Burg Borgboda aus der Wikingerzeit.

## ❗ *Baedeker* TIPP

### Södra skärgårdsturen
Ein besonderer Tipp für Radfahrer ist die Södra skärgårdsturen (Südl. Schärenroute) mit Start und Ziel in Mariehamn. In sechs 10 bis 30 km langen Tagesetappen geht es von Insel zu Insel.

Östlich von Kastelholm (11 km) steht die **Festung Bomarsund** (um 1830 erbaut), die ursprünglich die größte Burg des Nordens werden sollte. Sie diente dem zaristischen Russland als Festung und wurde 1854 im Krimkrieg von einer alliierten französisch-britischen Flotte bombardiert und zerstört. Weitere Informationen zur Geschichte Bomarsunds erhält man im nahen Lotsenhaus auf der Insel Prästö ⏱ (Öffnungszeiten: Juni – Aug. Mo. – Fr. 11.00 – 17.00 Uhr). Hier beginnt auch ein sieben Kilometer langer Kulturwanderweg, der an historisch interessanten Orten der russischen Epoche vorbei führt.

Rund 23 km nördlich von Mariehamn (Straße über Jomala, vor Kastelholm links ab) liegt **Saltvik** (1 600 Einw.). Die **Kirche St. Maria** ist eine der ältesten der Inseln. Im Innern befinden sich ein Taufstein aus gotländischem Kalkstein, ein

*Färisund bei Godby*

Triumphkreuz und ein Altarschrein aus dem 15. Jahrhundert. In der Region Langbergsöda gibt es sowohl prähistorische Stätten, die auf steinzeitliche Hüttensiedlungen hinweisen, als auch einige Grabfelder aus der Zeit der Wikinger.

Ein Ausflug führt zum Orrdalsklint nordöstlich von Saltvik, der mit 129 m ü. d. M. höchsten Erhebung der Insel. Am Weg nach oben liegt die Steinzeitsiedlung Lånbergsöda. Eine gute Aussicht bietet sich darüber hinaus vom Kasberg, einer Anhöhe nördlich von Saltvik. **Orrdalsklint**

Etwa 20 km nördlich von Mariehamn (hinter Jomla links weiter) liegt die Gemeinde Finström mit Godby (700 Einw.) als Zentrum. In der St.-Michaelskirche (13. Jh.) sind mittelalterliche Wandmalereien aus dem 15. Jh. zu sehen. Weiter nördlich folgt nach 21 km der Ort Geta (460 Einw.), die nördlichste Gemeinde der Insel. Eine herrliche Aussicht genießt man vom zweithöchsten Berg, dem Soltuna. **Finström und Geta**

Rund 21 km nordwestlich von Mariehamn kommt man zur Kirche **St. Catharina** von Hammarland (1 283 Einw.), inseltypisch aus Feldsteinen errichtet. Sie wurde gegen Ende des 13. Jh.s erbaut und ist mit einem Wehrturm versehen. In den angrenzenden Ställen konnten die Kirchenbesucher während der Gottesdienste ihre Pferde unterstellen. In dem zur Gemeinde Hammarland gehörenden **Heimatmuseum** in Skarpnåtö sind Hofanlagen vom Anfang des 18. Jh.s mit alten bäuerlichen Gebrauchsgegenständen und alte Windmühlen zu sehen. **Hammarland und Eckerö**

In Storby, in der nahen Inselgemeinde Eckerö (823 Einw.), ist in dem von Carl Ludwig Engel im Empirestil entworfenen alten Posthaus (1827) ein **Postmuseum** untergebracht (Öffnungszeiten: (Mai bis Mitte Juni, Mitte Aug. – Mitte Sept. 10.00 – 16.00, Mitte Juni bis Mitte Aug. 10.00 – 18.00 Uhr). Hier sind die kleinen Postboote zu sehen, mit denen die Post des Zaren bis 1910 nach Schweden befördert wurde. Im Juni findet alljährlich das 40 km lange traditionelle Postbootrennen über den Bottnischen Meerbusen nach Grisslehamn (Schweden) statt. Aus dem hellrot leuchtenden Granit Ålands ist die St.-Laurentius-Kirche (13. Jh.) erbaut.

Über die Lebensbedingungen der hiesigen Fischerbevölkerung in früherer Zeit informiert das **Jagd- und Fischereimuseum** (Käringsund, Eckerö, Öffnungszeiten: Mitte Juni – Mitte Aug. tgl. 10.00 bis 18.00, Mitte Mai – Mitte Juni u. 2. Augusthälfte Mo. Fr. 10.00 – 17.00 Uhr).

**Lemland**  Etwa 15 km südöstlich von Mariehamn liegt auf einer weiteren Insel die Gemeinde Lemland (1440 Einw.). Hier befindet sich nahe der Ruine der Lemböte-Seefahrerkapelle St.-Olaf (13. Jh.) ein **Wikingerfriedhof**, der zu den größten auf Åland zählt. Die labyrinthische Steinsetzung weist auf einen Kultplatz der Wikinger hin. Mitte Juni bis Mitte August ist der 1884 von Erik Petter Eriksson erbaute **Reederhof Pellas** aus der Zeit der Bauernsegelei zu besichtigen.

**Kökar**  Mit Fähren von Korpo (74 km südwestlich von Turku) und Långnäs (28 km östlich von Mariehamn) ist das malerische **Seglerparadies** Kökar (300 Einw.; Gästehäfen Sandvik und Hellsö) zu erreichen. Sehenswert ist die Grausteinkirche, errichtet auf den Ruinen eines Franziskanerklosters (14. Jh.). Es gibt ein kleines Heimatmuseum sowie Hotel, Restaurant und Campingplatz.

# Espoo (Esbo)

**X 20**

**Gebiet:** Südfinnland          **Einwohnerzahl:** 220 000

**Die zweitgrößte finnische Stadt schließt schon längst nahtlos an den Westrand der Metropole Helsinki an und ist mit ihrer Konzentration von High-Tech-Unternehmen so etwas wie ein zwischen Wald und Seen gebettetes finnisches Silicon Valley.**

**Ballungsraum mit Freizeitcharakter**  Die legendäre ► Königsstraße von Oslo nach St. Petersburg verlief entlang der Küste durch Espoo, das einst von König Gustav Wasa als Herberge für adlige Reisende errichtet wurde. Das weitläufige Stadtgebiet, das um die 100 Seen und mehr als 160 vorgelagerte Inseln umfasst, ist heute nicht nur ein florierender Unternehmensstandort, sondern zugleich ein beliebtes Wohngebiet. Im Norden erstreckt sich eine unberührte Wald- und Seenlandschaft, die 1994 zum **Nationalpark Nuuksio** erklärt wurde.

## Sehenswertes in Espoo

**Gartenstadt Tapiola**  Tapiola wurde in den 1950er-Jahren unter der Ägide einer privaten Stiftung von den bedeutendsten finnischen Architekten (Alvar Aalto, Aulis Blomstedt, Joarma Järvi) als stadtnahe Wohnsiedlung mit guter Infrastruktur gebaut. Heute gilt die weitläufige Gartenstadt mit ihren rund 20 000 Einwohnern immer noch als Beispiel mustergültiger Wohnkultur.

Das Stadtmuseum (Ahertajantie 5) im so genannten WeeGee Haus beherbergt neben einer Sammlung zur Stadtgeschichte eine interessante Ausstellung über die Gartenstadt Tapiola sowie eine Sammlung moderner Kunst (Öffnungszeiten: Di. – So. 11.00 – 18.00, Mi. u. Do. bis 20.00 Uhr).

**Stadtmuseum**
🕐

Das älteste Bauwerk von Espoo ist die Feldsteinkirche im Stadt-zentrum, die auf das 15. Jh. zurückgeht. Hervorzuheben sind die alten, realistisch wirkenden Wandmalereien vom beginnenden 16. Jh. und die Skulpturen im Inneren. Die ursprünglich dreischiffige Kirche wurde Anfang des 19. Jh.s in eine kreuzförmige Kirche umgebaut.

**Espoo-Kirche**

Etwa 3 km nördlich der Espoo-Kirche steht das alte Bauernhaus Glims (Glimsintie 1, Karvasmäki), das im 18. und 19. Jh. errichtet wurde. Ein Gut gab es hier bereits im 16. Jh., das einst als Herberge an der alten Königsstraße diente. Im Gutsmuseum kann man das Leben vergangener Zeiten wiederaufleben lassen, Kunsthandwerkern bei der Arbeit zusehen; hier werden im Sommer auch Volkstänze aufgeführt. (Öffnungszeiten: Mai – Aug. Di. – So. 11.00 bis 17.00, Sept. – April Di. bis So. 11.00 – 16.00 Uhr).

**Glims Talomuseo**

Der finnische Maler **Akseli Gallen-Kallela** (1865 – 1931; ► Berühmte Persönlichkeiten) entwarf selber die Jugendstilvilla, in der er sein Atelier einrichten ließ. Das Haus **Tarvaspää** wurde 1911 bis 1913 in schöner Aussichtslage auf einem Hügel an der Stadtgrenze zu Helsinki errichtet, ist heute ein besuchenswertes Museum, das Werke des Künstlers zeigt und Wechselausstellungen präsentiert (Gallen-Kallentie 27, Öffnungszeiten: Mitte Mai – Aug. 11.00 – 18.00, Sept. – Mitte Mai Di. – Sa. 11.00 bis 16.00, So. 11.00 – 17.00 Uhr).

Das **größte Automuseum** Finnlands in Pakankylä (Bodomintie 35) zeigt eine Sammlung von 130 Oldtimern. Diese veranschaulichen die Geschichte der

*Das Heim Gallen-Kallelas mit Anklängen an die finnische Kirchenarchitektur des Mittelalters*

 **ESPOO**

**AUSKUNFT**

***Espoo Convention & Marketing***
Keskustorni, Tapiola, 02100 Espoo
Tel. 09 / 81 64 72 30, Fax 81 64 72 38
www.espootravel.com

Motorisierung in Finnland (Öffnungszeiten: Mai – Aug. Di. – So. 11.00 – 17.00, Mi. – 19.00, sonst nur Sa., So. 11.00 – 17.00 Uhr).

Auf der Halbinsel Otaniemi im Nordosten der Stadt liegt der Campus der Technischen Universität, der auf einen Entwurf des berühmten finnischen Architekten **Alvar Aalto** in den fünziger Jahren zurückgeht. Der architektonisch eigenwilligste Gebäudeteil ist das Haus der Studentenschaft und Kongresszentrum »Dipoli«, das 1966 von Reima Pietilä und Raili Paatelainen gebaut wurde.

**Nationalpark Nuuksio**　Nordwestlich von Espoo erstreckt sich das abwechslungsreiche Wildmarkgebiet Nuuksio mit felsigen Heidewäldern, unzähligen Seen und sumpfigen Mooren auf einer Höhe von 60 bis 120 m Höhe über dem Meeresspiegel. Der westlichste Teil wurde 1994 zum Nationalpark erklärt. Im Sommer kann man hier wandern, Kanu fahren, angeln, Rad fahren und reiten, und im Winter findet man ein dichtes Netz von Langlaufloipen. Das örtliche Fremdenverkehrsamt bietet geführte Wanderungen und umfangreiche Pauschalpakete an.

Haukkalampi Nature Information Hut ▶　Bei Haukkalampi gibt es eine kleine Info-Hütte, in der man sich mit den natürlichen Gegebenheiten im Nationalpark vertraut machen kann (Öffnungszeiten: Ende April – Anfang Okt. Mo. – Fr. 9.00 bis 17.30, Sa., So. 10.00 – 16.00, sonst nur Sa. u. So.). Gleich nebenan bieten im Sommer Nationalparkführer ihre Dienste an.

# Hämeenlinna (Tavastehus)

**V/W 19**

**Gebiet:** Südfinnland　　　　**Einwohnerzahl:** 66 000

**Finnlands älteste Binnenlandstadt liegt reizvoll am lang gestreckten See Vanajavesi. Die mächtige Burg Häme gab der Stadt ihren Namen, doch weit berühmter als die Stadt selbst ist ihr berühmtester Spross: Jean Sibelius erblickte hier das Licht der Welt.**

**Lage und Allgemeines**　Das 100 km nördlich von Helsinki gelegene Hämeenlinna ist Verwaltungszentrum der Provinz Südfinnland. 1639 wurde der Ort vom schwedischen Statthalter Per Brahe nördlich von Tavastehus slott gegründet. Per Brahe ließ auch die Festung, die bereits aus dem 13. Jh. stammte, ausbauen. 1777 verlegte man die Stadt an die heutige Stelle. Ein Stadtbrand zerstörte 1831 fast alle Gebäude. Heute ist die Stadt kein Schmuckstück, aber mit genügend Sehenswürdigkeiten ausgestattet, um hier einen angenehmen Tag zu verbringen.

## *Hämeenlinna*  Orientierung

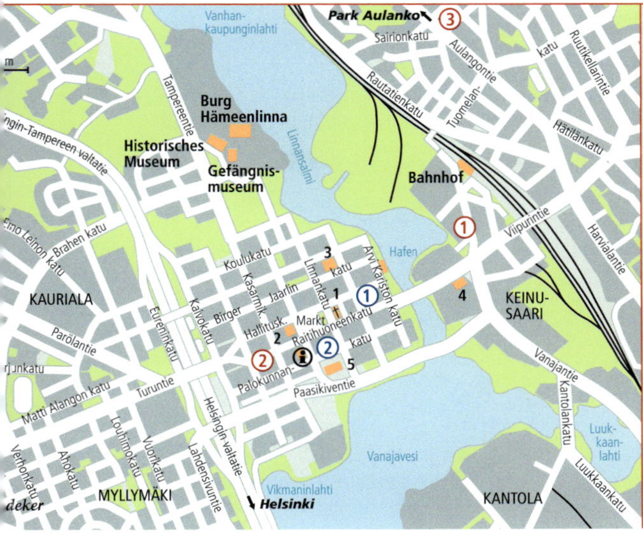

**Essen**
① Piparkakkutalo
② Café Green Laurell

**Übernachten**
① Sokos Hotel Vaakuna
② Hotelli Emilia
③ Rantasipi Aulanko

1 Kirche
2 Sibeliusmuseum
3 Holzhaus Palander
4 Kunstmuseum
5 Busbahnhof

## Sehenswertes in Hämeenlinna

**Kirche**

An der Ostseite des Marktplatzes (Kauppatori) steht die lutherische Kirche, ein Rundbau nach dem Vorbild des römischen Pantheon, den König Gustav III. 1792 – 1798 nach einer Italienreise in Auftrag gab. Ende des letzten Jahrhunderts wurde die Kirche in Form eines Kreuzes umgebaut. An der südlichen Seite des Platzes erhebt sich das Rathaus von 1885.

**Sibelius-Museum**

Nördlich des Marktplatzes verläuft die Hallituskatu. Das Haus Nr. 11 ist das Geburtshaus des Komponisten **Jean Sibelius** (1865 – 1957;

 *Baedeker* TIPP

**Erbsensuppe satt!**
Dass die Finnen traditionell Anhänger von einfacher, wärmender und vor allem sättigender Kost sind, ist bekannt. Wer das ganz authentisch probieren möchte, sucht auf dem Markt (Kauppatori) den Stand mit den Hinweisen: »Hernekeitto« und «Ohravelli«. Hier gibt es für fast kein Geld einen Napf echt finnischer Erbsensuppe oder landestypischen Haferbrei. Finnische Gourmets übrigens essen Erbsensuppe nie ohne einen satten Schlag Senf!

*Die Burg Häme wurde nie eingenommen und ist deshalb bestens erhalten.*

▶ Berühmte Persönlichkeiten). In dem als Museum gestalteten Gebäude kann man das Klavier sehen, auf dem Sibelius als Kind geübt hat, und auf Wunsch seine Kompositionen anhören (Öffnungszeiten: Di. – So. 12.00 – 16.00, Mai Aug. bereits ab 10.00 Uhr).

**Holzhaus Palander**

Auf der gegenüberliegenden Straßenseite (Nr. 4) wurde das Holzhaus Palander aus dem 19. Jh. restauriert und bietet mit seinen Jugendstilmöbeln und anderen originalen Einrichtungsgegenständen einen guten Eindruck von der Lebensweise früherer Zeiten (Öffnungszeiten: Juni – Aug. 12.00 – 15.00, Sept. – Mai Sa., So. 12.00 – 15.00 Uhr).

✶✶ **Burg Häme**

Wahrzeichen von Hämeenlinna und das kulturgeschichtlich wichtigste Bauwerk ist die Burg Häme. Die am Ufer des Vanajavesi thronende Feste wurde Mitte des 13. Jh.s vom schwedischen Reichsverweser Birger Jarl angelegt und vom Gouverneur der schwedischen Krone, Per Brahe, 1639 fertiggestellt. Sie wurde nie eingenommen und ist daher gut erhalten. Im Jahre 1830 wurde sie zum Gefängnis umfunktioniert, aus dem der letzte Gefangene 1972 entlassen wurde.
Neben dem Dom zu Turku und der Kirche von Hattula ist die Burg Häme der dritte mittelalterliche Backsteinbau Finnlands. Durch ein schön gestaltetes Hauptportal gelangt man in den Burghof, dessen Fassaden mit reicher Ornamentik versehen sind. Vier Ecktürme und ein mächtiger Südwestturm, der wie eine Burg in der Burg wirkt, flankieren die eindrucksvolle Festung (Öffnungszeiten: Juni – Mitte Aug. tgl. 10.00 – 18.00, sonst tgl. 11.00 – 16.00 Uhr).

**Finnisches Artilleriemuseum**

Neben der Burg Häme, am Ufer des Vanajavesi-Sees zeigt das Finnische Artilleriemuseum Waffen und Geschütze vom 15. Jh. bis zur Gegenwart sowie die größte Sammlung russischer Waffen außerhalb Russlands (Öffnungszeiten: tgl. 11.00 – 17.00 Uhr).

Direkt neben der Burg liegt das Gefängnismuseum (Kustaa III:n katu **Gefängnis-**
8). Bis 1993 waren hier Gefangene untergebracht, seit 1997 ist es in **museum**
nahezu unverändertem Zustand als Museum zugänglich. Neben dem
Gang durch die Zellen lohnt ein Besuch der Ausstellung über das Ge-
fängniswesen in Finnland. Deutschsprachige Besucher können die
Erklärungen auch in ihrer Muttersprache nachlesen (Öffnungszeiten: ⏲
Di. – So. 11.00 – 17.00 Uhr).

Das Historische Museum liegt im selben Gebäude. Ausgestellt sind **Historisches**
Exponate zur Kulturgeschichte der Provinz Häme und Teile der Mu- **Museum**
seumssammlungen aus Viipuri (Öffnungszeiten: Di. – So. 11.00 bis ⏲
17.00 Uhr).

In dem Stadtteil Keinusaari, der östlich des Flusses Vanajavesi liegt, **Kunstmuseum**
befindet sich das Kunstmuseum von Hämeenlinna. Gezeigt werden
hauptsächlich Werke finnischer Künstler des späten 19. und des

 # HÄMEENLINNA ERLEBEN

## AUSKUNFT

*Häme Tourist Service*
Raatihuoneenkatu 11
13100 Hämeenlinna
Tel 03 / 6 21 33 73, Fax 6 21 3374
www.hameenlinna.fi

## ESSEN

### ► Erschwinglich
① *Piparkakkutalo*
Kirkkorinne 2, Tel. 03 / 64 80 40
www.ravintolapiparkakkutalo.fi
Das »Pfefferkuchenhaus« ist in dem
1906 erbauten Haus des finnischen
Malers Albert Edelfelt eingerichtet
und sicherlich das beste Restaurant
der Stadt. Einfache Pastagerichte oder
erlesene Wildkreationen – für jeden
Geschmack und Geldbeutel sollte sich
etwas finden lassen.

### ► Preiswert
② *Café Green Laurell*
Raatihuoneenkatu 11
Tel. 03 / 4 67 77 23
Werktags zwischen 7.00 und 17.00
Uhr werden hier Suppen, Salate und
Sandwiches serviert.

## ÜBERNACHTEN

### ► Luxus
③ *Rantasipi Aulanko*
Aulanko-Park
Tel. 03 / 65 88 01, Fax 6 82 19 22
Eines der besten Hotels der Region,
ruhig zwischen Wald und See gelegen,
mit fünf Saunas, Restaurants und
anrainendem Golfplatz.

### ► Komfortabel
① *Sokos Hotel Vaakuna*
Possentie 7
Tel. 020/1234636
www.sokoshotels.fi
Nahe dem Bahnhof liegt dieses große
moderne Hotel, das baulich an den
Stil der gegenüberliegenden Burg
erinnern soll.

### ► Günstig
② *Hotelli Emilia*
Raatihuoneenkatu 23
Tel. 03 / 6 12 21 06
www.hotelliemilia.fi
Preisgünstig, freundlich, mit gutem
Frühstücksbüfett

> ! *Baedeker* TIPP

**Mit der Silberlinie
von Hämeenlinna nach Tampere**

Wer es irgendwie einrichten kann, dem sei empfohlen, ein Stück seines Wegs durch Finnland gemächlich und erholsam auf dem Wasserweg zurückzulegen. Die berühmte Schifffahrtslinie »Silberlinie« ist gut geeignet für ein Reiseerlebnis, das in Finnland noch bis vor weniger als 100 Jahren der Normalfall allen öffentlichen Personen- und Warentransports war. Täglich um 11.30 Uhr fahren die weißen Schiffe von Hämeenlinna ab und kommen 19.50 Uhr in Tampere an. Abfahrt von Tampere ist täglich 9.30 Uhr ab dem Hafen Laukonori, Ankunft in Hämeenlinna 17.45 Uhr. Die Rückreise mit dem Bus (etwa 70 Minuten) kann mitgebucht werden. Eine rechtzeitige Reservierung ist im Hochsommer zu empfehlen (www.hopealinja.fi). Von Tampere aus kann man die Fahrt auf dem sog. Dichterweg über den Näsijärvi-See bis Virrat fortsetzen.

20 Jh.s (Viipurintie 2, Öffnungszeiten: Di.–Do. 11.00–18.00, Fr. bis So. 11.00–17.00 Uhr). Nördlich davon liegt der Bahnhof.

Etwa 4,5 km nördlich vom Bahnhof liegt die **Parkanlage Aulanko** mit dem Hotel Rantasipi Aulanko (▶ Hämeenlinna erleben, S. 167), die bereits Anfang des vergangenen Jahrhunderts nach dem Vorbild mitteleuropäischer Parkanlagen mit exotischen Bäumen, Sträuchern, Pavillons und Spazierwegen angelegt wurde. Bereits 1930 wurde der Aulanko-Park unter Naturschutz gestellt. In einer künstlichen Burgruine finden im Sommer Märchenaufführungen statt, vom Aussichts-turm bietet sich eine weite Sicht; unterhalb in einer Höhle kann man viele Stufen hinunter zum Seeufer laufen. Im Seidenhaus findet man eine Ausstellung über die Seidenproduktion.

## Umgebung von Hämeenlinna

**Vanaja**

Rund 4 km südlich vom Hauptbahnhof steht die Steinkirche von Vanaja, ein Bau aus dem Mittelalter; Altar und Kanzel sind kunstvoll gestaltet.

**Ochsenstraße**

Eine der ältesten Straßen Finnlands, die sog. Ochsenstraße (finnisch Härkätie; Straße Nr. 2824), verläuft von Hämeenlinna nach Südwesten. Die bis heute nur teilweise asphaltierte Straße wurde bereits bei der ersten schwedischen Invasion im 13. Jh. angelegt. Über Renko führt sie vorbei an den kleinen Nationalparks Liesjärvi und Torronsuo (letzterer ist das größte Moorgebiet Südfinnlands; Wanderung nur mit Gummistiefeln zu empfehlen) und dem Saari Park – Inspirationsquelle vieler Maler der sog. Nationalromantik – südlich von Tammela nach Somero.

**Forssa**

Gut 50 km südwestlich von Hämeenlinna liegt die Industriestadt Forssa (20 000 Einw.) am Ufer des Loimijoki-Flusses. Hier gründete der Stockholmer Alex Wilhelm Wahren 1847 die Textilfabrik **Finlayson**. In dieser alten Baumwollspinnerei, dem ältesten Gebäude der Stadt, wurde das Museum von Südwest-Häme eingerichtet (Öffnungszeiten: Mi., So. 12.00–16.00, Do. 12.00–20.00 Uhr).

Im historischen Arbeiterviertel Rottismäki nicht weit hinter der Kirche dokumentiert das Fabrikarbeitermuseum die Lebensweise der Arbeiter im 19. Jahrhundert (vorübergehend wegen Renovierung geschlossen).

◀ Tehtaalaisen Kotimuseo

Ca. 8 km südwestlich von Forssa liegt der Ort Jokioinen, wo eine der ältesten Holzkirchen Finnlands steht (1631). Allerdings sind vom ursprünglichen Gebäude nur noch die Holzwände erhalten; ihr heutiges Aussehen bekam die Kirche erst im 19.Jahrhundert. Eine interessante Attraktion ist die Museumseisenbahn, die im Sommer jeden Sonntag auf Schmalspur bis Minkiö und Humppila fährt (Fahrtdauer eine Stunde).

**Jokioinen**

Nordwestlich von Hämeenlinna liegt Parola, wo der Staatsmann J. V. Snellman mit dem russischen Großfürsten erfolgreich über die Einführung der finnischen Amtssprache verhandelte. Vor der Eisenbahnkreuzung biegt man links ab und kommt zum **Panzermuseum**. Hier sind ungefähr 100 Panzern und Panzerabwehrwaffen aus zwölf Ländern zu sehen, ferner zahlreiche Geschütze der ehemaligen sowjetischen Armee (Öffnungszeiten: Sommer tgl. 10.00 – 18.00, Winter tgl. 10.00 – 15.00 Uhr).

**Parola**

🕐

Nach etwa 6 km erreicht man eine der ältesten christlichen Gemeinden Finnlands, Hattula. Die Kirche vom Heiligen Kreuz (14. Jh.) ist neben der Burg von Hämeenlinna und dem Dom von Turku der einzige noch erhaltene Backsteinbau aus dem Mittelalter. Das gotische Gotteshaus mit getrennt stehendem Turm war während der Zeit des Katholizismus eine in ganz Skandinavien bekannte Wallfahrtsstätte. Farbenfrohe Wandmalereien aus dem 16. Jh. veranschaulichen biblische Szenen von der Weltschöpfung bis zum Jüngsten Gericht sowie Marien- und Heiligenlegenden. Hervorzuheben sind die zahlreichen mittelalterlichen Holzskulpturen, so die Statue des hl. Olav, die in Lübeck angefertigt wurde, und der hl. Georg als Drachentöter. Die Kanzel stammt aus der Zeit des Barock.

★
**Hattula**

*Barocke Kanzel in der mittelalterlichen Kirche*

Nordöstlich von Hattula liegt Hauho, wo man neben einem Heimatmuseum eine mittelalterliche Kirche von 1520 besichtigen kann. Ein weiteres Gotteshaus aus der Zeit um 1400 findet man in **Pälkäne**.

**Hauho**

## ! Baedeker TIPP

**Dem Meister ins Handwerk geschaut**

Direkt neben der Besuchercafeteria auf dem Fabrikations-
gelände in Iittala kann man bei leckerem »Kahvi ja Wieneri«
(Kaffee und Plundergebäck) einem Glasbläser zuschauen,
der aus glühenden Glaskugeln vor den Augen der Café-
gäste in Minutenschnelle kleine Vögel, Pferde oder ähnliche
Preziosen zaubert.

**Glasfabrik
Iittala**

Via E 12 gelangt man nach Iittala am Nordufer des schmalen Kalvo-
lanjärvi. In der 1881 gegründeten Glasfabrik werden u. a. die berühmten Aalto-Vasen produziert. In Führungen kann man die Produktion in der Fabrikhalle erleben. Angeschlossen ist ein Glasmuseum, das die Erzeugnisse der Fabrik präsentiert, sowie ein Werks-
verkauf, wo man Produkte mit kleinen Unregelmäßigkeiten zu redu-
zierten Preisen erwerben kann (Öffnungszeiten: Sommer tgl. 11.00
bis 17.00, Winter nur Sa. u. So. 11.00 – 17.00 Uhr).

# ✳ Hamina (Fredrikshamn)

**W 25**

**Gebiet:** Südfinnland          **Einwohnerzahl:** 21 000

**Der Stadtname Hamina bedeutet schlicht »Hafen«. Abseits jedoch
vom Wasser, auf einem Hügel liegt der reizvolle Mittelpunkt des
Städtchens. Der sternförmige Grundriss – ursprünglich komplett
von Bastionsmauern umgeben – wurde von den Schweden errichtet, um sich vor den nahen Russen schützen. Vergeblich – wie die
Geschichte zeigen sollte.**

**Hafenstadt**
Die Stadt Hamina liegt auf einer Halbinsel in der Bucht Vehkalahti
am östlichen Finnischen Meerbusen und ist der nach ►Kotka zweitwichtigste Exporthafen des Landes für Produkte der Holz-, Zellstoff-
und Papierindustrie.

**Geschichte**
Im 14. Jh. gegründet, erhielt der Ort 1653 die Stadtrechte. Nachdem
die Herrschermacht Schweden Vyborg an Russland verloren hatte,
begann man 1722 mit dem Ausbau der Fortifikationen in Hamina.
Doch wenig später konnte die Stadt gegen Russland nicht gehalten
werden. Hamina kam 1743 zu Russland und war somit Grenzstadt
bis 1809, als ganz Finnland an Russland ging. Seit 1821 ist in Hamina
eine Kadettenschule angesiedelt, wo die Söhne vornehmer Familien
ausgebildet wurden. Heute noch gibt es hier eine Reserveoffiziersschule und eine Garnison.

## *Hamina* *Orientierung*

**Essen**
① Rosso
② Tullimakasiini

**Übernachten**
① Hotelli Haminan Seurahuone

Hämeenlinna-Bastion
Museum
Bürgermeister-haus
Sommertheater
Lappeenranta-Bastion
Aladin-Haus
Stadt-haus
Gericht
Marktplatz
Meriportti-Wachhaus
Turku-Bastion
Jäger-museum
Arvilommi-Haus
Zentral-bastion
Kirche von Hamina
Rathaus
Stadt-museum
Russisch-Orth. Kirche
Kirche von Vehkalahti
Kaufmannshaus-museum
Orthodoxe Kapelle
Denkmal
Savonlinna-Bastion
Hamina-Bastion

Isoympyräkatu · Roopertink. · Rauhan-katu · Pikkuympyräk. · Mannerheimintie · Raatihuoneen. Katu · Kirkkokatu · Fredrikinkatu · Pikkuympäräkatu · Tonkatu · Kasarminkatu · Kadettikoulunkatu · Laurinkatu · Vallikatu · Puistokatu · Pikkuympyräkatu · Maarian katu · Kaivokatu · Satamakatu

200 m

© Baedeker

## Sehenswertes in Hamina

Feuersbrünste zerstörten 1821 und 1887 große Teile der Stadt, so dass die Holzbauten meist jüngeren Datums sind. Einzigartig ist der sternförmige Altstadtkern mit seinen Wällen und Festungsanlagen. Vom 1827 angelegten achteckigen Rathausplatz gehen strahlenförmig acht Straßen aus. Zwei Ringstraßen verbinden die Radialstraßen im Zentrum. Die Wälle und Bastionen, nach finnischen Städten benannt, sind meist gut erhalten.

*Stadtplan mit Festungsanlagen*

Im Mittelpunkt der Stadt steht das 1796 errichtete Rathaus. Im Jahre 1840 wurde es nach Plänen des berühmten Architekten **Johann Brockmann** im neuklassizistischen Stil umgebaut und mit einem Turm versehen.

*Rathaus*

Ebenfalls am Rathausplatz steht die evangelische Kirche, die 1843 – wiederum von **Carl Ludwig Engel** – im Stil eines griechischen Tempels entworfen wurde. Ältester Gegenstand ist eine 1703 gedruckte Bibel, die auf dem Lesepult liegt. Über dem Taufbecken hängt ein Schiffsmodell von 1763, das aus einer Holzkirche im russischen Primorsk stammt.

*Kirche von Hamina*

Die russisch-orthodoxe **Peter-und-Pauls-Kirche** wurde 1837, also während der russischen Herrschaftsperiode von Louis Visconti, der auch Napoleons Grabmal in Paris errichtete, gebaut. Der Rundbau wird von einer Kuppel gekrönt. Die Glocken läuten im Sommer jeden Samstag um 18.00 Uhr den Sonntag ein.

In der benachbarten Kasarminkatu gab es um die Jahrhundertwende viele kleine Geschäfte. Eines davon (Nr. 6) kann als **Kaufmannsmuseum** besichtigt werden. Zu sehen sind der alte Laden und die Wohnung eines Kaufmanns, die Werkstatt eines Schmiedes und Handwerkerstuben.

*Blick aus der orthodoxen Kirche auf das von C. L. Engel errichtete Rathaus*

In dem ältesten Haus der Stadt, Kadettikoulunkatu 2, wurde das **Stadtmuseum** eingerichtet. In diesem Haus verhandelten 1783 die russische Zarin Katharina II. und Gustav III. von Schweden.

**Kirche von Vehkalahti**
Im Dorf Vehkalahti, der Keimzelle von Hamina, gibt es eine mittelalterliche Kirche (14. Jh.; mit Kirchenmuseum), die **Carl Ludwig Engel** 1828 renoviert hat. Von der mittelalterlichen Sakralkunst ist nur ein heiliges Kreuz an der östlichen Außenwand erhalten.

**Reserveoffiziersschule**
Neben der Kirche von Vehkalahti steht die elegant wirkende Reserveoffiziersschule, die 1898 in neuklassizistischem Stil gebaut wurde.

**Museum des Jägerbataillons**
Im Pulvermagazin der südlich gelegenen Turku-Bastion erinnert ein kleines Museum an das von 1951–1989 in Hamina stationierte Jägerbataillon von Kymi.

**Flaggenturm**
Auf dem westlich gelegenen Marktplatz steht der achteckige ehemalige Flaggenturm des Garnisonskommandanten (kleines Museum), Rest einer alten Festung von 1790.

**Museum der Reserveoffiziersschule**
Das in der früheren Hauptwache am Lappeenranta-Tor untergebrachte Museum bietet Einblick in die reiche Tradition der Offiziersschule. Durch das Lappeenranta-Tor führte der Fernhandelsweg von Turku durch die befestigte Stadt Hamina zum Vyborg-Tor und weiter bis nach Vyborg (in Russland).

# ● HAMINA ERLEBEN

## AUSKUNFT

**Hamina Tourist Service**
Raatihuoneentori 16, 49400 Hamina
Tel. 05 / 7 49 26 41, www.hamina.fi

## ESSEN

### ► Erschwinglich

① *Rosso*
Isoympyräkatu 15
Tel. 05 / 3 50 02 46
Diese Gaststätte am Markt gehört zu
einer bekannten Restaurantkette.

② *Restaurant Tullimakasiini*
Passagierhafen Tervasaari
Tel. 05 / 3 44 74 70

Außerhalb des Zentrums, am historischen Zoll- und Packhaus aus dem
Jahr 1903 am Passagierhafen Terva-
sasari befindet sich das Restaurant. Es
gibt maritime Spezialitäten in mari-
timer Umgebung.

## ÜBERNACHTEN

### ► Komfortabel

① *Hotelli Haminan Seurahuone*
Pikkuympyräkatu 5
Tel. 05 / 3 50 02 63
Fax 3 50 03 73
Das kleine Hotel liegt im historischen
Zentrum und hat ein Restaurant und
einen Pub.

## Umgebung von Hamina

Ostwärts von Hamina gelangt man zum Grenzübergang Vaalimaa    **Vyborg**
(43 km) und erreicht nach etwa 100 km die heute russische Stadt Vyborg (finn. Viipuri), ehemals Hauptstadt der einst finnischen Landschaft Karelien. Bis nach St. Petersburg sind es insgesamt 261 km
(Visum erforderlich). Vyborg ist heute von ► Lappeenranta aus in
eintägigen Schiffsausflügen zu besichtigen.

# ✱ Hanko · Hangö

Y 16

**Gebiet:** Südwestfinnland    **Einwohnerzahl:** 10 000

**Hanko hatte seine touristische Blüte gegen Ende der Zarenzeit, als
russische Adlige und Künstler hier zur Sommerfrische abstiegen
und die Strände rund um die Halbinsel bevölkerten. Zahlreiche
prächtige Holzvillen erinnern an diese Epoche und dienen heute als
nostalgische Gästehäuser und Restaurants..**

Hanko ist die südlichste Stadt des Landes und ein bedeutender Ha-    **Hafenstadt**
fen, unter anderem mit regelmäßiger Fährverbindung nach Rostock.
Lange war Hanko Finnlands einziger Winterhafen.
Die eine Hälfte der Bevölkerung ist finnischsprachig, die andere
spricht Schwedisch.

**Geschichte**  Hanko ist wegen seiner strategisch wichtigen Lage zwischen Finnischem und Bottnischem Meerbusen ein seit langem besiedelter Ort, umstritten in vielen Kriegen und Schauplatz zahlreicher Schlachten. Bereits im Mittelalter ankerten Schiffe in dem Sund Hauensuoli (Hechtdarm). Befestigt wurde die Halbinsel am Ende des 18. Jahrhunderts. Stadtrecht besitzt Hanko jedoch erst seit dem Jahr 1874, nachdem die Eisenbahnverbindung mit Helsinki zu wirtschaftlichem Aufschwung führte. Über Hanko wanderten zwischen 1880 und 1930 rund 240 000 Finnen in die USA aus. Um die Jahrhundertwende war Hanko ein beliebter Badeort der russischen Oberschicht.

Nach dem Winterkrieg (1940) verpachteten die Finnen Hanko als Flottenstützpunkt an die Sowjetunion. Doch bereits im Dezember 1941 räumten die Sowjets Hanko wieder. Finnen und Russen errichteten 1960 in Lappvik gemeinsam ein Monument zum Gedenken an diese Ereignisse.

## Sehenswertes in Hanko

**Hauensuoli**  Auf der Insel Hauensuoli (Hechtdarm) kann man Spuren von Seglern sehen, die vor Hanko auf günstige Winde warteten: 640 in den Fels geritzte Inschriften aus dem 16. bis 18. Jahrhundert. Hauensuoli kann man im Sommer bequem per Charterboottaxi oder mit der MS Marina erreichen.

*Aus der Blütezeit des Badeortes Hanko stammen die vielen verspielten Holzvillen.*

Zu den Sehenswürdigkeiten im Stadtzentrum zählen die neugotische, 1892 von Jac Ahrenberg errichtete Kirche auf dem Vartiovuori (Wachhügel), das moderne Stadthaus (1951) sowie die kleine orthodoxe Kirche, die 1896 von russischen Kaufleuten erbaut wurde.

**Stadthaus**
**Kirchen**

Vom 1853 erbauten Wasserturm hat man eine herrliche Aussicht über die Stadt, das Meer und die vorgelagerten Inseln. Die Aussichtsplattform erreicht man bequem mit dem Fahrstuhl (Öffnungszeiten: Juni – Aug. 12.00 – 17.00, Sept. Sa., So. 12.00 – 17.00 Uhr).

**Wasserturm**

Pittoresk ist der Osthafen, der größte Gästehafen Finnlands. Sehr empfehlenswert ist ein Bootsausflug in die Schären (Kreuzfahrten nach Ekenäs und Helsinki). Mittwochs und freitags findet hier der beliebte Abendmarkt statt.

**Osthafen**

 HANKO ERLEBEN

**AUSKUNFT**

*Tourist Office Hanko*
Raatihuoneentori 5
10901 Hanko
Tel. 0 19 / 2 20 34 11
Fax 2 20 32 61
http://tourism.hanko.fi

**AUSFLÜGE**

Im Sommer fährt die MS Summersea in Tagestouren täglich 11.00 Uhr nach Bengtskär. Auf diesem südlichsten bewohnten Inselchen des finnischen Archipels steht der höchste Leuchtturm Skandinaviens, es gibt ein Museum, ein Café und man kann sogar wildromantisch übernachten (Tel. 02 / 4 66 72 27).

**ESSEN**

**► Erschwinglich**

*Origo*
Satamakatu 7
Tel. 0 19 / 2 48 50 23
www.restaurant-origo.com
Charmantes Restaurant mit Terrasse. Zu empfehlen ist das täglich zusammengestellte Schären-Buffet, aber auch die à-la-Carte-Fischgerichte sind frisch und schmackhaft.

**► Preiswert**

*Neljän Tuulen Tupa*
Pieni Mäntysaari
Tel. 0 19 / 2 48 14 55
Von Mitte Mai bis Ende August geöffnet ist das »Haus der vier Winde«. Sein berühmtester Besitzer war der finnische Generalmarschall Mannerheim, der es von 1927 bis 1933 nach orientalischem Geschmack ausstattete. Während der Jahre der Prohibition konnte man hier »harten Tee« (Alkohol) bestellen.

**ÜBERNACHTEN**

**► Komfortabel**

*Villa Maija*
Appelgrenitie 7
Tel. 0 50 / 505 20 13
www.villamaija.fr
Das Haupthaus ist eine hölzerne Schönheit aus dem Jahre 1888, die Zimmer an der Seeseite haben eine Glasveranda oder einen Balkon.

*Villa Doris*
Appelgrenitie 23, Tel. 0 19 / 2 48 12 28
Charmante Pension von 1881 mit antiker Möblierung in allen Zimmern. Badestrand gleich über die

**Stadtstrand** Geradezu nostalgisch wirkt der Strand an der Merikatu mit den Umkleidekabinen im Stil der Jahrhundertwende. Ein Monument erinnert an die Auswanderer aus der Zeit der Jahrhundertwende, die Finnland über Hanko in Richtung Vereinigte Staaten verließen.

# ★ ★ Helsinki · Helsingfors

**X 20/21**

**Gebiet:** Südfinnland
**Höhe:** 0 – 25 m ü. d. M.
**Einwohnerzahl:** 585 000
**Metropolregion:** 1,3 Mio.

**In wie vielen Metropolen dieser Welt kommt der Reisende mit dem Schiff quasi in der Stadtmitte an? Wo liegt schon der Marktplatz direkt am Meer? Und wer erwartet ein ausgelassenes Sommerleben so weit im Norden?**

**»Tochter der Ostsee«** Die **finnische Hauptstadt** liegt zum größeren Teil auf einer zerklüfteten Halbinsel aus Granit. Ein Labyrinth vorgelagerter Inseln macht die Anreise per Schiff zum Erlebnis. Die »Tochter der Ostsee« ist eine sehr junge Metropole. Denn erst nachdem Russland Finnland erobert hatte, veranlasste der Zar 1812, die Hauptstadt von Turku ins näher am Russischen Reich gelegene Helsinki zu verlegen. Von dem schwedischen Erbe der Stadtanfänge ist durch zahlreiche Stadtbrände, die die Holzbauten zerstörten, heute nichts mehr übrig geblieben. Vielmehr erinnert der neoklassizistisch gestaltete Stadtkern rund um den Senatsplatz eher an ein finnisches Zitat der lichten steinernen Grandezza St. Petersburgs. Weithin sichtbar sind die größte orthodoxe Kirche Finnlands, die aus roten Ziegelsteinen errichtete Uspenski-Kathedrale und die in kräftigem Weiß erstrahlende Domkirche auf dem Senatsplatz. Am stets belebten Marktplatz beginnt die **Pracht- und Einkaufsstraße Esplanadi**. Von hier kann man den im Vergleich zu anderen Hauptstädten recht kleinen Stadtkern bequem zu Fuß erwandern. Um die Stadt herum wucherten ab 1950 Vororte, die heute nahtlos in die Städte Espoo im Westen und Vantaa im Nordosten übergehen. In diesem Ballungsgebiet lebt heute jeder vierte Einwohner Finnlands.

 **NICHT VERSÄUMEN**

■ Jedes Jahr in der zweiten Augusthälfte, wenn die meisten Touristen wieder die Heimreise angetreten haben, verwandelt sich Helsinki in eine veritable Festivalstadt. Dann finden überall Konzerte, Theater, Opern, Lesungen und jede Menge anderer Kulturveranstaltungen statt. Wobei »überall« tatsächlich wörtlich gemeint ist: Unter dem Motto »Kunst kommt in die Kneipe« werden beispielsweise in den unterschiedlichsten Lokalen Aufführungen dargeboten. Der Höhepunkt des Festivals ist die lange Nacht der Kunst, wenn rund um die Uhr gefeiert wird. Weitere Infos: www.helsinginjuhlaviikot.fi

*Winter in Helsinki: Blick vom Stadthafen auf das Präsidentenpalais* →

**Kultur- und Wirtschafts-zentrum**

Helsinki bildet schon seit mehr als 150 Jahren mit seinen wissenschaftlichen und kulturellen Einrichtungen das Zentrum des finnischen Geisteslebens. Das Nebeneinander von Finnen und Finnlandschweden hat zur Befruchtung erheblich beigetragen. Unter den vielfältigen Kultureinrichtungen sind drei Symphonieorchester, die Finnische Nationaloper mit Ballet, das Nationaltheater, das Schwedische Theater und ein weiteres Dutzend Theaterensembles zu nennen. Helsinki verfügt seit mehr als 350 Jahren über eine Universität, neueren Datums sind die Technische Universität und zahlreiche andere Ausbildungsstätten mit Hochschulcharakter.

Der Großstadtraum ist Sitz der meisten Großunternehmen und besitzt den wichtigsten Importhafen. Nicht zuletzt die günstige Verkehrsanbindung hat Helsinki zusammen mit Espoo zu einem wichtigen Messe- und Kongresszentrum werden lassen.

**Geschichte**

| | |
|---|---|
| **1550** | Schwedenkönig Gustav Wasa gründet Helsinki. |
| **1748** | Bau der Seefestung Suomenlinna |
| **1812** | Helsinki wird Hauptstadt. |
| **1917** | Finnland erlangt seine Unabhängigkeit. |
| **1952** | Olympische Spiele in Helsinki |
| **1975** | Die Teilnehmer des KSZE-Gipfels unterzeichnen die »Schlussakte von Helsinki«. |
| **2012** | Helsinki ist »World Design Capital« |

Helsinki wurde 1550 auf Befehl von Gustav I. Wasa nordöstlich vom heutigen Zentrum an der Mündung des Vantaanjoki in den Finnischen Meerbusen gegründet, um mit der estnischen Handelsstadt Reval (heute Tallinn) zu konkurrieren. Ab 1639 wurde es auf Befehl der Königin Christine an eine günstigere Stelle auf der Landzunge Vironniemi verlegt. Angesichts der wachsenden Bedrohung durch Russland begann man 1748 mit dem Bau der Seefestung Suomenlinna. 1808 konnte die damals noch unbedeutende Stadt dem Angriff der russischen Truppen keinen Widerstand leisten und ganz Finnland wurde dem russischen Großfürstentum Finnland einverleibt. Um eine bessere Verkehrsanbindung nach St. Petersburg zu ermöglichen, wurde die Hauptstadt 1812 von Turku (Åbo) nach Helsinki verlegt. Als Turku 1827 von einem verheerenden Feuer zerstört wurde, kam auch die Universität in die neue Hauptstadt. Im Jahre 1816 erhielt der deutschstämmige Baumeister **Carl Ludwig Engel** den Auftrag, die Stadt wieder aufzubauen, nachdem 1808 ein Drittel den Flammen zum Opfer gefallen war.

Nach dem Zusammenbruch des russischen Zarenreiches wurde dann am 6.12.1917 in Helsinki die Republik Finnland ausgerufen. Im **Bürgerkrieg** fiel Helsinki 1918 in die Hände der bolschewistischen **»Roten«** und die Regierung musste nach Vaasa evakuiert werden.

Mit Hilfe der Deutschen gelang aber schon bald die Rückeroberung durch die bürgerlichen **»Weißen«**. Mit gnadenloser Härte gingen die Sieger gegen die Unterlegenen vor und tausende Linke wurden getötet oder in Internierungslager gesteckt. Es dauerte Jahrzehnte, bis die Wunden verheilten, die damals gerissen wurden, und ein Zusammenleben zwischen Bürgern und Arbeitern auf normale Art und Weise möglich war.

Während des Zweiten Weltkriegs war Helsinki eine der wenigen europäischen Hauptstädte, die nicht von fremden Truppen besetzt wurden. Zwei Ereignisse führten dazu, dass die relativ junge Hauptstadt Helsinki in aller Welt bekannt wurde: Die Olympischen Sommerspiele wurden 1952 hier ausgetragen, und 1975 fand in Helsinki die Konferenz über Sicherheit und Zusammenarbeit in Europa (KSZE) ihren Abschluss (► S. 194, 3D-Folder Finlandia-Halle).

**Architektur**

Das heutige Zentrum Helsinkis wurde in der ersten Hälfte des 19. Jh.s nach dem Grundriss von **Johan Albrecht Ehrenström** von dem Berliner Architekten **Carl Ludwig Engel** (1778 – 1840, ► Berühmte Persönlichkeiten) im klassizistischen Empirestil gebaut. Die großzügig angelegten Straßen und Boulevards geben der Stadt ein luftiges Gepräge; die hellen Fassaden haben Helsinki den Beinamen »weiße Stadt des Nordens« verschafft.

Im ausgehenden 19. Jh. wurden im Zuge der Industrialisierung europäische Einflüsse deutlich spürbar. Gute Beispiele dafür sind die Bauten entlang der Esplanade, die Kaufmannshäuser in der Aleksanterinkatu, die heute Restaurants, Cafés und Büros beherbergen, die breite Mannerheimintie und das Ateneum mit dem Kunstmuseum. Aus dieser Zeit stammen auch die Jugendstilhäuser auf der Halbinsel Katajanokka und in den Stadtteilen Eira und Ullanlinna.

In den 1920er und 1930er-Jahren wurde der Funktionalismus prägend, wie das Olympia-Stadion von Yrjö Lindegren und Toivo Jäntti beweist. Architektonische Glanzstücke aus den letzten Jahrzehnten sind die Finlandia-Halle (1970) des bekanntesten finnischen Architekten Alvar Aalto (► Berühmte Persönlichkeiten), die Felsenkirche (1969) von Timo und Tuomo Suomalainen, das Opernhaus (1993) an der Töölö-Bucht und das erst 1998 fertiggestellte Museum für Moderne Kunst (Kiasma) des New Yorker Architekten Steven Holl. Vorbildlich sind die Siedlungen an den Stadträndern von Espoo und Vantaa.

*Kiasma: moderne Kunst, gekonnt verpackt in ebenso moderner Architektur*

## *Helsinki* Orientierung

Espoo

Hämeenlinna, Messezentrum

Sport-museum

Olympia-stadion

Lahti, Flughafen, Linnanmäki

Lasten-linna

Linnankoskenkatu

Topeliuksgatan

Töölönkatu

Mannerheimvägen

Helsinginkatu

Walliinkatu

Castrénikatu

Stadt-theater

Sibelius-monument

Sibeliuksenkatu

Finnische Nationaloper

① 

Töölön-lahti

Ruder-stadion

Mechelinkatu

Runeberginkatu

Eläintarhan-lahti

Taival-lahti

Pohjoinen

Eteläinen

Hesperiankatu
Hesperiankatu

Finlandia-halle

Museokatu

Mannerheimintie

Stadt-museum

Kaisaniemenranta

Botanischer Garten

Felsen-kirche

National-museum

Konzert-haus

National-theater

Parlament

Sibelius-Akademie

Museum für Moderne Kunst Kiasma

Haupt-bahnhof

Rautatien-tori

Arkadiankatu

Arkadiagatan

Ateneum ⑤

Hietaniemi-Friedhof

Sanduddsgatan

Hietaniemenkatu

Fredrikinkatu

Runebergsgatan

②

Busbahn-hof ①

Mannerheimintie

④

Aleksanterin-

Lapinniemi

Mechelingatan

⑥

Amos-Anderson-Kunstmuseum

Lapinlahdenkatu

Annankatu

Kaufhaus Stockmann

④ Pohjoises-

②

Pohjoises-pla

③ Schwed. Theater

③ Et

SALMISAARI
SUNDHOLMEN

Albertinkatu

Eriksgatan

Kalevagatan

Fredriksgatan

Alte Kirche

Bulevarden

Korkeavuorenkatu

Kasarmikatu

Porkalankatu

Itämerenkatu

Hietalahdenkatu

Kalevankatu

Erikinkatu

Lönnrotinkatu

Alexander Theater

Bulevardi

Uudenmaankatu

Architektur Museum

Finnisches Design Museum ④

Museum Sinebrychoff

⑤

Högbergsgatan

Kasarmikatu

Johannes-kirche

Ruoholahti

Punavuorenkatu

Hietalahti

Agricola-kirche

②

Uttergatan

Pursimiehenkatu

Fabriksgatan

Tehtaankatu

Saukonkatu

Merikatu

EIRA

ULLANLINNA

Havsgatan

Merisatamaranta

deker

400 m

► *Helsinki erleben S. 196 ff.*

**Essen**
① Chez Dominique
② Šašlik
③ Savoy
④ Demo
⑤ Nokka
⑥ Postres

**Übernachten**
① Crown Plaza Helsinki
② Hotel Kämp
③ Scandic Hotel Grand Marina
④ Hotel Seurahuone
⑤ Hotel Anna
⑥ Hotel Academia

**Nachtleben**
① The Tiger
② Nolla
③ Café Opéra
④ Teatteri
⑤ Vinyl Cocktail Lounge

1 Rathaus
2 Präsidentenpalais
3 Uspenski-Kathedrale
4 Universität
5 Regierungspalais
6 Ritterhaus
7 Universitätsbibliothek
8 Domkirche
9 Haus der wissenschaftlichen
  Gesellschaften (Ständehaus)

U-Bahn (Metrorata)

## Innenstadt

**★★**
**Marktplatz**
🕐

Helsinkis Herz ist der Marktplatz (finn. Kauppatori), der ganzjährig montags bis freitags von 6.30 – 18.00, Sa. bis 16.00, im Sommer auch So. 10.00 – 15.00 Uhr ein buntes Markttreiben bietet. Der hohe Obelisk in der Mitte des Platzes erinnert an den Besuch der Zarin Alexandra Feódorowna 1833 in Helsinki. Vom Markt fahren die Boote nach Suomenlinna und in die Schären ab. Der Marktplatz grenzt direkt an den Südhafen, an dessen beiden Seiten die aus Schweden kommenden Fähren anlegen.

Der pittoreske gelb-rote Ziegelbau unweit südlich an der Wasserseite des Eteläranta ist die **alte Markthalle** (1888, finn. Kauppahalli), die bereits während der Zarenzeit errichtet wurde. Ein Besuch – sei es zum Schauen oder Kaufen – lohnt allemal, denn hier gibt es die ganze Palette echt finnischer Delikatessen: Fisch jeglicher Art und Zubereitung, Elch- und Rentierfleisch, frisches Obst und Gemüse, finni-

> ## ! *Baedeker* TIPP
>
> ### World Design Capital 2012
> Die finnische Hauptstadt ist heute eine der führenden Design-Metropolen auf dem Globus und darf sich aus diesem Grund 2012 »World Design Capital« nennen. Man denke nur an Alvar Alto, der auch Möbel-stücke entworfen hat, oder an das Unternehmen Marimekko, das für extravagante Möbel und Wohntextilien bekannt ist. Brennpunkte für Design-Interessierte sind der Design District um den Dianapuisto Park, die Quartiere Kaartinkaupunki, Kamppi, Punavuori und Ulanlinna sowie das Design Museum (s. S. 204). Weitere Infos: www.designdistrict.fi www.helsinkidesignweek.com

🕐 sche Backwaren, Imbissstände, Cafés und sogar eine der wenigen Sushi-Bars in Helsinki (Öffnungszeiten: Mo. – Fr. 8.00 – 18.00, Sa. 8.00 – 16.00 Uhr).

## *Highlights* Helsinki

### Marktplatz (Kauppatori)
Das vormittägliche Markttreiben ist bestens zu empfehlen für eine erste Begegnung mit der Stadt, ihren Menschen und ihren Spezialitäten.
► Seite 182

### Senatsplatz (Senatin tori)
Einer der berühmtesten klassizistischen Plätze Europas
► Seite 185

### Esplanadi
Flanieren und entspannen in der baumbestandenen Prachtmeile
► Seite 187

### Stadtrundfahrt mit der Straßenbahn 3T
Die Schönheiten der Stadt in weniger als einer Stunde und zum normalen Fahrpreis!
► Seite 198

### Felsenkirche (Temppeliaukion kirkko)
Kontemplationsstätte und berühmtes Architekturdenkmal: der in den nackten Fels gesprengte Andachtsraum
► Seite 193

### Suomenlinna
Festungsinsel vor den Toren der Stadt
► Seite 205

An der Nordseite des Platzes befindet sich das von Carl Ludwig Engel 1833 erbaute Rathaus (finn. Kaupungintalo) mit hellblauer Fassade, das einst als Hotel entworfen wurde. Etwas östlich in der Nordostecke des Marktes steht das Präsidentenpalais (finn. Presidentinlinna), das jedoch nur zu Repräsentationszwecken genutzt wird. Das Gebäude war ursprünglich im Besitz eines reichen Kaufmanns, wurde jedoch ebenfalls von Engel 1843 zur Zarenresidenz umgestaltet. Dahinter befindet sich die Hauptwache.

**Rathaus und Präsidentenpalais**

Am Eingang zum Esplanadepark erblickt man die so genannte Havis Amanda, einen Zierbrunnen von Ville Vallgren mit einer nackten Mädchenstatue und Wasser speienden Seelöwen. Bei seiner Enthüllung (1908) erregte er viel Aufsehen. Heute ist er eines der Wahrzeichen von Helsinki.

**Havis Amanda**

Östlich vom Markt, direkt an den Südhafen anschließend, führt eine Brücke zur Halbinsel Katajanokka. Bis Anfang des 19. Jh.s gab es hier nur einzelne Fischerhäuser. Später wurde das Gelände hauptsächlich als Marinehafen genutzt. In den 1980er- und 1990er-Jahren wurde das gesamte Areal stadtplanerisch umgestaltet, um neuen Wohnraum zu schaffen und der Abwanderung aus der Innenstadt entgegenzuwirken. Der Stadtteil Katajanokka repräsentiert finnischen Jugendstil

**Halbinsel Katajanokka**

*Am Nordkai der Halbinsel Katajanokka kann man nostalgische Großsegler bestaunen.*

*Glanz der Orthodoxie: die prächtige Ikonostase der Uspenski-Kathedrale*

auf seinem Höhepunkt. Diese sechsstöckigen Häuser und ihre Höfe vom Beginn unseres Jahrhunderts sind bestimmt einen Spaziergang wert. Sie liegen östlich der Uspenski-Kathedrale und wurden renoviert und saniert. Am Südufer von Katajanokka wurden die früheren Zollspeicher und Lagerhäuser zu Hotels, Konferenzhallen, kulturellen Institutionen oder zu feinen Restaurants und Boutiquen umgestaltet. Auf dem Gebiet der ehemaligen Werftanlagen sind neue Wohngebäude entstanden, die sich harmonisch in das Stadtbild fügen.

**Eisbrecherflotte** Am Nordufer der Halbinsel liegen in der eisfreien Zeit die Schiffe der finnischen Eisbrecherflotte. In der Weltrangliste nimmt sie hinter den russischen Eisbrechern den zweiten Platz ein.

★

**Uspenski-Kathedrale** Gleich links auf einem felsigen Hügel erhebt sich die weithin sichtbare orthodoxe Hauptkirche des Landes, die Uspenski-Kathedrale. Sie gilt als größter orthodoxer Sakralbau außerhalb Russlands. Der rote Backsteinbau von 1868 wird von 13 vergoldeten Kuppeln gekrönt, die Christus und die Zwölf Apostel symbolisieren. An den Wänden und an der prachtvollen Bilderwand der Ikonostase, die den Kirchenraum vom Altarraum trennt, sieht man die charakteristischen Heiligenbilder des russisch-orthodoxen Glaubens, die nach strengen Regeln gemalt und vor allem durch die Klöster überliefert wurden (Öffnungszeiten: Di. – Fr. 9.30 – 16.00, Sa. 9.30 – 14.00, So. 12.00 bis 15.00 Uhr, im Sommer auch Mo.).

## Senatsplatz und angrenzende Gebiete

Geht man von der Uspenski-Kathedrale durch die Aleksanterinkatu in Richtung Dom, passiert man auf der rechten Seite der Straße das 1861 von G. Th. Chiewitz erbaute Ritterhaus. Dort sind im Festsaal im 1. Stock die Wappen der alten finnischen Adelshäuser ausgestellt.

**Ritterhaus**

Hinter dem Ritterhaus verläuft – als Parallelstraße zur Aleksanterinkatu – die Hallituskatu. Gegenüber dem Ritterhaus befindet sich das Gebäude der Finnischen Literaturgesellschaft (Suomen Kirjallisuuden Seura).

Wenige Schritte weiter steht das frühere Senatsgebäude, jetzt Sitz der Regierung (finn. Valtioneuvoston linna). Im Treppenhaus (Eingang vom Senatsplatz) erschoss Eugen Schaumann 1904 den russischen Generalgouverneur Nikolai Bobrikoff. Auf der linken Seite befindet sich das blaue Sederholm-Haus von 1757, das älteste Steingebäude der Stadt.

**Regierungspalais**

Nun tritt man auf den eindrucksvollen Senatsplatz (finn. Senaatintori); im Zentrum steht seit 1894 ein Bronzestandbild des Zaren Alexander II., gegossen von Walter Runeberg. Alexander hatte als Großfürst von Finnland die finnische Selbstverwaltung gefördert und 1864 den Ständetag einberufen.

**✷ ✷**
**Senatsplatz**

An der Nordseite führt eine imposante breite Treppe zur lutherischen Domkirche (finn. Tuomiokirkko), die 10 m höher auf einem Granitfelsen liegt. Als Finnland noch Großfürstentum war, hieß die neue finnische Hauptkirche Nikolaikirche nach dem damaligen Zaren Nikolaus. Das dominierende Gebäude des Senatsplatzes wurde 1830 nach Plänen von **Carl Ludwig Engel** (►Berühmte Persönlichkeiten) begonnen und 1852 in verändertem Stil vollendet. Die Domkirche ist nicht zuletzt durch ihre erhöhte, weithin sichtbare Position zu einem Wahrzeichen der Stadt geworden.

**✷**
**Domkirche**

Da das Gelände größtenteils aus Felsen bestand, musste eine künstliche Terrasse angelegt werden. Die Hauptwache vor dem Dom wurde abgerissen, um Platz für die Monumentaltreppe zu schaffen. Der ursprünglich rein klassizistische Dom mit der korinthischen Säulenvorhalle hat die Form eines griechischen Kreuzes. Die vier kleinen Kuppeln an den Ecken des Gebäudes waren in Engels ursprünglichem Bauplan nicht vorgesehen und wurden erst später auf Wunsch des Zaren errichtet. Ebenfalls später hinzugefügt wurden die zwölf Apostelstatuen an der Fassade.

Das geräumige Kircheninnere mit der großen Hauptkuppel wirkt sehr schlicht mit seinen weiß getünchten, schmucklosen Wänden. Nur an den Ansätzen der Kuppelpfeiler sieht man Standbilder dreier Männer, die für den protestantischen Glauben eine zentrale Rolle gespielt haben: Martin Luther, Melanchthon und der finnische

◄ Kircheninneres

*Nostalgiekarosse vor Neoklassizismus: Am Senatsplatz gibt es immer etwas zu sehen.*

Reformator **Mikael Agricola** (▶ Berühmte Persönlichkeiten). Der mit vergoldeten Holzschnitzereien verzierte Orgelprospekt fügt sich harmonisch in die Gestaltung des Innenraums ein (Öffnungszeiten: tgl. 9.00 – 18.00 Uhr).

**Universität und Universitätsbibliothek**
An der Westseite des Platzes steht die Universität (finn. Yliopisto), 1828 – 1832 von Engel erbaut, 1936 zur Fabianinkatu hin erweitert. Nördlich der Universität die ebenfalls von Engel geplante Universitätsbibliothek (1840; finn. Yliopiston kirjasto) mit der größten Sammlung slawischer Werke in der westlichen Welt. Sie besitzt etwa 1,5 Mio. Bände und 2000 Handschriften. Die Bibliothek gilt in Helsinki als der schönste Engel-Bau.

**Ehem. Ständehaus**
Folgt man vom Senatsplatz der Snellmaninkatu nach Norden, liegt jenseits der Kirkkokatu rechts das ehemalige Ständehaus, das heute die Wissenschaftliche Gesellschaft beherbergt. Dieser klassizistische Bau wurde für die drei nichtadeligen Stände Klerus, Bürger und Bauern 1891 erbaut. Die Bronzegruppe (1902) über dem Eingang stellt Zar Alexander I. auf dem Landtag zu Porvoo 1809 dar.

**Snellman-Statue**
Gegenüber befindet sich die Bank von Finnland; davor steht das Denkmal des finnischen Staatsmannes und Philosophen **Johan Vilhelm Snellman** (1806 – 1881; ▶ Berühmte Persönlichkeiten), der die Gleichberechtigung des Finnischen und der schwedischen Sprache in der Verwaltung durchsetzte. Nördlich gegenüber der Bank, an der Ecke Rauhankatu, liegt das Staatsarchiv mit einem hübschen Café.

Im ziegelroten Komplex Liisankatu / Marinkatu ist die Finnische **Kruununhaka**
Kriegshochschule (1882) mit dem Kriegsmuseum untergebracht.
Dieser Stadtteil Kruununhaka, ursprünglich ein Jagdwäldchen für
den schwedischen Adel, wurde zwischen 1910 und 1925 im **Jugendstil** neu bebaut. Reizvoll ist ein Spaziergang durch die Gassen.

Über die 1912 erbaute Pitkäsilta-Brücke erreicht man den Stadtteil **Hakaniemi**
Hakaniemi. Sie markierte einst (und teils heute noch) die Tren-
nungslinie zwischen dem Helsinki
der Bürger, die im Stadtzentrum
und den südlichen Vororten wohnten, und dem der Arbeiter. Kurz
nach der Brücke erreicht man den
Hakaniemi Marktplatz. Hier kaufen nur wenige Touristen ein und
deswegen zahlt man hier auch immer ein bisschen weniger als am
großen Marktplatz am Hafen.

Vom Senatsplatz folgt man der
**Aleksanterinkatu** nach Westen, wo
im Gegensatz zum unteren Teil der
Straße lebhaftes Treiben herrscht.
Bei der Einmündung in die recht
breite Verkehrsader Mannerhei-
mintie sieht man – in der Mitte der Straße – die grimmig blickenden
**drei Schmiede**, die 1932 von F. Nyland geschaffen wurde; die Split-
terschäden stammen von sowjetischen Fliegerbomben.

> ! **Baedeker** TIPP
>
> ### Zu Gast bei der Saunagesellschaft
> Kein Finnland-Aufenthalt ist komplett ohne einen
> Gang in die Sauna. Für das »echte« Erlebnis
> muss man in einer original Holzofensauna sitzen
> und zum Abkühlen direkt in die Ostsee abtau-
> chen. Bei »Profis« saunen kann man als (zah-
> lender) Gast der Finnischen Saunagesellschaft in
> der Vaskiniementie (Tel. 09 / 686 05 60). Man
> geht hier – wie in Finnland üblich – nach
> Geschlechtern getrennt in die Sauna und sollte
> sich deshalb nach »seinem« Termin erkundigen.

Links steht das Kaufhaus Stockmann. Sein Gründer, der Lübecker **Kaufhaus**
Geschäftsmann G. F. Stockmann (1825 – 1906), etablierte sich in **Stockmann**
Helsinki 1862 mit einem kleinen Gemischtwarenladen an der Ecke
Aleksanterinkatu / Unioninkatu am Senatsplatz. Früher wurde das
nach französischen und britischen Vorbildern gestaltete Kaufhaus
von Diplomaten aus der ehemaligen Sowjetunion frequentiert. Biegt
man links in die Mannerheimintie ein, kommt man bis zu der Einmündung der Esplanade ausschließlich an Stockmann-Schaufenstern
vorbei.

## Esplanade und Bulevardi

Die von der Pohjoisesplanadi (Nordesplanade) und der Eteläesplana-        ★ ★
di (Südesplanade) eingefasste **Hauptflaniermeile Helsinkis** mit Blu-   **Esplanade**
menrabatten, Sitzbänken, Skulpturen und Cafés war einst die Prome-
niermeile der feinen Gesellschaft. Ihren östlichen Abschluss bildet
ein 1891 errichteter Musikpavillon, ihren westlichen Abschluss das
1860 erbaute und 1936 umgestaltete Schwedische Theater. Beiderseits
der Esplanade stehen repräsentative Bauten des 19. Jahrhunderts.

*Café und Restaurant: das Kappeli am unteren Ende der Esplanade*

**Schwedisches Theater** — In der Grünanlage zwischen den beiden Fahrbahnen der Esplanade steht der halbrunde Bau des Schwedischen Theaters (schwed. Svenska Teatern, finn. Ruotsalainen Teateri), einst von Engel geplant und 1863–1866 gebaut. Die heutige Ausführung stammt von Jarl Eklund und Eero Saarinen (1936).

## ? WUSSTEN SIE SCHON …?

■ Eine Anekdote über Jean Sibelius, der gern mit Freunden feierte, kursiert heute noch: Nach einer Übernachtung im Hotel Kämp sitzt Sibelius mit seinen Freunden im Restaurant des Hotels in geselliger Runde. Am späten Nachmittag nimmt Sibelius dann den Zug nach St. Petersburg, um dort ein Konzert zu dirigieren, erntet überschwänglichen Beifall und nimmt die Ovationen des Zaren entgegen. Dann fährt er nach Helsinki zurück, tritt ins Hotel »Kämp« ein und eilt sofort wieder ins Restaurant. Mit dem Ausspruch »Jean, knall nicht immer so mit der Tür, wenn du von der Toilette kommst!«, empfangen ihn seine Freunde, die immer noch gesellig beisammen sitzen und die längere Abwesenheit des Komponisten nicht bemerkt hatten.

In der Mitte der Esplanade steht das **Bronzestandbild des Dichters Johan Ludvig Runeberg** (▶ Berühmte Persönlichkeiten), eine Arbeit seines Sohnes W. Runeberg (1885); auf dem Sockel ist die erste Strophe der von Runeberg verfassten finnischen Nationalhymne »Unser Land« zu lesen.

An der nördlichen Esplanade, Ecke Kluuvikatu, steht das 1887 erbaute Luxushotel **»Kämp«** mit seinem feinen Restaurant. Anfang der 1960er-Jahre wurde es Stein für Stein abgetragen, um das morsche Fundament erneuern zu können. Dann wurde es im alten Stil wiederaufgebaut und beherbergte mehrere Jahrzehnte eine Bank.

Nach einer umfangreichen Modernisierung wurde das »Kämp« 1999 wieder als Luxushotel an alter Stelle eröffnet. Zu den illustren Stammgästen der Blütezeit um die Jahrhundertwende zählten u. a. der Komponist Jean Sibelius und der Maler Akseli Gallen-Kallela (beide ►Berühmte Persönlichkeiten). Immer wieder wurde das traditionsreiche Hotel Schauplatz geschichtlicher Ereignisse: Im ersten Weltkrieg diente es als Hauptquartier des deutschen Generals von der Goltz. Im Winterkrieg 1939 / 1940 war im »Kämp« das Zentrum der ausländischen Kriegsberichterstatter. Und am 13. März 1940 gab hier ein Regierungssprecher den Waffenstillstand zwischen Finnland und der Sowjetunion bekannt.

Schräg gegenüber, an der Ecke Eteläesplanadi / Fabianinkatu, steht ein ebenfalls von Carl Ludwig Engel entworfenes kleines Palais (1824), das von 1832 bis 1917 Residenz des Generalgouverneur des Zaren war und in dem heute Empfänge gegeben werden.

**Kleines Palais**

Die Verlängerung der Esplanade nach Südwesten ist der Bulevardi. Gleich am Anfang der Straße liegt in einem Park etwas zurückversetzt die 1826 geweihte hölzerne Alte Kirche, von Engel als Provisorium bis zur Fertigstellung des Domes gebaut.

**Alte Kirche**

Gegenüber der Kirche steht ein Denkmal, das Emil Wickström 1902 für den Kalevala-Autor Elias Lönnrot (►Berühmte Persönlichkeiten) gestaltete. Neben ihm ist auf dem Denkmal die Kalevala-Figur »Väinämöinen« (Wieland der Schmied) und zu seinen Füßen die »Suomen neito« (Maid Finnland) zu sehen.

**Lönnrot-Denkmal**

Am Bulevardi 27 liegt das Alexandertheater. Es wurde im Jahre 1877 nach Plänen von N. L. Benois für die Angehörigen der in Helsinki stationierten russischen Truppen gebaut. Von 1918 bis 1993 war das Haus dann Sitz der Nationaloper.

**Alexander-theater**

Am Ende der Straße (Bulevardi 40) lohnt dann das Museum für ausländische Kunst, Sinebrychoff, einen Besuch. In dem 1842 erbauten Patrizierhaus Sinebrychoff ist die größte Sammlung Finnlands mit italienischen, niederländischen, flämischen und französischen Gemälden vom 14. bis zur Mitte des 19. Jh.s zu sehen, die die Familie Sinebrychoff 1921 dem Staat schenkte. Hier werden auch Grafiken, Ikonen, historische Möbel, Glas- und Porzellangegenstände ausgestellt (Öffnungszeiten: Di. – Fr. 10.00 – 18.00, Mi. u. Do. bis 20.00, Sa., So. 12.00 – 17.00 Uhr).

**Museum für Ausländische Kunst, Sinebrychoff**

🕐

Neben dem Museum lag früher die gleichnamige Brauerei. Hier wurde das in Finnland berühmte Koff Bier gebraut. Den Namen bekam das Bier, weil die Finnen den eigentlichen Namen der Brauerei, Sinebrychoff, nicht aussprechen konnten. Gegenüber dem Brauereigebäude liegt der Hietalahdentori-Markt mit seiner Markthalle (1904).

**Hietalahdentori-Markt**

## Mannerheimintie und Bahnhofsbereich

**Mannerheimintie**  Folgt man der Mannerheimintie an der Einmündung der Aleksanterinkatu nach rechts, passiert man zunächst das Alte Studentenhaus
(ursprünglich 1870) mit zwei Figuren aus der »Kalevala«, Vainämöi-
nen und Ilmarinen. Dahinter steht das Neue Studentenhaus (1910).
Die Kneipe im Inneren serviert für finnische Verhältnisse billiges
Bier. Über die Kaivokatu kommt man zum Hauptpostamt (1938);
davor steht ein Reiterstandbild des Marschalls Mannerheim (1960).

**Hauptbahnhof**  Rechts vom Postamt liegt der monumentale Hauptbahnhof (finn.
Rautatieasema) mit dem 49 m hohen Uhrturm. Der Bahnhof ist
1919 als einer der letzten Bauten im Stil der Nationalromantik entstanden und das wichtigste Bauwerk, das der Architekt Eliel Saarinen
in Finnland entworfen hat. Am Haupteingang fallen die vier riesigen
fackeltragenden Helden aus Felsblöcken auf, die von Emil Wikström
geschaffen wurden.

**Nationaltheater**  Nördlich vom Bahnhofsplatz (Rautatientori) steht das Finnische Nationaltheater (Kansallisteatteri; 1902), ein Bau mit Granitfassade; davor das Denkmal des finnischen Nationaldichters Aleksis Kivi, von
Wäinö Aaltonen 1939 aufgestellt. Hinter dem Nationaltheater erstreckt sich bis zur Töölö-Bucht der weitläufige Botanische Garten
(Kasvitieteellinen puutarha), wo man sich von dem anstrengenden
Stadtbummel ausruhen kann.

*Verkehrszentrum und Architekturdenkmal: Eliel Saarinens Bahnhof*

Im 1887 erbauten Ateneum befindet sich die bedeutendste Kunstsammlung Finnlands. Die **Gemäldegalerie** zeigt eine repräsentative
Auswahl von Kunstwerken vom Rokoko bis zur Romantik und dem
Modernismus der fünfziger Jahre. Vertreten sind neben anderen A.
Edelfelt (1854–1905), E. Järnefelt (1863–1937), P. Halonen
(1865–1933) und Akseli Gallen-Kallela (1865–1935; Kunst und
Kultur; Kunstgeschichte). Eines der eindrucksvollsten Gemälde ist
das Tryptichon »Aino-Mythos« von Gallen-Kallela (1891), das Szenen aus dem Nationalepos »Kalevala« darstellt. Der Maler ließ sich
dabei von mittelalterlichen Flügelaltären inspirieren. Der alte Pro-
phet Väinämöinen hält um die Hand der jungen Aino an, die jedoch
ablehnt und den Tod durch Ertrinken vorzieht. Nach ihrem Tod verwandelt sie sich in eine Meerjungfrau und entkommt für immer den
Gelüsten des verhassten Greises.
In der **Skulpturenhalle** sind Arbeiten der finnischen Künstler
V. Vallgren, W. Aaltonen, W. Runeberg und S. Hildén zu sehen. Vor
dem Eingang steht ein 1929 von V. Vallgren geschaffenes Bronze-
denkmal Albert Edelfelts (Öffnungszeiten: Di., Fr. 10.00–18.00, Mi.,
Do. 10.00–20.00, Sa., So. 11.00–17.00 Uhr).

**★ ★**
**Ateneum**
**(Museum für**
**finnische Kunst)**

🕐

Unweit vom Hauptbahnhof, an der Mannerheiminaukio 2, wurde
1998 das vom New Yorker Architekten Steven Holl entworfene Museum für Moderne Kunst (Kiasma), eröffnet. Dieses architektonisch
interessante Gebäude besteht aus einem rechtwinkligen und einem
geschwungenen Baukörper, die durch eine mehrfach in sich verdreh-
te Wand aus Glas und Beton geteilt werden. Das Museum zeigt überwiegend zeitgenössische Werke finnischer und skandinavischer Künstler, doch finden hier auch Theater- und Musikaufführungen sowie
andere kulturelle Veranstaltungen statt (Öffnungszeiten: Di. 10.00 bis
17.00, Mi., Do. Fr. 10.00–20.30, Sa., So. 10.00–18.00 Uhr).

**★ ★**
**Kiasma**
**(Museum für**
**Moderne Kunst)**

🕐

Nebenan wurde im Sommer 2011 das vom finnischen Architekturbüro Laiho-Pulkkinen-Raunio entworfene neue Konzerthaus (Mu-
siikkitalo) eröffnet. Für die exzellente Akustik zeichnet der berühmte
Japaner Yasuhisa Toyota verantwortlich.

**★**
**Konzerthaus**

Schräg gegenüber steht an der Mannerheimintie der Reichstag
(Eduskuntatalo), ein neoklassizistischer Monumentalbau von J. S. Si-
rén (1930) aus hellrotem Granit (Führungen: Sa., So. 11.00, im Sommer auch Mo.–Fr. 14.00 Uhr). Vor dem Parlamentsgebäude stehen
die Statuen der früheren Präsidenten P. E. Svinhufvud (1861–1944),
K. J. Ståhlberg (1865–1952) und K. Kallio (1873–1940).

**Reichstag**

🕐

Das eindrucksvolle Gebäude aus Granit und Backsteinen mit weithin
sichtbarem Spitzturm ein Stück weiter an der Mannerheimintie ist
das Nationalmuseum (finn. Kansallismuseo). Es wurde 1912 von Gesellius, Lindgren und Saarinen als eines der ersten nationalromantischen Gebäude entworfen. Die Fresken im Eingangsgewölbe stam-

**★**
**Nationalmuseum**

## *Finnisches Nationalmuseum* *Orientierung*

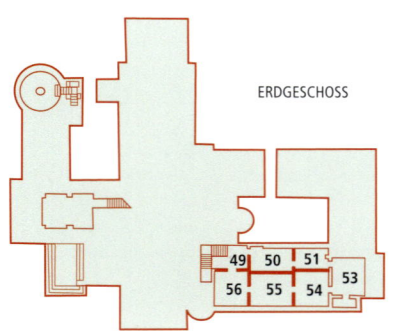

**ERDGESCHOSS**

Finnisch-Ugrische-Sammlung

| | |
|---|---|
| 49 – 51 | Samen (Lappen) |
| 53 | Ostjaken, Wogulen, Ungarn |
| 54 | Wotjaken, Cheremi (Mari), Mordwinen |
| 55 | Esten, Woten, Livländer |
| 56 | Karelier, Wepsen |

**ERSTER STOCK**

Prähistorische Abteilung

| | |
|---|---|
| 1 | Steinzeit und Bronzezeit |
| 2 | Eisenzeit |

Historische Abteilung

| | |
|---|---|
| 5 | Mittelalterliche Skulpturen; Grabdenkmäler |
| 6 | Mittelalterliche Kirchenhalle |
| 7 | Trinkgefäße |
| 8 | Lutherische Kirchenkunst (17./18. Jh.) |
| 9 | Ikonen |
| 15 | Waffen |
| 16 | Mittelalterliche Gebrauchsgegenstände |

Ethnografische Abteilung

| | |
|---|---|
| 41 | Gewebte Textilien |
| 43 | (Ryijy rugs) |
| 44 | Hütte (frühes 19. Jh.) und alte Möbel |
| 45 – 46 | Möbel (18., 19. Jh.) |

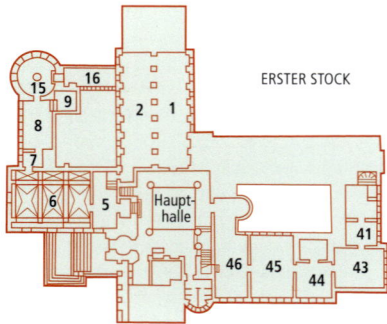

**ZWEITER STOCK**

Historische Abteilung

| | |
|---|---|
| 18 | Renaissancezimmer |
| 19 | Zunftgegenstände; kirchliches Gerät |
| 20 | Bürgerliches Barock |
| 21 | Barockhalle |
| 22 | Kirchliche Kunst (18. Jh.) |
| 23 | Chinesisches Porzellan |
| 24 | Glas, Keramik |
| 25 | Rokokoraum vom Gut Jakkarila |
| 26 | Rokokoschrank vom Gut Jakkarila |
| 27 | Thronsaal |
| 28 | Gustavianisches Zimmer |
| 29 | Empire, Biedermeier und Neo-Rokoko |
| 30 | Bilder finnischer Offiziere |
| 31 | Gemälde "Der Angriff" (1899) |
| 32 | Puppenhäuser, Spielzeug |

Finnland als unabhängiger Staat
(seit 1917)

| | |
|---|---|
| 33 | Geschichte; Industrie und Verkehr; Modetrends |
| 34 | Finnischer Wohnstil des 20. Jh.s; Architektur, Kultur |
| 35 | Dokumentation über Sozialwesen und Erziehung |

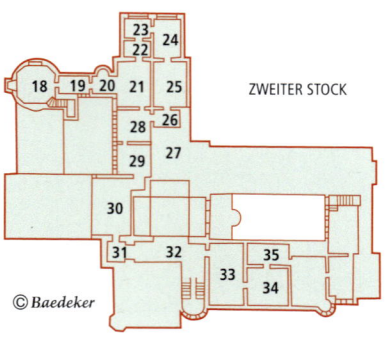

© Baedeker

men von Akseli Gallen-Kallela und zeigen Motive aus der Kalevala. Die Sammlungen bieten einen Einblick in die Kulturgeschichte des Landes. Ihr Spektrum reicht von der Frühgeschichte bis zur mittelalterlichen Sakralkunst und zur Neuzeit. Besonders beachtenswert ist die Sammlung der finnisch-ugrischen Völker mit Trachten und Gebrauchsgegenständen. Ferner wird hier anhand verschiedenster Exponate die Entwicklung Finnlands zu einem modernen Staat dokumentiert (Öffnungszeiten: Sommer Di., Mi. 11.00 – 20.00, Do. – So. ⏱ 11.00 – 18.00, Winter Di. – So. 12.00 – 16.00 Uhr).

**Stadtmuseum**

In der Soitankatu 4 (gegenüber dem Nationalmuseum) befindet sich in der 1843 errichteten einstigen Villa Hakasalmi seit 1912 das Stadtmuseum, das die Geschichte der Stadt dokumentiert. Gezeigt werden zum Beispiel eine alte Apotheke, Wohnungseinrichtungen des 18. bis 20. Jh.s und ein Modell der Stadt von 1870 (Öffnungszeiten: Mo. bis Fr. 9.00 – 17.00, Do. bis 19.00, Sa., So. 11.00 – 17.00 Uhr). ⏱

**✶ Felsenkirche**

Westlich des Nationalmuseums liegt die unterirdische, überkuppelte Felsenkirche (finn. Temppeliaukion Kirkko), die 1961 – 1969 nach einem Entwurf der Brüder Timo und Tuomo Suomalainen in den Granitgrund gesprengt wurde. Sie zählt zu den Hauptsehenswürdigkeiten von Helsinki und gilt als hervorragendes Beispiel des architektonischen Expressionismus der 1960er-Jahre. Die 5 bis 8 m hohen Kirchenwände bestehen aus nacktem, unbehauenem Fels. Durch die flache, kreisrunde Kuppel aus Kupferplatten und verglasten Betonrippen fällt Licht in das Innere der Grottenkirche. Bis zur Kuppelspitze ist die Kirche 13 m hoch; sie dient auch als Konzertsaal (Öffnungszeiten: Mo. – Fr. 10.00 bis 17.00, Do., Fr. 10.00 – 20.00, Sa. 10.00 – 18.00, So. 11.45 – 13.45 u. 15.30 – 18.00 Uhr).

*Ideal für die meditative Pause: die Felsenkirche*

**✶ Finlandia-Halle**

Am Südufer der Töölö-Bucht steht die mit weißem Carrara-Marmor verkleidete Finlandia-Halle, die 1962 – 1971 nach dem Entwurf des Architekten Alvar Aalto fertiggestellt wurde (►3D-Folder S. 194).

**✶ Opernhaus**

Danach folgen eine große Parkanlage entlang der Töölö-Bucht und das neue Haus der Finnischen Nationaloper. Von der gegenüberliegenden Seite der Bucht wirkt das Opernhaus wie ein im Hafen vor Anker gegangener Luxusdampfer. Der moderne Bau mit klaren Linien wurde Ende 1993 eingeweiht und ist ein Werk der Architekten

# FINLANDIA-HALLE

✱ ✱ **Das Kongress- und Konzertzentrum Finlandia-Halle an der Töölöbucht in Helsinki ist zugleich eines der letzten und der bekanntesten Werke des Architekten Alvar Aalto. Er plante sie ursprünglich als Mittelpunkt eines völlig neu gestalteten Stadtteils. Seine städtebauliche Vision, die als Symbol des modernen, selbstständigen Finnlands des 20. Jh.s fungieren sollte, wurde jedoch nie vollständig realisiert.**

Info-Shop:
Mo. – Fr. 7.30 – 17.00 Uhr
Hier kann man Führungen durch das Gebäude buchen (Informationen: Tel. 09 / 4 02 42 11)

**Gebäude**
Der Entwurf zur Finlandia-Halle entstand 1962, gebaut wurde sie von 1967 – 1972. Der später entstandene Kongressflügel wurde nach einem Plan von 1970 im Anschluss angefügt.

**Materialien**
Zentraler Bestandteil von Aaltos Entwurf ist die Fassade aus leuchtend weißem Carrara-Marmor, der auch im Inneren als Leitmaterial fungiert und ein symbolisches Zitat mediterraner Kultur und Lebensfreude darstellt. Dass das edle Material den harten finnischen Winterfrösten nicht standhält und alle 25 Jahre ausgetauscht werden muss, ist ein viel belächelter Treppenwitz der Architekturgeschichte.

**Details**
Aalto war bekannt für seine Detailbesessenheit: Seine Entwürfe bestimmten immer auch die Details im Inneren, man achte insbesondere auf die Türgriffe – ein Markenzeichen vieler Aalto-

Gebäude – und Treppengeländer. Auch sämtliche Möbel und Leuchten sind eigens für das Gebäude entworfen.

① **Finlandia-Saal**
Der größte Konzertsaal des Gebäudekomplexes fasst 1700 Besucher, 500 davon auf der Empore, und ist die Spielstätte des Philharmonischen Orchesters Helsinki sowie des Finnischen Radio-Sinfonieorchesters.

② **Helsinki-Saal**
Der mit 340 Sitzplätzen viel intimere Saal eignet sich besonders für Kammermusikaufführungen, Konferenzen oder Vorträge.

③ **Piazza**
Das ganz in Marmor gestaltete Foyer des Finlandia-Saals, die sog. Piazza, bietet einen grandiosen Blick auf die Töölöbucht und wird für Empfänge oder Ausstellungen genutzt.

④ **Kongress-Halle**
Hier werden Kongresse, Messen oder Ausstellungen abgehalten.

**KSZE-Konferenz**
Die erste Konferenz für Sicherheit und Zusammenarbeit in Europa fand ab 3.Juli 1973 in der Finlandia-Halle statt. Teilnehmer der blockübergreifenden Konferenz waren die USA, Kanada, die Sowjetunion und alle europäischen Staaten außer Albanien.
Die Schlussakte von Helsinki vom 1. August 1975 enthält Prinzipien wie Gewaltverzicht, Unverletzlichkeit der Grenzen (aber nicht Unveränderbarkeit) und Achtung von Menschenrechten, einen Beschluss über Zusammenarbeit in Wirtschaft, Wissenschaft, Technik und Umwelt, sowie Grundsätze der Zusammenarbeit im humanitären Bereich, Erleichterung von menschlichen Kontakten über Blockgrenzen hinweg und Informationsaustausch.

*Weiß und blau: ein finnischer Bau zeigt finnische Farben.*

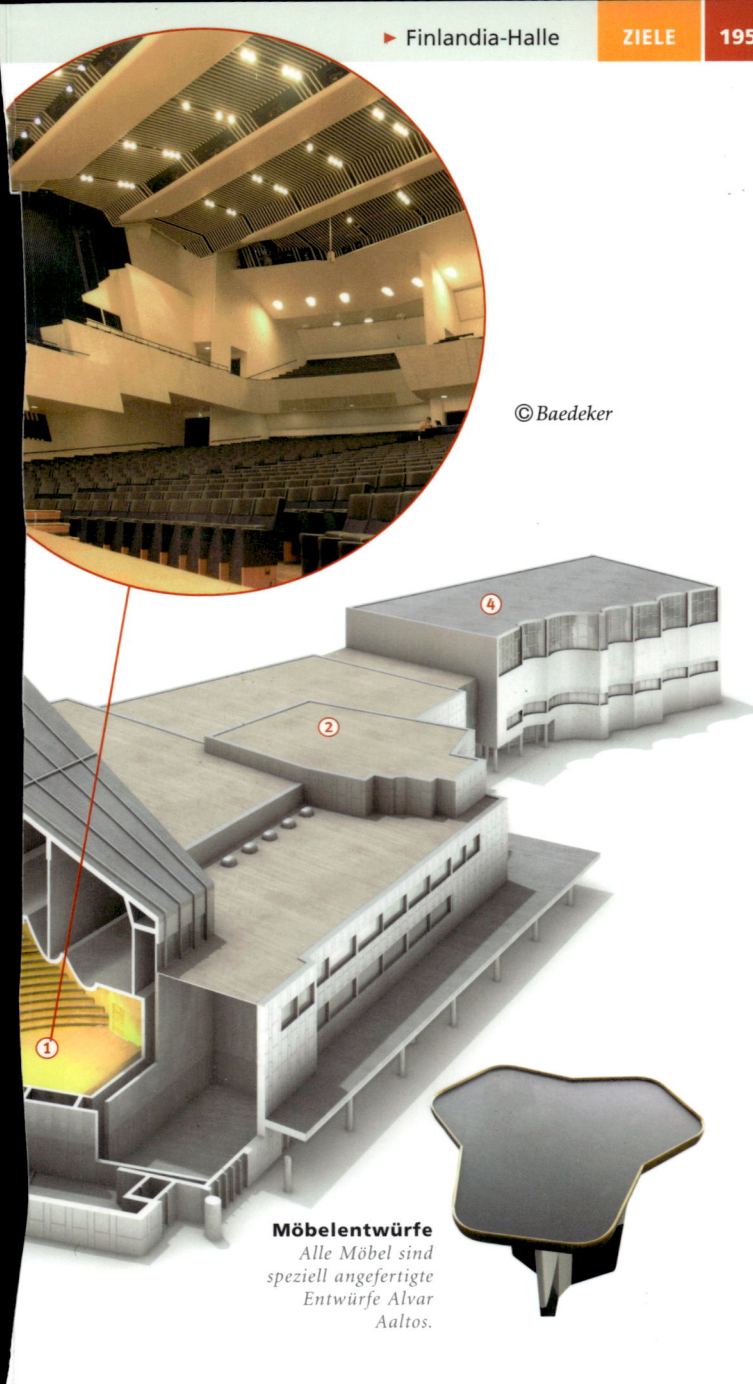

© Baedeker

**Möbelentwürfe**
*Alle Möbel sind
speziell angefertigte
Entwürfe Alvar
Aaltos.*

**Der Finlandia-Saal**

*Das hohe Dach des großen Saals sollte eine besonders gute Akustik ermöglichen – eine Idee des Planers, die in der Realität ihr Ziel verfehlte. Durch abgehängte Deckenkonstruktionen gelang es, die problematische Akustik in den Griff zu bekommen.*

**Blick in die »Piazza«**

*Alle Materialien, Details und Einrichtungsgegenstände sind Teil des architektonischen Gesamtkonzepts.*

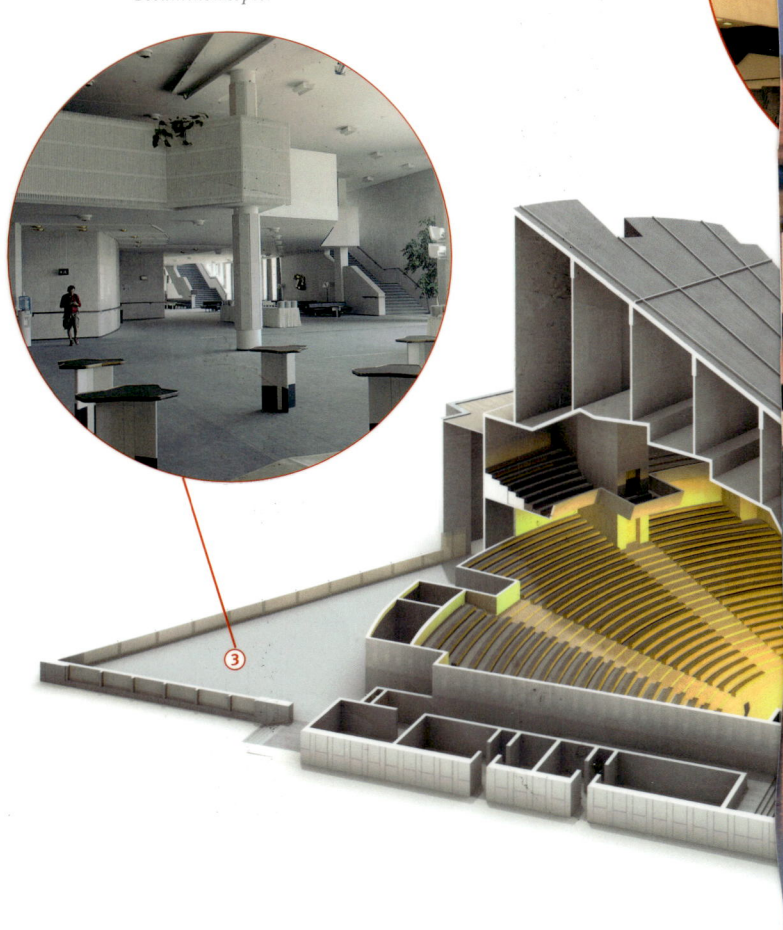

③

## ● HELSINKI ERLEBEN

### AUSKUNFT
**Helsinki Tourist Information**
Pohjoisesplanadi 19
79700 Helsinki
Tel. 09 / 31 01 33 00
www.visithelsinki.fi
Öffnungszeiten: Mai – Sept. Mo. – Fr.
9.00 – 20.00, Sa., So. 9.00 – 18.00,
Okt. – April Mo. – Fr. 9.00 – 18.00,
Sa., So. 10.00 – 16.00 Uhr

### SIGHTSEEING
**Busrundfahrten**
Busrundfahrten starten am Hauptbahnhof (Simonkatu 1) und am Silja-
bzw. Viking-Terminal am Hafen.

**Tram 3 T**
Recht preiswert kann man Helsinki
mit der Tram 3 T erkunden. Sie fährt
am Bahnhof ab und passiert fast alle
wichtigen Sehenswürdigkeiten der
Stadt. An den Fahrkartenschaltern
gibt es eine Broschüre, in der alle
touristischen Highlights entlang der
Strecke erläutert sind.

**Zu Fuß oder per Fahrrad**
Bei der Tourist Information
gibt es ausführliche Vorschläge
für erlebnisreiche Spaziergänge
und Radwanderungen durch
das Stadtgebiet.

**Per Boot**
Vom Marktplatz und vom Hakanie-
mi-Platz starten im Sommer ab 10.00
Uhr Boote zu Ausflügen durch die
Inselwelt vor Helsinki.

### SHOPPING
Helsinkis wichtigste Einkaufsstraßen
sind Aleksanterinkatu, Esplanade und
Mannerheimintie. Nette Boutiquen
gibt es in der Uudenmaankatu, der
Fredrikinkatu und der Korkeavuorenkatu. Der sog. Design District
umfasst Teile von Kaartinkaupunki,
Kamppi, Punavuori und Ullanlinna.

### Baedeker-Empfehlung

**Helsinki Card**
Diese Karte (gültig für 1, 2 oder 3 Tage)
ermöglicht freie Fahrt in Bussen, Straßenbahnen, Metro, Nahverkehrszügen sowie
mit der Fähre nach Korkeasaari und
Suomenlinna. Darüber hinaus beinhaltet
sie Ermäßigungen auf Stadtrundfahrten
und Stadtwanderungen, freien Eintritt zu
rund 50 Museen im Großraum und Ermäßigung bei einem Halbtagesausflug nach
▶Porvoo, zur Villa Ainola in Järvenpää und
zum Kunstzentrum Hvitträsk ( ▶Ausflüge
von Helsinki, Kirkonummi). Die Helsinki
Card erhält man bei der Tourist Information (s. oben), in Reisebüros und Hotels.

### ESSEN
▶ **Fein & teuer**
① **Chez Dominique**
Rikhardinkatu 4
Tel. 09 / 612 73 93
www.chezdominique.fi
Derzeit wohl beste Adresse der Stadt
mit einer wirklich ausgezeichneten
Gourmet-Küche

② **Šašlik**
Neitsytpolku 12
Tel. 09 / 74 25 55 00
Russisch für Ausländer: Die besten
russischen Gerichte in Helsinki serviert das elegante Šašlik in sieben
verschieden gestalteten Räumen. Jeden Abend wird Livemusik gespielt.

③ **Savoy**
Eteleäsplanadi 14
Tel. 09 / 61 28 53 00

www.royalravintolat.com/savoy
Höchst elegantes Nobelrestaurant mit
hervorragender Küche und schönem
Blick über die Stadt

④ **Demo**
Uudenmaankatu 9 – 11
Tel. 09 / 22 89 08 40
www.resataurantdemo.fi
Kleine, aber feine Adresse für Lieb-
haber einer kreativen und modernen
Küche

⑤ **Nokka**
Kanavaranta 7
Tel. 09 / 61 28 56 00
www.royalravintolat.com/nokka
Bestens zubereite finnische Spezial-
titäten genießt man in einem alten
Lagerhaus in Katajanokka.

► **Erschwinglich**
⑥ **Postres**
Eteläesplanadi 8
Tel. 09 / 66 33 00
www.postres.fi
Das hübsche Lokal ist bekannt für
seine junge und raffinierte Küche auf
höchstem Niveau

## ÜBERNACHTEN
► **Luxus**
① **Crowne Plaza**
Mannerheimintie 50
Tel. 09 / 25 21 00 00
www.crowneplaza-helsinki.fi
Gegenüber dem Opernhaus über-
nachtet man höchst komfortabel.

② **Hotel Kämp**
Pohjoisesplanadi 29
Tel. 09 / 57 61 11
www.hotelkamp.fi
Das »Kämp« war einst das Erste Haus
am Platz. Die Reichen und Schönen
verkehrten in den glamourösen Restaurants und Bars. Nach einer langen
Phase als Bankgebäude versucht man

*Nostalgischer Glanz: Hotel Seurahuone*

im heutigen Kämp, an die glorreiche
Geschichte und den Geist des legendären alten Kämp anzuknüpfen.

③ **Scandic Hotel Grand Marina**
Katajanokanlaituri 7
Tel. 09 / 91 66 61
www.scandichotels.com/grandmarina
Direkt neben den Kais von Katajanokka, wo die großen Fähren anlegen,
liegt das luxuriöse Grand Marina. Es
wurde zu Beginn des 20. Jh.s als
Hafenspeicher gebaut.

► **Komfortabel**
④ **Hotelli Seurahuone**
Kaivokatu 12
Tel. 09 / 96 91 41
www.hotelliseurahuone.fi
In dem traditionsreichen Jugendstil-

Gebäude gegenüber dem Haupt-
bahnhof verbinden sich 150 Jahre
Hotelgeschichte mit modernem
Komfort.

⑤ *Hotel Anna*
Annankatu 1
Tel. 09 / 61 66 21
www.hotelanna.com
Freundliche Unterkunft im Stadtzen-
trum mit 64 zeitgemäß ausgestatteten
Gästezimmern

► **Günstig**
⑥ *Hostel Academica*
Hietaniemenkatu 14
Tel. 09 / 13 11 43 34
www.hostelacademica.fi
Während der akademischen Som-
merferien (Juni – Aug.) kann man
recht preiswert mitten in der Stadt
übernachten.

## NACHTLEBEN
① *The Tiger*
Kamppi, Urho Kekkosen katu 1 A
Angesagte Disco für stilbewusste

Nachtschwärmer hoch über den
Dächern der Stadt

② *Nolla*
Pohjoinen Rautatienkatu 21
Hier gibt es tolle Club-Abende und
sonntags von 11.00 bis 15.00 Uhr
sogar ein Reggae Breakfast.

③ *Café Ópera*
Mannerheimintie 6
Party-Location, in der sowohl
authentischer Rhythm & Blues,
als auch trendige Hip-Hop geboten
werden.

④ *Teatteri*
Pohjaoiseplanadi 2
Nachteulen fühlen sich sehr wohl in
dieser gelungenen Kombination aus
Restaurant, Café, Bar und Nachtklub.

⑤ *Vinyl Cocktail Lounge*
Yliopistonkatu 8
Das Lokal ist bekannt für gute Musik,
die man in lockerer Atmosphäre
genießen kann.

*Informationen, Tickets, Hotels: Die Touristeninformation ist eine prima Anlaufstelle.*

Eero Hyvämäki, Jukka Karhunen und Risto Parkkinen. Die Fassade ist mit wetterbeständigen Keramikplatten und großen Glasflächen verkleidet. Das erste Opernhaus Finnlands hat rund 120 Mio. Euro gekostet. Diese enorm hohen Kosten erregten angesichts der damals herrschenden Wirtschaftskrise viel öffentliche Kritik. Der Hauptzuschauerraum bietet Platz für 740 Besucher im Parkett und für 600 auf den Rängen. Die kleinere Studiobühne »Alminsali« dient der Aufführung experimenteller Opern und für Workshops.

## Sehenswertes im Norden und Westen

Im Norden der Stadt liegt – an der Einmündung der Helsinginkatu in die Mannerheimintie – die alte Messehalle; dahinter erstreckt sich das Olympiastadion (1938), das für die Olympischen Spiele von 1940 errichtet wurde, die aber kriegsbedingt erst 1952 stattfanden. Das Stadion wurde von Yrjö Lindegren und Toivo Jäntti im Stil des Funktionalismus entworfen. Von dem 72 m hohen, schlanken Olympiaturm (Fahrstuhl) bietet sich ein großartiger Blick auf die Stadt (Öffnungszeiten: Mo.–Fr. 9.00–20.00, Sa., So., 9.00–18.00 Uhr).  ⏲
**Olympiastadion**

Vor dem Eingang zum Stadion steht eine Bronzeplastik des Ausnahmeläufers **Paavo Nurmi** (1897–1973; ►Berühmte Persönlichkeiten), geschaffen von Wäinö Aaltonen (1952). Östlich hinter dem Stadion gibt es ein Schwimmstadion und nördlich davon die Eishalle. Hinter der Rasenseite des Schwimmstadions liegt der Stadtgarten, wo im Sommer farbenprächtige Blütenkaskaden zu sehen sind.
**Paavo-Nurmi-Statue**

Im Stadion befindet sich das Finnische Sportmuseum, das in einer modernen Ausstellung mit Multimedia und Computersimulationen verschiedene Sportarten dokumentiert. Auch Paavo Nurmis Laufschuhe kann man bewundern. Seit 1999 widmet sich eine eigene Ausstellung den finnischen Arktis-Entdeckern und Bergsteigern (Öffnungszeiten: Mo.–Fr. 11.00–17.00, Sa. und So. 12.00 – 16.00 Uhr).  ⏲
**Finnisches Sportmuseum**

Östlich der Sportanlagen, jenseits der Eisenbahnlinie, erstreckt sich der Vergnügungspark Linnanmäki (Tivolikuja) – mit dem Wasserturm, der Achterbahn und dem Riesenrad, die gemeinsam mit dem dahinter liegenden Fernsehturm ein Stück der Stadtsilhouette Helsinkis bilden. Täglich von Mai bis Anfang September geöffnet.
**Vergnügungspark Linnanmäki**

Daneben liegt das Kulturhaus, das 1955–1958 nach Plänen des Architekten **Alvar Aalto** erbaut wurde. Der große Konzertsaal zeichnet sich durch eine hervorragende Akustik aus. Hinter dem Kulturhaus erstreckt sich der kleine Leninpark.
**Kulturhaus**

Die Merikannontie im Stadtteil Töölö führt am Sibeliuspark vorbei, wo das Sibeliusdenkmal von Eila Hiltunen (1967), eine monumentale abstrakte Skulptur aus Stahl, den Blick auf sich zieht.
**Sibeliusdenkmal**

**Freilichtmuseum Seurasaari**

Über die Merikannontie und die Seurasaarentie erreicht man zirka 2 km nordwestlich des Sibeliusdenkmals die Insel Seurasaari, die mit dem Festland durch eine Fußgängerbrücke verbunden ist. Im Sommer fährt auch ein Motorboot vom Marktplatz zur Insel. Ein touristisches Kleinod ist das Freilichtmuseum, das in einer schönen Parklandschaft alte Bauernhäuser, Gehöfte, Herrenhäuser, Saunas, Mühlen, die Kirche von Karuna (1686) und andere Holzbauten aus allen Teilen Finnlands präsentiert. Das Museum bietet nicht nur einen Einblick in traditionelle finnische Bau- und Wohnkultur, sondern man kann auch in Tracht gekleideten Frauen beim Weben und Knüpfen traditioneller Textilien zuschauen. In dem **Folklorezentrum Tomtebo** (Tamminiementie 1) auf Seurasaari kann man das ganze Jahr über Folklore- und Kunstausstellungen in einer alten Holzvilla des 19. Jh.s sehen. Kinder erfreuen sich besonders an den zahmen Eichhörnchen im Park (Öffnungszeiten: Juni – Aug. tgl. 11.00 bis 17.00, Mi. – 19.00, Mai u. Sept. Mo. – Fr. 9.00 – 15.00, Sa., So. 11.00 – 17.00 Uhr).

*Frauen in ländlichen Trachten*

**Kekkonen-Museum, Tamminiemi**

An der Brücke nach Seurasaari liegt das Kekkonen-Museum, Tamminiemi. Hier haben zwischen 1940 und 1987 mit einer Ausnahme alle finnischen Präsidenten gewohnt. Heute wird hier an Urho Kalevi Kekkonen, den wichtigsten Nachkriegspolitiker des Landes, erinnert, der zwischen 1956 und 1981 das höchste Staatsamt innehatte (wird derzeit renoviert).

## Südliches Stadtgebiet

**Deutsche Kirche**

Im Stadtteil südlich vom Markt liegt am Ende der Unioninkatu die Deutsche Kirche (Saksalainen kirkko) aus rotem Backstein der noch heute existierenden Deutschen ev.-luth. Gemeinde Helsinki. Sie wurde 1864 nach Plänen von Herbert von Bosse erbaut.

**Observatoriumsberg**

Dahinter erhebt sich der Observatoriumsberg (38 m ü. d. M.) mit einer schönen Aussicht auf die Stadt. Hier befindet sich die 1833 von Carl Ludwig Engel gebaute **Sternwarte**, die heute zur Universität von Helsinki gehört.

Folgt man der Küstenstraße Ehren-strömintie nach Süden, so erreicht man das 1874 errichtete **Manner-heim-Museum** in der Kalliolinnan-tie 14, wo der berühmte Marschall und spätere Staatspräsident (► Berühmte Persönlichkeiten) seit 1924 wohnte. Um 1942, als Mannerheim bereits Staatspräsident von Finnland war, erhielt er die Villa vom finnischen Reichstag geschenkt. Das Haus ist seit 1951 Museum und zeigt Erinnerungsstücke aus der Zeit, als Mannerheim Forschungsreisender in russischen Diensten war, ferner eine Sammlung von Orden und Dokumenten zur Geschichte Finnlands (Öffnungszeiten: Fr. – So. 11.00 – 16.00 Uhr). ☉

> **!** *Baedeker* TIPP
>
> **Kaapelitehdas**
>
> Kaapeltitehdas, war früher genau das, was der Name sagt – eine Kabelfabrik. Heute ist es ein alternatives Kunst- und Kulturzentrum mit Theatern, Kinos, Cafés, Restaurants und Künstlerateliers. Fast täglich finden hier interessante Veranstaltungen statt (Programm beim Touristeninformationsbüro), aber auch wenn mal nichts läuft, lohnt sich ein Besuch des in der Tallberginkatu 1 schön am Wasser gelegenen Gebäudes.

**Kunstsammlung Cygnaeus**

In der Kalliolinnantie Nr. 8 steht das 1870 errichtete Haus des Professors und Kunstmäzens Fredrik Cygnaeus, der an der Universität von Helsinki Ästhetik lehrte. Seine Kunstsammlung umfasst vor allem finnische Gemälde des 19. Jh.s, wobei vor allem die Maler Walter Runeberg und Albert Edelfelt vertreten sind (Öffnungszeiten: Do. bis So. 11.00 – 16.00, Mi. bis 19.00 Uhr). ☉

**Kaivopuisto (Brunnenpark)**

Ein Stück weiter beginnt der schön gelegene Brunnenpark (finn. Kaivopuisto). Am Fuße des Hügels erstrecken sich das Viertel der Botschaften und die wohl teuersten Villenviertel der Stadt. Herrschaftliche Jugendstilhäuser sind von gepflegten Wegen, Garten- und Parkanlagen umgeben. Von dem höchsten Punkt des Hügels hat man eine schöne Aussicht auf die Hafenanlagen und die Stadt. Der Park gehörte zu einem 1830 gegründeten Kurhaus, wo sich der russische Hochadel aus St. Petersburg einst erholte. In dem stark veränderten Gebäude ist heute ein beliebtes Restaurant untergebracht.

Ein Kuriosum für Mitteleuropäer ist die **Teppichwaschanlage** am Meeresufer. Meist sind es Männer, die auf Holztischen mit Kernseife und Bürste die traditionellen Flickenteppiche schrubben.

*Treffpunkt Meer: die Teppichwaschanlage*

# DER MARSCHALL VON FINNLAND

**Kaum ein Finnlandbesucher wird ihm nicht begegnen: dem hoch verehrten Marschall Mannerheim. Fast jede Stadt hat ihre Mannerheimstraße oder zeigt ihn hoch zu Ross als monumentale Statue. Doch wer eigentlich war der Mann aus adliger Familie, der wie kein anderer die Geschicke des selbstständigen Finnlands beeinflusste?**

**Carl Gustaf Emil Freiherr Mannerheim**, Finnlands legendärer Heerführer und Präsident, wurde am 4. Juni 1867 auf dem Mannerheimschen Familiengut Louhisaari bei Turku geboren. Seine Ausbildung bekam er im russischen Heer, bereits 1889 wurde er Offizier in der Armee des Zaren, und den Ersten Weltkrieg erlebte er als Kommandant einer Kavalleriedivision. Nach Ausbruch der russischen Oktoberrevolution 1917 kehrte er nach Finnland zurück, wo er von der provisorischen Unabhängigkeitsregierung mit dem Aufbau der Streitkräfte betraut wurde. Nun führte er die finnischen Regierungstruppen im Unabhängigkeitskrieg erfolgreich gegen die Rote Armee (vgl. ► Geschichte, Unabhängiges Suomi).
Auch im Finnischen Bürgerkrieg übernahm Mannerheim eine führen-

de Rolle. Die radikale Linke hatte in der Folge der Ereignisse in Russland auf eine bolschewistische Revolution im eigenen Land gehofft. Bereits im Januar 1918 kam es in Südfinnland zu einem Aufstand der »Roten«, in dessen Folge Senat und Regierung in die westfinnische Küstenstadt Vaasa fliehen mussten. Die Armee der bürgerlichen »Weißen« stand unter dem Befehl von Mannerheim. Ihm gelang es – übrigens mit militärischer Hilfe des Deutschen Reiches – die Aufständischen zu schlagen.

## Folgen des Bürgerkriegs

**Damit war jedoch** das Blutvergießen keineswegs beendet. Die siegreichen »Weißen« rächten sich erbarmungslos an den »roten Landesverrätern«. Standgerichte verurteilten über 8000 Menschen zum Tode, weitere 12 000

*Der Stratege Mannerheim wirkte vom Truppenhauptquartier in Mikkeli.*

starben in Gefangenenlagern. Mannerheim, der später einmal hinter seiner Person ganz Finnland vereinen konnte, trug durch sein kompromissloses Verhalten im Bürgerkrieg zunächst viel zur inneren Spaltung seines Landes bei. Folgerichtig verlor er auch die Präsidentschaftswahlen 1919 gegen Kaarlo Juha Ståhlberg und zog sich zunächst aus der Politik zurück.

## Finnlands stärkster Mann

**Zwischen 1931 und 1939** war General Mannerheim Vorsitzender des Obersten Kriegsrates. Während dieser Zeit ließ er die »Mannerheim-Linie«, eine starke Befestigungslinie, auf der Karelischen Landenge bauen, um der wachsenden territorialen Bedrohung durch die Sowjetunion zu begegnen. Am 30.11.1939 wurde er Oberbefehlshaber der finnischen Streitkräfte, die er im »Winterkrieg« 1939/1940 bei der Abwehr des Überfalls durch die Sowjettruppen sowie im »Fortsetzungskrieg« 1941–1944 erfolgreich führen konnte. 1942 erhielt er den Rang eines Marschalls von Finnland. Vom Herbst 1944 an, nach dem Waffenstillstand mit der Sowjetunion, lenkte er als Staatspräsident das Land durch eine der schwierigsten Perioden seiner Geschichte. Durch überaus geschickte Verhandlungsführung und dank des großen internationalen Ansehens seiner Person gelang es ihm, statt der von den Alliierten geforderten bedingungslosen Kapitulation seines Landes, einen Waffenstillstand auszuhandeln, der Finnland zwar große territoriale und materielle Verluste brachte, aber dem kleinen Land die Unabhängigkeit zwischen den sich bildenden Machtblöcken des Kalten Krieges bewahrte.

## Lebensabend in der Schweiz

**1946 trat der** Siebenundsiebzigjährige von allen Ämtern zurück (er wurde von J. K. Paasikivi abgelöst) und lebte von schwerer Krankheit gezeichnet in Montreux am Genfer See in der Schweiz, wo er seine Erinnerungen verfasste. Am 28.1.1951 verstarb er in Lausanne. Carl Gustaf Mannerheim, der auch international einen fast legendären Ruf genossen hatte, wurde auf dem Friedhof Hietaniemi in Helsinki beigesetzt.

**Johanneskirche, Hauptquartier der Streitkräfte**

Westlich vom Observatoriumshügel erhebt sich die neugotische Johanneskirche (1891) mit zwei 74 m hohen Türmen. Zwischen ihr und dem Observatoriumsberg befindet sich die Kasarmikatu und der Platz Kasarmitori, an dem die – von Engel in antikisierendem Stil erbauten – Kasernen der finnischen Streitkräfte liegen.

**Architektur-museum**

In dem 1899 erbauten Museum (Kasarmikatu 24) wird die Entwicklung der finnischen Architektur anhand von Bildern, Zeichnungen, Literatur und Wechselausstellungen beleuchtet (Öffnungszeiten: Di. – Fr. 10.00 – 16.00, Mi. bis 20.00, Sa., So. 11.00 – 16.00 Uhr).

**Designmuseum**

Nicht weit vom Architekturmuseum entfernt dokumentiert das Designmuseum (Korkeavuorenkatu 23) das finnische Industriedesign und Kunstgewerbe (Öffnungszeiten: Winter Di. 11.00 – 20.00, Mi. bis So. 11.00 – 18.00, Sommer Mo. – So. 11.00 – 18.00 Uhr).

**Badeinsel Pihlajasaari**

Ein paar hundert Meter weiter erreicht man den Merisatama, von wo die Boote zur Badeinsel Pihlajasaari abfahren (Fahrzeit 15 Minuten). An den zwei durch eine Brücke verbundenen Inseln gibt es Badestrände (auch FKK) auf glatten Felsplatten oder auf Sand, Spazierwege durch Wälder und ein Café.

## Vanhakaupunki (Altstadt)

**Arabia-Museum**

Im Nordosten der Stadt findet man an der Hämeentie 135 – Richtung Lahti – (etwa 15 Min. vom Zentrum) die 1874 gegründete Porzellanmanufaktur Arabia (Museum). Sie zeigt repräsentatives finnisches Geschirr und Kunstgegenstände aus der langjährigen Geschichte der Arabia-Fabrik (Öffnungszeiten: Di. – Fr. 12.00 – 18.00, Sa., So. 10.00 – 16.00 Uhr).

**Altstadt**

Unweit nordöstlich, an der Mündung des Vantaanjoki, liegt der Platz, an dem Helsinki im Jahre 1550 gegründet wurde, die Vanhakaupunki (Altstadt). Zunächst findet man an der Vanhakaupungintie links eine Steinplatte, die an den Standort der ersten Kirche und des ersten Friedhofs erinnert. Ein Stück weiter, rechts, ist an einer Wand aus schwarzem Granit ein Porträt von Gustav Wasa zu sehen. Auf der Erde befindet sich eine Platte mit dem alten Stadtplan.

## Ausflüge mit dem Boot

**Zooinsel Korkeasaari**

Die nordöstlich von Katajanokka gelegene Insel Korkeasaari kann man per Ausflugsboot vom Marktplatz oder vom Hakaniemi Tori erreichen. Alternativ gibt es einen Parkplatz auf der Freizeitinsel Mustikkamaa, von dort führt eine Fußgängerbrücke nach Korkeasaari. Der **Zoologische Garten** beherbergt mehr als 1000 Tiere aus Finnland und anderen Ländern (Öffnungszeiten: Mai – Aug. 10.00 bis 20.00, Okt. – März. bis 16.00, April u. Sept. bis 18.00 Uhr).

Mit der Personenfähre (Fahrschein wie bei Bussen / Straßenbahnen; Helsinki-Karte ist gültig) braucht man nur 15 Minuten zu den Festungsinseln von Suomenlinna (Finnische Burg). Die durch mehrere Brücken verbundenen Inseln sind nicht nur ein beliebtes Ausflugsziel für die Bewohner von Helsinki, sondern auch Wohnsitz von rund 900 Menschen. Englische Führungen (Ausgangspunkt ist der Info-Stand) finden von Juni bis August täglich statt, Führungen in deutscher Sprache nach Vereinbarung mit dem Fremdenverkehrsamt in Helsinki (► Auskunft). Noch heute eindrucksvoll sind die eigentlichen Festungsanlagen mit der Königspforte und den Kasematten. Auch **Carl Ludwig Engel** hat hier gebaut. In der früheren Marinewerft auf der Insel Susisaari sieht man schöne alte Holzschiffe, die restauriert werden sollen. Das abwechslungsreiche Gelände bietet dem Spaziergänger ständig neue Winkel und Pfade.

*Festungsinsel Suomenlinna*

Die Festung Suomenlinna wurde 1750 – 1777 während der Zeit der schwedischen Herrschaft erbaut. Dementsprechend  hieß sie zunächst – nicht schwer zu erraten – Schwedenburg, Sveaborg. In langjähriger Bautätigkeit entstanden hier Mauern, Befestigungsanlagen, Wohnhäuser und eine große Werft, so dass Sveaborg bereits bald mehr Einwohner zählte als Helsinki. Im Jahre 1806 war die Festungsanlage mit ihren rund 4 600 Einwohnern nach Turku die zweitgrößte Stadt Finnlands. Die Festung fiel im schwedisch-russischen Krieg

◄ Geschichte der Festung

*Schärenhäuser vor Helsinki, im Hintergrund die Festungsinsel Suomenlinna*

## *Festungsinsel Suomenlinna* Orientierung

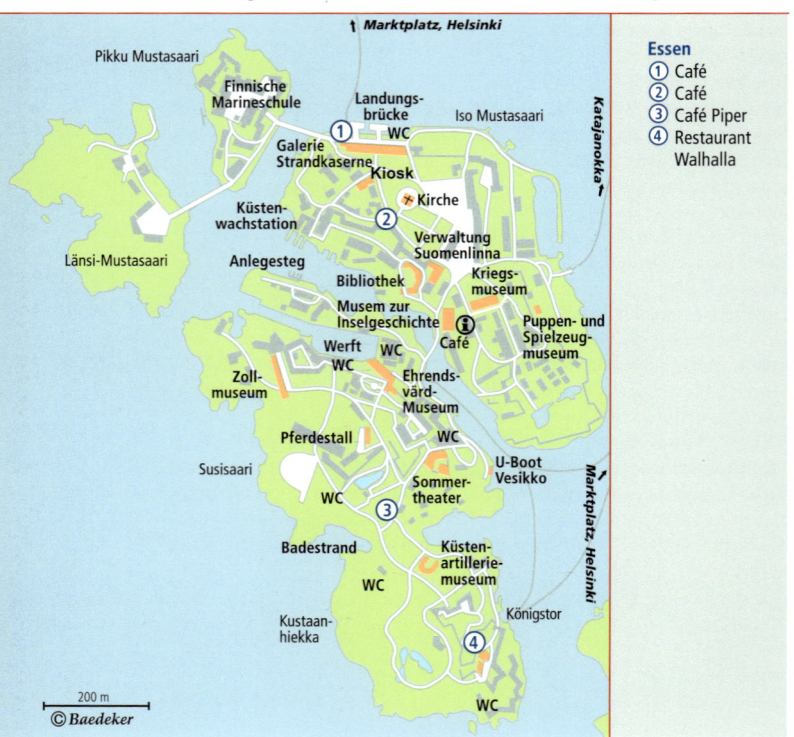

Marktplatz, Helsinki

Pikku Mustasaari
Finnische Marineschule
Landungsbrücke
WC
Iso Mustasaari
Galerie Strandkaserne
① Kiosk
Küstenwachstation
Kirche
② Verwaltung Suomenlinna
Länsi-Mustasaari
Anlegesteg
Bibliothek
Kriegsmuseum
Musem zur Inselgeschichte
ℹ Café
Puppen- und Spielzeugmuseum
Werft
WC
Zollmuseum
Ehrendsvärd-Museum
Pferdestall
WC
U-Boot Vesikko
Susisaari
WC
③ Sommertheater
Badestrand
WC
Küstenartilleriemuseum
Kustaanhiekka
④
Königstor
WC
200 m
© Baedeker
Katajanokka
Marktplatz, Helsinki

**Essen**
① Café
② Café
③ Café Piper
④ Restaurant Walhalla

von 1808 / 1809 an die Russen und wurde weiter zur großen Garnison mit Kasernen, Krankenhäusern und einer Kirche ausgebaut. Nach der Unabhängigkeit zog das finnische Militär ein und gab der Festung den finnischen Namen Suomenlinna. In der Folgezeit diente sie als großes Gefangenenlager für die im Bürgerkrieg unterlegenen »Roten«. Erst später wurde sie bis 1973 als Garnison genutzt. Seitdem geht mit der Restaurierung die Umwandlung in ein Gebiet für Freizeit und Kultur Hand in Hand. Die Festung Suomenlinna ist seit 1991 als **UNESCO-Weltkulturerbe** ausgewiesen.

**Museen auf Suomenlinna** Auf der Insel sind zahlreiche Museen in den historischen Bauten untergebracht. Das moderne Besucherzentrum an der Brücke beheimatet auch ein Museum, das sich mit der Inselgeschichte auseinandersetzt. Auch wenn Sie sich nicht detailliert mit der Historie befassen wollen, sollten Sie doch einen Blick auf das **Modell** werfen, das das Aussehen der Insel im Jahre 1808 – also kurz vor der Besitzübernahme durch die Russen – zeigt. Das **Ehrensvärd-Museum**, benannt nach dem ersten Baumeister der Burg, ist in dem einstigen Wohn-

haus des Kommandanten untergebracht und beleuchtet die Geschichte der Seefestung. Im **Kriegsmuseum** werden Kriegsgeräte aus
dem Zweiten Weltkrieg gezeigt.
Das **Küstenartilleriemuseum** dokumentiert die Geschichte der Küs-
tenverteidigung und das **Zollmuseum** die Geschichte der Zollbe-
hörde. Das restaurierte **U-Boot
»Vesikko«** wurde im Zweiten Weltkrieg im Finnischen Meerbusen
eingesetzt. Ferner gibt es hier auch
ein **Puppen- und Spielzeugmuseum** in einer alten russischen
Holzvilla. Die meisten Museen sind
von Mai – August täglich 10.00 bis
17.00 Uhr geöffnet.

Die **Kirche** wurde im Jahre 1854 auf der Insel erbaut. Das Gotteshaus
kann mit einem »schweren« Rekord aufwarten: In dem kleinen separat stehenden Kirchturm hängt die mit fast 6700 Kilogramm
schwerste Kirchenglocke des Landes. Gegossen wurde diese 1885 in
Moskau.

Die fünf Staaten des Nordischen Rats (Dänemark, Finnland, Island, ◄ Nordisches
Norwegen, Schweden) haben hier ein Kunstzentrum eingerichtet, Kunstzentrum
das Stipendiaten die Möglichkeit gibt, in Ruhe ihrem Schaffen nach-
zugehen. In den Galerien des Kunstzentrums sind repräsentative
Werke zeitgenössischer Künstler ausgestellt. Auch heute wohnen
noch Künstler auf Suomenlinna.

## Ausflüge von Helsinki

Über den Ring III (Kehä III oder Straße 50) erreicht man 30 km süd- ✶ ✶
westlich von Helsinki die Gemeinde Kirkkonummi. Architektur- **Atelierzentrum**
und Jugendstilfreunde aus aller Welt pilgern hier nach Hvittträsk, der **Hvittträsk**
Wohn- und Arbeitsstätte des finnischen Architekten-Trios **Eliel Saarinen**, **Herman Gesellius** und **Armas Lindgren**. Die Freunde und Kollegen entwarfen und verwirklichten hier 1902 ihre Heim- und Arbeits-
stätten nach Ideen des von ihnen maßgeblich entwickelten finnisch-
volksromantischen Stils. Die Gebäude des einsam mitten im Wald
gelegenen Ensembles wurden aus einheimischem Naturstein, Block-
holz und geteerten Schindeln errichtet. Der Formensprache des europäischen Jugendstils wurden Elemente karelischer Bauweise und
des nordischen Mittelalters hinzugefügt. Jede der drei Familien besaß
ihr eigenes Wohnhaus, für das jeweils auch die komplette Inneneinrichtung inklusive Möbel, Textilien und Kerzenhalter eigens entworfen und von Hand gefertigt wurde. Ein Teil der Anlage brannte 1922
ab; heute ist das Atelier- und Wohnhaus der Familie Saarinen kom-

*Top-Sehenswürdigkeit für Architekturfreunde: das Atelierzentrum Hvitträsk*

🕐 plett zu besichtigen (Öffnungszeiten: Mai – Aug. tgl., sonst nur Di. bis So. 11.00 – 17.00 Uhr). Außerdem gibt es hier einen kleinen Museumsshop im Souterrain sowie ein Café und ein oft gelobtes Feinschmeckerrestaurant.

**Künstlerkolonie Tuusula**   Ca. 30 km nördlich von Helsinki führt von Tuusula nach Järvenpää die Uferstraße **Tuusulan Rantatie**, die um die Jahrhundertwende eine bei Künstlern und Bohemiens beliebte Wohngegend war. Inzwischen gilt die Uferstraße Tuusula als Museumsstraße; die einstigen Sommervillen wurden restauriert und können besichtigt werden.

Der Volksdichter **Aleksis Kivi** (▶ Berühmte Persönlichkeiten) verbrachte hier auf dem Anwesen seines Bruders die letzten Monate bis zu seinem Tod 1872. Wenige Jahrzehnte später siedelten sich hier nach und nach viele Künstler an; sie waren oft miteinander befreundet und befanden sich in regem künstlerischem Austausch.

Zuerst ließ sich 1897 der Schriftsteller Juhani Aho mit seiner Gattin, der Malerin Venny Soldan-Brofeld, in der **Villa Ahola** nieder. Ihnen folgte der Maler Eero Järnefelt (der Schwager von Jean Sibelius), der im Sommer in seinem Landhaus **Suviranta** lebte.

★ **Villa Halosenniemi** ▶   Der Maler **Pekka Halonen** entwarf 1902 sein Wildnis-Atelier und die karelisch inspirierte Blockhausvilla Halosenniemi selbst (heute werden hier seine Gemälde ausgestellt). Das Anwesen liegt malerisch auf einer Landzunge direkt am See Tuusula (Öffnungszeiten: im Sommer 🕐 Di. – So. 11.00 – 19.00, Mo. 11.00 – 16.00 Uhr).

Im gleichen Jahr zog sein Dichterfreund Juho Heikki Erkoo in das Haus **Erkkola** ein.

★★ **Villa Ainola**   Am nördlichen Ende der Rantatie-Straße liegt die 1904 erbaute **Villa Ainola** in Järvenpää. Hier lebte der Komponist **Jean Sibelius** (1865 bis 1957; ▶ Berühmte Persönlichkeiten) bis zu seinem Tode mit sei-

ner Ehefrau Aino. Nach ihr wurde das Landhaus benannt, das der damals schon arrivierte Komponist auf einem vom finnischen Staat geschenkten Grundstück bei dem Jugendstilarchitekten Lars Sonck, dem Erbauer des Doms von Tampere, in Auftrag gab. Das ruhige Leben auf dem Land – immer wieder unterbrochen von Konzertreisen in alle Teile der Welt – ist der Familie mit den zwei Töchtern augenscheinlich wohl bekommen: Sibelius wurde 92 Jahre alt und seine Frau Aino 98 Jahre. In Ainola komponierte Sibelius fünf seiner sieben Symphonien. Besucher können das original eingerichtete Erdgeschoss des Hauses besichtigen (Öffnungszeiten: Mai – Sept. Di. bis So. 11.00 – 17.00 Uhr).

*In der Villa Ainola entstanden viele der großen Werke des finnischen »Staatskomponisten« Sibelius.*

Nördlich von Järvenpää empfiehlt sich ein Abstecher bei Mäntsälä zu dem kleinen Freilichtmuseum Sepänmäki bei dem 5 km südwestlich gelegenen Dorf **Hirvihaara**. Hier findet man ländliche Wohngebäude und Werkstätten im ursprünglichen Zustand (Öffnungszeiten: Sommer Mo. – Fr. 10.00 – 15.00 Uhr).

**Handwerks-museum Sepänmäki**
🕐

Ca. 9 km südöstlich von Mäntsälä gelangt man in Numminen zum Gutshaus Alikartano (schwedisch Frugård), das im Besitz der wohlhabenden **Forscherfamilie Nordenskiöld** war. Das Wohnhaus ist als Museum der Öffentlichkeit zugänglich und bietet mit seiner historischen Inneneinrichtung, zahlreichen Bildern und Büchern einen hervorragenden Einblick in das Leben der berühmten Familie und ihrer Zeit. Das vom Bauherren nach eigenen Entwürfen geplante Hauptgebäude mit dem zweistöckigen Wohnsalon wurde um 1805 errichtet (Öffnungszeiten: im Sommer tgl. 11.00 – 17.00 Uhr). Im Nebengebäude gibt es ein gemütliches kleines Café mit hervorragendem, selbstgebackenem Hefegebäck.

**Gutshaus Alikartano**
🕐

Von Helsinki führt die Hauptstraße Nr. 3 (E 12) nordwärts zur Stadt Hyvinkää, die am Höhenzug Salpausselkä liegt. Zwischen den Ortschaften Hyvinkää und Riihimäki verkehrte im Jahre 1857 die erste Eisenbahn des Landes. Im **Eisenbahnmuseum** (Hyvinkääkatu) sind u. a. drei Waggons mit prächtiger Innenausstattung, die 1875 in Helsinki für den russischen Zaren gebaut wurden, zu sehen (Öffnungszeiten: im Sommer tgl. 11.00 – 17.00, sonst Di. – Sa. 12.00 – 15.00, So. 12.00 – 17.00 Uhr).

**Hyvinkää**
🕐

**Riihimäki** Rund 20 km weiter folgt die Industriestadt Riihimäki. Sehenswert ist das **Finnische Glasmuseum** in einer Glashütte von 1914 in der Tehtaankatu 23. Hier wird man mit der 300-jährigen Geschichte der Glasherstellung in Finnland und mit dem finnischen Design vertraut gemacht (Öffnungszeiten: März – Dez. Di. – So. 10.00 – 18.00 Uhr). Neben dem Glasmuseum befindet sich das **Finnische Jagdmuseum** (Öffnungszeiten: Mai – Aug. Di. – So. 10.00 – 18.00, Sept. – April Di. – Fr. 9.00 – 16.00, Sa., So. 10.00 – 17.00 Uhr).

## ✴ Inarisee (Inarijärvi)

E / F 25 – 27

**Gebiet:** Nordlappland

**Der Inarisee ist Finnlands drittgrößter See. Er bedeckt mehr als die doppelte Fläche des Bodensees und ist übersät von etwa 3000 Inseln und Inselchen. Die bizarre Welt im Land der Mitternachtssonne gehört zu Finnlands faszinierendsten Landschaften.**

**Nordland pur** An den felsigen Ufern des Inarijärvi wachsen Fichten, Kiefern und Birken – alle in polaren Zwergformen. Das Klima ist hier bis weit in das Frühjahr hinein von arktischer Härte, weil das skandinavische Gebirge einen Schild gegen die mildernden Temperatureinflüsse des Golfstroms, der an der norwegischen Küste entlangzieht, bildet. Oft löst sich die Eisdecke des Inarisees erst im Juni auf. Hier geht der Spätwinter fast bruchlos in den Frühsommer über; und dieser wieder in einen frühen Herbst. Siehe auch ►Lemmenjoki-Nationalpark.

> **! Baedeker TIPP**
>
> **Ukkokivi**
>
> Ein Reisender, der einen Aufenthalt mit mindestens einer Übernachtung einplant, sollte unbedingt an einer Bootsfahrt auf dem See teilnehmen – etwa zu der Insel Ukkokivi, einstmals die heiligste Insel der Samen im See (Abfahrten im Sommer ein- bis dreimal täglich ab Inari; Dauer: zwei Stunden).

Die meisten Besucher Nordlapplands kommen in **Ivalo** an. Hier befindet sich der nördlichste Flughafen Finnlands. Der 3500 Einwohner zählende Ort liegt an dem Fluss Ivalojoki, der von einer großen Brücke überspannt wird. Heute noch wohnen in Ivalo einige Goldwäscher, die im Ivalojoki nach Gold suchen.

**Inari** Die Region am Inarisee ist dünn besiedelt. Mit 17 000 km² ist die Gemeinde Inari Finnlands flächengrößte; jeder dritte Einwohner ist ein Same (Lappe; ► Lappland). In dem Dorf Inari selbst, das an der Mündung des fischreichen Joenjoki liegt, leben nur 550 Menschen.

*»Ruska« – Herbst am Inarisee im äußersten Norden Lapplands* →

Sámi-Freilicht-
museum und
Museum Siida ►

Beim Forstamt liegt das Sámi-Freilichtmuseum (Lappensiedlung),
das neben alten Häusern auch samisches Kunsthandwerk zeigt. Ergänzt wird das Freilichtmuseum durch das Museumszentrum Siida,
das Informationen über die Geschichte und Kultur der Samen und
ihr Leben unter den extremen klimatischen Bedingungen im hohen
Norden bietet. Hier befindet sich auch eine Informationsstelle der
Forstverwaltung, wo man Wanderhütten mieten kann oder Angel-
und Jagdscheine sowie Auskunft über Wandertouren erhält
(Öffnungszeiten: Juni – Sept. tgl. 9.00 – 20.00, Okt. – Mai Di. – So.
10.00 – 17.00 Uhr).

Ein schöner Spaziergang in nordöstlicher Richtung (etwa 7,5 km)
führt zur alten **Samenkirche** am See Pielpajärvi – man folgt dem
Schild »Kansanopisto«, beginnend beim Samenmuseum. Die ursprünglich im 17. Jh. erbaute Kirche wurde 1762 neu erbaut und ist
eines der wenigen Gebäude in Lappland, das von Hitlers Truppen bei
ihrem Rückzug nicht niedergebrannt wurde.

 # INARISEE ERLEBEN

## AUSKUNFT

### Inari Info
Inaritie 46, 99871 Inari
Tel. 040 / 1 68 96 68
www.saariselka.fi

## ESSEN & ÜBERNACHTEN

### ► Komfortabel
**Hotel Inarin Kultahovi**
Tel. 0 16 / 5 11 71 00
www.hotelkultahovi.fi
In der Nähe des Sámi-Freilichtmuse-
ums gelegen gibt es hier traditionell
lappische Küche und jede Menge
Naturaktivitäten in der Umgebung.

**Hotel Ivalo**
Ivalontie 34
Tel. 0 16 / 68 81 11, Fax 66 19 05
www.hotelivalo.fi
Am Fluss gelegen, bietet das Haus
Zimmer mit Aussicht und eine gute
Küche.

## WANDERUNG

An der Brücke über den Juutuanjoki
beim Sami Freilichtmuseum beginnt
der Wanderweg hinauf zum Otsamo

Fjäll. Die Strecke ist nicht schwierig,
führt aber ständig bergan und erfordert deswegen gute Kondition. Je nach
Fitness ist man für die insgesamt
20 km zum Gipfel und zurück sieben
bis neun Stunden unterwegs. Sobald
man die Baumgrenze erreicht hat
eröffnen sich herrliche Blicke auf den
Inarisee und die Umgebung. Am
Gipfel kann man sich in einer Hütte
von den Wandermühen erholen; eine
Feuerstelle und ein Picknickplatz laden
unterwegs zu einer Rast ein.

## ANGELN

Überall am Inarisee bestehen gute
Möglichkeit zum Angeln. Über die
erforderliche Angelgenehmigung
erhält man in den Orten und Ferienhotels Auskunft.

# Joensuu

**S 30**

**Gebiet:** Ostfinnland          **Einwohnerzahl:** 70 000

**Joensuu am Nordostrand der Finnischen Seenplatte ist das Bildungs- und Handelszentrum von Nordkarelien sowie Sitz einer Universität. Nach der Fertigstellung des Saimaa-Kanals 1856 wurde Joensuu ein wichtiger Hafen für die Holzindustrie.**

Beachtung verdient das 1914 nach Plänen des finnischen Architekten Eliel Saarinen aus rotem Backstein erbaute Rathaus mit seinem mächtigen Turm. Hier sind auch das Stadttheater und ein Restaurant untergebracht. Hübsch ist ein Bummel über den Marktplatz und vorbei an den alten Holzhäusern in der Rantakatu nahe dem Hafen. Unweit vom Rathaus steht am Fluss Pielisjoki der Pavillon, von dem die Schiffe nach ► Savonlinna und zu den ► Koli-Bergen sowie Kreuzfahrten auslaufen.

**Rathaus**

Die neueste und größte Sehenswürdigkeit der Stadt ist das Carelicum (Koskikatu 5) – eine Kombination aus Bürgerzentrum und Museum. Auch die Touristeninformation, ein Café und kostenlose Internetterminals sind hier untergebracht. Das **Nordkarelische Museum**, das ebenfalls hier eine neue Heimat gefunden hat, befasst sich in einer modern aufbereiteten Ausstellung mit der Geschichte und Kultur der Region. Zudem finden in der Eingangshalle regelmäßig wechselnde Ausstellungen zu unterschiedlichen Themen statt, die anders als der permanente Teil des Museums kostenlos besucht werden können. Für Kinder ist die sog. **Kinderstraße** ein Muss. Hier wurde eine Straßenszene mit bunten Holzhäuschen, einem Marktplatz und einem Hafen nachgebaut, in der lebende Comicfiguren »wohnen« und mit den Kindern spielen – ein Mini-Disneyland in Mittelfinnland (Öffnungszeiten: Mo. – Fr. 10.00 – 17.00, Sa., So., 10.00 – 15.00 Uhr).     🕐

**★**
**Carelicum**

Am Südende der Kirkkokatu (dt. Kirchenstraße) liegt die neugotische **evangelisch-lutherische Kirche,** die 1903 nach Plänen von Josef Stenbäck errichtet wurde. Nach der Restaurierung im Vorfeld ihres einhundertjährigen Jubiläums steht sie heute wieder in vollem Glanz (Öffnungszeiten: Juni – Aug. 11.00 – 19.00 Uhr). Am Nordende der Straße befindet sich die dem Heiligen Nikolaus geweihte **orthodoxe Kirche** der Stadt. Die Holzkirche wurde 1887 erbaut und beherbergt als größten Kunstschatz eine russische Ikone, die einst in St. Petersburg hergestellt wurde (Öffnungszeiten: Mitte Juni – Mitte Aug. Mo. bis Fr. 10.00 – 16.00 Uhr).     🕐

**Kirchen in der Kirkkokatu**

🕐

Gleichfalls auf der Stadtseite liegt an der Flussmündung die drehbare Freilichtbühne Hasanniemi; an diese schließen sich der Campingplatz Linnunlahti (Badestrand) und eine Wanderherberge an. Unweit

**Botanischer Garten**

## ▶ JOENSUU ERLEBEN

### AUSKUNFT

**Karelia Expert Tourist Service GmbH**
Kauppakotu 23 a, 80100 Joensuu
Tel. 04 00/ 23 95 49
www.visitkarelia.fi

### ESSEN

▶ **Erschwinglich**
**Puukello**
Auf der Insel Ilosaari
Tel. 0 13 / 12 32 72
Authentische karelische Buffets und
andere regionale Spezialitäten

**Astoria**
Rantakatu 32, Tel. 0 13 / 22 97 66
www.astoria.fi
Schön am Flussufer gelegen

### ÜBERNACHTEN

▶ **Komfortabel**
**Hotel Atrium**
Siltakatu 4
Tel. 0 13 / 25 58 88
Fax 2 55 83 00
www.hotelliatrium.fi
Stadthotel am Fluss mit hübschen
Zimmern und Suiten mit eigener
Minisauna

▶ **Günstig**
**Karelia**
Kauppakatu 25
Tel. 0 13 / 2 52 62 00
www.hotellikarelia.fi
Zentral gelegenes kleines und
günstiges Hotel

von hier erstreckt sich am Seeufer westlich der Innenstadt im Stadtteil Linnunlahti der Botanische Garten der Universität (Heinäpuron-
tie 70) mit etwa 900 exotischen Pflanzenarten. In der Nähe liegt der
**tropische Schmetterlingsgarten** (Öffnungszeiten: April – Aug. Mo.,
Mi. – Fr. 10.00. – 17.00, Sa., So. 10.00 – 16.00, Sept – März Mo.,
Mi. – Fr. 10.00. – 16.00, Sa., So. 11.00. – 16.00 Uhr).

## Umgebung von Joensuu

★★

**Kloster Uusi
Valamo**

Zu den beliebtesten Ausflugszielen in Nordkarelien gehört das orthodoxe Kloster Uusi Valamo. Zuerst folgt man der Straße Nr. 17 nach
Kuopio und biegt dann auf die Straße Nr. 23 nach Varkaus ab. An
der Abzweigung einer Nebenstraße fährt man rechts zum Mönchs-
kloster Uusi Valamo (übersetzt »Neu-Valamo«). Es liegt um die
60 km südwestlich von Joensuu in der Gemeinde Papinniemi, an der
Südspitze des Juojärvi. Hier fanden die orthodoxen Mönche eine
neue Heimstatt, nachdem sie im Winter 1940, als die Russen in jenes
Gebiet vorrückten, ihr altes Kloster Valamo auf der gleichnamigen
Insel im Ladogasee hatten verlassen müssen. Sie retteten Ikonen,
wertvolles Kirchengerät und die Bücher der Klosterbibliothek, die
auf das 15. Jh. zurückgeht. Als die letzten Mönche 1956 nach Uusi
Valamo kamen, brachten sie auch die wundertätige Ikone der Gottes-
mutter von Konevitsa mit. Einige dieser Gegenstände sind in dem
orthodoxen Kirchenmuseum in Kuopio zu sehen.

Heute ist das alte Kloster im Ladogasee verwaist. Es wurde von dem griechischen Mönch Sergej um 1329 gegründet und wuchs im Laufe des Mittelalters zu einem großen und bedeutenden Kloster von russischen und karelischen Mönchen heran. Die Grenzstreitigkeiten zwischen Schweden und Russland beeinträchtigten im Laufe der Jahrhunderte das Klosterleben stark. Zu Beginn des 20. Jh.s erlebte Valamo jedoch einen ungeheuren Aufschwung und beherbergte an die 1000 Mönche und Novizen. Nach der russischen Oktoberrevolution und der Unabhängigkeit Finnlands 1917 ging die Zahl der Mönche stark zurück, und russische Pilger konnten wegen der gesperrten Grenze nicht mehr nach Valamo kommen.

◄ Geschichte des Klosters

Die Mönche zogen 1940 in den alten, 1840 erbauten Gutshof Papinniemi auf dem Gebiet der Gemeinde Heinävesi ein. Uusi Valamo mit seiner 1976 geweihten Kirche gilt als das größte russisch-orthodoxe Kloster außerhalb Russlands. Lange Zeit lebten nur noch wenige Mönche im Kloster, dem schon die Schließung drohte. In den 1970er-Jahren erlebte aber der orthodoxe Glauben in Finnland eine Renaissance und so mancher junge Mann entschloss sich, sein Leben

◄ Klosterbetrieb heute

*Zentrum der Orthodoxie in Finnland: das Kloster Uusi Valamo*

hinter Klostermauern zu verbringen. Heute redet niemand mehr von der Schließung. Ganz im Gegenteil: Die geschäftstüchtigen Mönche haben inzwischen ihr Kloster zu einem Glaubenszentrum für jedermann ausgebaut. Im riesigen Andenkenladen kann man von der geweihten Ikone bis zur Kerze alle nur denkbaren Souvenirs kaufen, man kann in einer Herberge und in einem Hotel übernachten, im Konferenzsaal sein Firmentreffen abhalten und im Restaurant das Klosteressen probieren. Im Sommer bieten die Mönche Bootsfahrten zum Frauenkloster Lintula an. Besonders an Ostern und anderen kirchlichen Feiertagen ist Uusi-Valamo ein beliebtes Ausflugsziel.

**Kloster Lintula**  Zurück zur Straße Nr. 23 zweigt man nach 8 km in Karvio zu dem Nonnenkloster Lintula in der Gemeinde Palokki ab. Dieses Kloster ist bedeutend ruhiger als Neu-Valamo, bietet jedoch ein Café und Übernachtungsmöglichkeiten. Man kann die recht schmucklose Klosterkirche von 1973 und die Mitte der 1990er-Jahre von Gefängnisinsassen gebaute Holzkapelle vor dem Kloster besichtigen.

**Koli-Berge**  Vom Passagierhafen in Joensuu aus gibt es an Wochenenden in den Sommermonaten Fährverbindungen in die ►Koli-Berge.

# Jyväskylä

**T 22**

**Gebiet:** Südfinnland                    **Einwohnerzahl:** 130 000

**Die Stadt Jyväskylä liegt hübsch am Nordufer des kleinen Sees Jyväsjärvi. Freunden moderner Architektur ist die Stadt als langjährige Wohn- und Wirkungsstätte des berühmten finnischen Architekten Alvar Aalto ein fester Begriff.**

**Architekturstadt**  Die 1837 vom russischen Zaren Nikolai I. gegründete Stadt ist ein wichtiger Verkehrsknotenpunkt, Sitz zahlreicher Fabriken, eine bedeutende Messestadt sowie Verwaltungs- und Kulturzentrum der Provinz Mittelfinnland. Im Jahre 1858 wurde hier die erste finnischsprachige höhere Schule gegründet. Neben anderen höheren Schulen besitzt die Stadt eine große Universität, die – wie sollte es hier auch andres sein – vor allem in der Fachrichtung Architektur große Bedeutung hat.

**★ Bauten von Alvar Aalto**  Das Nebeneinander von Holzhäusern und modern gestalteten Steinbauten ist charakteristisch für Jyväskylä. Außerdem gibt es hier besonders viele Gebäude nach Plänen Alvar Aaltos (►Berühmte Persönlichkeiten): In der gesamten Region sind es um die 30 Bauten. In Jyväskylä verbrachte er seine Jugend und gründete 1923 sein erstes Architekturbüro. Zu Aaltos Architektur sind im Alvar-Aalto-Museum und im Fremdenverkehrsamt Sonderbroschüren erhältlich.

## Jyväskylä *Orientierung*

**Essen**
① Old Bricks Inn

**Übernachten**
① Hotel Yöpuu

Map labels: Laukaa, NISULA, Katholische Kirche, Yrjönkatu, Rajakatu, Puistokatu, Tolukatu, Vilhantinkuja, Nisulankatu, Pikkatu, Keskikatu, Korttesuonkatu, MÄKI-MÄTTI, HARJU, Aussichtsturm, Harjukatu, Markt-platz, Vainönkatu, Asemakatu, Kalevankatu, Kuopio, Varkaus, Mikkeli, Helsinki, Tourujoki, Tourujantie, Heikinkatu, Busbahnhof ①, Yliopistonkatu, Kilpisenkatu, Gummeruksenk., Cygnaeuksenk., Stadt-kirche, Stadt-theater, Vapaudenkatu, Bahn-hof, Rantaväylä, LUTAKKO, Polizei-präsidium, Rathaus, Stadt-bibliothek, Universität, Vaasankatu, Seminaarinkatu, Vapaudenk., Hannikaisenkatu, Schauman puistotie, Siltakatu, Sport-zentrum, Mittelfinnisches Museum, Rantaväylä, Alvar-Aalto-Museum, Alvar Aallon katu, Jyväsjärvi, Lahti, Tampere, Helsinki, Pori, Ylistönrinne, 400 m, Voionmaank.

# Sehenswertes in Jyväskylä

Geht man Richtung Hafen und zum Jyväsjärvi, so kann man das von Alvar Aalto entworfene Verwaltungs- und Kulturzentrum sehen: das Gebäude der Stadtverwaltung (1978), das Polizeipräsidium (1970) und das Stadttheater (1982).

**Verwaltungs- und Kulturzentrum**

Am Beginn der Keskussairaalantie, südwestlich der Stadtkirche, liegt das ebenfalls von Alvar Aalto entworfene Mittelfinnische Museum (Keski-Suomen Museo; 1961); es besitzt Sammlungen zur Stadtgeschichte sowie ethnologische und kunsthandwerkliche Exponate.

**Mittelfinnisches Museum**

Unweit nördlich erstrecken sich die Gebäude der Universität (Neubauten von Alvar Aalto) mit dem Universitätsmuseum (Yliopiston Museo; Geschichte des Erziehungswesens) und der Badeanstalt / Schwimmhalle.

**Universität**

In der Kauppakatu 25 befindet sich das Handwerksmuseum mit speziellem Augenmerk auf der finnischen Handwerkstradition. Teil des Museums ist eine große Trachtenausstellung.

**Finnisches Handwerksmuseum**

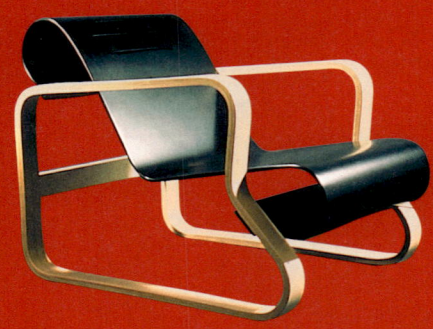

# FINNISCHES DESIGN

**Die Geschichte des finnischen Erfolgs kann nicht erzählt werden ohne die Geschichte des finnischen Designs. Es wurde zuerst zu einem Mythos aufgebaut, der Mythos brachte internationales Ansehen, und dieses Ansehen ist nach wie vor das Fundament für seinen weltweiten Erfolg.**

**Die mythischen Anfänge** des finnischen Designs gehen auf Eliel Saarinens nationalromantische Interieurs und Alvar Aaltos funktionalistische Möbel zurück und verzweigen sich sodann in eine teils romantische (Wirkkala) und in eine skulpturale (Sarpaneva) Richtung. Die Geschichte von einem kleinen nördlichen Land im Kampf mit den Naturgewalten und historischen Widrigkeiten legten das Fundament für die mit mythischen Elementen unterlegte Vermarktung der Formgebung: Schnee, Eis, Wälder, Seen, die hellen Sommernächte und »Sisu«, das Durchhaltevermögen der Bewohner, waren die Inspirationsquellen der Designer. Die finnische Identität wurde in den 1950er- und 1960er-Jahren international weitgehend über das Design, die Architektur und Musik definiert. So entstand die Vorstellung von einem Land zwischen Ost und West mit einer eigenen Identität. Das eigenständige Kunstgewerbe Finnlands wurde zu einem Exportprodukt. Der Mythos vom finnischen Design war komplett.

## Aalto als Wegbereiter

**Bereits in den 1930er-Jahren** hatte Alvar Aalto eine Serie von innovativen Möbeln und neuartigen Glasobjekten entworfen, die auch im Ausland Beachtung fand. Seine bekanntesten Entwürfe waren der dreibeinige Hocker Nr. 60 sowie die sog. Aalto-Vase aus dem Jahr 1936. Die 1935 für die Vermarktung der Schöpfungen Aaltos gegründete Firma Artek war ein Pionier moderner Inneneinrichtung und hatte es sich zur Aufgabe gemacht, funktionale Alltagsästhetik ins finnische Heim zu bringen. Noch heute produziert sie die zeitlosen Entwürfe des Meisters.

*Die »Aalto-Vase« wurde 1936 für einen Wettbewerb geschaffen und ist vermutlich Finnlands berühmtestes Glasobjekt.*

Die Anfänge des finnischen Designs werden oft als heroischer Alleingang einzelner Künstler verklärt. In Wirklichkeit haben viele talentierte Designer verschiedener Sparten das moderne Finnland der 1950er- und 1960er-Jahre kreiert. Zweckmäßigkeit, Realitätsnähe, gezielt sparsamer Einsatz von Materialien und Techniken und intelligente Designlösungen bildeten gemeinsam akzeptierte Realitäten und Grundwerte im Kunstgewerbe.

## Weniger ist mehr

**Glas, Keramik, Möbel,** Textilien und Kleidung durchliefen eine gründliche Umwälzung und nahmen eine Form an, die der neuen Lebenswirklichkeit der Menschen entsprach. So entstanden unter anderem der Domus-Stuhl (1946), das Kilta-Geschirr (1957), die Antti-Pfanne (1957), die Muurame-Möbel (1955-), die Fiskars-Scheren (1960er-Jahre) sowie Kleider (1951) und T-Shirts und Hemden (1958) von Marimekko: sämtliche besonders hochwertige Produkte, die stilsicher auf den Zeitgeist und auf die Bedürfnisse der damaligen Verbraucher zugeschnitten waren.

Die Formgebung begleitete den gesellschaftlichen Wandel auf mehreren Ebenen: Gleichstellung der Frauen, Übersiedlung in die Städte, neue Formen des modernen Lebens.

## Modulares Denken

**Ein elementares Prinzip** der neuen Formgebung war Modularität. In der Praxis bedeutete dies die Möglichkeit, durch Kombination von standardisierten Elementen individuelle Lösungen zusammenzustellen, ob beim Decken des Tischs, bei der Bekleidung oder beim Einrichten. Diese Elemente wurden in einer einfachen, zeitlosen Formensprache ausgeführt, was ihnen eine lange Gebrauchsdauer bescherte, und vielfach auch in unterschiedlichen Farbalternativen. Durch Kombination von Farben und Formen konnte man individuelle, auf die eigenen Bedürfnisse zugeschnittene Gesamtlösungen schaffen. Dieser Leitgedanke der Flexibilität bei größtmöglicher Kombinationsfreiheit, der z. B. auch für die auswechselbaren Gehäuse von Nokia-Handys Pate stand, hat bis zum heutigen Tag Gültigkeit.

*Wallfahrtsstätte für Architekturinteressierte aus aller Welt: das Alvar Aalto Museum*

**Kunstmuseum** In der Nähe des Handwerksmuseums liegt inmitten des Kirchparks (Kauppakatu 23) das Kunstmuseum. Hier werden in erster Linie wechselnde Ausstellungen vor allem regionaler Künstler gezeigt.

**✱**
**Alvar Aalto Museum** In der Alvar Aallonkatu Nr. 7 befindet sich das vom berühmten Architekten selbst entworfene Museum. Es zeigt eine Architektur- und Designsammlung des großen Baumeisters sowie Kunstwerke der Sihtola-Stiftung.

**Wasserturm** Westlich des Stadtzentrums erhebt sich der kleine Hügel Harju. Der Wasserturm (Vesilinna) im Park Harjupuisto ist nicht zu übersehen. Ebenfalls schöne Ausblicke hat man vom Oser-Hügel Syrjänharju im Nordosten der Stadt (mit Park) und von der Skischanze am Laajavuori (Café) im Nordwesten (4 km vom Stadtzentrum).

> ### *i* Museumsöffnungszeiten
>
> ■ Alle Museen in Jyväskylä sind dienstags bis sonntags von 11.00 – 18.00 Uhr geöffnet.

**Markt** Allerlei Gemüse, bunte Blumen, frischer Fisch und handwerkliche Erzeugnisse werden am Marktplatz, Ecke Väinonkatu/ Yliopistonkatu, angeboten (Öffnungszeiten: Mitte Mai – Aug. Mo. – Fr. 7.00 bis 15.00, Sa. 7.00 – 14.00, sonst Mo. – Fr. 7.00 – 14.00 Uhr).

**Freizeitpark Penkkula** Im Osten an der Straße nach Vaajakoski liegt das Gartenzentrum Viherlandia mit wechselnden Ausstellungen. Weiter folgt am Ufer des Jyväsjärvi-Sees der besonders bei Familien mit Kindern beliebte Freizeitpark Penkkula.

**Kammi** In der Nähe dieses Freizeitparks lädt das naturwissenschaftliche Zentrum namens »Kammi« zum Besuch ein, wo im Sommer ein abwechslungsreiches Veranstaltungsprogramm geboten wird.

# ► JYVÄSKYLÄ ERLEBEN

## AUSKUNFT

*Jyväskylä Regional Tourist Information*
Asemakatu 6, 40100 Jyväskylä
Tel. 0 14 / 2 66 01 13
www.jyvaskylaregion.fi/travel

## ESSEN

### ► Preiswert

① *Old Brick's Inn*
Kauppakatu 41, Tel. 0 14 / 61 62 33
Lecker, mit großen Portionen und einem internationalen Bierangebot.

## ÜBERNACHTEN

### ► Luxus

*Rantasipi Laajavuori*
Laajavuorentie 30
Tel. 0 14 / 62 82 11, Fax 62 58 00
www.rantasipi.fi
Schon allein die herrliche Aussicht von einem Hügel über der Stadt lohnt einen Aufenthalt.

### *Baedeker-Empfehlung*

#### ► Komfortabel

① *Hotel Yöpuu*
Yliopistonkatu 23
Tel. 0 14 / 33 39 00, Fax 62 05 88
www.hotelliyopuu.fi
Herrliches Nostalgie-Hotel mit 26 sehr individuell eingerichteten Zimmern und zwei gemütlichen Restaurants.

## VERANSTALTUNGEN

Jyväskylä-Winter (im Januar oder im Februar), Jyväskylä-Sommer (Ende Juni/Anfang Juli), sind kulturelle und künstlerische Ereignisse von hohem Niveau. Diskussionsveranstaltungen und Dichterlesungen stehen in dieser Zeit ebenso auf dem Programm wie klassische Konzerte und Theateraufführungen.

## Umgebung von Jyväskylä

An der Straße nach Virrat (westlich) erreicht man nach 32 km die historische Holzkirche von Petäjävesi (1764). Sie zählt zu den schönsten Gotteshäusern in Nordeuropa und wurde 1994 in die UNESCO-Liste der schützenswerten Kulturgüter aufgenommen. **Holzkirche Petäjävesi**

Ca. 60 km weiter liegt am nördlichen Ende des Sees Keuruunselkä Keuruu, ebenfalls ausgestattet mit einer alten Holzkirche (1756 bis 1758); ferner gibt es ein Kunstmuseum. Ein schöner Wanderweg von 35 km Länge führt von Keuruu nach Ähtäri. **Keuruu**

Nach weiteren 4 km folgt Muurame mit einem sehenswerten Saunadorf. Zu sehen sind mehr als 20 finnische Saunen aus verschiedenen Regionen, die die Geschichte der Sauna-Tradition beleuchten. Hier gibt es auch ein Café und Kunsthandwerk-Verkauf (Öffnungszeiten: Juni–Aug. Di.–So. 10.00–17.00 Uhr). Die Kirche von Muurame ist die erste Kirche, die Alvar Aalto entworfen hat (1928). **Saunadorf Muurame** ⏱

**Säynätsalo** Rund 10 km südöstlich von Jyväskylä befindet sich der Industrieort Säynätsalo, der 1993 eingemeindet wurde. Das Rathaus aus rotem Backstein von 1951 ist eines der bedeutendsten Bauwerke von Alvar Aalto. Umweit davon, in Muuratsalo, liegt das Sommerhaus des berühmten Architekten.

**Päijänne** ►dort

**Luftfahrtmuseum** Am Flugplatz, 20 km nördlich von Jyväskylä liegt in Tikkakoski das Luftfahrtmuseum, in dem 25 Flugzeuge, 50 Flugmotoren, Flugausrüstung und geschichtliches Material der finnischen Luftwaffe gezeigt werden (Öffnungszeiten: im Sommer tgl. 11.00 – 20.00, sonst 10.00 bis 17.00 Uhr).

**Nationalpark Pyhä-Häkky** Rund 60 km nordöstlich von Jyväskylä kommt man nach Saarijärvi. Die Straße von Saarijärvi nach Viitasaari führt durch den Nationalpark Pyhä-Häkky. Es gibt Busverkehr zur Informationsstelle, die direkt an dieser Straße gelegen ist. Von hier gehen markierte Wanderrouten ab, die über Stege und Holzplanken durch zum Teil sehr feuchtes Gebiet führen (Kochstelle und Naturlehrpfad am See Iso-Kotajärvi). Im Winter sind die Wege Teil der mittelfinnischen Skilanglaufroute. Der Nationalpark zählt zu den urwüchsigsten Waldgebieten Südfinnlands mit zum Teil aus dem 16. Jh. stammenden Bäumen, die dem Park seine dämmrige Stimmung verleihen. Die ehemals dichten Kiefernwälder werden immer mehr von der Fichte verdrängt, deren älteste Bestände aber auch schon 200 Jahre alt sind. Jüngere Bäume sind nach schweren Waldbränden und heftigen Unwettern nachgewachsen. Rund die Hälfte der Gesamtfläche ist von diesem Urwald bedeckt; die übrigen Bereiche bestehen aus Moorflächen mit spärlicher Vegetation.

# Kajaani

**P 26**

**Gebiet:** Zentralfinnland    **Einwohnerzahl:** 38 000

**Kajaani, der Mittelpunkt der zentralfinnischen Landschaft Kainuu, liegt am Ufer des Flusses Kajaaninjoki. Die Umgebung von Kajaani war um die Wende vom 19. zum 20. Jahrhundert der wichtigste Produzent von Holzteer in Europa.**

Die Stadt wurde 1651 vom schwedischen Generalgouverneur Per Brahe gegründet, direkt neben der 1607 von Karl IX. von Schweden angelegten Burg Kajaaninlinna. Lange bescherte das Geschäft mit dem Teertransport der Stadt einen gewissen Reichtum. Zwei Persönlichkeiten sind mit der Stadt verbunden: **Elias Lönnrot** unternahm von hier aus seine Reisen nach Ostkarelien, um bei Runensängern

Bruchstücke des finnischen Nationalepos »Kalevala« zu sammeln, und der finnische Staatspräsident **Urho Kekkonen** (beide ►Berühmte Persönlichkeiten) ging in Kajaani zur Schule.

## Sehenswertes in Kajaani

Am Ufer des Kajaaninjoki befindet sich der Marktplatz mit dem neuen Rathaus (1906). Das alte Rathaus, ein Holzbau, der 1831 nach Entwürfen von Carl Ludwig Engel erbaut wurde, liegt am Vanha tori; das Gebäude dient heute als Kultur- und Kongresszentrum, u. a. für Konzerte.

Nordöstlich vom Rathaus, auf der kleinen Insel Linnasaari, steht die Ruine der 1607 – 1666 erbauten Festung Kajaaninlinna. Sie wurde im Jahre 1716 von den Russen erobert und zerstört. In den 1930er-Jahren hat man die Burgruine teilweise restauriert. Der schwedische Geschichtsschreiber und Dichter J. Messenius (1579 – 1636) lebte dort von 1620 bis 1635 als Strafgefangener und verfasste eine Chronik über Finnland.

**Burgruine Kajaaninlinna**

Heute noch gibt es unterhalb der mächtigen Burgruine beziehungsweise in der Nähe der Straßenbrücke über den Kajaaninjoki bei dem Wasserfall Ämmäkoski einen schmalen Kanal, durch den früher einmal die Teerboote durchgeschleust worden sind. Im Sommer (meist am Sonntagnachmittag) Vorführungen mit historischen Teerbooten statt.

**Teerkanal Ämmäkoski**

 ## KAJAANI ERLEBEN

### AUSKUNFT

*Kajaanin Kaupunki*
Pohjolankatu 13
87100 Kajaani
Tel. 08 / 6 15 51
Fax 61 55 25 10
www.kajaani.fi

### ESSEN
► **Erschwinglich**
*Wanhakerho*
Kauppakatu 10
Tel. 08 / 62 88 70
Hier gibt es an Wochentagen
bis 17.00 Uhr ein ausgezeichnetes
Lunchbufett einschließlich Suppe,
Hauptgang, Salaten, Brot, Nachtisch
und Kaffee.

### ÜBERNACHTEN
► **Luxus**
*Scandic Hotel Kajanus*
Koskikatu 3
Tel. 08 / 86 16 41
Fax 6 16 45 05
www.scandichotels.fi
Eines der schicksten und größten
Hotels in Nordfinnland

► **Komfortabel**
*Hotelli Kajaani*
Onnelantie 1
Tel. 030 / 6 08 61 00
Fax 030 / 6 08 62 00
www.hotellikajaani.fi
Freundliche Unterkunft mit
53 gemütlichen Gästezimmern

**Stadtkirche** Die Stadtkirche wurde 1896 als neugotische Holzkirche im sog. Tischlerstil errichtet. In der Nähe steht die 1959 erbaute orthodoxe Kirche. Weitere sehenswerte Holzbauten sind der Bahnhof von 1904 im Jugendstil und das frühere Wohnhaus der Familie des langjährigen finnischen Präsidenten Urho Kekkonen.

**Kainuu-Museum** Einen Besuch lohnt das Kainuu-Museum in der Asemakatu 4. Es besitzt Sammlungen zur Geschichte und Wirtschaft Nordfinnlands, zur Kulturgeschichte der Stadt sowie zum Epos »Kalevala«. Sehr ausführlich werden der Teerhandel und Zeugnisse aus dem Zweiten Weltkrieg dokumentiert (Öffnungszeiten: Mo., Di., Do., Fr., So. 12.00 bis 16.00, Do. bis 19.00 Uhr).

## Umgebung von Kajaani

**Kirche von Paltaniemi** Rund 12 km nordwestlich liegt Paltaniemi am Südufer des Paltaselkä, einer weiten Bucht des Oulujärvi. Paltaniemi ist der Geburtsort des großen finnischen Lyrikers Eino Leino (1878–1926). Die herausragende Sehenswürdigkeit des Ortes ist eine große Holzkirche von

*Bibelkunde in Farbe: Die Rokoko-Gemälde auf der Kirchendecke erzählen Geschichten aus dem Neuen Testament.*

1726, die alte Kirche der Landgemeinde von Paltamo. Im Inneren sind das Altargemälde von Margareta Capsia (um 1725) und die Deckengemälde von Emanuel Granberg (1781) beachtenswert. Die Gemälde, die in früherer Zeit dem Bibelunterricht dienten, wurden um 1940 nachgemalt und wirken zum Teil etwas kitschig. Sehr gut erhalten ist das Jüngste Gericht über dem Eingang. Während die Männer sich im Himmel befinden, sind die Frauen zur Hölle verdammt. Die allzu frauenfeindlichen Szenen wurden bereits entfernt, um die örtlichen Gemüter nicht zu erhitzen (Öffnungszeiten: Mitte Mai – Mitte Aug. tgl. 10.00 – 18.00 Uhr).

Etwa 30 km östlich von Kajaani liegt an der Straße Nr. 18 das beliebte Ferien- und Sportzentrum Vuokatti (bei Sotkamo). Der 326 m hohe Berg zählt zu den wichtigsten Skigebieten Süd- und Mittelfinnlands. Neben elf Abfahrtspisten gibt es im Winter 250 km täglich frisch gespurte Loipen mit unterschiedlichen Schwierigkeitsgraden (Längen zwischen 5 und 16 km). Vuokatti ist der Ausgangspunkt der UKK-Wanderroute, die über 210 km bis zu den Koli-Bergen führt (►Kuhmo).

**Sportzentrum Vuokatti**

Im Ferienzentrum Katinkulta in Vuokati findet man fast alle Sporteinrichtungen, die man sich wünschen kann. Im Hauptgebäude sind ein tropisches Freizeitbad mit einer Saunalandschaft, mehreren Tennis-, Badminton- und Squashplätzen, einer Bowlinghalle und einem Fitnesszentrum untergebracht. Ein schöner 18-Loch-Golfplatz, ein Sandstrand, das nahe gelegene Pferdesportzentrum Vuokatti und mehrere Restaurants runden das Freizeitangebot ab.

**Ferienzentrum Katinkulta**

Vom Sportzentrum sind es weitere 66 km bis nach ►Kuhmo.

**Kuhmo**

# ✳ Kalajoki

**P 18**

**Gebiet:** Westfinnland          **Einwohnerzahl:** 12 000

**Kalajoki ist einer der beliebtesten Ferien- und Badeorte in Finnland. Denn südlich des Städtchens erstrecken sich hinter Dünen die längsten Sandstrände des Landes. Durch die ständige Landhebung verschiebt sich die Küstenlinie immer weiter in die See hinein.**

Seit Pauschalreisen nach Südeuropa billiger geworden sind als ein Urlaub in Kalajoki, ist die Stadt bemüht, finnischen Badegästen besondere Anreize zu bieten. Am Strand sorgt der Vergnügungspark Juku Jukumaa für Abwechslung; viele neue Hotels, Ferienhütten und ein Golfplatz sind entstanden; bei dem Feriendorf Tapion Tupa wurde ein Schwimmbad mit Saunen eröffnet. Von der Terrasse des Restaurants Rantakalla hat man eine weite Aussicht auf die Badestrände.

**Nordland-Riviera**

## ▶ KALAJOKI ERLEBEN

**AUSKUNFT**

*Kalajoki Touristiopas*
Pohjankyläntie 1
85100 Kalajoki
Tel. 08 / 4 69 44 49
www.kalajokikeskusvaraamo.fi

**ESSEN**

▶ **Preiswert**
*Ravintola Lokkilinna*
Matkailutie 199
Tel. 08 / 4 69 67 00
Hier gibt es im Sommer ein tolles
Mittagsbüfett mit Strandblick.

**ÜBERNACHTEN**

▶ **Günstig**
*Tapion Tupa*
Hiekasärkät
Tel. 08 / 46 66 22
www.tapiontupa.com
Das Ferienzentrum verfügt über eine
Reihe einfacher Holzhütten. Man kann
sich aber auch in einem der komfor-
tablen Appartements in rot gestriche-
nen Doppelhäuschen einquartieren.
Oder man logiert in einem der
Zimmer im rustikalen Haupthaus
direkt an der Einfahrt zum Strand.

**Insel Maakalla** Von dem Badestrand Kalajoki ist ein Ausflug zu der kleinen Insel
Maakalla zu empfehlen. Im Hochsommer besteht von Kalajoki aus
Schiffsverbindung. Die Insel ist ein vergleichsweise junges Produkt
der Landhebung, sie tauchte erst im 16. Jh. aus dem Meer auf. Auf
ihr gibt es keine Straßen, Läden und keine Elektrizität, nur eine Fi-
schersiedlung im Stil des 18. Jahrhunderts. Die Fischer haben die
Hütten vom Festland auf die Insel herübergebracht, die als Stützpunkt für die Fischerei vom Festland aus diente. Die kleine Kirche
wurde 1780 erbaut.

# Karelien (Karjala)

**Q–V 27–33**

**Gebiet:** Ostfinnland

**Im äußersten Osten Finnlands erstreckt sich entlang der russischen
Grenze die Landschaft Karelien. Weite unberührte Wälder laden zu
Wander- und Kanutouren ins Land der uralten Gesänge der »Kalevala« ein, dort, wo die Demarkationslinie zwischen Ost und West in
vielen Kriegen immer neu formuliert wurde.**

**Hinweis** Während Südkarelien auch das ▶Saimaa-Seengebiet sowie die Städte
▶ Lappeenranta und ▶ Savonnlinna einbezieht, bildet das nördliche
Gebiet die frühere Provinz Nordkarelien. In diesem Kapitel wird der
Begriff Karelien mit Nordkarelien gleichgesetzt. Ausgenommen sind
die unter einem eigenen Hauptstichwort beschriebenen Orte ▶Joen-
suu und ▶Koli-Berge.

## Die Gegend von Lieksa

Der Pielinen ist einer der schönsten Seen Finnlands. An der Ostseite    **Pielinen**
ist neben Lieksa vor allem Vuonislahti einen Besuch wert, nicht zuletzt wegen dem herrlichen Blick, den man von hier aus auf die
gegenüberliegenden ► Koli-Berge hat. Auf der Westseite des Sees
lohnt vor allem ein Abstecher zu den herrlichen Paalasmaa-Inseln
(kostenlose Autofähre).

Einer der touristisch interessantesten Orte in Nordkarelien ist das    ✱
Städtchen Lieksa (früher: Pielisjärvi; 14 500 Einwohner). Seine land-    **Lieksa**
schaftlich reizvolle Umgebung schließt die 25 km nordöstlich
gelegenen **Stromschnellen von Ruunaa** ein, den See Pielinen, den
man mit der Fähre bis zu den Koli-Bergen überqueren kann, oder
den **Nationalpark Patvinsuo** (siehe nachfolgend). Lieksa ist sowohl
bei Wanderern als auch bei Wassersportlern sehr beliebt.
In dem sehr gut ausgestatteten **Pielisen Museo** findet man zahlreiche    ◄ Freilichtmuseum
traditionelle Holzhäuser mit authenthischer Einrichtung und ein
neues Gebäude, in dem die Ortsgeschichte des 19. und 20. Jh.s,
volkskundliche Exponate sowie Wechselausstellungen gezeigt werden.
Die meisten Gebäude stammen aus der Gegend zwischen dem See
Pielinen und dem russischen Teil Kaleriens (Öffnungszeiten: Mitte

*Staudamm am Fluss Pielisjoki*

Kirche ▶ Mai bis Mitte September tgl. 10.00 – 18.00 Uhr). Die moderne Kirche von Lieksa wurde 1982 von den berühmten zeitgenössischen Architekten Reima und Raili Pietilä an der Stelle einer von Carl Ludwig Engel erbauten Kirche errichtet, die 1979 abgebrannt ist. Beeindruckend ist das kreuzförmige, geschwungene Dach mit den großen Fenstern.

**Wandern auf** Die gesamte nordkarelische Region ist für Wanderer erschlossen.
**dem Bärenpfad** Nicht weit von der Ostgrenze Finnlands entfernt verläuft ausgehend vom Wildmarkzentrum in Lieksa der rund 120 km lange Bärenpfad (= **Karhunpolku**; nicht zu verwechseln mit der Bärenrunde im ▶Oulanka-Nationalpark bei Kuusamo) durch die abwechslungsreiche Seen-, Moor- und Berglandschaft Nordkareliens. Auf dem Rundweg können mehr als 1000 km Wegstrecke mit verschiedenen Schwierigkeits-graden auch in kurzen Tagesetappen bewandert werden. Die Pfade sind sehr gut markiert und

> ### *i* Wander- und Paddelrouten
>
> ■ Auskunft über alle Aktivitäten im Ruuna-Gebiet und im Patvinsuo Nationalpark gibt es im Besucherzentrum Ruuna, Ruunantie 129, 81750 Pankakoski, Tel. 2 05 / 64 57 57, oder über die englische Seite der Nationalparkbehörde www.luontoon.fi.

bieten an vielen Plätzen Möglichkeiten zum Rasten oder Übernachten (Unterstände, Wildmarkhütten). Auskunft und Karten: ▶Karelia Expert Matkailupalvelu in Lieksa, www.kareliaexpert.com

**✳** Erfahrenen Wildwasserfahrern empfehlen sich die Stromschnellen
**Ruunaa-Strom-** von Ruunaa. Auf der 31 km langen Strecke zwischen dem Ausgangs-
**schnellen und** punkt bei Matkalahti und dem Ziel, dem Fluss Naarajoki, werden
**Wandergebiet** sechs Stromschnellen durchfahren, wodurch ein Gesamtgefälle von
**Ruunaa** 15,7 m überwunden wird. Treffpunkt für alle organisierten Touren, z. B. Schlauchbootfahrten, ist das Besucherzentrum Ruuna am Fluss Naara. Hier wird man über das Wander- und Naturschutzgebiet Ruuna durch Schautafeln und eine Filmvorführung informiert und kann auch Wanderkarten erwerben. Das Wandergebiet Ruunaa liegt am Fluss Lieksa in der Umgebung der Stromschnellen und wurde erst 1987 gegründet.

**Patvinsuo-** Den 1982 gegründeten Nationalpark Patvinsuo südöstlich von Lieksa
**Nationalpark** erreicht man von Süden her über die Straße von Kivilahti und aus dem Osten von Pallosenvaara aus. Es führen keine öffentlichen Verkehrsmittel zum Park. Ausgedehnte Moorgebiete wechseln sich mit licht von Kiefern bestandenen Heideflächen und kleinen flachen Osern ab, während die Berghänge des Autiovaara-Rauvunvaara von urwüchsigen dichten Fichtenwäldern bewachsen sind. Die feuchten Gebiete sind die Heimat vieler Moorvögel; aber auch Raubvögel, Biber und Waldrene sind anzutreffen. Manchmal stößt man auf Spuren des Braunbären, die Maskottchen des Parks, und mit etwas Glück auf Elche. Die einzigartige Biosphäre Patvinsuos wird seit 1992 von

# ▶ NURMES ERLEBEN

## AUSKUNFT
*Karelia Expert*
*Tourist Service Ltd.*
Nurmes-Valtimo
Tel. 0 50 / 3 36 07 07
www.kareliaexpert.fi
www.karelien.de

## ESSEN
### ▶ Fein & teuer
*Bomba-Haus*
Tel. 0 13 / 67 82 00
Im Restaurant des berühmten Bomba-Hauses (oben rechts) gibt es ein fantastisches, sehr umfangreiches karelisches Buffet.

## ÜBERNACHTEN
### ▶ Komfortabel
*Holiday Club Bomba*
Tuulentie 10, Nurmes
Tel. 0 20 / 1 23 49 08
www.holidayclubspahotels.com
Moderner Hotelkomplex mit allen erdenklichen Wellnesseinrichtungen.

---

der UNESCO geschützt. Die schöne, 15 km lange Wanderroute **Suomenkierros** führt zum überwiegenden Teil auf Stegbrückenwegen um den See Suomujärvi mit seinen 24 km langen Sandstränden. Wer sehr weite Wanderungen liebt, kann hier auf den orange markierten 120 km langen **Karhunpolku** (Bärenpfad, siehe zuvor) gehen.

◀ Wanderungen im Nationalpark

## Die Gegend von Nurmes

Von Lieksa folgt die Straße Nr. 73 dem Ufer des Pielinen und führt nach knapp 60 km zu dem Städtchen Nurmes, das schon von weitem durch den hohen Turm der 1896 erbauten Kirche zu erkennen ist. Die heute 9000 Einwohner zählende Siedlung wurde 1556 erstmals urkundlich erwähnt. Die heutige Stadt ist 1873 auf Geheiß von Zar Alexander II. im Schachbrettmuster angelegt worden und besitzt schöne Birkenalleen. Sehenswert ist die Altstadt nordwestlich vom Bahnhof mit Holzhäusern aus der Zeit der Jahrhundertwende, ferner das **Stadtmuseum** auf dem Ikola-Hof im nördlich gelegenen Stadtteil Porokylä (nur von Juni bis Aug. geöffnet).

**Nurmes**

An der Einfallsstraße von Süden liegt 2 km von Nurmes entfernt das rekonstruierte karelische Bomba-Haus mit Ferienhütten, Freizeitanlagen und einer Freilichtbühne. Die Blockhäuser wurden in den Jahren 1976 bis 1981 gebaut und sind Musterbeispiele karelischer Baukunst. Als Vorbild diente ein Farmhaus der Familie Bombin, das 1855 in einem karelischen Dorf, heute auf russischem Gebiet, errichtet wurde. Das Haupthaus beherbergt heute ein traditionelles kareli-

**Bomba-Haus**

> **!** *Baedeker* TIPP
>
> **Freilichtmuseum Murtovaara**
>
> Ein kleines Juwel liegt etwas abseits der Hauptstraße zwischen Nurmes und Kajaaani. Knapp 30 Kilometer nördlich von Nurmes zweigt bei Puukari ein Fahrweg zum Freilichtmuseum Murtovaara (Hinweisschild: talo-museo) ab. Mitten in der Einöde liegt hier eines der schönsten Museen dieser Art in Finnland. Zwar gibt es an vielen Orten größere und spektakulärere Freilichtmuseen, doch die einsame Lage mitten im Wald macht Murtovaara einzigartig. Man kann sich richtig vorstellen, wie hier im 18. Jh. die Bauern gearbeitet haben (nur im Sommer Mi. – So. 11.00 – 19.00 Uhr).

sches Restaurant. Die umliegenden Holzhäuser sind zu netten Unterkünften umfunktioniert worden. Das Ferienzentrum Bomba, zu dem auch ein Spa-Hotel gehört, ist bei finnischen und neuerdings auch bei russischen Touristen sehr beliebt.

Nur 24 km nördlich von Nurmes liegt inmitten hügeliger Landschaft das kleine idyllische Dorf Saramo. Sehr gut für eintägige **Paddelausflüge** sind der Saramojoki und seine Oberläufe Mänty-, Mehto- und Palojoki geeignet. Für erfahrene Wildwasserfahrer bieten der 8 km lange Mehtojoki und die 17 km lange Strecke über den Palojoki gute Möglichkeiten. Landschaftlich eindrucksvoll führt beim Palojoki die Stromschnelle Louhikoski durch eine Felsenschlucht.

**Kanutour auf dem Jongunjoki**
Eine etwa dreitägige Kanutour ist auf dem Jongunjoki möglich. Die Einsatzstelle für die 67 km lange Fahrt ist nördlich von Nurmes über die Straße 524 nach ▶Kuhmo am See Jonkeri zu erreichen. Hier gibt es einen Parkplatz und eine Informationstafel. Mehr Informationen unter: www.finland.de/paddelrouten
Die **Hiidenportti-Stromschnelle** ist nur für sehr geübte Kanuten zu bewältigen, aber ein Besuch zu Fuß lohnt sich: Der Fluss hat sich an dieser Stelle tief in einen Canyon eingeschnitten und ist eine beeindruckende landschaftliche Sehenswürdigkeit.

**Verlängerung der Kanuroute**
Soll die Fahrt verlängert werden, kann ab Nurminjärvi über kleinere Seen und den Fluss Lieksanjoki zum See Pankajärvi (17 km) gepaddelt werden.

## Ilomantsi und der Nationalpark Petkeljärvi

**Ilomantsi**
Rund 70 km östlich von Joensuu (Straße Nr. 74) kommt man ins Herz von Nordkarelien nach Ilomantsi. Die orthodoxe **Elias-Kirche** zählt mit ihren sechs Türmen zu den schönsten und größten ihrer Art im ganzen Land. In **Parppeinvaara**, einem karelischen Themendorf, gibt es Vorstellungen von mit Kantele begleiteten Runengesängen. Etwa 20 km östlich von Ilomantsi, in unmittelbarer Grenznähe, gibt es in Möhkö ein **Fabrikmu-**

> **?** WUSSTEN SIE SCHON …?
>
> ■ Kennen Sie die östlichste Gemeinde der EU? Sie heißt Ilomantsi und sie liegt weiter östlich als Istanbul.

## ▶ ILOMANTSI ERLEBEN

**AUSKUNFT**

*Karelia Expert*
*Matkailupalvelu Oy*
Kalevalantie 13
82900 Ilomantsi
Tel. 04 00 24 00 72
Fax 013 / 88 32 70
www.visitkarelia.fi

*Nationalpark Petkeljärvi*
Tel. 041 / 4 36 17 90
www.outdoors.fi/petkeljarvinp
Outdoor Centre (Mai – Aug.)

*Eine karelische Spezialität: Fisch im Brotteig*

**seum**, in dem alte Verhüttungsmethoden für Eisenerz demonstriert werden. Südöstlich erstreckt sich der Nationalpark Petkeljärvi.

Der Nationalpark Petkeljärvi an der russischen Grenze gehört mit 6 km² zu den kleinsten Nationalparks Finnlands. Von der Landstraße Ilomantsi nach Möhkö (Busverbindung) führt ein 6 km langer Weg in den Nationalpark. Über die Ostgrenze des Landes hinaus erstrecken sich nach der Eiszeit (vor rund 9000 Jahren) entstandene Oserrücken (= mit Sand und Schotter ausgefüllte Schmelzwasserrinne). Zwei Drittel der Parkfläche bestehen aus Gewässern, von denen der kristallklare See Kuikkalampi mit seinen weiten Schwemmwiesen der größte ist. Diese Wiesen dienten früher den Bauern zur Versorgung des Viehs mit Winterfutter. An den Ufern der Seen, Bäche und Teiche sind zahlreiche Biberburgen anzutreffen. Unter den zahlreichen Vogelarten ist vor allem im Sommer der Lappentaucher am verbreitetsten. Mehrere Schützengräben und Unterstände aus dem Zweiten Weltkrieg sind als geschichtliche Sehenswürdigkeiten hergerichtet.

**Nationalpark Petkeljärvi**

Ein guter Ausgangspunkt für Wanderungen ist **Petraniemi** mit Informationszentrum, Campingplatz, Sauna und Kiosk. Zahlreiche markierte kürzere Wanderwege (3,5 und 5,5 km) führen durch den Park, und etliche längere Touren haben hier ihren Ausgangspunkt. Beliebt ist die gelb markierte Wanderroute **Taitajan-Taival** von Ilomantsi zum Dorf Putkela (26 km) mit zum Teil beträchtlichen Höhenunterschieden. Auch die am weitesten östlich, im Grenzzonengebiet zu Russland verlaufende orange-markierte Route **Tapion Taival** (21 km), die den Windungen des Flusses Koitajoki folgt, führt durch typische nordkarelische Gebirgslandschaften (Rastplätze, Schutzhütten und Zeltplätze auf beiden Routen vorhanden).

**Wanderungen im Nationalpark**

**Kanutouren von Ilomantsi aus**  Kanuwanderer können die Region um Ilomantsi auf vier Hauptrouten unterschiedlicher Schwierigkeitsgrade auf dem Wasserweg erkunden. Die einfachste und beschaulichste Strecke führt über den Koitajoki. Informationen zu Kanutouren im Tourismusbüro oder unter www.finnland.de/paddeltouren

# Kemi

**M 20**

**Gebiet:** Nordfinnland    **Einwohnerzahl:** 23 000

**Kemi liegt am Nordende des Bottnischen Meerbusens an der Mündung des einst sehr fischreichen Flusses Kemijoki. Im Sommer ist der Ort kaum touristisch interessant – im Winter hingegen ist die Schneeburg eine echte Attraktion.**

**Alter Handelsplatz**  Schon im Mittelalter gab es hier, durch die Wasserwege begünstigt, einen Handelsplatz für Felle und Fisch. Nachdem Kemi 1869 die Stadtrechte erhalten hatte, wurde es im Zuge der Industrialisierung zu einem wichtigen Hafen.

## Sehenswertes in Kemi

**Stadtbild**  Die Stadt ist von großzügig angelegten Straßen durchzogen. Das 1939 erbaute Rathaus beherbergt ein Panorama-Café, von dem man eine schöne Aussicht auf die Stadt und die umliegende Wildmark genießt. Im Kulturzentrum (Pohjoisrantakatu 9 – 11) befindet sich die Kunstgalerie; das Museumsgebäude ist ein altes Bauernhaus im nordländischen Stil mit Räucherkate.

---

❗ *Baedeker* TIPP

**Ein Schloss aus Schnee**
Von Januar bis Mitte April entführt die »Lumilinna«, ein jährlich neu errichtetes gewaltiges Schloss aus Schnee und Eis, den Besucher in eine eisig-schöne Märchenwelt. Es gibt ein Restaurant mit Bar, ein Hotel, wo man bei -5 °C in polartauglichen Schlafsäcken übernachten kann, und einen Abenteuerspielplatz. Informationen: Lumilinna, Kemi, Tel. 0 16 / 25 95 02, www.snowcastle.net

Die wohl bedeutendste Sehenswürdigkeit von Kemi ist die Edelstein- ★
galerie in der Kauppakatu 29. Zu sehen sind etwa 3000 Edelsteine, **Edelsteingalerie**
Juwelen- und Diamantschleifereien, eine Goldschmiedewerkstatt und
eine Dokumentation über die Entstehung und die Lagerstätten von
Edelsteinen (Öffnungszeiten: im Sommer tgl. 9.00 – 17.00, sonst Mo. ⏱
bis Fr. 10.00 – 16.00 Uhr).

Im Hafen von Kemi hat der 1961 gebaute Eisbrecher »Sampo« seinen **Eisbrecher**
Liegeplatz. Vor einigen Jahren wurde er in ein luxuriöses Kreuzfahrt- **»Sampo«**
schiff umgewandelt. Von Dezember bis Mai ist es möglich, Fahrten
mit dem Eisbrecher zu unternehmen (bis zu 150 Passagiere). Die
zwei- bis sechsstündigen Fahrten in das arktische Eis schließen Ski-
und Motorschlittenausflüge oder Hunde- und Rentiersafaris ein. Im
Sommer kann man das Schiff besichtigen und im Restaurant essen.

## Umgebung von Kemi

Etwa 9 km nördlich vom Zentrum steht die Feldsteinkirche von Ke- **Feldsteinkirche**
mi-Land aus dem 16. Jh. – die älteste Steinkirche Nordfinnlands. An **(Kemi-Land)**
der gewölbten Holzdecke sieht man Bilder aus der Leidensgeschichte
Jesu; unter dem Boden des Chors ruht die Mumie des Pfarrers Nikolaus Rungius (gest. 1628).

Nördlich der Stadt liegt am Kemijoki das große Isohaara-Kraftwerk. **Kraftwerk am**
Landschaftlich reizvoll ist die Fahrt am Kemijoki aufwärts nach ►Ro- **Kemijoki**
vaniemi.

 **KEMI ERLEBEN**

### AUSKUNFT
*Kemi Tourist Information*
Kauppakatu 29, 94100 Kemi
Tel. 040 / 5 68 20 69
www.kemi.fi

### ESSEN
► **Erschwinglich**
*Ämmilä Restaurant*
Meripuistokatu 9
Tel. 0 16 / 4 58 02 51
Essen wie bei Großmutter; urig
eingerichtetes Restaurant

### ÜBERNACHTEN
► **Komfortabel**
*Cumulus Kemi*
Hahtisaarenkatu 3

Tel. 0 16 / 2 28 31, Fax 22 82 29
www.cumulus.fi
Durch die schöne Lage direkt am
ruhigen Hafen der Stadt ist das
Cumulus ideal für ausgedehnte
Spaziergänge an der Uferpromenade.
Die meisten Zimmer sind mit eigener
Sauna ausgestattet.

► **Günstig**
*Hotel Yöpuu*
Eteläntie 227
Tel. 0 16 / 23 20 34
www.hotelliyopuu.com
Das angenehme und freundlich
geführte Haus liegt etwas außer-
halb der Stadt und hat ein gutes
Restaurant.

# Kokkola

**Q 17**

**Gebiet:** Westfinnland  **Einwohnerzahl:** 36 000

**Kokkola ist eine der ältesten Städte Finnlands und wurde ursprünglich direkt am Meer erbaut. Heute liegt die Stadt – bedingt durch die Hebung der Küste – etwa 5 km landeinwärts und kann mit einer hübschen Altstadt aufwarten.**

**Tiefster finnischer Hafen**

Kokkola liegt im mittleren Teil von Österbotten (finnisch Pohjanmaa) an der Westküste und wurde bereits 1620 von Per Brahe gegründet. Die verkehrsgünstige Lage und der Teerhandel führten um 1800 zu beträchtlichem Aufschwung von Handel und Seefahrt. Im Krimkrieg (1854 – 1856) wurde der Hafen von den Briten angegriffen, und Kokkola büßte einen großen Teil der Handelsflotte ein. Bis ins 20. Jh. war Kokkola fast ausschließlich schwedischsprachig und nur unter dem Namen Karleby bekannt. Heute spricht nur noch jeder fünfte Bewohner schwedisch.

## Sehenswertes in Kokkola

**Rathaus, Kirche, Altstadtviertel**

Am Mannerheiminaukio (Mannerheimplatz) steht das 1841 von Carl Ludwig Engel erbaute Rathaus. Direkt neben dem Zentrum erstreckt sich die Altstadt Neristan mit ihren gut erhaltenen Holzhäusern aus dem 17. und 18. Jahrhundert. Besonders schön sind die Häuser an den Straßen Kirkkokatu und Isokatu.

**Englischer Park, Kirche Kaarlela**

Am Ufer des Kaupunginsalmi liegt der Englische Park, dessen Name an einen Angriff der Engländer 1854 während des Krimkriegs erinnert. Im Stadtteil Kirkonmäki südlich vom Bahnhof steht die alte Steinkirche Kaarlela (1466).

 **KOKKOLA ERLEBEN**

### AUSKUNFT
***Kokkola City Tourist Office***
Kauppatori
67100 Kokkola
Tel. 06 / 8 28 94 02, Fax 8 31 03 06
www.kokkola.fi

### ESSEN
▶ **Erschwinglich**
***Vanha Lyhty & Kellari***
Pitkänsillankatu 24
Tel. 06 / 8 68 01 88

Seemannsgerichte sind die Spezialität der »Alten Laterne« im Altstadtviertel Nerista.

### ÜBERNACHTEN
▶ **Komfortabel**
***Sokos Hotel Kaarle***
Kauppatori 4
Tel. 06 / 8 26 61 11
Gut ausgestattetes Mittelklassehotel direkt am Marktplatz mit Restaurant, Bar, Cafeteria und Pool.

In einem Holzhaus von 1696 (Pitkänsillankatu 28) ist das **Historische Museum** untergebracht – mit Sammlungen zur Stadtgeschichte und Schiffsmodellen. In der gleichen Straße sind die **Kunstgalerie Renlund** (in einem Kaufmannshaus von 1813) und eine Sammlung historischer Kameras im **Leo-Torppa-Kameramuseum** zu sehen.

**Museen**

## Umgebung von Kokkola

Vom Hafen in Kokkola kann man im Sommer Bootsausflüge zur Fischerinsel Tankar unternehmen (Übernachtungsmöglichkeiten in einigen Holzhäusern). Hier kann man die Fischerkirche (1754), einen Leuchtturm (1899) und ein Robbenjagd-Museum besichtigen.

**Insel Tankar**

Für die Weiterfahrt nach Süden ist die Schärenstraße der sieben Brücken über Öja und Risöhäll bis nach Jakobstad (Pietarsaari) zu empfehlen, weil sie über Inseln führt und an Buchten vorbeizieht, die immer wieder den Blick auf den Bottnischen Meerbusen freigeben.

**Nach Süden**

Von Kokkola hält man sich in südöstlicher Richtung. Über Kaustinen (44 km), wo alljährlich in der zweiten Junihälfte das Internationale Volksmusikfestival stattfindet, geht es weiter über Perho zum Naturschutzgebiet Salamanperä. Hier beginnt der **»Pfad der Waldrentiere«**, ein 90 km langer Wanderweg, der im Suomenselkä-Wasserscheidegebiet durch den **Nationalpark Salamajärvi** nordwärts bis nach Reisjärvi führt. In diesem nahezu unbewohnten Gebiet mit mehreren Seen wurden Ende der 1970er-Jahre die zu Beginn des vergangenen Jahrhunderts in Finnland fast ausgestorbenen Waldrentiere ausgesetzt. Mit etwas Glück begegnet man bei seiner Tour im Wald einem der inzwischen rund 200 scheuen Tiere.

Wenige Kilometer südlich von Reisjärvi kann man auf dem See **Lestijärvi** und dem Fluss **Lestijoki** Bootsfahrten unternehmen, angeln und auf dem alten Ferienbauernhof Pietilä übernachten.

*Holzhaus in der Nähe von Kokkola*

Nach Norden lohnt von Kokkola ein Ausflug an der Küste entlang (Straße Nr. 8). Nach 30 km erreicht man ein wenig abseits der Hauptstraße Lohtaja mit einer Holzkirche von 1768. Im Weiler Perttulan Puhto sind drei herrschaftliche, aus Holz gebaute Höfe des 18. Jh.s zu sehen. Ca. 65 km nach Kokkola folgt ▶ Kalajoki mit den beliebtesten Sandstränden Finnlands.

**Nach Norden**

# ✶ Koli-Nationalpark

R 29/30

**Gebiet:** Karelien / Ostfinnland          **Informationen:** www.metla-fi.koli

**In vorchristlicher Zeit waren die Koli-Berge eine heilige Opferstätte, von der sich um die Jahrhundertwende zahlreiche finnische Künstler der Nationalromantik inspirieren ließen. Der Blick von den Koli-Bergen gilt als das Spiegelbild finnischen Nationalgefühls schlechthin.**

Die Koli-Berge bieten eines der reizvollsten Landschaftsbilder im ansonsten recht flachen Finnland. Sie sind ein Relikt der uralten Bergkette der Kareliden und erheben sich am südwestlichen Ufer 250 m über den Wasserspiegel des lang gestreckten Sees Pielinen, der die Finnische Seenplatte im Nordosten abschließt. Der einst mächtige Gebirgszug fiel der eiszeitlichen Erosion zum Opfer, allein die besonders harten Quarzitschichten konnten widerstehen, die heute als Koli-Berge die Seenlandschaft überragen. Relikte der Eiszeitgletscher sind zahlreiche Oser (Kiesrücken), von denen die Formation von **Herajoki-Hiekkaniemi** die größte ist. Dichte Haine mit Fichten sind an den in den Pielinen-See mündenden Bächen zu finden, während die Westhänge und Bergkuppen trockener und daher vegetationsärmer sind.

**Herrliche Bergwelt**

Sowohl im Sommer als auch im Winter bilden die Koli-Berge eines der am stärksten besuchten Ferienzentren des Landes. Erst 1991 wurde ein Teil des Gebiets zum Nationalpark erklärt. Das Besucherzentrum mit Hotel liegt oberhalb des Ortes Koli und ist vom Parkplatz aus mit einer Seilbahn zu erreichen. Von der Südseite des Hotels führt ein Treppenweg auf den felsigen Gipfel **Ukko-Koli** (347 m ü. d. M.); von dort bietet sich eine prächtige Aussicht auf den 253 m tiefer gelegenen Pielinen mit seinen zahlreichen bewaldeten Inseln. Südlich erheben sich zwei weitere Gipfel: der 339 m hohe **Akka-Koli** und der 334 m hohe **Paha-Koli**. Man erreicht sie auf Wanderwegen vom Besucherzentrum (1,5 – 2,5 Std.). Nördlich des Ukko-Koli erhebt sich die Anhöhe des **Ipatti** (316 m ü. d. M.).

**Nationalpark**

← *Berühmte, ja fast schon legendäre Aussicht: Der weite Blick von den Koli-Bergen gilt den Finnen als Inbegriff der Schönheit ihres Landes.*

KOLI-NATIONALPARK ERLEBEN

## AUSKUNFT

*Koli National Park*
*Heritage Center Ukko*
Ylä-Kolintje 39
83960 Koli
Tel. 02 05/64 56 54
www.luontoon.fi/koli
Informationen zur Natur- und Kulturgeschichte dieser Landschaft

## ANREISE

Über den See Pielinen verkehren ab Joensuu und Nurmes Schiffe zum Dorf Koli (Seilbahn zum Besucherzentrum des Nationalparks). Im Süden des Pielinen stellt der Pielisjoki – mit mehreren Schleusen – die Verbindung zum Saimaasee her.

## ESSEN/ÜBERNACHTEN

▶ **Komfortabel**
*Hotel Koli*
Tel. 020 / 1 23 46 62
www.koliski.fi
Der riesige, den Berg dominierende Beton- und Glasbau des Hotels Koli mit Restaurant und Café liegt auf dem Ukkokoli-Berg; von dort bietet sich eine fantastische Aussicht auf den Pielinen-See.

▶ **Günstig**
*Loma-Koli*
Tel. 045 / 2 70 91 00
www.lomakoli.fi
Rund 10 km nördlich vom Dorf Koli liegt dieses Ferienzentrum.

**Wandern, Wintersport** | Den Nationalpark sollte man auf jeden Fall zu Fuß erkunden. In der Umgebung des Besucherzentrums sind viele markierte Wanderwege angelegt. Darüber hinaus gibt es im Winter gespurte Langlaufloipen.

# Königsstraße

**W–X 15–26**

**Gebiet:** Südfinnland          **Informationen:** www.konigstrasse.net

**Schwedische Königsboten und Nowgoroder Kaufleute, Bauern, Bischöfe und Bettelmönche sind über sie hinweggezogen und auch der Fortschritt hielt über sie seinen Einzug in Finnland. Nordeuropas wichtigste Ost-West-Achse führte bereits vor 1000 Jahren von Oslo über Stockholm und Turku durch die südfinnische Küstenlandschaft bis zur russischen Grenze und weiter nach St. Petersburg.**

**Verlauf und Geschichte** | Bereits im Mittelalter war diese Route Finnlands wichtigste Landstraße. Natürlich legte man die Strecke zu Fuß oder zu Pferde zurück. Rasten konnte man in den mehr als 20 Gasthöfen, die den Weg säumten. Mit der Einführung des Postwesens diente die Königsstraße als Postweg. An der historischen Streckenführung wurden eine Vielzahl kulturhistorisch bedeutsamer Orte und Stätten unter dem Oberbegriff schwed. »Kungsvägen«, finn. »Kuninkaantie« vereinigt.

Nachfolgend werden nur diejenigen Orte beschrieben, die nicht bereits als Hauptstichworte (mit Verweispfeil gekennzeichnet) behandelt werden.

**Hinweis!**

## Westlich von Helsinki

Fährt man von ► Turku in östlicher Richtung, kommt man über Piikkio mit dem sehenswerten Herrenhof **Pukkila** zu einem alten Handelsplatz, der Stadt **Salo**. Hier steht etwas abseits im südlichen Stadtteil Uskela eine von Carl Ludwig Engel erbaute Steinkirche (1832; Öffnungszeiten im Sommer 12.00 – 18.00 Uhr). Vom Kirchhügel hat man einen weiten Blick über den Ort. In der Umgebung von Salo zeugen mehrere Herrenhöfe von einstigem wirtschaftlichem Wohlstand. Weiter geht es nach **Perniö**, in dessen Umgebung im 17. Jh. mehrere Eisenwerke gegründet wurden, z. B. Teijo-Mathildedal. In der Freizeitanlage Meri-Teijo (www.meri-teijo.com) findet man Möglichkeiten zum Tennisspielen und Reiten sowie einen Golfplatz. Die Kirche von **Teijo** wurde 1830 in Form einer chinesischen Pagode errichet. Weiter führt die Route entweder über ►Tammisaari nach ►Hanko, oder man biegt bei **Tenhola** ab nach Pohja, mit den benachbarten Eisenhüttenwerken **Fiskars** und **Billnäs**.

**Von Turku über Salo nach Ekenäs**

🕐

Eine der wichtigsten Industrieanlagen Finnlands liegt am Fiskars-Fluss auf dem Stadtgebiet von Pohja. Heute sind zwar weder die alten Eisenfabriken noch die Wohnhäuser des 17. Jh.s erhalten, doch die Straßenführung stammt noch aus dieser Zeit. Die Firma Fiskars, die heute auch außerhalb Finnlands für die vielfach imitierten Scheren bekannt ist, hat ihren Firmensitz inzwischen verlegt. Doch wurde das gesamte Betriebsgelände liebevoll restauriert und dokumentiert nun 400-jährige Industriegeschichte. In den einstigen Arbeiterhäusern leben heute Künstler und Kunsthandwerker, die ihre Werke zum Verkauf anbieten. Schön gestaltete Parkanlagen, das Anwesen des Firmeninhabers und ein Museum mit Ausstellungen zu Industriegeschichte sowie den Lebens- und Wohnverhältnissen der Arbeiter machen einen Abstecher zu diesem idyllischen Ort lohnend.

★

**Fiskars**

Am Mustionjoki-Fluss gründet Carl Billsten bereits 1641 ein Eisenhüttenwerk mit einem Hochofen und zwei Eisenhämmern. Mit dem Bau einiger Arbeiterhäuser, einer Hammerschmiede und einer Mühle Ende des 18. Jh.s entstand allmählich eine Industrieanlage, die bis ins vergangene Jahrhundert funktionstüchtig war und heute als Museum eingerichtet ist. Technisch interessierte Besucher sollten das alte Wasserkraftwerk von 1906 nicht versäumen.

**Billnäs (Pinjainen)**

Nordöstlich von Billnäs liegt der kleine Ort Mustio, wo bereits zu Zeiten Gustav Wasas im 16. Jh. Eisenerz veredelt wurde. Somit ist die 1561 gegründete **Svartå bruk**, die bis 1901 in Betrieb war, die älteste Industrieanlage Finnlands

**Svartå (Mustio)**

## Königsstraße *Orientierung*

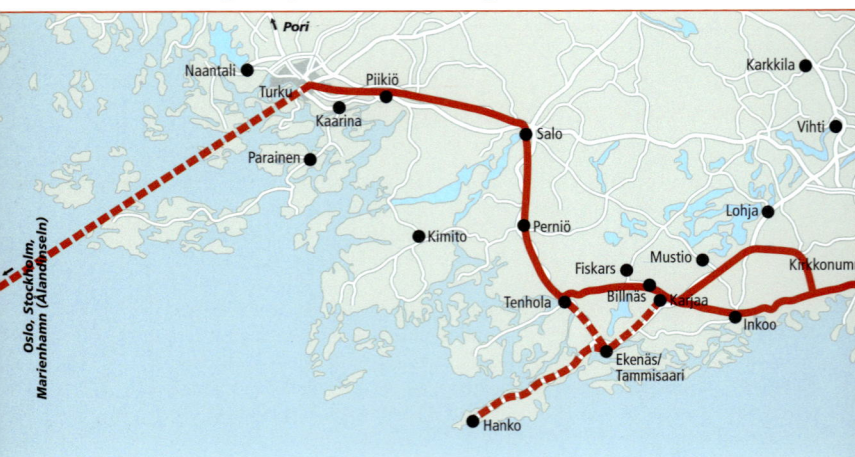

Naantali · Turku · Piikiö · Karkkila · Vihti · Kaarina · Salo · Parainen · Lohja · Kimito · Perniö · Kirkkonummi · Fiskars · Mustio · Tenhola · Billnäs · Karjaa · Inkoo · Ekenäs/Tammisaari · Hanko

Oslo, Stockholm, Marienhamn (Alandsinseln)

Pori

★
**Mustio**

Sehenswert ist auch das herrschaftliche Herrenhaus Mustio, das 1792 nach schwedischen Vorbildern errichtet wurde. Es ist das größte noch existierende Holzschloss Finnlands und strahlt noch heute im Glanz der gustavianischen Epoche. Kachelöfen, Wandmalereien und Parkettböden sind erstaunlich gut erhalten. Sehr erholsam ist ein Spaziergang durch den ausgedehnten, gepflegten Schlosspark im Barockstil mit Skulpturen finnischer Künstler. Anschließend sollte man sich eine ausgiebige Mahlzeit in dem sehr guten Restaurant gönnen. Angeschlossen sind ein weißer Seitenflügel von Mitte des 19. Jahrhunderts, der ehemalige Stall und ein Wagenschuppen im neugotischen Stil (▶Kasten S. 242).

**Lohja**

Sehr lohnend ist auch ein Abstecher nach Lohja. Bereits im 16. Jahrhundert entstand bei Lohja die erste Erzgrube Finnlands. Seit der Jahrhundertwende wird bei Tytyri Kalkstein abgebaut, zuerst im Tagebau und seit 1956 nur noch unter Tage. Hier wurde 1988 ein Grubenmuseum eröffnet, das man im Rahmen einer Führung besichtigen kann.

★ ★
St.-Laurentius-Kirche ▶

Zudem kann das alte Bergbaustädtchen Lohja mit einem besonderen kunsthistorischen Kleinod aufwarten: Es ist eine der schönsten mittelalterlichen Feldsteinkirchen Finnlands, die St.-Laurentius-Kirche. Das Innere des kleinen Gotteshauses aus dem 15. Jh. ist über und über mit herrlichen Wandmalereien aus dem 16. Jh. ausgeschückt, die nahezu vollständig und hervorragend erhalten sind. Die Vermischung von heidnischen Motiven, volkstümlichen Teufelsdarstellungen und biblischen Szenen wirkt auf den heutigen Besucher äußerst naturalistisch (Öffnungszeiten Sommer: 9.00 – 16.00, Winter: 10.00 bis 15.00 Uhr).

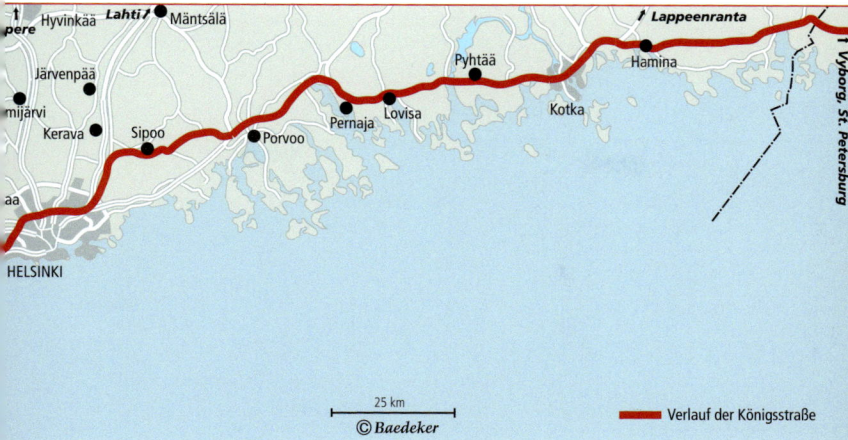

© Baedeker

■ Verlauf der Königsstraße

Etwa 20 km nordwestlich von Lohja liegt die Gemeinde Sammatti. In der kleinen Kate **»Paikkarin torppa«** kam der Kalevala-Dichter Elias Lönnrot (►Ber. Persönlichkeiten) zur Welt und verbrachte hier seine jungen Jahre (Öffnungszeiten: Sommer Mi. – So. 11.00 – 17.00 Uhr). Im selben Ort steht **»Lammin talo«**, sein Alterssitz und Sterbehaus (Öffnungszeiten: Sommer Sa., So. 12.00 – 17.00 Uhr).

Weiter östlich kommt man bei **Kirkkonummi** zum **Atelierzentrum Hvitträsk** (►Helsinki, Ausflüge von Helsinki). Via ► Espoo und ► Helsinki sowie ► Porvoo erreicht man den östlichen Abschnitt der Königsstraße.

> ! **Baedeker** TIPP
>
> ### Finnisches Antikparadies
>
> Sammlerfreunde aufgepasst: Jede Menge Kruscht und Krempel, aber auch ausgewachsene Antiquitäten gibt es direkt an der E 18 Helsinki-Turku ganz nahe der Einmündung der Straße 104 bei Nummi. Eine riesige Halle lädt zum Stöbern ein; daneben ist ein exotisch ausstaffierter Wintergarten gleichzeitig Schauraum und Café (Kasvihuoneilmiö, Turuntie 1811, 09810 Nummi)

## Östlich von Helsinki

Rund 30 km nordöstlich von Porvoo liegt Pernaja, der Geburtsort des finnischen Reformators Mikael Agricola (1509 – 1557; ►Berühmte Persönlichkeiten). Sehenswert ist die mittelalterliche **Michaelskirche** aus dem 14. Jahrhundert. In der dreischiffigen Granitkirche, deren Westgiebel schöne Ziegelornamente aufweist, befindet sich ein Altar aus Lübeck (16. Jh.). Vor der Kirche steht die Statue von Mikael Agricola. Etwa 5 km weiter liegt der **Gutshof Sarvilahti** mit großzügiger Anlage des 17. und 18. Jh.s und schönem Park.

**Pernaja**

Loviisa  Nach wenigen Kilometern erreicht man die Stadt Loviisa, die auch Standort eines Kernkraftwerks ist.. Die auch heute noch überwiegend schwedischsprachige 16 000-Einwohner-Stadt wurde im Jahre 1745

# KÖNIGSSTRASSE ERLEBEN

### AUSKUNFT

*KÖNIGSSTRASSE*
**Uusimaa Regional Council**
Esterinportti 2 B, 0024 Helsinki
Tel. 09 / 4 76 74 11
www.konigstrasse.net

**Loviisa Tourist Office**
Mannerheiminkatu 4, 07900 Loviisa
Tel. 0  19 / 55 52 34, Fax 53 23 22
www.loviisa.fi

### ESSEN / ÜBERNACHTEN

► **Luxus**
*Herrenhaus*
Hållsnäsintie 89, 10360 Mustio
Tel. 0 19 / 3 62 31, Fax 3 62 32 50
www.mustionlinna.fi

Finnland einmal ganz herrschaftlich: Stilvoll eingerichtete Zimmer im Herrenhaus selbst, in der Orangerie, im Turm oder in gemütliche Holzhäusern. Dazu gehört ein sehr gutes preisgekröntes Restaurant. Wer kann, der sollte …

► **Erschwinglich / Komfortabel**
*Degerby Gille*
Sepänkuja 4,
07900 Loviisa, Tel. 0 19 / 5 05 61
Im 1662 errichteten ältesten Haus Loviisas befindet sich der Stadt berühmtestes Restaurant und Hotel. Die Speisekarte ist nicht allzu originell, allemal schön jedoch sind die nostalgischen Räumlichkeiten.

*Historische Holzhäuser in Loviisa*

unter dem Namen Degerby gegründet und war eine von drei finnischen Siedlungen, die das Recht hatten, mit dem Ausland Handel zu treiben. An jene alten Zeiten erinnern die rot gestrichenen Lagerschuppen am Hafen. Wo einst Tabak, Gewürze und andere Importe lagerten, laden heute kleine Cafés und das **Seefahrtmuseum** zum Verweilen ein.

Direkt hinter dem Hafen befindet sich Degerby, das älteste Quartier der Stadt mit einigen Wohnhäusern, die aus dem 18. Jahrhundert stammen. Beim Spaziergang durch die von hübsch-bunten Holzhäusern gesäumten Straßen fällt es nicht schwer, sich eine lebendige Vorstellung vom finnischen Kleinstadtleben vergangener Jahrhunderte zu machen.

✱
◄ Degerby

Am höchsten Punkt der Stadt stehen die große, in neugotischem Stil erbaute **Kirche** (1865) und das **Rathaus** (1856).

Vom Gästehafen kann man im Sommer Schiffsausflüge zur **Seefestung Svartholm** auf der gleichnamigen, vorgelagerten Insel unternehmen.

Musikliebhaber sollten sich in der Sibeliuksenkatu 10 das »Sibeliushaus« ansehen. Es gehörte zwar nicht dem Komponisten selbst, sondern seiner Großmutter und seiner Tante. Doch hier verbrachte Jean Sibelius viele Sommer und hier war es auch, wo er 1892 die Symphonie »Kullervo« komponierte.

◄ Sibeliushaus

Über ► Kotka und ► Hamina führt die Königsstraße bis jenseits der russischen Grenze nach **Vyborg** und **St. Petersburg**.

# Kotka

**W / X 24**

**Gebiet:** Südfinnland    **Einwohnerzahl:** 55 000

**Kotka ist eine moderne Hafen- und Industriestadt. Auf einer Insel an der Mündung des größten südfinnischen Flusses, des Kymijoki, gelegen, entwickelte sich die Stadt schnell zum wichtigsten finnischen Exporthafen. Doch das neue Maretanium und die stimmungsvolle Fischerhütte des Zaren an den Kymijoki-Stromschnellen sind Sehenswürdigkeiten, die einen Abstecher lohnen.**

Im Frieden von Turku kam Kotka 1743 zu Russland. Nach den zwei Seeschlachten von Ruotsinsalmi 1789 und 1790 ließen die Russen die strategisch wichtige Landfestung Kyminlinna und die Seefestung Ruotsinsalmi auf den vorgelagerten Inseln Varissaari und Kukouri errichten, um die Westgrenze zu schützen. Während des Krimkrieges zerstörte ein englischer Flottenverband die Festungsanlagen von Ruotsinsalmi 1855. Die **Lachsfischerei** im Kymijoki führte bereits im Mittelalter zur Gründung einiger Handelsplätze. Der Hafen von Kotka wurde Ende des 19. Jh.s angelegt.

**Stadt des Meeres**

## Sehenswertes in Kotka

✳
**Orthodoxe**
**Kirche**
Am Marktplatz steht das Rathaus von 1934. Südlich erstreckt sich der Stadtpark mit der orthodoxen Kirche von 1801, die dem heiligen Nikolaus geweiht ist. Es ist das einzige Gebäude, das der Zerstörung durch die britische Flotte (1855) entging. Die Kirche wurde von einem Petersburger Architekten im Stil des palladianistischen Klassizismus gebaut. Mit der flachen Dachneigung und den vorgesetzten Säulen unterscheidet sich der Palladianismus vom Klassizismus durch die Beschränkung auf spätrömische Vorbilder. Von den vielen wertvollen Ikonen der Kirche ist die Ikone des **hl. Nikolaus von Myra** im rechten Seitenschiff zu erwähnen, die um 1800 zum Gedenken an die Seeschlacht von Ruotsinsalmi gemalt wurde. Die Ikonenwand (Ikonostase), die den Altarraum vom Kirchenschiff trennt, stellt Motive und Gestalten des Alten und Neuen Testaments dar (Öffnungszeiten: Di. – Fr. 12.00 – 15.00, Sa., So. 12.00 – 18.00 Uhr).

**Kirche**
Inmitten einer Grünanlage, wo sich auch das Grabmal des Schriftstellers Toivo Pekkanen befindet, steht die neugotische Backsteinkirche von 1898. Bei der Restaurierung erhielten die kunstvollen Holzschnitzereien im Kircheninneren ihr ursprüngliches Aussehen.

**Wasserturm**
Vom alten Wasserturm (62 m ü. d. M.) und dem Norska-Berg südöstlich bietet sich eine schöne Sicht auf die vorgelagerten Inseln. Im Wasserturm gibt es ein nettes Café.

✳
**Maretarium**
Direkt am Meeresufer am Stadthafen liegt das Aquarium Maretarium. Über 50 finnische Fischarten werden in naturnah gestalteten, teilweise riesigen Becken gehalten. Die Ausstellung ist nach den verschiedenen Habitats, von den Bächen Lapplands über die mittelfinnischen Seen bis zum Finnischen Meerbusen, gegliedert. Dazu gibt es Tauchvorführungen zwischen Lachsen und Aalen (Öffnungszeiten: Sommer 10.00 – 20.00, sonst 10.00 – 17.00 Uhr).

**Eisbrecher Tarmo**
Im Hafen liegt der älteste Eisbrecher der Welt vor Anker. »Tarmo« wurde vor mehr als 90 Jahren in Newcastle gebaut und versah in der Ostsee lange Jahre seinen Dienst. Wasserbusse fahren zu der 1790 im Auftrag von Zarin Katharina II. errichteten Festung Slava.

**Varissaari**
Vom Sapokanlahti-Kai in Kotka gibt es im Sommer regelmäßige Schiffsverbindungen zu der kleinen Insel Varissaari. Auf der »Kräheninsel« entstand 1792 das Fort Elisabeth, um die Ruotsinsalmi-Bucht vor Eindringlingen zu schützen. Neben den Festungsruinen und Kanonen sind die Reste der russischen Fregatte »St. Nikolai« zu sehen, die in der zweiten Seeschlacht von Ruotsinsalmi versenkt wurde. Seit der Jahrhundertwende ist die Insel ein beliebtes Ausflugsziel, wo Tanzveranstaltungen, Freiluftaufführungen und Festivals stattfinden (Restaurant; Bademöglichkeit).

Der Fluss Kymijoki, der im Päijänne-See entspringt und in Kotka in den Finnischen Meerbusen mündet, bildet viele Stromschnellen, durch die wieder Lachse flussaufwärts steigen. Früher war der Kymijoki einer der bedeutendsten Lachsgründe Finnlands. Auch heute findet man hier wieder zahlreiche Angelgebiete mit Forelle, Barsch, Hecht, Renke und natürlich Lachs. Die Stromschnellen **Langingkoski**, **Siikakoski** und **Korkeakoski** sind jedoch nicht nur zum Fischen hervorragend geeignet, sondern auch für Wildwasserfahrten mit speziellen Wildwasserbooten und mit Schlauchbooten.

**Stromschnellen am Kymijoki**

Nördlich vom Stadtzentrum Kotka biegt man von der Straße E 3 zu den Langinkoski-Stromschnellen ab. Die ersten bekannten Lachsfischer an dieser Stromschnelle waren die Mönche des Klosters Valamo, die die kleine orthodoxe Kapelle auf dem Gelände errichteten. Der nächste berühmte Fischer war der russische **Zar Alexander III.**, der sich für die landschaftlich schöne Gegend und die reichen Lachsgründe begeisterte. Der finnische Senat schenkte dem Zaren 1889 die »Kaiserliche Fischerhütte« Langinkoski. In diesem herrlich gelegenen imperialen Blockhaus, das heute mit der originalen Einrichtung aus zaristischen Zeiten ein interessantes Museum ist, verbrachte die Zarenfamilie mehrere Sommerurlaube (Öffnungszeiten: Juni – Aug. tgl. 10.00 – 18.00, Mai u. Sept. tgl. 10.00 – 16.00 Uhr). Die Stromschnelle ist ein ergiebiges Gebiet für Fliegenfischer.

★

**Fischerhütte von Langinkoski**

🕐

*Des Zaren »Fischerhütte« ist ein geräumiges, zweistöckiges Haus.*

# ◉ KOTKA ERLEBEN

## AUSKUNFT

*Kotka Tourist Service*
Keskuskatu 6
48100 Kotka
Tel. 05 / 2 34 44 24
www.kotka.fi/matkailu

## ESSEN

### ▶ Erschwinglich
*Wanha Fiskari*
Ruotsinsalmenkatu 1
Tel. 05 / 2 18 65 85
www.wanhafiskari.fi
Im eleganten Restaurant »Alter Fischerkahn« gibt es sehr gutes finnisches Essen aus frischen und saisonalen Zutaten in maritim dekorierter Atmosphäre.

## ÜBERNACHTEN

### ▶ Günstig
*Feriendorf Santalahti*
www.santalahti.fi
Das strandnahe Feriendorf am Stadtrand bietet einen Campingplatz oder Unterbringung in Hütten, manche auch mit eigener Sauna. Familien freuen sich über Sandstrand, Spielplatz, Minigolf etc. Gleich nebenan liegt ein 18-Loch-Golfplatz.

---

**Sunila-Zellstoff-fabrik**

Das Gebäude der Sunila-Zellstofffabrik sowie die umliegenden Arbeiterwohnungen wurden nach Plänen des finnischen Architekten **Alvar Aalto** in den 1930er- und 1950er-Jahren gebaut. Aalto entwarf auch die Inneneinrichtung der Büroräume und einige der Möbel. Der 100. Geburtstag des Architekten wurde 1997 mit einer städtebaulichen Ausstellung auf dem Sunila-Gelände feierlich begangen. Einen Besuch lohnt auch das **Glasmuseum**, in dem u. a. die berühmte Aalto-Vase zu sehen ist. Sie ist 1936 als Sieger aus dem Designwettbewerb hervorgegangen, den die Glasfabrik Karhula-Iittala 1936 für die Pariser Weltausstellung ausgeschrieben hatte.

## Umgebung von Kotka

**Pyhtää**

Etwa 25 km westlich von Kotka liegt das Dorf Pyhtää im Delta des Kymijoki-Flusses. Einige Kilometer weiter westlich steht eine sehenswerte mittelalterliche **Steinkirche** von 1420. Die während der Reformation übertünchten Wandmalereien im Inneren wurden zum Teil wieder freigelegt.

Savukoski-Brücke ▶

Über einen Arm des Kymijoki (Ahvinkoski) führt die Savukoski-Brücke, deren Seilkonstruktion bei ihrem Bau 1928 eine technische Neuerung war. Seit ihrer Restaurierung 1981 ist sie eine Museumsbrücke.

**Kaunissaari**

Ein beliebtes Ausflugsziel vom Stadthafen Kotka ist die seit jeher besiedelte Insel Kaunissaari(»Schöne Insel«). Die von Kiefernwäldern bedeckte Insel besitzt lange Sandstrände und ein idyllisches Fischerdorf mit einem Bootshafen.

Folgt man dem Lauf des Kymi-Flusses nach Norden, erreicht man nach ca. 30 km die kleine Industriestadt Anjalankoski. In der Umgebung gibt es mehrere Stromschnellen, am mächtigsten ist **Ahvionkoski**, die für Wildwasserfahrten geeignet sind.

Sehenswert ist der große Gutshof Anjala, seit 1606 Sitz des ursprünglich aus dem Baltikum stammenden Adelgeschlechts von Wrede. Bei der Schlacht von Riga im Jahre 1605 war König Karl IX. inmitten der gegnerischen Reihen vom Pferd gestürzt und wäre mit hoher Wahrscheinlichkeit getötet oder zumindest gefangen genommen worden, wenn ihm nicht Henrik Wrede selbstlos sein Pferd überlassen hätte. Der baltische Adelige bezahlte seinen Mut mit dem Leben. Der König aber wusste sehr wohl, wem er sein Leben zu verdanken hatte, und schenkte der Witwe seines Retters große Ländereien in Finnland und ließ für sie und ihre Kinder das Herrschaftshaus Anjala erbauen. Im Gutshof Anjala fand 1788 die Verschwörung von finnisch-schwedischen Offizieren gegen den schwedischen König Gustav III. statt. Die Holzbauten aus dem ausgehenden 18. Jh. beherbergen heute ein Museum zur Lokalgeschichte, eine Skulpturensammlung von Carl Henrik Wrede sowie eine Kunst- und Handwerksausstellung (Öffnungszeiten: Mitte Mai – Mitte Aug. Mi. – So. 11.00 bis 17.00 Uhr).

**Anjalankoski**

# Kouvola

**W 24**

**Gebiet:** Südfinnland     **Einwohnerzahl:** 88 000

**Kouvolas Aufstieg zur Stadt ist eng mit dem Bau der Eisenbahnlinie Helsinki – St. Petersburg verbunden. Die Hauptstadt der Provinz Kymi ist heute Grenzbahnhof der EU; außerdem fahren hier die Züge der Transsibirischen Eisenbahn ab.**

Um es vorweg zu sagen: Kouvola ist eine sachliche Dienstleistungsstadt, die touristisch wenig bietet. Das schöne Umland allerdings ist eine beliebte Gegend für Ferienhaus-Urlauber. Zar Nikolaus II. ließ 1910 in Kouvola eine große Garnison als Stützpunkt der russischen Besatzungstruppen bauen. Heute befinden sich in den architektonisch interessanten Kasernen aus rotem Backstein Einrichtungen der Universität. Wie schon zu Gründungszeiten spielt die Eisenbahn eine wichtige Rolle. Die logistisch günstige Lage am Handelsweg zwischen St. Petersburg und Westeuropa und die gute Infrastruktur haben der Stadt einen wirtschaftlichen Aufschwung beschert.

**Stadt mit landschaftlich reizvollem Umland**

## Sehenswertes in Kouvola

In der Nähe des im Jahre 1960 erbauten Bahnhofs sind die alten Holzhäuser des Viertels Kaunisnurmi restauriert. Viele sind zu Be-

**Museumsviertel Kaunisnurmi**

*Radio days: Radiomuseum in Kouvolas altem Eisenbahnerviertel*

ginn des 20. Jahrhunderts für Eisenbahner errichtet worden. Einige beherbergen kleine Kunsthandwerksboutiquen oder Museen. Interessant ist das **Apothekenmuseum**; mit dem Originalinventar von Kouvolas ältester Stadtapotheke wurde eine typische Stadtapotheke vom Beginn des 20. Jh.s nachgebaut. Im **Eisenbahnerhaus** von 1890 gibt es eine kleine Ausstellung mit Fotografien rund um die Eisenbahn (Öffnungszeiten beide: Juni – Aug. Di. bis Fr. 11.00 – 18.00, Sa., So. 12.00 bis 17.00 Uhr). Das **Radiomuseum** widmet sich der Entwicklung der Röhrenradios (Öffnungszeiten: So. 12.00 bis 14.00, Di. 13.00 – 16.00 Uhr).

Auf der Straße Richtung Lappeenranta kommt man nach 5 km zum **Vergnügungspark Tykkimäki** mit den beliebten Attraktionen Disco Jet, Kouvola-Karussel, Tintenfisch-Karussel und dem mystischen Haus. Das am besten ausgestattete Terrarium Skandinaviens enthält Schlangen und Krokodile aller Art (u. a. Mamba-Schlangen). An Wochenenden werden in dem Tanzpalast des Freizeitparks richtige Bälle veranstaltet (Öffnungszeiten: Mai 12.00 – 18.00, Sa., So. 12.00 – 20.00, Juni bis Mitte Aug. tgl. 12.00 – 20.00 Uhr).

## ▶ KOUVOLA

### AUSKUNFT

*Kouvola Tourist Information*
Torikatu 10, 45100 Kouvola
Tel. 020 / 6 15 52 95
www.kouvola.fi

### ÜBERNACHTEN

▶ **Günstig**
*Camping Tykkimäki*
Käyrälampi
Tel. 05 / 3 21 12 26, Fax 3 21 12 03
www.tykkimaki.fi
Der gut ausgestattete Platz liegt an einem See neben dem Vergnügungspark und bietet auch Ferienhäuschen und -hütten.

## Umgebung von Kouvola

25 km südwestlich von Kouvola liegt Elimäki, das im 17. Jh. in den Besitz der Familie von Wrede kam (►Kotka, Anjalankoski). Alte Herrenhäuser, z. B. das klassizistische, von Carl Ludwig Engel 1820 entworfene Haus **Moisio**, liegen in idyllischer ländlicher Gegend.

**Elimäki**

Das älteste, das Herrenhaus Mustila (1754), ist seit 1901 im Besitz der Familie Tigerstedt und ein schönes Ziel für botanisch interessierte Reisende. Bereits 1902 legte der Geologe Axel Tigerstedt ein in Skandinavien einzigartiges Versuchsgelände für Bäume und Zierpflanzen an. Zu sehen sind exotische Nadelbäume von riesigen Douglas-Fichten bis zu kleinen Wacholderarten. Das 120 ha große Arboretum Mustila lohnt einen Besuch besonders im Juni, wenn die Rhododendren blühen, oder im Herbst, wenn die 130 Laubbaumarten und Sträucher in bunten Farben erstrahlen.

◄ Arboretum
Mustila

*Das Arboretum Mustila wurde bereits vor über hundert Jahren angelegt.*

**Valkeala**  Nordöstlich von Kouvola erstrecken sich eine ausgedehnte Seenland-
schaft und das Wildmarkgebiet von Valkeala. Auf der sog. **Finnischen
Goldroute** fährt man mit dem Wasserbus »Tuuletar« über die idylli-
schen Seen Repovesi und Vuohijärvi. Das Schiff wendet an der See-
**Kanuroute**  Enge Lapinsalmi. Ein Erlebnis ist die 113 km lange Kanuroute **Väli-
Väliväylä ►**  **väylä**, die vom Saimaa-See bis zum Fluss Kymijoki führt (Karte bei
den Fremdenverkehrsämtern Kouvola und Valkeala erhältlich). Ein
**Wanderweg im**  markierter Wanderweg führt durch die Wildmark von Valkeala. Die
**Nationalpark**  Route beginnt in Utti bei Valkeala und führt nach Norden bis Mou-
**Repovesi ►**  hu (Gesamtlänge 120 km). Übernachten kann man in einer Schutz-
hütte. Höhepunkte der Wanderung sind die beinahe senkrecht aufragende Felswand des Berges Olhavanvuori und die 50 m lange Hängebrücke über die See-Enge Lapinsalmi.

✱
**Fabrikmuseum**  Etwa 20 km nordwestlich von Kouvola liegt das malerisch am Pyhä-
**Verla bei Jaala**  järvi-See gelegene Dorf Jaala. Die 8000 Jahre alten Felsmalereien
beim benachbarten Ort Verla bezeugen eine jahrtausendealte Sied-
lungsgeschichte. Ein Stück Industriegeschichte erzählen die Holz-
schleiferei und das Pappewerk Verla. Bis 1972 wurde hier nach
handwerklichen Verfahren aus dem 19. Jh. Pappe hergestellt. Zu sehen sind die ursprüngliche Fabrikeinrichtung, die Maschinen, die
Werksiedlung und das Herrenhaus. 1996 wurde das Fabrikmuseum
🕑  Verla auf die UNESCO-Liste des Weltkulturerbes gesetzt (Öffnungszeiten: Mitte Mai – Mitte Sept. Di. – So. 10.00 – 17.00 Uhr, Besuch
nur im Rahmen von Führungen, www.verla.fi).

# ✱ Kristiinankaupunki ·
# Kristinestad

**T 13**

**Gebiet:** Westfinnland          **Einwohnerzahl:** 9000

**Knapp 100 km südlich von Vaasa liegt an einer Meeresbucht die
idyllische Kleinstadt Kristiinankaupunki. Weit mehr als die Hälfte
der Einwohner sind schwedischsprachig, so dass der Name Kristinestad gebräuchlicher ist.**

**Geschichte**  Per Brahe gründete 1649 die Siedlung und nannte sie nach der
schwedischen Königin Christine. Im 18. und 19. Jh. florierte die Hafenstadt, die zu einem wichtigen Umschlagplatz für Teer wurde und
eine bedeutende Schiffswerft besaß. Mit dem Aufkommen der
Dampfschifffahrt verlor Kristinestad zunehmend an Bedeutung. Viele Einwohner wanderten nach Schweden aus. Selbst die 1912 gebaute
Eisenbahnverbindung konnte an dieser Entwicklung nichts ändern.
Erst seit der Ansiedlung von Industriebetrieben in den 1970er-Jahren
wurde die Abwanderungsbewegung gestoppt.

## Sehenswertes in Kristinestad

Da Kristinestad von größeren Bränden verschont blieb, sind bis heute bedeutende Teile der Altstadt mit Holzgebäuden aus dem 18. und 19. Jh. erhalten. Die Straßen sind im Schachbrettmuster angelegt. Eine Attraktion ist die schmale, nur 3 m breite **Kissanpiiskaajankuja**, die »Katzenpeitschergasse«. Sie wurde vermutlich nach einem seltsamen Brauch benannt: Hier soll im 19. Jh. ein städtischer Angestellter die Aufgabe gehabt haben, kranke Katzen zu töten, um die Ausbreitung der Pest zu verhindert. Eine weitere Kuriosität ist das Zollhaus von 1720 neben der alten Kirche: In früherer Zeit musste jeder Fremde Zoll bezahlen, um die Stadt betreten zu können. Sehenswert sind auch das zentral gelegene Rathaus, ein Empirebau von 1858, das **Carlsro-Museum** in einer alten Villa der Jahrhundertwende und das **Seefahrtsmuseum** (Salutorget 1), das einst für den Schiffsreeder Wendelin gebaut wurde.

**✶ Altstadt**

Der Turm der rot bemalten Ulrika-Eleonora-Kirche von 1700 neigt sich gegen Westen, um den Seestürmen standhalten zu können. Die Kirche besitzt eine schöne Orgel, eine Rokoko-Kanzel und einen frei stehenden Glockenturm (1703).

**Ulrika-Eleonora-Kirche**

Die interessanteste Sehenswürdigkeit ist jedoch das Kaufmannshaus der Familie Lebell (Strandgatan 51), das Zeugnis vom Lebensstil reicher Kaufleute an der Westküste ablegt. Das von außen bescheiden wirkende Holzhaus entfaltet in den zehn Zimmern verschiedener

**✶ Kaufmannshaus Lebell**

 KRISTINESTAD ERLEBEN

Stilrichtung seinen Reiz. Es wurde für den weltmännischen Casper Lebell Anfang des 18. Jh.s gebaut. Bei einer Führung erfährt man wunderliche Geschichten vom Aufstieg und Fall der Familie Lebell und von der Lebensweise der Oberschicht in jener Zeit (Öffnungszeiten: Sommer Mo. – Fr. 11.00 – 16.00, Sa., So. 11.00 – 14.00 Uhr).

## Umgebung von Kristinestad

**Nach Norden**  Wer Zeit hat, sollte anstelle der Hauptstraße die direkte Küstenstraße nach Norden wählen. Zwischen Malax und Närpes gibt es zahlreiche kleine Fischerdörfer; Windmühlen prägen das Landschaftsbild. Das lang gestreckte Kaskinen ist mit seinen 1600 Einwohnern die kleinste Stadt Finnlands. Sie liegt auf einer Insel, ist jedoch über zwei Brücken zu erreichen.

**Närpes**  In Närpes stehen viele kleine Holzhäuser rund um die Steinkirche von 1435. Es handelt sich um ca. 150 Kirchenställe, in denen die Kirchenbesucher in früherer Zeit während des Gottesdienstes ihre Pferde einquartierten oder selbst übernachteten. Närpes ist fast ausschließlich von schwedischsprachigen Finnen bewohnt.

*Weite Felder und bunte Speicher: die Landschaft der ostbottnischen Küstenebene*

Etwa 40 km östlich von Kristinestad erstreckt sich der Nationalpark Lauhanvuori. Der Berg Lauhanvuori ragt 231 m über dem Meeresspiegel empor, angesichts der flachen Westküste eine erstaunliche Höhe. Hier gibt es zwei Wanderpfade, Campingplätze und einen Aussichtsturm.

**Nationalpark Lauhanvuori**

# Kuhmo

**P 29/30**

**Gebiet:** Zentralfinnland        **Einwohnerzahl:** 10 000

**In der unberührten ostfinnischen Einöde entlang der russischen Grenze in der Landschaft Kainuu liegt das Städtchen Kuhmo. Seen und Flüsse, die zum Kanufahren und Wandern einladen, durchziehen eine der flächenmäßig größten Gemeinden Finnlands. Hier kann man auf das wilde Waldren treffen, das in anderen Teilen Finnlands fast ausgestorben ist. Auch Begegnungen mit Bären und Wölfen sind nicht ganz ausgeschlossen.**

Seit dem frühen Mittelalter ist Kuhmo eine wichtige Handelsstation auf dem Weg von Russland zum Exporthafen Oulu am Bottnischen Meerbusen. Als zu Beginn des 19. Jh.s die Teerproduktion im russischen Grenzgebiet aufblühte, wurden die Teerfässer auf Booten von Kuhmo über die Flüsse und Seen bis zum Oulujoki und dem 180 km entfernten Hafen von Oulu transportiert.

**Geschichte**

**? WUSSTEN SIE SCHON …?**

■ … dass zu den in Kuhmo alljährlich im Juli veranstalteten Kammermusikfestspielen Top-Interpreten aus der ganzen Welt anreisen?

## Sehenswertes in Kuhmo

Einen Besuch lohnt die viel gelobte Bibliothek am Ufer der Stromschnellen Pajakka, die 1989 von den finnischen Architekten Nurmela, Raimoranta und Tasa gebaut wurde. Sie ist ein hervorragendes Beispiel für den hohen Standard zeitgenössischer finnischer Architektur.

**Bibliothek**

Etwas außerhalb an der Straße nach Suomussalmi liegt 3 km vom Ortszentrum das Kalevala-Dorf mit einer Reihe von Rekonstruktionen alter Gebäude und Handwerksbetriebe. Der Themenpark soll die karelischen Traditionen, die im Nationalepos »Kalevala« geschildert werden, wieder aufleben lassen. Man kann das Häuschen des Kaplans Högmann besuchen, in dem Elias Lönnrot bei seinen Recherchen zum »Kalevala« übernachtet hat (Öffnungszeiten: Juni bis  Aug. 10.00 – 17.00 Uhr).

**Kalevala Spirit**

# ZAUBERSPRÜCHE UND MYTHEN

**In vielen finnischen Museen hängen Bilder mit Kalevala-Motiven. In finnischen Parks stehen Kalevala-Skulpturen. Finnische Musiker vertonen immer wieder Kalevala-Geschichten und in Finnland werden noch immer Neubaugebiete, ja selbst Neugeborene nach Kalevala-Helden benannt.**

Das finnische Nationalepos Kalevala zieht seit fast 200 Jahren Menschen in seinen Bann – nicht nur in Finnland. Jakob Grimm beispielsweise übersetzte Teile des Kalevala ins Deutsche. J.R.R. Tolkien ließ sich von den uralten Versen inspirieren und selbst Dagobert Duck suchte schon mit seinem Neffen nach dem magischen Kalevala-Gegenstand Sampo, der seinen Besitzer reich macht. Worin liegt die Faszination des alten Epos? Und wovon handeln seine Geschichten?

## Das Kalevala-Metrum

Ursprünglich handelte es sich bei den Versen des Kalevala um mündlich überlieferte Volkslieder. Karelische Bauern und Fischer sangen sie in einer Moll-Melodie zur Musik der Kantele, eines fünfsaitigen finnischen Zupfinstruments. All diesen Liedern ist das Versmaß gemeinsam, ein vierhebiger Trochäus (– u – u – u – u). Dieser sprachliche Rhythmus gibt den Worten etwas Düsteres, Magisches, und zieht die Zuhörer in ihren Bann. Die Kalevala-Verse enden nicht in Reimen. Charakteristisch für sie sind Wortwiederholungen und Alliterationen. Viele Wörter einer Zeile beginnen also mit demselben Buchstaben. Die ersten Zeilen des Kalevala beispielsweise klingen wie ein uralter Zauberspruch:

**Mieleni minun tekevi,
aivoni ajattelevi
lähteäni laulamahan,
saa'ani sanelemahan,
sukuvirttä suoltamahan,
lajivirttä laulamahan.**

Viele Übersetzungen dieser Verse haben die sprachlichen Besonderheiten übernommen, so auch die von Hans und Lore Fromm:

**Mich verlangt in meinen Sinnen,
mich bewegen die Gedanken
an das Singen mich zu machen,
mich zum Sprechen anzuschicken,
stammesweise anzustimmen,
Sippensang nun anzuheben.**

Die 23 000 Verse des Kalevala sind zu 50 Liedern zusammengefasst. Sie enthalten Geschichten mit vielen Haupt-

*Väinämöinen verteidigt den Sampo gegen Louhi, die Herrscherin des Nordlandes. Wandfresko (1928) von A. Gallen-Kallela im Nationalmuseum in Helsinki*

und Nebensträngen, die inhaltlich nur lose miteinander verknüpft sind. Das Kalevala erzählt von magischen Abenteuern, von Zaubersprüchen und uralten Riten.

## Helden und Handlungsstränge

Das Werk beginnt mit einem Mythos von der Entstehung der Welt: **Ilmatar**, Tochter der Luft, lässt sich ins Meer hinab und wird zur Wassermutter. Vom Ostwind schwanger treibt sie im Meer und eine Taucherente baut ein Nest auf ihrem Knie. Doch Ilmatar bewegt sich und die sieben Eier der Ente rollen ins Meer, wo sie zerbrechen. Aus den Bruchstücken entstehen Himmel und Erde. Ilmatar formt nun die so entstandene Welt und gebiert den Urzeitsänger **Väinämöinen**, der die Erde urbar macht und sich im Land Kalevala niederlässt.

Die folgenden Gesänge handeln – neben vielen Exkursen – von den Abenteuern der Hauptfiguren des Kalevala. Das sind der weise Sänger und Seher Väinämöinen, dann **Ilmarinen**, der Schmied, und **Lemminkäinen**, ein junger Held. Das Epos lässt offen, ob es sich bei ihnen um Götter, Halbgötter oder Menschen handelt.

Alle drei fahren im Laufe der Geschichten in das Nordland Pohjola, wo die böse Herrscherin **Louhi** regiert, um deren schöne Tochter freien. Ilmarinen schmiedet für Louhi zu diesem Zweck sogar den **Sampo**, einen magischen Gegenstand, der seinem Besitzer Wohlstand verleiht.

Alle drei müssen nun Prüfungen auf sich nehmen, um die Gunst der Nordlandtochter zu gewinnen. Ilmarinen, der Schmied, bekommt Hilfe von der schönen Tochter höchstpersönlich und darf sie zur Frau nehmen. Zwischen den Völkern Kalevala und Pohjola entbrennt nun ein Streit um den Sampo. Die drei Helden stehlen das magische Wunderding, doch Louhi verwandelt sich in einen Adler und verfolgt die Fliehenden. Es kommt zum Kampf, der Sampo fällt ins Meer und zerbricht. Das Epos endet in einer Christuslegende: Die Jungfrau **Marjatta** gebiert einen Sohn, den der alte Väinämöinen töten lassen will. Doch das Kind wird zum König von Karelien ausgerufen und Väinämöinen verlässt erzürnt das Land.

## Volksepos oder Kunstepos?

Als 1835 die erste Ausgabe des Kalevala erschien, trug das Buch keinen Verfassernamen, denn der Herausgeber **Elias Lönnrot** (►Berühmte Persönlichkeiten) verstand sich nicht als Autor der Verse. Das Kalevala war für ihn ein »urzeitliches Epos«, das von einer heroischen Vergangenheit der Finnen erzählte. Lönnrot selbst sah sich als jüngsten Vertreter einer langen Reihe von Sängern, die diese Gesänge von Generation zu Generation bewahrt hatten. Er hielt es für möglich, dass die Kalevala einen wahren historischen Kern haben könnte, ähnlich wie das Nibelungenlied. Tatsächlich hatte Lönnrot die Verse bei seinen Reisen durch Karelien gesammelt. Seine Arbeit bestand vor allem darin, die Fragmente zu einem Gesamtwerk zusammenzusetzen. Heute weiß man, dass Lönnrot mit seiner Deutung des Kalevala dem damaligen Zeitgeist Rechnung trug. Tatsächlich war das Epos viel mehr sein Eigenwerk, als es dem Verfasser selbst vielleicht bewusst war.

## Der Romantiker Elias Lönnrot

Als Elias Lönnrot 1802 in Sammatti geboren wurde, war es ihm nicht in die Wiege gelegt, einmal zu einem der berühmtesten Männer Finnlands heranzuwachsen. Doch der Sohn eines armen Dorfschneiders fiel schon früh durch seinen Bildungshunger auf und durfte die Schule besuchen. Dort hatte er aufgrund seiner Herkunft mit großen Schwierigkeiten zu kämpfen: Die Sprache der Gebildeten war Schwedisch, Lönnrot sprach nur Finnisch. Außerdem war der Schulbesuch teuer, der Junge musste sich das Geld dafür erbetteln, indem er von Haus zu Haus zog und lateinische Studentenlieder sang. Der begabte junge Mann legte als Zwanzigjähriger das Abitur ab, studierte erst Philosophie und nach seiner Promotion noch Medizin. Und selbst mit dieser Leistung war er nicht zufrieden. Der junge Arzt hatte sich weitere Ziele gesetzt.

An der Universität in Turku war damals noch immer der Geist der Romantik lebendig. Die Studenten lasen Herder, Schelling und Goethe und verbanden die Liebe zu ihrem Land mit romantischen Idealen vom einfachen, tüchtigen, finnischen Volk. Viele machten es sich zur Aufgabe, die Wurzeln dieses Volkes zu finden und zu bewahren. Lönnrot beschloss, durch Finnland zu reisen und alte Volksmythen zu sammeln.

*Lönnrot-Denkmal in Helsinki (Skulptur von Emil Wikström)*

## Das Kalevala als Nationalepos

Auf elf Reisen legte Elias Lönnrot innerhalb von 15 Jahren rund 20 000 Kilometer zurück und sammelte dabei rund 65 000 Verse. Doch sein Interesse galt nicht nur vergangenen Zeiten, er hatte bei seiner Arbeit auch die Zukunft der finnischen Gesellschaft im Blick. Am eigenen Leib hatte er erlebt, wie schwierig es war, als Finne am schwedischsprachigen Bildungssystem teilzuhaben. Wenn der Nachweis gelang, dass das finnische Volk ähnlich wie andere Kulturvölker eine eigene literarische Tradition, ein eigenes Kulturerbe und eine Kultursprache besaß, würde dies den Status der schwedischsprachigen Bildungseliten in Frage stellen.

Lönnrots Projekt erzielte tatsächlich den angestrebten Erfolg: Im Jahre 1856 hielt er als erster eine Universitätsvorlesung in finnischer Sprache und zwei Jahre später wurde das erste finnische Gymnasium gegründet. 1863 wurde Finnisch zur gleichberechtigten Sprache neben Schwedisch. Das Kalevala war einer der wichtigsten Wegbereiter für Finnlands Weg zur selbstständigen Nation.

Noch heute wird in ganz Finnland am **28. Februar**, am Tag, an dem Elias Lönnrot das Vorwort seines ersten Bandes unterzeichnete, der **Kalevala-Tag** gefeiert.

## Das Kalevala und die Wissenschaft

Literaturwissenschaftler betrachten heute Elias Lönnrot als den Verfasser des Kalevala. Rund ein Drittel der Verse hat er wörtlich aus der Volksdichtung übernommen, die übrigen bearbeitet oder selbst verfasst. Umstritten ist mittlerweile auch das Alter der aufgezeichneten Verse. Einige Wissenschaftler bezweifeln, dass es in Finnland vor Lönnrot überhaupt reisende Barden gab. Ihrer Meinung nach waren die Lieder lebendige Volkslieder, die von Männern und Frauen im Alltag gesungen wurden. Wenn sie auch in der Thematik auf alte Geschichten zurückgehen könnten, seien die von Lönnrot gesammelten Verse doch wahrscheinlich höchstens ein bis zwei Generationen alt. Und der Berufsstand des weisen Sängers habe sich erst herausgebildet, als nach der Veröffentlichung des Kalevala Reisende die alten Lieder hören wollten. Einen historischen Kern der Geschichten hat bis heute noch niemand gefunden. Dennoch ist das Kalevala ein bedeutendes literarisches Werk, das beweist, wie Worte und Ideen eine Gesellschaft verändern können.

## ⊙ KUHMO ERLEBEN

**AUSKUNFT**

*Kuhmo Tourist Office*
Kainuuntie 82, 88901 Kuhmo
Tel. 08 / 6 15 55 21
www.kuhmonet.fi

**ESSEN & ÜBERNACHTEN**

▶ **Komfortabel**
*Hotel Kalevala*
Väinämöinen 9

Tel. 08 / 6 65 41 00
Fax 6 65 42 00
www.hotellikalevala.fi
Das Luxushotel zeigt, dass auch
eine moderne Betonarchitektur
der Landschaft sehr gut angepasst
sein kann. Das Restaurant des Hauses
gilt als beste Adresse der Stadt. Übrigens: Direkt daneben liegt das Kalevala-Dorf.

### Umgebung von Kuhmo

**UKK-Wanderweg**  In der Umgebung von Kuhmo gibt es etwa 230 km Wanderwege. Die
Hauptroute ist der blau markierte Fernwanderweg Urho Kekkonen,
der **UKK-Reitti**. Er führt von Vuokatti (Umgebung von ▶ Kajaani)
durch den Nationalpark Hiidenportti (▶ Praktische Informationen:
Nationalparks) bis zum ▶ Koli-Nationalpark. Kürzere Rundwande-
rungen sind auch möglich. Eine Wanderbroschüre erhält man beim
Fremdenverkehrsamt Kuhmo (▶ Auskunft).

**Kanufahren bei**  Ein- bis zweitägige Kanutouren kann man auf den Flüssen Vieksen-
**Kuhmo**  joki, Kalliojoki und Saunajoki unternehmen. Die 180 km lange
**Teerroute** über mehrere Flüsse und Seen bis nach Oulu ist ohne grö-
ßere technische Schwierigeiten zu bewältigen (Auskunft s.o.).

## ✳ Kuopio

**S 26**

**Gebiet:** Zentralfinnland        **Einwohnerzahl:** 93 000

**Kuopio ist eine lebendige und sehenswerte Stadt, schön gelegen
auf einer Halbinsel im See Kallavesi. Der Ort ist Mittelpunkt für
den Schiffs- und Landverkehr in der flachen, durch Wald und Wasser abwechslungsreichen Landschaft Savo. Über den Saimaa-See
und -Kanal ist Kuopio mit dem Finnischen Meerbusen verbunden.**

**Beliebter**  Kuopio ist vor allem bei einheimischen Touristen ein sehr beliebter
**Ferienort**  Ferienort. Von dem belebten Passagierhafen starten zahlreiche Aus-
flugsboote, die durch die Inselwelt des Kallavesi-Sees führen; auf der
Heinävesi-Route kommt man bis nach ▶ Savonlinna.

Im Jahre 1652 erhielt Kuopio von Per Brahe erstmals die Stadtrechte. Im Krieg von 1808 / 1809 ergab sich die Stadt zunächst kampflos der russischen Armee, wurde aber später von einer finnischen Einheit unter Führung von Oberst Sandels in einem Überraschungsangriff zurückerobert. Der Aufschwung der Stadt begann mit der Eröffnung des Saimaa-Kanals 1856.

## Sehenswertes in Kuopio

Der Marktplatz (Kauppatori) bildet den Mittelpunkt der Stadt: Im Sommer finden hier – insbesondere Ende Juni / Anfang Juli beim Internationalen Tanzfestival – Konzerte und Tanzveranstaltungen statt, und man kann die örtliche Spezialität, das mit Brot überbackene Fisch-Fleisch-Gericht **Kalakukko**, bekommen.

**✷ Marktplatz**

Gegenüber dem prächtigen Rathaus, das 1884 nach Plänen von F. A. Sjöström im Stil der Neorenaissance fertiggestellt worden ist, steht die im Jugendstil gehaltene Markthalle von 1902. Jenseits der Kauppakatu befindet sich das 1926 erbaute Gymnasium.

Durch die Kauppakatu gelangt man zum **Dom**, der östlich auf einer kleinen Anhöhe liegt. Er wurde 1815 vollendet. Östlich schließt sich der Snellman-Park (Snellmanin puisto) an. Das Wohnhaus des finni-

**Dom und Snellman-Park**

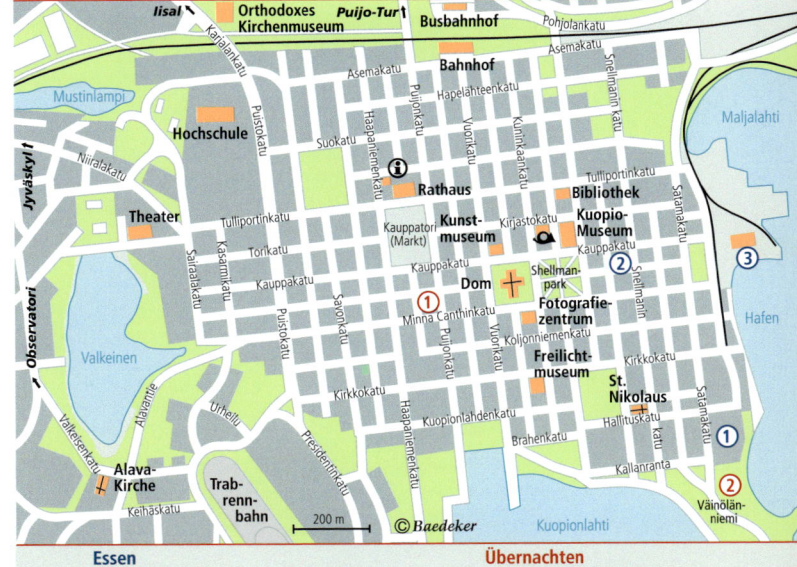

### *Kuopio* *Orientierung*

Essen
① Musta Lammas
② Sampo
③ Ravintola Wanha Satama

Übernachten
① Sokos Hotel Puijonsarvi
② Scandic Hotel Kuopio

- In Kuopio wirkte zwischen 1843 und 1849 der Philosoph, Politiker und Staatsmann Johan Vilhelm Snellman (▶ Berühmte Persönlichkeiten). Der Rektor eines Gymnasiums gilt als eine der hervorragendsten Persönlichkeiten im Finnland des 19. Jahrhunderts. Er erreichte 1863 bei Alexander II., dass Finnisch neben Schwedisch und dem kaum benutzten Russisch Amtssprache im Großfürstentum Finnland wurde.

schen Philosophen in der Snellmaninkatu 19 ist heute ein **Snellman-Museum** (Öffnungszeiten: Mitte Mai – Aug. Mi. u. Sa. 10.00 – 17.00 Uhr u.n.V., Tel. 1 71 82).

Nördlich vom Park, in der Kauppakatu Nr. 23, liegt in einem schönen Jugendstilgebäude das **Kuopio-Museum**. Gezeigt werden, neben vielerlei Exponaten zur Stadtgeschichte, kulturgeschichtliche und naturwissenschaftliche Sammlungen aus der Region Nord-Savo (Öffnungszeiten: Di. – Fr. 10.00 – 17.00, Mi. bis 19.00, Sa., So. 11.00 bis 17.00 Uhr).

**Kunstmuseum** In einem früheren Bankgebäude von 1907 in der Kauppakatu Nr. 35 ist seit 1958 das Kunstmuseum untergebracht. Es zeigt hauptsächlich finnische zeitgenössische Kunst und Wechselausstellungen. Die Sammlung der Stiftung Saastamoinen gibt einen guten Überblick über die finnische Kunst des ausgehenden 19. Jh.s bis in die 1970er-Jahre (Öffnungszeiten: Di. – Fr. 10.00 – 17.00, Mi. bis 19.00, Sa., So. 11.00 – 17.00 Uhr).

**Fotografiemuseum** Südlich der Kirche liegt in der Kuninkaankatu 14 – 16 das zu einem Museum umfunktionierte Fotostudio »Valokuvakeskus« eines Fotografen mit alten Kameras und Fotos (Öffnungszeiten: Juni – Aug., Mo. – Fr. 10.00 – 18.00, Sa., So. 11.00 – 16.00, Sept. – Mai Di., Do., Fr. 11.00 – 17.00, Mi. 11.00 – 19.00, Sa., So. 11.00 – 15.00 Uhr).

**Freilichtmuseum Kuopio** Weiter südlich folgt das Freilichtmuseum Kuopio (Korttelimuseo; Eingang Kirkkokatu 22). In 11 alten Holzhäusern werden historische Inneneinrichtungen verschiedener Stilepochen vom 18. Jh. bis in die 1930er-Jahre gezeigt, u. a. das Zimmer von Minna Canth (Öffnungszeiten: Mitte Mai – Mitte Sept. 10.00 – 17.00, Mitte Sept. – Mitte Mai Di. – Fr. 10.00 – 15.00, Sa., So. 10.00 – 16.00 Uhr).

**Finnische Holzhäuser** Zwischen dem Fotografiezentrum und dem Freilichtmuseum sieht man in der Koljonniemenkatu und den Querstraßen Vuorikatu, Kuninkaankatu und Sorvarinkatu Häuser in typischer finnischer Holzbauweise, wie sie im 18. Jh. entwickelt wurde.

**St. Nikolaus** Im Südosten der Stadt steht die **orthodoxe Kirche** St. Nikolaus von 1903 (Sepänkatu 7). Sie ist Sitz des Erzbischofs (Metropoliten) der orthodoxen Kirche Finnlands.

*Kulinarische Köstlichkeiten in der Markthalle von Kuopio →*

AVU- 35,50 kg
SMOKED SALMON

SITRUUNAPIPPURI-
LOHI  32,- kg
LEMONPEPPER SALMON

ROSEPIPPURI-
LOHI  32,- kg
ROSEPEPPER SALMON

KONJAKKI
LOHI  3
KONJACK SALM

★★
**Orthodoxes**
**Kirchenmuseum**

Die bedeutendste Sehenswürdigkeit von Kuopio, das Orthodoxe Kirchenmuseum, liegt nördlich der Innenstadt in der Karjalankatu 1. Die Institution gehört zu einem Gebäudekomplex, der auch die Wohnung des Erzbischofs, ein Priesterseminar und die Verwaltung der orthodoxen Kirche Finnlands beherbergt. Das reich bestückte Museum führt die bereits 1911 begonnene Museumstätigkeit des früheren Klosters Valamo auf einer Insel im Ladogasee (▶ Joensuu, Umgebung: Kloster Uusi Valamo) weiter, und beherbergt eine der größten Sammlungen orthodoxer Kirchenschätze außerhalb von Russland. Ausgestellt sind wertvolle Ikonen, Ikonostasen, Kenotaphe (geschmückte, leere Särge), allerlei sakrale Gegenstände sowie reich verzierte liturgische Textilien (Öffnungszeiten: Mai – Aug. Di. u. Do. – So. 10.00 – 16.00, Sept. – April Di. – Fr. 12.00 – 15.00, Sa., So. 12.00 – 16.00 Uhr).

# ▶ KUOPIO ERLEBEN

## AUSKUNFT

**Kuopio Tourist Service Ltd**
Haapaniemenkatu 17
70100 Kuopio
Tel. 0 17 / 18 25 84
www.kuopioinfo.fi

## ESSEN

### ▶ Fein & teuer

① **Musta Lammas**
Satamakatu 4
Tel. 0 17 / 5 81 04 58
Der Keller einer alten Brauerei von 1862 wurde zu einem Gourmet-Restaurant der Spitzenklasse umgestaltet. Im »Schwarzen Schaf« gibt es original finnische Küche auf Feinschmecker-niveau.

### ▶ Erschwinglich

② **Sampo**
Kauppakatu 13
Tel. 0 17 / 2 16 46 77
Das Sampo ist ein uriges Restaurant mit Hafenkneipenflair. Auch einheimische Kneipengänger bestellen gerne die liebevoll zubereiteten Fischgerichte. Spezialität des Hauses: Siika (dt. Maräne oder Felchen).

③ **Ravintola Wanha Satama**
Matkustajasatama (Passagierhafen)
Tel. 0 17 / 19 73 04
Fax 19 73 06
Im alten Zollmagazin ist dieses rege frequentierte Restaurant eingerichtet; es gibt auch Konzerte und Tanzveranstaltungen.

## ÜBERNACHTEN

### ▶ Komfortabel

① **Sokos Hotel Puijonsarvi**
Minna Canthin katu 16
Tel. 0 17 / 1 92 20 00
www.sokoshotels.fi
In der Straße, die sowohl zum Hafen als auch auf den Marktplatz führt, liegt dieses angenehme Hotel ausgesprochen ruhig.

② **Scandic Hotel Kuopio**
Satamakatu 1
Tel. 0 17 / 19 51 11, Fax 1 95 22 11
www.scandichotels.com
Das Scandic ist zentrumsnah und gleichzeitig sehr ruhig am Ufer des Kalavesi-Sees gelegen. Es gibt eine große Fitness- und Saunaabteilung mit Pool.

*Ikonen im Kirchenmuseum*

Vom Orthodoxen Kirchenmuseum kann man nordwärts zu Fuß zu der bewaldeten Höhe **Puijomäki** gehen. Zwei Wanderwege führen bis zu einem der bekanntesten Reiseziele in Finnland: dem 75 m hohen **Aussichtsturm**, der sich 225 m über den Spiegel des Sees Kallavesi erhebt. Es gibt dort zwei Aussichtsplattformen und ein Panorama-Restaurant mit rotierendem Fußboden, der sich in einer Stunde rund um seine Achse dreht. Von hier hat man einen hervorragenden Ausblick auf die Finnische Seenplatte (Öffnungszeiten: Juni bis Aug. 9.00 – 22.00, Mai, Sept. Mo. – Sa. 9.00 – 20.00 Uhr).

Etwas außerhalb liegt beim Campingplatz Rauhalahti das **Uppo Nalle Haus**. Uppo Nalle ist eine von der Künstlerin Elina Karjalainen geschaffene Bärenfigur, die in Finnland sehr beliebt ist. Kinder werden sich über einen Besuch beim »Bären« sicher freuen.

## Umgebung von Kuopio

Kurz vor Kuopio lohnt ein Abstecher westwärts Richtung Karttula (36 km). Bei Riuttala (nördlich) kann man ein großes **Bauernhofmuseum** ansehen: Gezeigt werden Geräte, Hofanlagen und Tierhaltung im Stil des 19. Jh.s (Öffnungszeiten: Mitte Juni – Aug. Mi. – So. 12.00 – 17.00, Fr. bis 20.00 Uhr).

**Riuttala**

🕐

In Tervo, 14 km von Karttula, lädt das **Lachsland** (Lohimaa) begeisterte Angler ein.

Rund 100 km nördlich von Kuopio liegt die Industriestadt Iisalmi am Nordufer des Porovesi mit 24 000 Einwohnern. Am Seeufer unweit der Brauerei (mit Brauereimuseum) sind einige nette Restaurants angesiedelt. Das orthodoxe Kulturzentrum **Evakkokeskus** (Kirkkopuistonkatu 28) liegt mitten in Iisalmi und beherbergt das Hotel Artos, zwei Restaurants, ein Museum und Ausstellungsräume. Im Museum ist eine Sammlung von Iko-

> ! **Baedeker TIPP**
>
> ### Ausflug zum Wasserfall Korkeakoski
> Lohnend ist der Ausflug zum 54 km nördlich von Kuopio gelegenen Wasserfall Korkeakoski in der Gemeinde Maaninka. Er sei mit einer Fallhöhe von 46 m der größte Wasserfall des Landes. Die Definition von »Wasserfall« wurde jedoch etwas strapaziert – denn eigentlich handelt es sich »nur« um eine sehr steile Stromschnelle. Trotzdem ist der Ausflug dorthin zu empfehlen – besonders für Wanderfreunde, die hier einige interessante Pfade finden, u. a. die »Schluchtenrunde«, die zur Felsformation Rotkolaakso führt.

nen und Modellen orthodoxer Kirchen aus Karelien zu sehen. Die angrenzende Kirche wurde 1995 von einem russischen Künstler mit Fresken ausgeschmückt. Alljährlich im Juli wird das orthodoxe **Prus-niekka-Festival**, das dem örtlichen Kirchenheiligen geweiht ist, im Kulturzentrum gefeiert.

# Kuusamo

**M 29**

**Gebiet:** Nordostfinnland                    **Einwohnerzahl:** 16 000

**Die Kleinstadt Kuusamo liegt auf einer Hochebene am See Kuusamojärvi. Von hier fließen Flüsse nach Osten in die Dwina-Bucht des Weißen Meers und nach Westen in den Bottnischen Meerbusen. Das ausgedehnte Gebiet der Großgemeinde Kuusamo wird im Sommer von Paddlern, Anglern, Sportfischern und Wanderern geschätzt; im Winter bietet sich dort gutes Skigelände.**

**Kreuzungspunkt zweier Kulturen**

Schon im 15. Jh. bildete Kuusamo einen bedeutsamen Kreuzungspunkt zweier Kulturen. Bis hierher reichte der Einflussbereich des damaligen schwedischen Reiches von Westen, und aus dem Osten kam der kulturelle Einfluss Russlands. Ein Viertel der Bevölkerung der Region lebt von Land- und Forstwirtschaft, insbesondere die Rentierzucht hat hier noch Bedeutung. Die meisten der kleinen Industriebetriebe in der Gegend stellen Holzprodukte und Angelgeräte her oder beschäftigen sich mit der Fischverarbeitung.

 KUUSAMO

**AUSKUNFT**

*Kuusamo Info*
Torangintaival 2
93600 Kuusamo
Tel. 03 06 / 50 25 40
www.kuusamo.fi

**ESSEN & ÜBERNACHTEN**

▶ **Komfortabel**
*Sokos Hotel Kuusamo*
Kirkkotie 23, Tel. 020 / 1 23 46 93
www.sokoshotels.fi
Das wie ein großes Samenzelt gestaltete Dach des Hotels sieht man schon von weitem. Innen findet man ein erstklassiges Hotel mit Pool, Fitnessräumen, Tennis- und Badmintonplätzen. Das Restaurant ist berühmt für seine Rentier- und Fischspezialitäten.

## Sehenswertes in Kuusamo

Die **Kirche** in Zentrumsnähe wurde 1951 gebaut und beherbergt zwei schöne Glocken mit interessanter Geschichte. 1944 hatten sie deutsche Soldaten aus der damaligen Kirche geborgen und auf dem Friedhof vergraben, um sie vor den anrückenden sowjetischen Truppen zu sichern. Nach dem Krieg blieben sie bis 1959 verschollen, als der einstmalige deutsche Regimentskommandeur Kuusamo besuchte und der Stadt einen Plan der vergrabenen Glocken übergeben konnte.

## Umgebung von Kuusamo

Kuusamo eignet sich sehr gut als Stützpunkt für Fahrten oder Wan-    **Ausflüge**
derungen in die Umgebung mit ihren vielen Naturschönheiten und
dem reizvollen Gegensatz von ausgedehnten Wasser- und Sumpfflä-
chen und felsigen Partien. An den Seen sieht man oft Ufer aus steil
abfallenden Granitfelsen; die Flüsse zwängen sich vielerorts durch
tiefe Schluchten, in denen sie Stromschnellen bilden.

Ein lohnender Ausflug führt zum Rukatunturi an der Straße Nr. 5.    **Rukatunturi**
Auf dem 462 m hohen Berg gibt es 18 Lifte und 28 **Abfahrtspisten.**
Auch das Langlaufgebiet in Kuusamo und Ruka ist ausgezeichnet. Es
stehen 500 km präparierte **Loipen** aller Schwierigkeitsgrade zur Verfügung. Loipenkarten sind im Touristenbüro erhältlich. Der Sessellift
ist auch im Sommer in Betrieb und bietet dem Besucher ein weites
Panorama. Auf der längsten **Sommerrodelbahn** (1 km) Finnlands
kann man wieder zum Ausgangspunkt zurückkehren, aber natürlich
auch den Sessellift nehmen.

*Schnee und Sonnenschein: So zeigt sich der Winter gerne in Finnland.*

! *Baedeker* TIPP

**Sommerskilauf in Ruka**

2002 konnten Ski-Enthusiasten erstmals bis in den Frühsommer hinein den Hang hinunter wedeln. Alle waren begeistert, und so wird es Finnlands einziges Sommerskigebiet auch in Zukunft geben. Allerdings muss man hier mit dem Schnee etwas nachhelfen, denn Finnland besitzt weder Gletscher noch Hochgebirge und das Gebiet bei Kuusamo liegt gerade einmal 500 m hoch. Damit Skiläufer genug von der weißen Pracht unter den Brettern haben, wird im Winter mit Hilfe von Schneekanonen eine vier Meter dicke Schneedecke gelegt, die dann bis Ende Juni hält.

Von Kuusamo folgt man der Straße Nr. 5 und biegt nach 10 km rechts ab auf die Straße Nr. 950. Nach 5 km kommt man, vorbei an der Abzweigung nach Säkkilänvaara, nach **Juuma** mit den **Stromschnellen** von **Jyrävä**. Hier hat man die Gelegenheit zum Angeln.

Von dort fährt man zurück zur Straße 950; nach 9 km erreicht man den Ort Käylä. Dort abermals rechts und noch 15 km in Richtung Liikasenvaara – zum Informationszentrum des **Oulanka-Nationalparks**. Hier kreuzt die Straße die **Bärenrunde** (► Oulanka Nationalpark, Bärenrunde).

**Julma Ölkky**  Etwa 50 km südlich von Kuusamo liegt (über die Straße 913 zu erreichen) der drei Kilometer lange See Julma Ölkky. Er liegt in einer tiefen Schlucht, deren Felswände bis zu 50 m hoch aus dem Wasser emporragen. Obwohl dieses Naturkunstwerk ziemlich klein ist, ist der Julma Ölky der berühmteste See der Region. Bei einem Bootsausflug sind am Ostufer die von einer gewölbten Felsplatte gebildete sog. Teufelskirche und die aus zahlreichen Bächen gespeiste Regenbogenquelle (»Sateenkaarilähde«) zu sehen.

**Kuusamon**  In dem kleinen Ort **Kero**, 33 km südlich von Kuusamo an der E 63
**Suurpetokeskus**  gelegen, kann man die Tiere anschauen, die man in freier Wildbahn wahrscheinlich nie zu Gesicht bekommt: Bären, Füchse, Luchse und ⊕ einen Vielfraß (Öffnungszeiten: tgl. 10.00 – 17.00 Uhr).

*Nasses Vergnügen: Schlauchbootfahrten auf den Flüssen bei Kuusamo*

# ✱ Lahti

**Gebiet:** Südfinnland  
**Höhe:** 80 m ü.d.M.

**Einwohnerzahl:** 102 000  
**Region Lahti:** 200 000

**Lahti liegt ca. etwa 100 km nordöstlich von Helsinki, reizvoll am Südende des Sees Vesijärvi und am Rand des eiszeitlichen Höhenzugs Salpausselkä. Über die Landesgrenzen hinaus ist Sportinteressierten die gerade einmal hundert Jahre alte Industrie- und Bankenstadt als Austragungsort internationaler Skispringen ein Begriff.**

Lahti ist ein weltbekanntes Wintersportzentrum. Hier wurden seit 1926 bereits sechsmal, zuletzt 2001, die Weltmeisterschaften in den Nordischen Skisportdisziplinen ausgetragen. Im Februar jeden Jahres findet zwischen Lahti und ► Hämeenlinna der Finlandia-Lauf statt (►Praktische Informationen: Wintersport). Anschließend werden im März die Salpausselkä-Winterspiele veranstaltet.

**Wintersport-zentrum**

## Sehenswertes in Lahti

Den Mittelpunkt der Stadt bildet der große, von Geschäftshäusern umsäumte Marktplatz (Kauppatori). In der Kirkkokatu erhebt sich die »Kirche des Kreuzes« **Ristin Kirkko**, ein Backsteinbau, der 1978 am Standort der hölzernen Vorgängerkirche nach dem Entwurf von Alvar Aalto fertiggestellt wurde.

**Marktplatz**

Westlich, am Ende der Kirkkokatu, befindet sich das Historische Museum. Es ist im Hauptgebäude des ehemaligen Herrenhauses von Lahti in der Lahdenkatu 4 untergebracht. Das Gebäude mit stilisiertem Barockgiebel, Ecktürmen und umgebendem Park wurde 1897 als Privatwohnung des Hofrates August Fellman erbaut (Öffnungszeiten: Mo. – Fr. 10.00 – 17.00, Sa., So. 11.00 – 17.00 Uhr).

**Historisches Museum**

🕐

Südlich vom Markt steht das Rathaus, ein monumentaler Ziegelbau im späten Jugendstil, der 1912 von Eliel Saarinen, dem Erbauer des Bahnhofs von Helsinki, errichtet wurde.

**Rathaus**

Vom Friedhof gelangt man zur alten Rundfunkstation, in der über 1000 Objekte zur Rundfunktechnik ausgestellt sind – darunter alte Radio- und Fernsehgeräte und ein Rundfunkstudio der 1950er-Jahre (Öffnungszeiten: Mo. – Fr. 10.00 – 17.00, Sa., So. 11.00 – 17.00 Uhr).

**Rundfunk-museum**

🕐

Einen Besuch lohnt auch das Kunstmuseum in der Vesijärvenkatu 11, das eine Sammlung aus dem ehemaligen Museum von Vyborg und moderne finnische Kunst zeigt (u. a. Werke von Akseli Gallen-Kallela; Öffnungszeiten: Mo. – Fr. 10.00 – 17.00, Sa., So. 11.00 bis 17.00 Uhr).

**Kunstmuseum**

🕐

## *Lahti* Orientierung

**Essen**
① Mamma Mia
② Santa Fe
③ Café Sinuhe

**Übernachten**
① Sokos Lahden Seurahuone
② Freizeitzentrum Messilä
③ Landhaus Jokela

**Wasserorgel und Skulpturenpark**
Im Teich des Kariniemi-Parks befindet sich seit 1997 der größte Springbrunnen Skandinaviens. Das Zusammenspiel aus Licht, Wasser und Farben wirkt an Herbst- und Winterabenden am schönsten.

★ **Alter Hafen**
Lahtis neue »Schokoladenseite«, der **Wanha Satama**, liegt am Ufer des Vesijärvi. Wo einst weitab vom Stadtgeschehen Holz vom See auf

*Kultureller Treffpunkt der Lahtianer: die Sibeliushalle am alten Hafen*

die Bahn verladen wurde, lädt eine schön gestaltete Promenade zum Flanieren ein. Cafés und Restaurants am Seeufer sind bei gutem Wetter eine beliebte Freizeitadresse. Von hier startet auch eine Reihe von Ausflugsschiffen zu Touren oder Rundfahrten über den See.

Am Alten Hafen liegt auch Lahtis besondere Attraktion: Im Frühjahr 2000 wurde mit der Sibeliushalle einer der schönsten Konzertsäle **★★** Skandinaviens eröffnet. Das von **Sibeliushalle** den jungen finnischen Architekten Hannu Tikka und Kimmo Lintula entworfene Holzbauwerk beeindruckt sowohl mit seiner phantastischen Akustik als auch mit seiner gewaltigen Glasfront, die den Blick auf den See freigibt.

✔ NICHT VERSÄUMEN

■ Auch Kulturinteressierte kommen in Lahti auf ihre Kosten: In der Sibeliushalle veranstaltet das Sinfonieorchester Lahti, eines der Spitzenorchester der nordischen Länder, unter seinem Dirigenten Okko Kamu nahezu wöchentlich hochrangige Konzerte. Ein Erlebnis, das sich lohnt! (Kartenverkauf: Tel. 03 / 8 14 28 00, www.sibeliustalo.fi).

Im Westen der Stadt erstreckt sich das **Sportzentrum** mit drei Sprungschanzen, zwei Freibädern, der Eishalle, dem Stadion und dem Skimuseum. Auf die 90 m hohe Großschanze führt ein Fahrstuhl zu einer **Aussichtsplattform**, von der der Blick über das Sportgelände, die Stadt und den weitläufigen Vesijärvi schweift. Am Skistadion beginnt ein 150 km langes Netz von Wanderwegen, die im Winter als Langlaufloipen dienen.

## ◉ LAHTI ERLEBEN

### AUSKUNFT

**Lahti Travel Ltd.**
Rautatienkatu 22, PL 175
15111 Lahti
Tel. 02 07 / 28 17 50
www.lahtitravel.fi

### ESSEN

#### ► Erschwinglich

① **Mamma Maria**
Vapaudenkatu
Tel. 03 / 7 51 67 16
Die finnische Interpretation italie-
nischer Pizza ist ja immer so ein
Thema, aber das Mamma Maria
gleich neben dem Marktplatz
bietet authentisch italienische
Gerichte und gutes, selbst
gemachtes Eis.

② **Santa Fe**
Aleksanterinkatu 10
Tel. 03 / 7 81 80 07
www.santafelahti.com
Direkt am Marktplatz liegt das
Santa Fe. Die Außenterrasse mit
Blick auf das Markttreiben ist
sehr beliebt, die Karte mexikanisch
inspiriert.

③ **Café Sinuhe**
Mariankatu 21
Tel 03 / 7 51 16 20
Gemütliches Straßencafé ganz in der
Nähe vom Marktplatz mit ausge-
zeichneten Kuchen.

### ÜBERNACHTEN

#### ► Komfortabel

① **Sokos Lahden
Seurahuone**
Aleksanterinkatu 14
Tel. 0 20 / 1 23 46 55
Fax 03 / 7 52 31 46
www.sokoshotels.fi
Komfortables Spitzenhotel im

Zentrum der Stadt. An Wochenenden werden Preisnachlässe
gewährt.

② **Freizeitzentrum Messilä**
Messiläntie 308
Tel. 03 / 8 60 11
Fax 86 01 23
www.messila.fi
Gemütliche Zimmer im Hotel neben
dem ehemaligen Gutshaus, in alten
Speichergebäuden oder Blockhütten.
Restaurant muss vorgebucht werden.

#### ► Günstig

③ **Landhaus Jokela**
Pihlajamäntie 23
Hämeekoski
Tel. 050 / 5667924
www.jokelankartano.fi
Zirka 30 km westlich von Lahti
gelegenes altes Herrenhaus mit
einfachen, aber liebevoll eingerichteten Gästezimmern

Das Skimuseum auf dem Sportgelände zeigt die Entwicklung des **Skimuseum**
Wintersports von den Anfängen bis heute. Sportliche Eindrücke
kann man auf einem **Skisprungsimulator** gewinnen oder indem man
sich beim Skilanglauf versucht (Öffnungszeiten: Mo.–Fr. 10.00 bis ⏲
17.00, Sa., So. 11.00–17.00 Uhr).

## Umgebung von Lahti

Etwa 11 km nordwestlich von Lahti erhebt sich der Tiirismaa (223 m **Tiirismaa**
ü. d. M.), ein Skizentrum mit zwei Skiliften und einer Slalomstrecke.
Außerdem befinden sich in der Umgebung rund 200 km markierte
Wanderwege, die im Winter als
Skiloipen präpariert werden. Der
Berg gehört zu den Ausläufern des
Salpausselkä, einer mächtigen eiszeitlichen Endmoräne, die in zwei
parallelen Höhenrücken das Seengebiet Mittelfinnlands im Süden
begrenzt und sich nordöstlich in
einer Länge von 550 km bis Karelien hinzieht.

Etwa 8 km nordwestlich der Stadt
am Ufer des Vesijärvi liegt das **Ferienzentrum Messilä**, das sich um
einen gleichnamigen Gutshof entwickelt hat. Messilä ist zwar überwiegend als **Skizentrum** bekannt,
doch gibt es hier auch Einrichtungen für Wassersport, Reitmöglich-
keiten, einen 18-Loch-Golfplatz
und Restaurants.

Unweit vor Hollola liegt an der
kleinen, von Lahti kommenden
Landstraße links das 1780 erbaute

*Romantische Filmkulisse: Pyhäniemi*

Herrenhaus **Pyhäniemi**. Seinen
Beinamen »Hollywood von Hollola« erhielt es wegen der Vielzahl
von Filmproduktionen, die das schöne Anwesen als Kulisse nutzten.
Im Erdgeschoss des Hauptgebäudes finden Kunstausstellungen statt.

Knapp 9 km weiter nordwestlich erreicht man die berühmte ★
mittelalterliche **Feldsteinkirche** von Hollola (Hollolan kirkko, **Hollola**
Rantatie, ▶ Abb. S. 272). Das zweischiffige Gotteshaus mit einer besonders schön gestalteten Westfassade wurde bereits im 14. Jh. angelegt und war im Mittelalter eine der bedeutendsten Kirchen in ganz
Finnland. Im Inneren gibt es schöne Holzschnitzereien. Kunstge-
schichtlich am bedeutsamsten ist die Figur des hl. Georg an einer

*Besonders schönes Giebelmauerwerk
zeigt die Kirche von Hollola.*

Säule im Mittelgang. Der separat stehende Glockenturm (1831) entstand nach einem klassizistischen Entwurf des Architekten Carl Ludwig Engel.

Hinter dem umgebenden Friedhof liegt ein beachtenswertes kleines **Freilichtmuseum** mit einer Ansammlung alter bäuerlicher Holzgebäude, die aus der Umgebung hier wieder aufgebaut wurden.

Etwa 50 km nördlich von Lahti lohnt das **Herrenhaus Urajärvi** einen Besuch. Das Ensemble in einem englischen Park gehörte zuletzt den Geschwistern von Heideman, die es bis 1917 bewohnten und nach ihrem Tod original eingerichtet als Museum fortgeführt wissen wollten. Auf dem See schwimmt ein künstlicher Schwan, im Park liegt die Säulenhalle »Valhalla« – die wohl nördlichste Hommage an Richard Wagner (derzeit wegen Renovierung geschlossen; Infos: Tel. 09 / 4 05 01).

**Vääksy**  Vääksy liegt rund 50 km nordwestlich von Lahti. Bekannt ist der kleine Ort durch einen Kanal mit Schleuse – ein Nadelöhr, das alle Schiffe vom Vesijärvi zum Päijänne passieren müssen. Weiter nach Norden führt eine der schönsten Straßen Finnlands landschaftlich spektakulär über die zu beiden Seiten von Wasser gesäumte schmale Landbrücke **Pulkkilanharju**. In der von der Eiszeit sichtbar geformten Landschaft zwischen Vääksy und Sismä liegt der besuchenswerte Nationalpark Päijänne (► Päijänne-Seengebiet).

Rund 40 km nördlich von Lahti liegt der beliebte Erholungsort **Heinola** am Nordufer der Jyrängönvirta, einer Stromschnelle des Kyminjoki. Neben der schön gelegenen Holzkirche (1811) steht der Glockenturm, der 1834 von Carl Ludwig Engel entworfen wurde.

# ✱ Lappeenranta

**Gebiet:** Südostfinnland          **Einwohnerzahl:** 72 000

**Lappeenranta ist der südlichste Ausgangspunkt des Schiffsverkehrs auf dem Saimaasee. Aufgrund seiner exponierten Lage an der Grenze zum russischen Reich erhielt Lappeenranta schon im 17. Jh. eine Garnison. Heute ist die Stadt auf jeden Fall einen kurzen Besuch wert und ihre Umgebung ein beliebtes Ferienziel.**

Der aus einem mittelalterlichen Handelsplatz hervorgegangene Ort war 1741 Schauplatz einer entscheidenden Schlacht, in der ein schwedisch-finnisches Heer von den Russen geschlagen wurde. Im      **Tor nach Osten**

## *Lappeenranta* Orientierung

**Essen**
① Torilla
② Kahvila Majurska

**Übernachten**
① Scandic Hotel Patria
② Finnhostel Lappeenranta

SATAMA
Satamatie
Alte Festung  Orthodoxe Kirche
Passagier-hafen
LINNOITUS
Tonkatu
Stadtkirche
Lappee Kirche
LEIRI
Helsingintie
Bahnhof
REIJOLA
KIMPINEN
© Baedeker

Frieden von Turku fiel Lappeenranta 1743 an Russland, zu dem es bis 1811 gehörte. Aus dem 17./18. Jh. und der russischen Zeit stammen die stellenweise noch erhaltenen Wälle der einstigen Stadtbefestigung. Nach der Entdeckung einer radioaktiven Mineralquelle (1824) entwickelte sich ein reger Kurbetrieb, der vor allem russische Adlige anzog. Nahe bei Lappeenranta liegen zwei Grenzübergänge nach Russland: Nuijamaa (Auto) und Vainikkala (Bahn).

**Saimaakanal** Erste Anstrengungen, einen Kanal zwischen dem Saimaasee und Vyborg (Viipuri) an der Ostsee zu errichten, gehen bis zum Jahr 1499 zurück, doch erst Zar Alexander II. nahm den Bau in Angriff. Schnell entwickelte sich der 1856 vollendete Kanal zu einer viel befahrenen

# ● LAPPEENRANTA ERLEBEN

## AUSKUNFT

*Lappeenranta Tourism Information*
Kauppakatu 40 D, PL 113
(Maakuntagalleria)ievarinkatu 1
53101 Lappeenranta
Tel. 05 / 66 77 88
www.gosaimaa.fi

## ESSEN

### ► Fein & teuer
① *Torilla*
Kauppakatu 21
Tel. 05 / 67 75 11
Das Restaurant im Scandic Hotel Patria lohnt einen Besuch vor allem wegen seiner hervorragenden Rentier- und Fischgerichte.

### ► Preiswert
② *Kahvila Majurska*
Kristiinankatu 1
Tel. 05 / 4 53 05 54
Im alten hölzernen Garnisonsgebäude oben auf der Festung liegt eines der gemütlichsten Cafés in Finnland. Eingerichtet ist es mit stilvollen Antiquitäten; es gibt leckere selbstgebackene Kuchen, Tee aus dem Samovar, und in den vielen kleinen Galerien und Kunsthandwerks-Boutiquen im anderen Teil des Hauses findet man Schönes zum Mitbringen.

## ÜBERNACHTEN

### ► Komfortabel
① *Scandic Hotel Patria*
Kauppakatu 21
Tel. 05 / 67 75 11
www.scandichotels.com
Mit Blick auf den Seehafen liegt Lappeenrantas Top-Hotel mit Sauna, Restaurant und Bar.

### ► Günstig
② *Finnhostel Lappeenranta*
Kuusimäenkatu 18
Tel. 05 / 4 51 55 55
www.huhtimiemi.com
Einfache Unterkunft mit 40 Hütten und über 400 zweckmäßig eingerichteten Zimmern.

Wasserstraße, die sich bis Ende 1944 ausschließlich auf finnischem Gebiet befand. Dann wurde der Kanal geschlossen, da er fast in seiner gesamten Länge einschließlich Vyborg (Viipuri) auf dem Gebiet lag, das Finnland an die Sowjetunion abtreten musste. In den sechziger Jahren verpachtete die Sowjetunion dann den Kanalstreifen an Finnland, und die Finnen legten auf der alten Trasse einen neuen Kanal mit modernen Schleusen an. Der Höhenunterschied von 76 m wird auf der 43 km langen Strecke durch acht Schleusendurchfahrten geregelt. Für die Benutzung des 20 km langen russischen Teilstücks zahlt Finnland Pacht. Von Lappeenranta werden visumsfreie Minikreuzfahrten bis nach Vyborg auf dem Kanal veranstaltet.

## Sehenswertes in Lappeenranta

Die Hauptstraße von Lappeenranta, die Kauppakatu, verläuft von Norden nach Süden. Nahe dem Marktplatz liegt die große Lappee-Kirche. Die 1794 erbaute, schön renovierte Holzkirche ist eine der wenigen erhaltenen sog. Doppelkreuzkirchen in Finnland. Der freistehenden Glockenturm von 1856 wird von dem Park Keskuspuisto umgeben. In der Ecke Kauppakatu und Raastuvankatu erhebt sich das Rathaus, das im Jahre 1829 nach Plänen von J. W. Palmroth aus Holz errichtet wurde. Folgt man der Kauppakatu nach Norden, liegt links auf einer Höhe (130 m ü. d. M.) die **Stadtkirche** von 1924. In der Kauppakatu 26 kann man das **Wolkoff-Talomuseo** besuchen, das original erhaltene und eingerichtete Wohnhaus einer russischen Emigrantenfamilie (Öffnungszeiten: Sa., So. 11.00 – 17.00, im Sommer auch Mo. – Fr. 10.00 – 18.00 Uhr).

**Kauppakatu**

★

◄ Lappee-Kirche
(Abb. S. 67)

Im nördlichen Teil der **Festung** (Linnoitus) befindet sich das Südkarelische Museum. Neben karelischen Trachten sind vor allem die Exponate aus der früher finnischen Stadt Vyborg (Viipuri)und das Modell der Stadt interessant. In der ehemaligen Festungswache befindet sich ein Kavalleriemuseum, zu sehen gibt es Uniformen, Sättel und Waffen der finnischen Kavallerie. Auf dem Gebiet der alten Festung befindet sich auch ein Kunstmu-

*Turm der orthodoxen Kirche in der Festung*

🕐 seum mit Wechselausstellungen (Öffnungszeiten aller Museen: Juni – Aug. Mo. – Fr. 10.00 – 18.00, Sa., So. 11.00 – 17.00, Sept. – Mai Di. – So. 11.00 – 17.00 Uhr, Eintrittskarte für alle Museen gültig).

**Orthodoxe**
**Kirche**
🕐

Ebenfalls im Festungsviertel findet man die kleine orthodoxe Kirche von 1785, eines der ältesten orthodoxen Gotteshäuser Finnlands (Öffnungszeiten: im Sommer Di. – So. 10.00 – 16.00 Uhr).

✳
**Schiffsausflüge**

Unterhalb der Festung liegt der größte Binnenhafen Finnlands. An der Stadtseite ist er Ausgangspunkt für Schiffsausflüge im Gebiet des Saimaasees. Am Hafenmarkt gibt es zahlreiche Cafés, hier liegt auch das Oldtimer-Restaurantschiff »Prinsessa Armaada«. Im Osten der Bucht erstreckt sich der Kimpinen-Park mit einem Badestrand.

## Umgebung von Lappeenranta

✳
**Imatra**
**Wasserfälle**
🕐

Etwa 40 km nordöstlich von Lappeenranta liegt die Stadt Imatra, die wegen der Wasserfälle schon im 19. Jh. ein international bekanntes Reiseziel war. Bei Imatra fällt der Vuoksi – eine Verbindung zwischen Saimaa und Finnischem Meerbusen – auf einer kurzen Strecke um 18 m; das Wasser hat sich mit der Kraft seines Falls eine 20 m breite Rinne in den Granit gegraben. Heute dient es, umgeleitet, der Stromerzeugung. Von Mitte Juni – Mitte Aug. gibt es Di. – So. um 19.00

Uhr ein einmaliges Spektakel: Zu den Klängen von Jean Sibelius öffnen sich die Schleusen für 20 Minuten und unter gewaltigem Tosen füllt das Wasser das ansonsten trockene Flussbett. An Sams-tagabenden im August kann man um 22.00 Uhr eine »Abendvorstellung« mit zusätzlicher Lightshow genießen.

Direkt bei den viel besuchten Wasserfällen entstand während der Zarenzeit das wie ein Märchenschloss wirkende **Valtionhotelli**. Dieses Nobelhotel wurde 1903 errichtet und hat schon zahlreiche Persönlichkeiten von Rang beherbergt (Valtionhotelli, Torkkelinkatu 2, 55100 Imatra, www.rantasipi.fi).

Am westlichen Ufer des Vuoksi befindet sich ein Touristenzentrum: Es gibt dort einen Campingplatz, Bungalows, Herbergen für Wanderer, eine Reitschule, einen Bootshafen und Badestrände.

*Event zu Sibeliusklängen: das*
*tägliche Öffnen der Schleusen*

*Die Nobelherberge »Valtionhotelli« bei den berühmten Wasserfällen*

Im Stadtteil Vuoksennista sollte man das Gemeindezentrum, das 1957 von **Alvar Aalto** errichtet wurde, ansehen: Dazu gehören eine Kirche (Ruokolahdentie 27, Öffnungszeiten: Mo.–Fr. 12.00–13.00 Uhr), ein Pfarrhaus, eine Friedhofskapelle und Gemeindehäuser.

★ **Gemeinde-zentrum**

⊕

# ★ Lappland

**D–K 13–30**

**Gebiet:** Nordfinnland
**Fläche:** 30 % der Landesfläche

**Bevölkerungsdichte:** 2,2 Einw./km²
**Sprachen:** Finnisch, Samisch

**Unter »Lappland« versteht man geografisch den nördlichen Teil Skandinaviens, an dem politisch Norwegen, Schweden, Finnland und Russland Anteil haben. Es umfasst eine Fläche etwa der Größe Großbritanniens, die sich von den norwegischen und nordschwedischen Bergen nach Finnland hin senkt; im Süden ist es größtenteils von Wald, im Norden von baumloser Tundra und Sümpfen bedeckt.**

Die Bevölkerung Lapplands beläuft sich auf etwa 380 000 Einwohner (davon ca. 188 000 in Finnland), von denen 30 000 bis 32 000 Samen (Lappen) sind, davon ca. 7000 in Finnland. Verwaltungszentrum ist Rovaniemi, einige Kilometer südlich des Polarkreises gelegen.

**Menschenleere Einsamkeit**

Finnisch-Lappland (finn. Lappi), ein waldbedecktes Hügel- und Sumpfland von etwa 94 000 km², ähnelt in vieler Beziehung dem

**Landschaftsbild**

## i Rentiere

■ Hauptbesitz der Samen sind die Rentiere, eine kälteliebende Hirschart, bei der beide Geschlechter Geweihe tragen; die Zahl dieser Tiere in Lappland wird auf etwa 200 000 geschätzt. Ein einzelner Same muss für seinen Lebensunterhalt mindestens 100 – 200 Stück haben, doch überschreitet sein Besitz nur selten die Zahl von 500. Mit 800 Tieren ist er ein reicher Mann, doch kommen auch Herden von mehreren tausend Stück vor, die aber dann einer zusammen wandernden Familie gehören. Eigentümlich ist das Knacken der Hufgelenke, das beim Wandern einer Herde auf hartem Boden deutlich hörbar wird. Da eine von Rentieren abgeweidete Gegend viele Jahre zur Erholung braucht, benötigen die Herden für ihre Ernährung ausgedehnte Gebiete. Die Reaktorkatastrophe von Tschernobyl (1986) hat die Weidegründe stark geschädigt. Neben der Rentierhaltung betreiben die Samen häufig auch noch weitere Viehwirtschaft und etwas Ackerbau.

schwedischen Lappland, doch sind die Höhen geringer. Nur im äußersten Nordwesten, wo ein Zipfel noch in das skandinavische Hochgebirge hineinragt, erreicht der **Haltitunturi**, der höchste Berg Finnlands, eine Höhe von 1324 m ü. d. M. Fast ganz Finnisch-Lappland ist mit Wald bedeckt; im Süden herrscht die Fichte vor, jenseits des großen ▶ Inarisees gibt es nur noch Kiefern und Birken. In höheren Lagen findet man auch hier flechtenbedeckte Tundra. Durch mehrere Straßen und die Errichtung guter Unterkunftsmöglichkeiten ist das Gebiet heute auch für Touristen relativ leicht erreichbar. Verwaltungszentrum von Lappland ist ▶ Rovaniemi unweit südlich des Polarkreises.

Das **Klima** Lapplands ist der kontinentalen Klimazone zuzurechnen. Trockene, kalte Winter und niederschlagsarme, relativ warme Sommer herrschen vor. Frühling, Sommer und Herbst sind sehr kurz, der Winter dauert ca. ein halbes Jahr. Da Lappland nördlich des Polarkreises liegt, scheint im Sommer die Mitternachtssonne, wogegen im Winter die dunkle Polarnacht herrscht. (▶Polarkreis sowie ▶Zahlen und Fakten, Klima).

**Samen** Die Samen (Lappen) nennen sich selbst »sameh« oder »sabmek« (Mehrzahl), was »Sumpfleute« bedeutet. Ihre Herkunft liegt im Dunkeln, ihre Sprache ist jedoch dem Finnischen verwandt. Man unterscheidet drei Gruppen von Samen: die kaum noch existierenden, nomadisierenden Bergsamen, die mit ihren Rentierherden regelmäßige Wanderungen zwischen der Wald- und Bergregionen unternehmen; die mit ihren Herden in bestimmten Gebieten sesshaften Waldsamen Tracht ▶ und die vom Fischfang lebenden See- oder Fischsamen. Die Tracht der Samen, die sich bei Männern und Frauen nur wenig unterscheidet, besteht aus einem knielangen Rock aus blauem oder braunem Tuch, der mit roten und gelben Borten besetzt ist, und eng anliegenden Tuchhosen. Dazu gehört eine Mütze aus gleichem Stoff. Die Schuhe mit aufgebogener Spitze sind aus weichem Leder. Im Winter ist der ganze Anzug aus Rentierfell. Heute sieht man die Samen aller-

*Winterlicher Höhepunkt: Rentiersafari in Lappland* →

## *Lappland* *Orientierung*

50 km

Haltiatunturi
▲ 1328

Kilpisjärvi

Kilpis-
järvi

Ropi
▲ 945

N o r w e g e n

Utsjoki

612
▲ Kevon-
luonnon-
puisto

Inari-
järvi

Inari

Ivalo

R u s s l a n d

Enontekio

Lemmenjoen
kansallispuisto
▲ 599

Saariselkä

Soumpion
luonnonpuisto
▲ 718

Sokosti

Urho Kekkosen
kansallispuisto

Pallastunturi
▲ 807

Pallas-ja
Ounastunturin
kansallispuisto

Muonio

Olostunturi
▲ 509

▲ 740

Kittilä

Kolari

Porttipahdan
tekojärvi

Lokan
Tekojärvi

Maltion
luonnon-
puisto

Sodankylä

Savukoski

Ounasjoki

Tornionjoki

Meltaus

Pyhätunturin
kansallispuisto
▲ 540

Salla
▲ 477

Pyhätunturin

Pello

S c h w e d e n

Polarkreis

Pisavaaran
luonnon-
puisto

Rovaniemi

Kemijärvi

Oulangan
kansallis-
puisto

Ylitornio

Kemijoki

Riisitunturi
kansallis-
puisto

Ruka
▲ 491

Yli-
Kitka

Simo-
järvi

Kuusamo

Muojärvi

Tornio

Kemi

Runkauksen
luonnon-
puisto

Taivalkoski

© Baedeker

Perämeren
kansallis-
puisto

Pudasjärvi

● Nationalparks und
Naturparks

Kansallispuisto = Nationalpark
Luonnonpuisto = Naturpark

dings nur noch an Feiertagen in ihrer Tracht, aus dem Alltag ist sie fast gänzlich verschwunden.

**Wohnungen und**
**Verkehrsmittel ▶**

Früher lebten die Samen meist in kleinen Holz- und Erdhütten, die Wanderlappen auch in Leinwandzelten, die oben eine Öffnung für den Rauchabzug haben. Die »pulka« oder »akja«, ein bootsförmiger

Schlitten, vor den man mit einer einzigen Leine ein Rentier spannt, wird nur noch selten benutzt, er wurde durch Motorschlitten ersetzt. In den 1980er-Jahren haben sich die Samen weitgehende po-litische **Minderheitenrechte** ertrotzt. Anders als in den Nachbarländern Norwegen und Schweden gibt es in Finnland keine autonomen Sami-Parlamente. An zahlreichen Schulen wird jedoch zweisprachiger Unterricht angeboten. Nicht zu übersehen ist indessen, dass nur noch sehr wenige Samen nach alter Tradition leben, die meisten sind deshalb nur schwer von der finnischen Bevölkerung zu unterscheiden.

> # ! *Baedeker* TIPP
>
> ### Nationalpark Syöte
>
> Lappland wie aus dem Bilderbuch – so stellt sich die gebirgigen Landschaft Syöte ganz im Süden des Lebensraumes der Samen dar. Hier sind nicht weniger als 120 km herrliche Wildniswege ausgewiesen. Und im Frühling locken die beiden Wintersportzentren Iso-Syöte sowie Pikku-Syöte Skiläufer aus dem ganzen Land an. Ein Skibus pendelt zwischen Oulu (Bahnhof und Flughafen) und dem Nationalpark. Infos: www.syote.fi

In Lappland gibt es die größten Vorkommen an losem Gold in Europa. 1996 wurden im finnischen Teil Lapplands neue **Goldvorkommen** entdeckt. Nach Meinung der Geologen ließen sich hier etliche Tonnen Gold gewinnen mit einem Marktwert von mehreren hundert Millionen Euro.

**Tankavaara**

Wer mehr über die Goldfunde in Finnisch-Lappland und das Goldwaschen erfahren möchte, sollte das **Goldmuseum** in Tankavaara besuchen, das seit 1973 Touristen in einen Goldrausch versetzt. Auf dem weitläufigen Gelände können Besucher unter fachkundiger Anleitung das Goldwaschen erlernen, die Ausrüstung wird gestellt. Außerdem besitzt das Museum eine der schönsten Mineraliensammlungen Finnlands (Öffnungszeiten: Juni – Mitte Aug. tgl. 9.00 – 18.00, Mitte Aug. – Sept. tgl. 9.00 – 17.00 Uhr). ☉

## Sehenswertes in Lappland

**Nationalparks und Naturparks**

Das extrem dünn besiedelte Lappland zeichnet sich durch weitgehend unberührte Landschaften aus, die zum Teil als Nationalparks (finnisch »kansallispuisto«) oder Naturparks (finnisch »luonnonpuisto«) ausgewiesen sind. Etliche von diesen werden in diesem Reiseführer behandelt: ►Lemmenjoki-Nationalpark, ►Oulanka-Nationalpark, Nationalpark Pallas-Ounastunturi (►Pallastunturi), Pyhätunturi (► Rovaniemi), ► Urho-Kekkonen-Nationalpark. Eine Übersicht der Nationalparks gibt es im Kapitel ►Praktische Informationen, Nationalparks (s. S. 110 ff).

**Tipps für Wanderer**

Wer in Lappland abseits der Hauptrouten wandern will, sollte sich mit festem Schuhwerk, guten Karten, einem Kompass und ausreichend Proviant versehen. Tückisch können u.a. die sehr schnellen Wetterumschwünge sein. Von Alleingängen ist abzuraten.

*Die Samen haben in ihrer Sprache zwanzig verschiedene Begriffe für »Rentier«, je nach Alter, Geschlecht und anderen Merkmalen.*

**Ökologisches Gleichgewicht**

Das ökologische Gleichgewicht Lapplands ist sehr empfindlich und verlangt von den Besuchern größte Rücksichtnahme. Es dauert beispielsweise Jahrzehnte, bis der Rost eine Blechdose vernichtet hat, da die Korrosion nur in den wenigen frostfreien Monaten fortschreitet.

**Feuergefahr**

Während der trockenen Sommermonate ist äußerste Vorsicht mit offenem Feuer geboten. Der Lapplandbesucher ist verpflichtet, sich über die jeweiligen Alarmsituationen zu informieren. Man darf den Lagerplatz immer erst verlassen, wenn das offene Feuer bis zur letzten Glut gelöscht ist!

**Eismeerstraße Sodankylä**

In ▶ Rovaniemi beginnt die wichtigste Verkehrsachse Finnisch-Lapplands nach Norden: die Eismeerstraße (Straße Nr. 4; z.T. E 75). Sie führt über lange gerade Streckenabschnitte ins stark vom Tourismus geprägte Sodankylä. Sehenswert sind besonders die alte Kirche (1689), heute Museum, und die neue Kirche (1859), ferner das moderne Rathaus und die Galerie mit Werken des lappländischen Malers Andreas Alariesto. Im Juni finden hier Filmfestspiele statt.

**Urho-Kekkonen-Nationalpark**

Die Straße Nr. 4 (E 75) führt weiter an den großen Wasserreservoirs Porttipahta und Lokka vorbei nach Norden. Nach knapp 100 km gelangt man zum ▶Urho-Kekkonen-Nationalpark.

Ausgangspunkt der **Goldroute** ist Rovaniemi, Hauptstadt und kulturelles Zentrum der Provinz Lappland. Von hier geht es nach Norden in Richtung Kittilä in die Weite Lapplands. Im Ski- und Wanderzentrum Levi führen gut markierte Wanderpfade unterschiedlicher Länge in die Natur; das Panorama-restaurant Tuikku auf der Fjällkuppe ist auch mit dem Wagen zu erreichen. Weiter in Richtung Norden erreicht man über Poka schließlich das Land der Goldgräber am Lemmenjoki. Ab Inari fährt man wieder in Richtung Süden und über eine Traumstraße zwischen Seen hindurch nach Ivalo und Saariselkä am Rande des Urho-Kekkonen-Nationalparks. Hier bieten sich wieder gute Wandermöglichkeiten. Über Sodankylä erreicht man schließlich wieder den Ausgangspunkt Rovaniemi.

**Rundtouren in Lappland**

> ! **Baedeker** TIPP
>
> **Auf Schatzsuche**
>
> Die einzige erschlossene Amethystmine Europas liegt in Pelkosenniemi am Lampivaara, ganz in der Nähe des Touristenzentrums Luosto. Die Mine ist das ganze Jahr hindurch ein beliebtes Ausflugsziel. Hier kann man echten Amethyst-Schmuck kaufen, selber nach dem edlen Stein suchen oder sogar in Form einer Aktie »Mitbesitzer« des Bergwerks werden (Führungen: stündlich 11.00 – 17.00 Uhr, www.amethystmine.fi).

Die **Nordlichtroute** beginnt an der südlichen Grenze Lapplands am Bottnischen Meerbusen in Simo. Von hier geht es über Kemi und das Torniojoki-Flusstal nach Norden, wo die finnische und schwedische Kultur ganz dicht beieinander liegen. Ein Abstecher auf die schwedische Seite nach Haparanda bringt interessante Einblicke in kulturelle Unterschiede und Gemeinsamkeiten. Entlang der Straße nach Kilpisjärvi, wo die norwegische Grenze überquert wird, warten verschiedene Sehenswürdigkeiten wie der Aussichtspunkt auf dem Aavasaksa-Berg oder der Polarkreis.

◄ Nordlichtroute

# ✶ Lemmenjoki-Nationalpark

(Lemmenjoen kansallispuisto)

**F / G 20 – 23**

**Gebiet:** Nordfinnland          **Informationen:** www.luontoon.fi

**Nachdem der Nationalpark Lemmenjoki nahe der norwegischen Grenze im Norden von Lappland bis 1982 zweimal erweitert wurde, ist er nun der größte und bekannteste Park Finnlands. Zusammen mit dem benachbarten norwegischen Nationalpark Øvre Anarjokka bildet er ein Schutzgebiet.**

Mehrere Gebirgsgruppen umrahmen den Kern des Parks. Im Osten liegen der Viipustunturit / Viibustuoddarak (599 m) und der Maarestatunturit / Marastaktuoddarak (593 m). Im Nordwesten ragen steil

**Gebirgsgruppen**

*Goldwäscher am Lemmenjoki*

und schmal die Kette des Kietsimä-
tunturit / Skiehttamtuoddarak (555
m) und im Süden die Berge Skärri-
tunturi / Skierreoaivi und Peltotun-
turit / Peäldotuoddar. Von ihnen
wird ein weites Tiefland mit spär-
lichem Birken- und Kiefernbe-
wuchs eingeschlossen. Entlang der
Flüsse und Bäche breiten sich ausgedehnte Aapamoore aus.

Auf einer Wasserscheide gelegen,
entspringen im Park zahlreiche
**Flüsse**: Ivalojoki / Avveel, Repojoki / Riebanjohka, Lemmenjoki /
Leämmi, Vaskojoki / Faku und Inarijoki-Teno / Ânarjohka-Teädnu.
Bevor auch Lappland durch Straßen erschlossen wurde, waren diese
Flüsse die wichtigsten Verkehrsverbindungen der heimischen Samen.
Besonders sehenswert ist, eingebettet in die Fjällgruppen Viipus- und
Maarestatunturit, das Tal des Lemmenjoki (samisch: Leämmi).

**Samen**  Das Wildmarksgebiet um den Lemmenjoki ist ein traditionelles Sied-
lungsgebiet der Samen. Zahlreiche Dörfer der Samen umgeben den
Park in allen Richtungen. Am Rajajoki kann bei Sallivaara ein alter
Rentierscheidungsplatz besichtigt werden. Das typische Samendorf
**Lisma** liegt direkt im Park.

**Wanderungen**  Der beste Ausgangspunkt für Wanderungen im Lemmenjoki-Nationalpark ist **Njurkulahti**. Von hier führt ein markierter Weg entlang
des Lemmenjoki zum See Ravadasjär-
vi (14 km). Es schließt sich ein 20 km
langer Rundwanderweg an, der durch
das Gebiet der Goldgräber führt. Einige wenige Profi-Goldwäscher suchen auch heute noch mit großem
Einsatz am Lemmenjoki nach dem
Edelmetall und auch so mancher
Tourist versucht hier sein Glück mit
der Goldpfanne. Nur entlang der
oben gennnten Wege sind Feuerstellen und Zeltplätze eingerichtet, ansonsten ist der Nationalpark weglos.
Am Radavasjärvi und Morgamjärvi
stehen kleine Hütten.
Bevor man zu einer Wanderung auf-
bricht, sollte man sich gutes Kartenmaterial und einen Kompass besor-
gen und das Mückenschutzmittel
nicht vergessen.

 **LEMMENJOKI-NP**

**AUSKUNFT**

*SIIDA/Northern Lappland
Visitor Centre*
Inarintie, 99870 Inari
Tel. 02 05 / 64 77 40

**ANFAHRT**

Von Inari fährt man in südwestliche
Richtung nach Kittilä. Hinter Me-
nesjärvi biegt man zum Dorf Njurkulahti (Information, Zeltplätze,
Privatunterkünfte und Feriendorf) ab.
Motorbootverkehr zum Ravadasjärvi
und nach Kultsastama

# Mikkeli (St. Michel)

U 25

**Gebiet:** Südfinnland            **Einwohnerzahl:** 48 000

**Die Stadt Mikkeli liegt in einer schon vor mehr als tausend Jahren besiedelten Gegend. Hier entstand die erste christliche Gemeinde der Landschaft Savo; heute ist noch die aus Stein erbaute Sakristei der mittelalterlichen Holzkirche von Savilahti vorhanden.**

Das Kirchdorf St. Michel erhielt im Jahre 1745 die Markt- und dann später im Jahre 1838 auch die Stadtrechte. 1834 wurde St. Michel Provinzhauptstadt und 1945 Bischofssitz. Im 17. Jh. erhielt Mikkeli bereits eine Garnison. Während des Zweiten Weltkriegs spielte die Stadt als Standort des Hauptquartiers des bedeutenden finnischen Marschalls **Carl Gustav Mannerheim** eine herausragende Rolle. Drei für die Geschichte Finnlands sehr bedeutende Feldzüge sollen in diesem Zusammenhang erwähnt werden: zum einen der Winterkrieg 1939 / 1940 und nach einem Jahr des Friedens ein erneuter Krieg 1941–1944 gegen sowjetische Truppen, zum anderen der Lapplandkrieg 1944 / 1945 gegen die deutschen Streitkräfte. In der zweiten Hälfte des 19. Jh.s wurde mit der Industrialisierung die wirtschaftliche Grundlage für den jetzigen Wohlstand der Stadt gelegt.

**Geschichte**

## Sehenswertes in Mikkeli

Der aus Backstein erbaute neugotische Dom stammt aus dem Jahre 1897. Im Inneren beeindruckt ein Altargemälde von Pekka Halonen (um 1900). Ebenfalls am Altar befinden sich Glasmalereien (Öffnungszeiten: Juni – Aug. tgl. 10.00 – 18.00, sonst Mo. – Fr. 10.00 bis 11.00 Uhr).

**Domkirche**

## ► MIKKELI ERLEBEN

**AUSKUNFT**
*Mikkeli District Tourist Service*
Porrassalmenkatu 23
50100 Mikkeli
Tel. 010 / 8 26 02 46
www.mikkeli.fi

**ESSEN & ÜBERNACHTEN**
► **Erschwinglich**
*Sokos Hotel Vaakuna*
Porrassalmenkatu 9

Tel. 0 15 / 2 02 01
Fax 2 02 04 21
Zentral gelegenes Haus der oberen Mittelklasse mit Restaurant und Bar

► **Günstig**
*Visulahti*
Tel. 0 15 / 1 82 81
Fax 63 47 73
Campingplatz, Restaurant und gut ausgestattete Hütten bietet das Freizeitzentrum Visulahti.

**Kunstmuseum**    Das Kunstmuseum in der Ristimäenkatu 5 zeigt Sammlungen und Wechselausstellungen überwiegend finnischer Künstler (Öffnungszeiten: Di., Do., Fr., So. 10.00 – 17.00, Mi. 12.00 – 19-00, Sa. 10.00 bis 13.00 Uhr). Vom Kunstmuseum führt die Hallituskatu direkt zum Bahnhof. Hier steht der Eisenbahnwagen des legendären Marschalls Mannerheim.

Im **Päämajamuseo** (Hauptquartiermuseum) ist neben dem Arbeitszimmer von Marschall Mannerheim vor allem die Multimediashow »Lokki-Peli« zu empfehlen, die über die Tätigkeit des während des Zweiten Weltkriegs hier stationierten Hauptquartiers Auskunft gibt (Öffnungszeiten: Mai – Ende Aug. tgl. 10.00 bis 17.00, sonst So. 10.00 – 17.00 Uhr). Am Marktplatz stehen das 1843 von Carl Ludwig Engel erbaute Gebäude der Provinzverwaltung und das Rathaus von 1912.

Im Osten der Stadt findet man die **Kirche der Landgemeinde**, eine stattliche Doppelkreuzkirche (1816), mit zirka 2000 Sitzplätzen die drittgrößte Holzkirche Finnlands (Öffnungszeiten: Mitte Juni – Mitte Aug. So. – Fr. 10.00 – 17.00).

*»Aussichtsreicher« Wasserturm*

In der Otavankatu 11 befindet sich das **Museum der Landschaft Suur-Savo**. In einem umgestalteten Kornspeicher von 1848 werden historische und ethnologische Sammlungen gezeigt (Öffnungszeiten: Mai – Mitte Aug. Di. – Fr. 10.00 – 17.00, Sa. 14.00 bis 17.00 Uhr, sonst Mi. 10.00 – 17.00 und Sa. 14.00 – 17.00 Uhr).

**Aussichtsturm**    Mitten in der Stadt erhebt sich auf dem Hügel Naisvuori der 1911 ursprünglich als Wasserturm erbaute Aussichtturm. Der schöne Rundblick, ein Café, ein in den Fels gebautes Hallenbad und Wechselausstellungen laden zum Verweilen ein (Öffnungszeiten: Juni bis Mitte Aug. tgl. 10.00 – 21.00, Mitte – Ende Aug. tgl. 11.00 – 18.00, im

Mai an Wochenenden 11.00 – 18.00 Uhr). In dem Freilichttheater auf dem Berggipfel finden im Sommer Theateraufführungen statt.

Nördlich außerhalb der Stadt liegt das Ferienzentrum Visulahti mit einem Wachsfigurenkabinett, dem **Motorpark** (Oldtimer) und **Miniland** (Modelle finnischer Bauten). Außerdem gibt es hier ein Restaurant, einen Campingplatz und kleine Hütten. **Ferienzentrum Visulahti**

Folgt man bei Pursiala (Korjaamontie) dem Schild **Hiidenkirnu**, gelangt man zur viertgrößten Gletschermühle Finnlands. Beim Abschmelzen der Gletscher am Ende der letzten großen Eiszeit (vor ca. 9000 Jahren) wurde ein 8 m tiefes, kreisrundes Loch vom Schmelzwasser in den Fels gefressen. **Gletschermühle**

## Umgebung von Mikkeli

Von Mikkeli bestehen Schiffsverbindungen zum nahegelegenen Ferienzentrum Pistohiekka (Hüttendorf), nach Lappeenranta und nach Savonlinna. **Schiffs-verbindungen**

Rund 6 km südlich der Stadt, an der Straße Nr. 13, gelangt man zu dem schmalen Sund Porrassalmi. Rund 18 km weiter liegt der Ort **Ristiina**, in dessen Nähe die Reste der von Per Brahe gegründeten, nie vollendeten Burg Brahelinna liegen. Sehenswert ist in Ristiina auch die hölzerne Kirche (1775). Im Innenraum hängen Porträtgemälde von Per Brahe und seiner Frau. **Brahelinna**

20 km von Ristiina entfernt gibt es im Weiler Toijola ein **Bauernhof-museum** mit 28 Bauten um ein 200 Jahre altes Gehöft. 2 km weiter kann man an einem Felsen am Saimaa-Strand 3000 – 4000 Jahre alte **Felsmalereien** bewundern (2,5 km vom Parkplatz zu Fuß). **Toijola**

## ✶ Naantali (Nådendal)

X 15

**Gebiet:** Südküste　　　　　**Einwohnerzahl:** 18 000

**Naantali ist ein reizvolles kleines Städtchen unweit von Turku an der Küste gelegen. Im Hochsommer sieht man viele Besucher durch die von gelben Holzhäusern gesäumten Gassen flanieren; die Hafenrestaurants- und Cafés sind gut besucht, und alle finnischen Kinder träumen noch lange von einem Tag in »Muumimaailma«, dem sympathischen Erlebnispark mit den großkopfigen Mumin-Trollen.**

Naantali entwickelte sich im Umkreis eines Brigittenklosters, das hier 1443 als gemeinsames Männer- und Frauenkloster errichtet wurde. Im 17. Jh. zerfiel der Großteil der alten Klostergebäude, so dass nur **Kloster- und Badeort**

## ▶ NAANTALI ERLEBEN

### AUSKUNFT

*Naantali Tourist Service*
Kaivotori 22
1100 Naantali
Tel. 02 / 4 35 98 00
www.naantalinmatkailu.fi

### ESSEN

#### ▶ Erschwinglich

*Merisali*
Nunnakatu1
Tel. 02 / 4 35 24 51
Eine der besten Adressen für eine
angenehme Mahlzeit in Naantali ist
das historische Merisali. Es liegt in
einem nostalgisch verspielten Holzbau am Ende der Altstadt direkt an
der Marina. Sehr zu empfehlen sind
die reichhaltigen finnischen Büfetts
mit köstlichen Fischspezialitäten und
Salaten.

### ÜBERNACHTEN

#### ▶ Luxus

*Naantali Spa Hotel*
Matkailijantie 2
Tel. 02 / 4 45 50, Fax 4 45 51 01
www.naantalispa.fi
Das Luxushotel mit einer Fülle
diverser Schwimmbäder, Saunen,
Kräuter- und Moorbäder knüpft
an die alte Badetradition von
Naantali an.

#### ▶ Komfortabel/Günstig

*Villa Saksa*
Rantakatu 6
Tel. 040 / 7 61 83 84
In dieser historischen Villa, von der
aus man einen schönen Blick hinaus
aufs mehr genießen kann, ist gemütliche Ferienwohnung für vier Personen eingerichtet.

*Naantali hat eine besonders hübsche Altstadt.*

noch die monumentale Klosterkirche als das von weitem sichtbare Wahrzeichen der Stadt erhalten ist. Schon frühzeitig wurde die heilende Kraft der nahegelegenen Quelle Viluuluoto genutzt und 1863 wurde in der Nähe des Bootshafens eine Kuranstalt gebaut. Um die Jahrhundertwende, als Finnland noch zum Zarenreich gehörte, war Naantali bereits ein beliebter Badeort. Heute ist Naantali ein wichtiger Importhafen.

## Sehenswertes in Naantali

Die alte Kirche, nördlich der Stadt am Meer gelegen, enthält einige Grabmäler und einen Altar (15. Jh.) aus Danzig. Nahe der Kirche steht ein Gedenkstein für Jöns Budde (1491), den ältesten nachweisbaren Schriftsteller Finnlands, der als Mönch in Naantali lebte. **Alte Kirche**

Der größte Teil der Häuser stammt aus dem 18. und 19. Jahrhundert. Direkt am idyllischen Jachthafen gelegen, bilden die niedrigen Holzhäuser mit ihren gepflegten Gärten rund um die Klosterkirche den gemütlichen Kern der Stadt. Im ältesten und schönsten Bürgerhaus sind der **Museumshof Hiilola** (Katinkäntä 1) und das **Städtische Museum** untergebracht. In den Museumshäusern werden das bürgerliche Leben und der Alltag der Handwerker aus dem 19. Jh. dargestellt (Öffnungszeiten: Mitte Mai – Ende Aug. Di. – So. 11.00 – 18.00 Uhr). Auch die zahlreichen Galerien in der Altstadt sind einen Besuch wert. Mehrmals täglich und auch abends legen Schiffe vom Hafen zu **Minikreuzfahrten** durch die vorgelagerte Schärenwelt ab. Besonders stimmungsvoll sind die Fahrten mit dem historischen Passagierdampfer »Ukkopekka« zwischen Naantali und ▶Turku. **✳ Altstadt** ⏱

Im Jahre 1462 war nach 20-jähriger Bauzeit die **Klosterkirche** als Teil des Birgittenklosters fertiggestellt. Der große Kirchturm wurde 1797 nachträglich gebaut, nachdem bis dahin ein separater Glockenturm zum Gebet rief. Im Sommer wird allabendlich um 20.00 Uhr von Trompetern zur Abendvesper geblasen, die so an die alten Klosterzeiten erinnern.

Auf der Naantali westlich vorgelagerten Insel Luonnonmaa, die mit dem Festland durch die Ukkopekka-Brücke verbunden ist, steht das Granithaus Kultaranta. Es wurde in den Jahren 1913 – 1916 erbaut und bereits sechs Jahre später vom Staat erworben, um dem finnischen Staatspräsidenten eine repräsentative **Sommerresidenz** zu bie- **Kultaranta** ten. Sehenswert auf dem Gelände von Kultaranta ist der sehr schöne 56 ha große Park mit über 3 500 Rosen. In den zum Anwesen gehörenden Gärten werden für den Bedarf im Haushalt des Präsidenten auch Gemüse und Blumen gezogen.

**Mumin-Welt**

In Naantali befindet sich der nicht nur bei finnischen Kindern beliebte Freizeitpark Mumin-Welt, der von den berühmten Figuren der finnischen Autorin Tove Jansson belebt wird. Egal ob Mumineltern, Mumintroll, Snorkmädchen, Schnüffel, Mumrik, Hemulen, Tooticki oder die Kleine My, alle sind anzutreffen (Öffnungszeiten: 10. Juni – 20. Aug. tgl. 10.00 – 18.00 Uhr, www.muumimaailma.fi).

## ★ Näsijärvi-Seengebiet

**U 18**

**Gebiet:** Finnische Seenplatte

**Nördlich von Tampere erstreckt sich der große Näsijärvi-See bis nach Ruovesi. Von Tampere aus kann man eine Schifffahrt durch die westfinnische Seenplatte bis zum weiter nördlich gelegenen Ort Virrat unternehmen und dabei auf der »Dichterroute« die typisch finnische Landschaft langsam an sich vorüberziehen lassen, oder in einem der Nationalparks in der Umgebung wandern.**

**Von Tampere mit dem Schiff**

Die Fahrt mit dem rund 100 Jahre alten Dampfer **»Tarjanne«** dauert rund acht Stunden. Der Dampfer verkehrt auf folgender Strecke: Tampere – Siilinkari – Maisansalo – Unnekiven salmi – Toikko – Murole – Hirsisaari – Kirnusalmi – Ruhala – Kalela – Ruovesi – Korpulanvuolle – Maaherransaari – Syvinginsalmi – Siperiansaari – Visuvesi – Romppaansalmi – Hampainen – Toltaansalmi – Herraskoski – Virrat (Abfahrten Anfang Juni – Mitte Aug. Mi. u. Fr. 10.15 ab Tampere, Ankunft in Virrat 18.30, Do. u. So. 10.15 ab Virrat, Ankunft in Tampere 18.30 Uhr).

**Maleratelier von Gallen-Kallela ▶**

Wenige Kilometer südlich von Ruovesi liegt links auf dem Felsen das ehemalige Heim des bekannten Malers der finnischen Nationalromantik, Akseli Gallen-Kallela (▶ Berühmte Persönlichkeiten). In **Kalela** ließ er ein abgeschiedenes Atelier (1895) errichten, um der Hektik des Großstadtlebens zu entfliehen. Obwohl die ersten Baupläne deutlich karelische Einflüsse aufzeigen, wurde das Haus letztendlich doch sehr stark durch persönliche Elemente geprägt. Dreizehn Zimmerer waren nötig, um das aus trockener Rotkiefer errichtete Atelier in einem Jahr fertigzustellen, das dann später (1898 / 1899) um eine geräumige Bibliothek und Gästezimmer erweitert wurde. Während der 15 Jahre, die Gallen-Kallela mit seiner Familie hier lebte, wurde es zum Zentrum seiner schaffensreichsten Zeit. 1921 verließ Gallen-Kallela aus ökonomischen Gründen das Haus. Den danach einsetzenden Verfall konnten erst seine Erben stoppen. Heute

*Sommerfrieden am Näsijärvi*

wird das Haus von der Enkelin Aivi Gallen-Kalela instandgehalten.
Für zahlreiche finnische Künstler wurde das Blockhaus in Kalela
zum Vorbild für ihre eigenen Künstlerhäuser (Besichtigung nach
Vereinbarung, Tel. 03 / 4 76 06 23).

Weiter links am Westufer erstreckt sich das Kirchdorf Ruovesi, das ◄ Ruovesi
wegen seiner schönen Lage im Sommer viel besucht wird. Dort war
der Dichter J. L. Runeberg (►Berühmte Persönlichkeiten) als Haus-
lehrer tätig.

Das Schiff setzt nun seine Fahrt über den Ruovesi nach Norden zum ◄ Virrat
See Tarjannevesi fort, in dem viele kleine Inseln liegen. Dann geht es
durch den Visuvesikanal in den Vaskivesi; an seinem Nordufer liegt
der Ort Virrat, wo die Fahrt endet.

## Wandern im Näsijärvi-Seengebiet

**Nationalpark Seitseminen**

Der Nationalpark Seitseminen ist über die Landstraße von Kuru nach Länsi-Aure (1 km zum Informationszentrum) zu erreichen. Im 1982 gegründeten Schutzgebiet herrschen interessante landschaftliche Gegensätze zwischen Urwäldern, Kiesrücken, Seen, Teichen und Mooren. Bis in die 1920er-Jahre wurden hier großflächig Bäume gefällt, und zahlreiche Moore entwässert. Am See Pitkäjärvi steht eine ehemalige Waldarbeiterunterkunft aus den 1930er-Jahren, und eine besondere Sehenswürdigkeit ist der restaurierte **Kätnerhof Kovero** (Ende 19. Jh.), wo traditionelle Arbeitsmethoden vorgestellt werden (Öffnungszeiten: Juni – Aug. tgl. 10.00 – 18.00, Sept. und Mai tgl. 9.00 – 17.00 Uhr).

**Wanderweg Pirkan Taival ▶**

Teile des Nationalparks können auf einem gut beschilderten Rundwanderweg (8 km) durchwandert werden. Erweiterungsmöglichkeiten bieten der Naturlehrpfad zum Multiharju oder der markierte »Pirkan Taival«, der die Nationalparks Seitseminen und Helvetinjärvi durchquert. Die Wanderstrecke führt von Kuru über Ruovesi und Virrat nach Ähtari.

**Nationalpark Helvetinjärvi**

Mit dem Auto erreicht man den Park von Ruovesi aus und von den Ausschilderungen ab den Dörfern Kallio (Str. Kuru-Virrat) und Pohtio (Str. Ruovesi-Virrat). Von Virrat, Ruovesi und dem Nationalpark Seitseminen erreicht man den Park zu Fuß über die Langwanderroute »Pirkan Taival« in mehreren Tagen. Spektakulär präsentiert sich der 1982 gegründete Nationalpark vor allem durch seine zerklüfteten Wildmarkswälder. Tiefe Talschluchten, entstanden durch Erdkrustenbewegungen vor 200 Mio. Jahren, sind ein charakteristisches Merkmal der Landschaft in dieser Gegend. Im Park gibt es ca. 40 km markierte Wanderwege. Der Nationaldichter J. L. Runeberg und der Künstler Akseli Gallen-Kallela(▶ beide: Berühmte Persönlichkeiten) ließen sich bereits im vorigen Jahrhundert von der bizarren Landschaft Helvetinjärvis inspirieren.

**Sehenswertes im Nationalpark ▶**

Die bedeutendste landschaftliche Sehenswürdigkeit des Nationalparks Helvetinjärvi ist der tiefe Felsspalt von **Helvetinkolu** (= Höllenkluft). Durch ihn erreicht man in der Talschlucht den See Helvetinjärvi mit einer schönen Bademöglichkeit und die daran angereihten Seen Luomajärvi und Kovero mit ihren bis zu 10 m hohen Ufern. Die an den steilen Hängen auftretende empfindliche Vegetation aus Rispengras und verschiedenen Farnarten ist besonders schützenswert. In Hauhanhieta, am größten See im Park (Haukkajärvi), bestehen gute Bademöglichkeiten an Sandstränden (Zeltplatz). Von diesem im Westteil des Parks gelegenen See geht eine zweite, weniger steile Talschlucht (Rontonhorha) mit dichten Fichtenwäldern zum See Kivi-Kierinkajärvi. Die Gewässer des Haukkajoki sind auch von Kanuanfängern befahrbar. Geführte Kanutouren führen von hier durch den Nationalpark Helvetinjärvi und durch die Wildmark von Kuru in Richtung Näsijärvi.

# Oulanka-Nationalpark (Oulangan kansallispuisto)

**L 29/30**

**Gebiet:** Nordostfinnland          **Information:** www.luontoon.fi

**Nördlich von Kuusamo in der Nähe des Polarkreises liegt der Oulanka-Nationalpark. Auf einer Fläche von 269 km² ist ein Gebiet zusammengefasst, dessen Bild von abwechslungsreichen Flusslandschaften des Oulankajoki und seinen Nebenarmen Kitkajoki, Savinajoki, Maaninkajoki und Aventojoki geprägt wird. Stellenweise bilden tiefe Felsschluchten die Kulisse für canyonartig eingeschnittene Täler, während andernorts dicke Kiesschichten den Grund bedecken, in die die Flüsse hohe Böschungen eingegraben haben.**

**Samen**

Bevor die ersten Finnen zum Ende des 17. Jh.s in dieses Gebiet kamen, war es schon lange von den Samen besiedelt. Sie lebten von der Jagd, der Flussfischerei und der Rentierhaltung. Die seit dem Ende des 19. Jh.s betriebene Holzwirtschaft verlor bereits ab 1918 an Bedeutung, als die nahe gelegene Grenze zu Russland geschlossen wurde und somit der östliche Markt verloren ging.

**Pflanzen**

Die Pflanzenwelt des Nationalparks ist ausgesprochen vielfältig. An den Ufern und Stränden wachsen Farne, in den moorigen nördlichen Gebieten gedeihen der Frauenschuh und Moltebeeren. Die schattigen Hänge sind der Verbreitungsraum der nordischen Arten, während sich an den Sonnenseiten die »lappische Anemone« und auch weiter südlich auftretende Pflanzen heimisch fühlen.

Wenn sich die Blätter der Espen, Birken und Ebereschen während der »Ruska« (Herbstfärbung) in eine leuchtende Farbenpracht verwandeln, ist die ideale Zeit für ausgedehnte Wanderungen.

Auch die **Tierwelt** des Nationalparks ist mit 30 Säugetier-, 120 Vogel- und 7 000 Insektenarten sehr vielfältig. Neben Wölfen, Minken, Wieseln und Ottern sind es Adler, Singschwäne und Braunbären, die im Nordteil des Parks leben. Es empfiehlt sich bei Aufenthalten im Park auch die Angelrute im Gepäck

*Singschwan im Oulanka-Nationalpark*

# OULANKA-NATIONALPARK ERLEBEN

## AUSKUNFT

**Oulanka Naturzentrum**
Liikasenvaarantie 132
Tel. 02 05 / 64 68 50
Fax 64 68 51
www.luontoon.fi
Öffnungszeiten:
Mai – Sept. tgl. 10.00 – 18.00,
Okt. – April tgl. 10.00 – 16.00 Uhr
Im Naturzentrum informieren eine
Ausstellung und eine Multimedia-
vorführung über den Nationalpark.
Wanderkarten und Angelberechti-
gungen sind hier erhältlich, ebenso
kann man geführte Touren buchen.

## ANREISE

Von Kuusamo fährt man auf der
E 63 nach Ruka (Rukatunturi
ist Ausgangs- oder Endpunkt für
die Wanderroute »Bärenrunde«).
Von dort weiter über die Straße
Nr. 950 in Richtung Salla.
Der Oulanka-Nationalpark ist von
den Seitenstraßen, die nach Juuma,
zum Oulanka-Informationszentrum
und zur Naturhütte Hautajärvi
führen, erreichbar.
Es bestehen täglich Busverbindungen
von Kuusamo und Salla zur Hütte
Hautajärvi.

zu haben, denn es gibt keinen See oder Fluss, der nicht zum Angeln
einladen würde. Ob es nun Grauforellen, Maränen, Barsche, Hechte,
Äschen oder sogar Rohrkarpfen sind – hier beißen alle besonders gut
an (Saison: Anfang Juni bis 10. September). Achtung: Von Montag
18.00 Uhr bis Dienstag 18.00 Uhr herrscht Wochenschonzeit, also
Fangverbot!

Die wilden Stromschnellen sind die große Hauptattraktion des Parks.
Am eindrucksvollsten ist die Stromschnelle **Kiutaköngäs** (1 km zu
Fuß vom Naturzentrum). Zwischen schmalen Felswänden aus Quar-
zit und Dolomit stürzt hier der ansonsten ruhige Oulankajoki 14 m
auf einer Länge von 600 m in die Tiefe.
Bekannt ist auch **Tailvalköngäs** (9 km östlich der Straße Kuusamo –
Salla). Auf dem Weg dorthin eröffnen sich Ausblicke auf die Talschluchten Ristikallios. Ein unvergessliches Erlebnis ist es, die tosenden Stromschnellen **Niskakoski** (bei Juuma) und die des **Myllykoski**,
an dem eine malerische alte Mühle liegt, auf einer schaukelnden
Hängebrücke zu überqueren, während das schäumende Nass unter
den Füßen tobt.

★
**Stromschnellen**

Im Naturzentrum des Nationalparks (s. o.) informiert eine Ausstellung über die Region. Eine Multimediavorführung gibt Einblick in
den Artenbestand des Nationalparks. Angelberechtigungen für die
Flüsse der Region sind hier ebenfalls erhältlich.

**Naturzentrum**

← *Auch wenn die wenigsten Besucher ihn zu sehen bekommen – in den
einsamen Weiten Lapplands lebt »Ursus arctos«, der Braunbär.*

# Wandern auf der Bärenrunde

**Allgemeines**  Eine der berühmtesten Wanderrouten Finnlands ist die »Bärenrunde« (finnisch »Karhunkierros«, kein Rundweg!) im Oulanka-Nationalpark. Je nach Kondition kann sich der Wanderer entscheiden, ob er die ganzen 95 km, für die ca. fünf Tage benötigt werden, nur Etappen auf leichten Rundwegen oder die »Kleine Bärenrunde« (ca. 12 km ab Juuma) abwandert. Durch die deutlich sichtbaren Wegemarkierungen (orange Zeichen) auf der gesamten Strecke ist es kaum möglich, sich zu verlaufen. Ausgangspunkt für die 95 km lange Bärenrunde ist die Naturhütte Hautajärvi (an der Str. Kuusamo-Salla); für die kürzere, 70 km lange Route, startet man in Ristikallio.

**Übernachtungs-möglichkeiten**  Attraktiv bei dieser Wanderung ist neben der eindrucksvollen Natur auch die Möglichkeit, gratis in den Wildmarkshütten am Wegesrand zu übernachten. In der Hochsaison ist jedoch die Mitnahme eines kleinen Zeltes und Schlafsacks zu empfehlen, da die Bärenrunde sehr beliebt ist und jedes Jahr 10 000 – 15 000 Wanderer unterwegs sind. Offizielle Zeltplätze und Feuerstellen findet man entlang der gesamten Strecke.

## *Oulanka-Nationalpark Bärenrunde* Orientierung

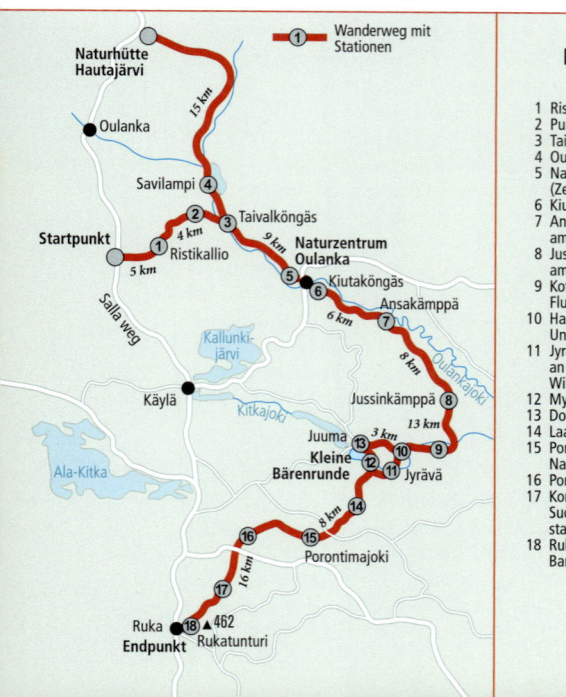

**Karhunkierros**

1 Ristikallio (Wildmarkshütte)
2 Puikkokämppä (Wildmarkshütte)
3 Taivalköngäs (Wildmarkshütte)
4 Oulanka Canyon (Wildmarkshütte)
5 Naturzentrum des Nationalparks (Zeltplatz 1 km nach Ristikallio)
6 Kiutaköngäs (Angel- und Zeltplatz)
7 Ansakämppä (Wildmarkshütte am Fluß Oulankajoki)
8 Jussinkämppä (Wildmarkshütte am See Kulmakkojärvi)
9 Kotalaavu (Zelt- und Rastplatz am Fluß Kitkajoki)
10 Haarisuvanto (Zeltplatz und Unterstand)
11 Jyrävä (Zeltplatz und Unterstand an der nördlichen Seite des Flusses, Wildmarkshütte an der Südseite)
12 Myllykoski (restaurierte alte Mühle)
13 Dorf Juuma (Einkaufsmöglichkeiten)
14 Laavu (Zelt- und Rastplatz)
15 Porontimajoki (Alte Mühle mit Nachtlager, Wildmarkshütte)
16 Porontimajärvi (Unterstand)
17 Konttainen-Valtavaara (Zeltplatz in Suolampi, in Valtavaaralampi Unterstand und Zeltplatz)
18 Rukatunturi (Geschäfte, Restaurants, Bank und Post)

Das Dorf Juuma ist ein guter Ausgangspunkt für Tageswanderungen; **Juuma**
Langstreckenwanderer können hier ihren Proviant aufstocken, bevor
es über die mittelgebirgsähnlichen Höhen der Kontaainen-Valtavaara
Bergkette dem Ziel entgegengeht.

Das Ende des Wanderklassikers durch die finnische Wildmark ist in **Rukatunturi**
Rukatunturi erreicht. Im Winter liegt hier eines der beliebtesten
Wintersportgebiete Finnlands. Die Schneebedingungen sind ab Anfang November bis Ende April für Alpinski (28 Pisten, davon werden
22 Pisten wärend der Polarnacht beleuchtet), Snowboard und Skilanglauf hervorragend.

# ✳ Oulu (Uleåboorg)

**Gebiet:** Nordfinnland              **Einwohnerzahl:** 140 000

**Oulu liegt an der Mündung des Oulujoki in den Bottnischen Meer-
busen. Die größte Stadt Nordfinnlands ist Bischofssitz, Universitätsstadt und einer der bedeutendsten Wirtschaftsräume Finnlands mit
den größten Wachstumsraten.**

In der zweiten Hälfte des 14. Jh.s entstand eine Burg auf der Insel **Geschichte**
Linnansaari in der Flussmündung. Um die Insel entwickelte sich eine
Siedlung, die 1605 von Karl IX. das Stadtrecht verliehen bekam.
Die verkehrsgünstige Lage ließ Oulu alsbald zu einer der wichtigsten
Hafen- und Handelsstädte Finnlands heranwachsen. Ein Großbrand
vernichtete im Jahre 1822 fast die
ganze Stadt. Doch sie wurde nach
Plänen von Johan Albrecht Ehren-
ström wieder aufgebaut. Im 19. Jh.
konnte sich die Hafenstadt Oulu
besonders dynamisch entwickeln.
Neben der nordwestrussischen
Stadt Archangelsk wurde Oulu
zum zweitwichtigsten Exporthafen
Nordeuropas.

## Sehenswertes in Oulu

Am nördlichen Ende der belebten
Kirkkokatu liegt die **Domkirche So-
fia Magdalena**, die im Jahre 1776
fertig gestellt wurde und damit die
ältere Vorgängerkirche von 1613
ablöste, die für die stark angewach-
sene Bevölkerung zu klein gewor-

## ℹ Sportliche Aktivitäten

■ Im Frühjahr finden in der Gegend von Oulu
viele Sportveranstaltungen statt, am bekann-
testen ist der Volksskilauf Tervahiito Anfang
März. Es ist der älteste ohne Unterbrechung
durchgeführte Langstreckenlauf auf Skiern
weltweit, der 2011 schon zum 122. Mal auf
Strecken von 20 – 70 km ausgetragen wurde.
Die schönste Zeit für Winteraktivitäten und
Skilanglauf auf 100 km präparierten Loipen,
Eisangeln, Schlittschuh laufen oder Motor-
schlitten fahren, ist der März. Dann sind die
Tage schon wieder länger und der Schnee liegt
in der Regel noch einen halben Meter hoch.
Im Sommer bietet sich das ausgezeichnete
Radwegenetz der Stadt für Unternehmungen
an (mehrere Fahrradverleihe in der Stadt).

*Stadtansicht vom Fluss Oulunjoki*

den war. Nach dem Stadtbrand von 1822 musste sie in den Jahren 1828 – 1832 nach Plänen von **Carl Ludwig Engel** gänzlich erneuert werden. Im Jahr 1932 wurden große Teile des Innenraums ausgemalt und zum 200-jährigen Jubiläum der Kirche weitere Glasgemälde eingefügt. In die Orgelfassade von 1841 ließ man 1938 eine romantische Orgel mit 62 Registern einbauen. 1997 wurde das Innere der Domkirche renoviert, bei dieser Gelegenheit wurde auch eine Krypta hinzugefügt. Über der Tür zur Sakristei hängt der wertvollste Kunstschatz: das **Portrait des Johannes Messenius** (1611). Der angeblich für die Rückkehr des Katholizismus nach Schweden eintretende Jurist, Theologe und Mediziner wurde 1616 zum Tode verurteilt, dann aber zu lebenslanger Haft im Gefängnis des Schlosses von Kajaani begnadigt. Dort verfasste er das Geschichtswerk »Scondia Illustrata«. (Öffnungszeiten: Juni – Aug. tgl. 11.00 – 21.00 Uhr).

**Rathaus**

Südwestlich der Domkirche steht an der Kreuzung Kirkkokatu / Hallituskatu das Rathaus (finn. Kaupungintalo) mit der prächtigen Fassade im Stil der Neorenaissance. Das Innere mit dem schönen Empfangssaal und Kristallleuchtern aus Böhmen kann besichtigt werden. Ursprünglich war das um 1886 errichtete Gebäude ein nobles Hotel und Restaurant. Es wurde 1920 umgebaut und erweitert.

**Park Ainola**
**Regionalmuseum**

Vom Nordende der Kirkkokatu gelangt man über eine kleine Brücke in den Stadtpark Ainola, der schön auf der Insel Hupisaari liegt. Im Westen der Insel ist in einem stattlichen Gebäude von 1931 das Regionalmuseum untergebracht. Dort werden historische und ethnografische Sammlungen sowie eine Lappland-Ausstellung gezeigt (Öffnungszeiten: Juni – Aug. Di. – Fr. 10.00 – 18.00, Sa., So. 11.00 – 18.00, Sept. – Mai Di. – So. 10.00 – 17.00 Uhr).

# ⏵ OULU ERLEBEN

## AUSKUNFT

***Oulu City Tourist Office***
Torikatu 10
90015 Oulun Kaupunki
Tel. 044 / 7 03 13 30
www.oulutourism.fi

## ESSEN

### ► Fein & teuer

① ***Restaurant Matala***
Rantakatu 6
Tel. 08 / 33 30 13
Das Lokal ist in einem historischen
Gebäude untergebracht. Hier werden
sowohl Spezialitäten der finnischen
Küche als auch bestens zubereitete
Gerichte der italienischen und
französischen Küche serviert.

② ***Restaurant 1881 Uleåborg***
Aittatori 4 – 5
Tel. 08 / 8 81 11 88
www.uleaborg.fi
In dem ehemaligen Lagerhaus wird
skandinavische Küche vom Feinsten
serviert. Im Sommer schaut man
von der Terrasse direkt aufs Meer.

### ► Günstig

③ ***Sokeri-Jussi Kievari***
Pikisaarentie 2
Tel. 08 / 37 66 28
Diese recht rustikale Kneipe auf der
Insel Pikisaari bietet eiskaltes Bier und
gemütliche Außentische. Die Einhei-
mischen schwärmen von der guten
Küche.

## ÜBERNACHTEN

### ► Luxus

① ***Radisson Blu Hotel***
Hallituskatu 1
Tel. 020 / 1 23 47 30
www.radissonblu.com/
hotel-oulu
In herrlicher Aussichtslage und direkt
am Marktplatz beziehungsweise am
Wasser befindet sich dieses sehr
gepflegte und mit allen Einrichtungen
eines erstklassigen Hauses ausgestattete Hotel.

② ***Holiday Club Oulu Eden***
Holstinsalmenttie 29
Tel. 020 / 1 23 49 05
www.holidayclub.fi
Dieses luxuriöse Spa-Hotel liegt nur
4 km außerhalb der Stadt naturnah
auf einer Landzunge mit direktem
Zugang zum Sandstrand. Doch große
und auch kleine Badefreunde kommen schon im hoteleigenen Erleb-
nisbad vollkommen auf ihre Kosten.

### ► Komfortabel

③ ***Hotel Turisti***
Rautatienkatu 9
Tel. 08 / 5 63 61 00
Fax 3 11 07 55
Gegenüber vom Bahnhof liegt das
vergleichsweise günstige helle und
saubere Hotel. Es gibt auch 4- und
5-Bett-Zimmer.

*Restaurierte Speicher in Oulu*

**Wissenschafts-zentrum Tietomaa**

Das wie die Startrampe einer Raketenstation gebaute Wissenschafts-zentrum Tietomaa (Nahkatehtaankatu 6) befindet sich ca. 1 km nördlich vom Stadtzentrum. Tietomaa ist mit seinem Observatorium, der Computer-Schau und dem Omnimax-Kino, das beeindruckende Filme zu Themen aus Natur und Wissenschaft zeigt, ideal für einen Besuch mit der ganzen Familie geeignet. An über 170 Schauplätzen kann man nach Herzenslust experimentieren und spielen (Öffnungszeiten: tgl. 10.00 – 18.00, Mi. bis 20.00 Uhr).

**Kunstmuseum**

Westlich von Tietomaa liegt in der Kasarmintie 7 das Kunstmuseum mit einer Ausstellung moderner Kunst (Öffnungszeiten: Di. – Do. u. So. 10.00 – 17.00, Fr. 12.00 – 19.00 Uhr).

**Marktplatz**

Nahe des Hafenbeckens (Venesatama) liegt der weite Marktplatz (finn. Kauppatori) mit dem Theater, der Kongresshalle und alten Salzmagazinen, die mit der typischen rostroten Erdfarbe (Punamulta) gestrichen sind.

Markthalle ►

In den Räumen der Markthalle werden u. a. geräuchertes Fleisch, frischer Fisch, ofenwarmes Brot und Gewürze angeboten, während der Platz den Händlern für Gemüse, Beeren, Blumen, Kleidung und Reiseandenken vorbehalten ist (Öffnungszeiten: Mo. – Do. 8.00 – 16.00, Fr. bis 17.00, Sa. bis 15.00 Uhr).

*Ideale Adresse für einen günstigen und schmackhaften Snack ist die Markthalle.*

## *Oulu*  *Orientierung*

**Essen**
**②** 1881 Uleåborg
**①** Restaurant Matala   **③** Sokeri-Jussi Kievari

**Übernachten**
**①** Radisson Blu Hotel
**②** Holiday Club Oulu Eden
**③** Hotel Turisti

Vom Marktplatz gelangt man über Brücken zur Insel Pikisaari mit dem zum Museum umfunktionierten Haus eines Seemanns. Das Haus in der Pikisaarentie 6 ist im Stil der 1880er-Jahre eingerichtet. Das Museum ist im ältesten, 1737–1739 erbauten Holzhaus Oulus untergebracht (Öffnungszeiten: Mitte Juni–Mitte Aug. Mi.–So. 10.00–16.00 Uhr).   ⏱

**Pikisaari**

Unweit des Marktplatzes gelangt man über eine Brücke zur Burginsel, auf der noch geringe Reste einer 1590 erbauten, 1793 durch eine

**Linnansaari**

Explosion zerstörten Burg zu sehen sind (Sommercafé). Die Straße führt weiter über eine zweite Brücke zur Insel Raatinsaari mit Parkanlagen, Stadion, Hallenbad und mehreren Hochhäusern.

**Insel Toivoniemi**
Auf einer weiteren Brücke gelangt man nördlich zur Insel Toivoniemi. Dort liegt ein modernes Wohnviertel aus den 1940er-Jahren, nach Plänen von **Alvar Aalto** erbaut. An seiner Ostseite befindet sich ein Kraftwerk, das die unterste Stromschnelle des Oulujoki ausnützt. Das 1949 – 1957 errichtete Kraftwerk zählt zu den hervorragendsten Bauten finnischer Industriearchitektur der Nachkriegszeit.

**Universitäts-gelände**
Noch weiter außerhalb liegt der Stadtteil Linnanmaa mit der zweitgrößten Universität des Landes. Auf dem Universitätsgelände befinden sich ein geologisches und ein zoologisches Museum.

Am Nordende des Campus am Kuivasjärvi-See erstreckt sich ein **Botanischer Garten** (Buslinie Nr. 19 ab Oulu Zentrum). In den beiden pyramidenförmigen Gewächshäusern »Romeo & Julia« gedeihen subtropische und tropische Pflanzen (Öffnungszeiten Garten: 8.00 bis 20.00 Uhr; Gewächshäuser: Di. – Fr. 8.00 – 15.00, Sa., So. 12.00 bis 15.00 Uhr).

## Umgebung von Oulu

**Haukipudas**
Rund 20 km nördlich der Stadt liegt in Küstennähe der Ort Haukipudas. Beachtenswert ist die Holzkirche von 1762, deren Innenräume Wandmalereien des bekannten finnischen Kirchenmalers Mikael Topelius zieren. Nach weiteren 17 km gelangt man zu dem Fischerdorf mit alter Holzbebauung.

**Ranua**
Einen Besuch lohnt auch der Ort Ranua nordöstlich von Oulu mit vielen Sport- und Wandermöglichkeiten. Nicht nur der gut ausgestattete Tierpark mit Hirschen und Rentieren, sondern auch Hotels und Restaurants liegen mitten im Wald.

★
**Bootsfahrt nach Turkansaari**
Mit einem traditionellen Holzboot kann man von Oulu aus den Oulujoki hinauf bis zum 13 km südöstlich von Oulu gelegenen Freilichtmuseum Turkansaari auf einer Insel im Oulujoki fahren. Früher wurden in solchen Booten Teerfässer aus den östlichen Landesteilen über den Oulujärvi und den Oulujoki zum Hafen von Oulu transportiert (mehr zum Thema Teerproduktion ►Kajaani). Vor dem Besteigen des Bootes bekommt der Gast ein Glas Teerschnaps serviert, eine Spezialität von Oulu. Auf der etwa 40 Minuten dauernden Fahrt – natürlich muss man nicht selber rudern, wie ehemals üblich, sondern wird per Motorkraft befördert – erblickt man schöne Häuser, Villen und Saunahäuschen.

Freilichtmuseum Turkansaari ►
Das Freilichtmuseum Turkansaari (Turkansaarentie 165) enthält mehr als 40 alte Gebäude, die einen hervorragenden Einblick in das harte Leben der Holzfäller und Teerbrenner in den Weiten des finni-

*Auf einer Insel im Oulunjoki liegt das Freilichtmuseum Turkansaari.*

schen Waldes bieten. Im Sommer werden wechselnde Themenwochen zum Teerbrennen, Handwerk, Handarbeit und Volkstanz durchgeführt. Die Holzkirche von 1684, die heute gern für Hochzeiten benutzt wird, wurde wieder an ihrem ursprünglichen Standort errichtet. An der Decke des guten Restaurants von Turkansaari hängen zahlreiche runde Knäckebrote auf einem Holzstab. Sie enthalten die Inschriften der Hochzeitspaare, die in der besagten Holzkirche den Bund der Ehe geschlossen haben (Öffnungszeiten: Mai – Mitte Aug. tgl. 10.00 – 18.00, Mitte Aug. – Sept. tgl. 10.00 – 16.00 Uhr).

★ **Insel Hailuoto**

Der Küste vorgelagert, 27 km südwestlich von Oulu, liegt im Bottnischen Meerbusen die Insel Hailuoto. Im Sommer ist sie mit einer stündlich verkehrenden kostenlosen Fähre von Oulunsalo aus zu erreichen, im Winter über das geschlossene Eis. Die flache Insel entstand erst im Mittelalter infolge der Landhebung. Die meisten der rund 1000 Inselbewohner leben vom Fischfang und in zunehmendem Maße auch vom Tourismus. Wegen ihrer herrlichen Sandstrände, vor allem an der Westküste, erfreut sich Hailuoto großer Beliebtheit. In Marjaniemi am Inselende liegt ein Campingplatz mit Ferienhütten. Der Hauptort Hailuoto ist im herkömmlichen Stil gehalten; am Ufer findet man malerische Fischerhütten.

**Liminka**

An der Straße Nr. 4 erreicht man in südlicher Richtung nach 25 km den Ort Liminka. In einem alten Getreidespeicher ist ein historisches Museum untergebracht, mit einer Ausstellung über traditionelles Gewerbe. In einem alten Schulgebäude (1868) befindet sich das Kunstmuseum. Der Ort liegt an der ausgedehnten, flachen Bucht Liminganlahti. Die seichten Ufer sind ein idealer Lebensraum für rastende Zugvögel und mehr als 900 Paare von Wasservögeln. Am südlichen Ende der Bucht in Vikkula hat der **WWF** ein **Informationszentrum** errichtet. Von hier aus führen Lehr- und Naturpfade zu einem Vogelbeobachtungsturm.

# ★ Päijänne-Seengebiet

**Gebiet:** Südfinnische Seenplatte

**Zwischen Lahti und Jyväskylä erstreckt sich einer der größten und schönsten Seen Finnlands, der Päijänne. Der See ist etwa 140 km lang und bis 28 km breit, das teilweise felsige Ufer ist bewaldet und stark zerklüftet. Am Päijänne liegen die Nationalparks Isojärvi und Päijänne.**

**Isojärvi-Nationalpark** Am nordwestlichen Ufer des Päijänne liegt in der Nähe des Ortes Jämsä der kleine Isojärvi-Nationalpark. Als Ausgangspunkt für Wanderer dient die ehemals als Waldarbeiterhütte genutzte **Heretty-Hütte**, in der sich das Informationszentrum des Nationalparks befindet (Öffnungszeiten, Infos: Tel. 03 58 / 2 05 64 52 72). Im Nationalpark finden Wanderer 30 km markierte Wege. In einigen Teilen des Nationalparks darf man die Wanderwege nicht verlassen, außerdem dürfen mehrere Inseln im Isojärvi (= Großer See) während der Brutzeit von Anfang Mai bis Ende August nicht betreten werden.

*Der Päijänne ist Finnlands tiefster See – dementsprechend kalt kann das Wasser sein.*

Im südöstlichen Teil des Päijänne-Sees liegt der Nationalpark Päijänne, der mit dem Auto leicht zu erreichen ist. Von Vääksy (▶Lahti, Umgebung) führt die Straße Nr. 314 über die 8 km lange Landbrücke **Pulkkilanharju** zum Ostufer des Päijänne und an diesem nördlich bis Sysmä. Diese Strecke gilt als eine der schönsten Straßen Finnlands. In Sysmä ist die Steinkirche aus dem 15. Jh. einen Blick wert. Im Sommer gibt es Schiffsverbindungen von Jyväskylä, Lahti und Heinola. Informationen und Kartenmaterial sind während des Sommers erhältlich in der Kelvennetupa-Stube im Bootshafen von Padasjoki und im Päijänehaus am Vääsky Canal (Meiijeritie 1; Öffnungszeiten: Juni – Aug. Di. – Fr. 10.00 – 18.00, Sa. 10.00 – 15.00, So. 12.00 – 18.00 Uhr).

**Päijänne-Nationalpark**

◀ Infomationszentren

◷

Der Päijänne-Nationalpark beinhaltet etwa 50 unbebaute Schären und Klippen mit einer über 70 km langen Strandlinie. Meist treten vegetationsarme Fels- oder Geröllufer hervor, an Oserinseln bilden jedoch zahlreiche Sandstrände und flache Buchten ein Paradies für Schwimmer und sonstige Wassersportler. Der an der Raststelle von Karisalmi beginnende **Naturlehrpfad Pulkkilanharju** führt an den schönsten Stellen dieser reizvollen Inselwelt vorbei. Die 8 km lange Insel **Kelvenne** ist das Herzstück des Nationalparks und gehört wohl zu den größten und schönsten Oserinseln in Finnland und wird von einem lohnenden, markierten Wanderweg umsäumt. Mit ihren sehr steilen Felswänden sticht die Insel **Iso Lammassaari** besonders aus einer Gruppe von ungefähr 20 Fels- und Moräneninseln hervor, die mit einem Alter von über 2 Milliarden Jahren zu den ältesten Gesteinsformationen Europas zählen. Auch Vogelliebhaber kommen im Päijänne-Nationalpark voll auf ihre Kosten. Merlinfalke und Baumfalke nisten alljährlich auf den Klippen und kleinen Inseln des Parks.

◀ Schären

### *i* Oser – Eiszeitgrüße

■ Oser bestehen aus von Gletschern transportierten Geröllmassen, sind also Relikte der letzten Eiszeit (und diese endete in Finnland vor etwa 10 000 Jahren). Damals bildeten sich die Oserinseln im See und der Oserrücken Pulkkilanharju.

# Pallastunturi

G 19

**Gebiet:** Nordfinnland, Lappland          **Höchster Gipfel:** Taivaskero 807 m ü. d. M.

**Im äußersten Nordwesten des Landes liegt nahe der schwedischen Grenze, etwa 250 km nördlich von Rovaniemi, in der Mitte einer Bergkette die Berggruppe des Pallastunturi. Mit seinen baumlosen Hängen zählt der Pallastunturi zu den beliebtesten Skigebieten Finnlands. In diesen nördlichen Breitengraden scheint vom 27. Mai bis 16. Juli die Mitternachtssonne.**

**Nationalpark Pallas-Ounastunturi**

✳ Der Nationalpark Pallas-Ounastunturi wurde 1938 als einer der ersten in Finnland unter Schutz gestellt und zeigt die großartige, aber karge Natur lappländischer Gebirgslandschaft. Die um den Ounastunturi (723 m) vorherrschenden Fichtenwälder werden nach Norden zum Pallastunturi (807 m) hin von Kiefernwäldern abgelöst. Zwischen den beiden Gebirgsketten verläuft bei Hannukuru die nördliche Grenze des Verbreitungsraums der Fichte. Im Sommer sind 120 km markierte Wanderwege, im Winter 200 km Skirouten vorhanden.

Wanderroute ▶ Eine sehr schöne, 55 km lange Route führt durch den gesamten Park. Der Weg von Hetta nach Pallas ist mit hölzernen Wegweisern ausgeschildert. Zunächst wird der Ounasjärvi-See mit einem Boot überquert, bevor es durch Kiefernwälder zur Wildmarkhütte Pyhäkero geht und der Aufstieg zum nördlichen Gipfel des Ounastunturi beginnt. Sowohl in der Sioskuru-Hütte als auch in den Schutzhütten der Rentierhirten bei Tappuri kann übernachtet werden. Es folgt die

# ▶ PALLASTUNTURI ERLEBEN

### AUSKUNFT

*Pallastunturi Visitor Centre*
Tel. 02 05 / 64 79 30
Das Besucherzentrum liegt neben dem Pallastunturi Turist Hotel am Fuß des Taivaskero (Öffnungszeiten: tgl. 9.00 – 16.00, März/April und Juni – Sept. bis 17.00 Uhr).

### ESSEN & ÜBERNACHTEN

#### ▶ Luxus

*Hotel Ylläs Saaga*
Ylläsjärvi
Tel. 0 16 / 2 15 80 00
Fax 2 15 88 88
www.yllassaaga.fi
Erst 2003 wurde das neueste Fjäll-Hotel eröffnet. Es bietet hohen Komfort, exklusive Wellness-Einrichtungen sowie ein anspruchsvolles Restaurant.

#### ▶ Komfortabel

*Hotel Pallas*
99330 Pallas
Tel. 0 16 / 32 33 55, Fax 53 27 41
www.laplandhotels.com

Das erste Fjäll-Hotel wurde bereits 1938 auf den Höhen des Ounusselkä errichtet und war immer auch Schauplatz finnischer Zeitgeschichte. Im Winter kommen viele Besucher zum Skifahren.

### ANREISE

Von Muonio folgt man der Straße nach Rovaniemi. Nach 7 km sieht man rechts den Olostunturi (509 m ü. d. M.; Skipisten); ein Fußweg führt zum Gipfel. 5 km weiter zweigt man bei Särkijärvi von der Hauptstraße links ab und fährt auf einer Bergstrecke aufwärts. Nach 15 km kommt man zu einer Straßenteilung: Dort wendet man sich nach links (rechts die Straße zum Pallasjärvi), dann sind es noch 7 km bergauf zum Besucherzentrum und dem Pallastunturi Turisthotel. Die meisten Ausgangspunkte für Wanderungen im Nationalpark sind während der Hauptsaison täglich mit dem Bus zu erreichen.

Schlucht zwischen Tappuri und Pippokero. Über den Pahakuru wird die Hälfte der Tour in Hannukuru erreicht (Übernachtungsplatz mit Sauna). Nachdem das etwas tiefer gelegene Suas-Fjäll durchwandert wurde, geht es hinauf auf den Lumikero (661 m). Sein Gipfel ermöglicht eine phantastische Panoramasicht. Weiter, nun durch Fichtenwälder, geht es um den Vuontiskero zur Montelli-Hütte oder zur 1 km weiter südlich gelegenen Nammalakuru-Hütte. Gemächlich kann von hier aus die Westseite des Jäkäläkero hinunter gegangen werden, bevor der anstrengende Teil zur Ostseite des Pallastunturi-Fjälls (807 m ü. d. M.) hinauf beginnt. Dieser schweißtreibende, 5 km lange Aufstieg ist aber der letzte; danach geht es nur noch von der Pallaskuppe 3 km bergab zum Hotel und Informationszentrum des Nationalparks in Pallas.

# Pietarsaari · Jakobstad

Q 16

**Gebiet:** Westfinnland          **Einwohnerzahl:** 20 000

**Die kleine Stadt Pietarsaari liegt etwa 100 km nördlich von Vaasa am Bottnischen Meerbusen. Da sie heute überwiegend schwedischsprachig ist, ist der schwedische Namen Jakobstad gängiger als der finnische Name Pietarsaari, der vom ursprünglichen Gemeindenamen Pedersöre abgeleitet wurde.**

Jakobstad wurde 1652 von Ebba Brahe, der Witwe des Grafen und **Geschichte** Heerführers Jacob de la Gardie, gegründet. Die Blütezeit der Stadt lag am Ende des 18. und Anfang des 19. Jh.s, als in den großen Werften der Stadt über 500 Schiffe gebaut wurden. Nun entstanden auch die Holzhäuser im Viertel Skata, die überwiegend von Seeleuten, Handwerkern und Händlern bewohnt wurden. Im Zuge der Industrialisierung hielten die Zelluloseverarbeitung und die Papierherstellung ihren Einzug.

## Sehenswertes in Jakobstad

1762 wurde in Jakobstad Skandinaviens erste Tabakmanufaktur gegründet, die bis ins Jahr 1998 in Betrieb war. Sie war lange Zeit der größte Arbeitgeber, und das mächtige Fabrikgebäude mit dem markanten Uhrturm ist noch heute das eigentliche Wahrzeichen der Stadt.

**? WUSSTEN SIE SCHON …?**

■ … dass Johan Ludvig Runeberg (►Berühmte Persönlichkeiten), einer der bedeutendsten finnischen Dichter schwedischer Zunge, im 19. Jh. in Jakobstad geboren ist? Im Park beim Rathaus erinnert ein Denkmal an ihn, ausgeführt von seinem Sohn, Walter Runeberg (1905). Die Jagd- und Fischerhütte des Dichters an der kleinen Bucht Östanfjärden nordöstlich der Stadt kann im Sommer besichtigt werden. Hier verbrachte Runeberg zusammen mit seinen Freunden die Sommermonate seiner Kindheit (Öffnungszeiten: tgl. 12.00 – 16.00, Juni/Juli bis 18.00 Uhr).

*Älteste Tabakfabrik Skandinaviens*

In der Alholmsgatan 8 lohnt das **Viexpo-Motorradmuseum** einen Besuch. Hier sind Modelle aller Alters- und Kubik-Klassen ausgestellt (Öffnungszeiten: Sommer Di.–Fr. 12.00–17.00, Sa., So. 12.00–16.00 Uhr).

Das **Pietarsaari Museum** in der Isokatu 2 wurde im Jahre 1904 gegründet. Hier wird man nicht nur mit der Geschichte der Stadt vertraut gemacht, sondern erfährt auch einiges über die lange Seefahrer-Tradition. Ferner gibt es eindrucksvolle Kunstwerke und mit geschickten Händen hergestellte Textilien zu sehen (Öffnungszeiten: tgl. 12.00 – 16.00 Uhr).

Sehenswert ist die **Skata** genannte Altstadt von Jakobstad mit ihren nach dem letzten Stadtbrand (1835) entstandenen Holzhäusern. Während der Blütezeit der Stadt lebten hier Seeleute sowie Handwerker, die in den zahlreichen Werften beschäftigt waren. Skata, auch Norrmalm genannt, zählt zu den größten Holzhausvierteln in Finnland.

**Botanischer Garten** Der auch als **Schulpark** bekannte Botanische Garten in Jakobstad erstreckt sich auf dem Gelände, auf dem die Familie Strengberg vor zwei Jahrhunderten Tabakpflanzen in Gewächshäusern gezogen hat. Heute gedeihen hier mehr als 1000 verschiedene Pflanzenarten. Ein Naturlehrpfad klärt über die Geschichte der Anlage und die einzelnen Pflanzen auf.

**Zichorien-museum** Im Hafengebiet Alholmen erinnern die große Zellulosefabrik und das Zichorienmuseum an den Industriellen **Wilhelm Schauman**, der im Jahre 1883 mit der hiesigen Zichorienfabrik den Grundstein für ein Industrie-Imperium gelegt hat. Zu diesem gehörten auch Sägewerke, eine Papier- und Zellulosefabrik sowie eine Bootswerft. Anlässlich des hundertjährigen Jubiläums der Aktiengesellschaft wurde die alte Fabrik restauriert und als Museum hergerichtet (Öffnungszeiten: Sommer Di.–Sa. 12.00–17.00 Uhr und nach Vereinbarung, Tel. 020 / 41 61 13).

**JAKOBSTAD ERLEBEN**

**AUSKUNFT**

*Jakobstad Tourist Office*
Salutorget 1, 68600 Jakobstad
Tel. 06 / 72 31 796, Fax 7 23 51 32
www.jakobstad.fi

**ESSEN**

▶ **Erschwinglich**
*Saigon Dinner*
Storgatan 8, Tel. 06 / 7 23 04 70
Wollten Sie schon immer einmal im
Wok gebratenes Rentierfleisch pro-
bieren? Dies könnte eine der wenigen

Gelegenheiten weltweit sein. Ansonsten gibt es hier authentische asiatische
Küche mit günstigen Mittagsmenüs.

**ÜBERNACHTEN**

▶ **Komfortabel**
*Stadshotellet*
Kanalesplanaden 13
Tel. 06 / 7 88 81 11, Fax 7 88 82 22
In der Haupt-Fußgängerstraße der
Stadt liegt ihr bestes Hotel mit zwei
Restaurants und einem Nachtklub.

## Umgebung von Jakobstad

Etwa 10 km westlich der Stadt liegt der einzigartige Sandstrand von Fäboda, ein Geheimtipp unter Finnlandkennern. Mitten in der fast unberührten Natur kommen hier Schwimmer, Surfer und Sonnen-anbeter gleichermaßen voll auf ihre Kosten.

**Strand Fäboda**

Ebenfalls auf dem Gebiet von Fäboda, etwa 7 km westlich von Ja-kobstad, befindet sich das interessante Arktische Museum Nanoq. Es wurde 1991 vom finnischen Polarforscher Pentti Kronqvist gegrün-det, der 13 Mal auf Expeditionen in Grönland war. Er hat viele Zeug-nisse arktischer Völker mitgebracht, etwa Specksteinfiguren der Eski-mos oder Gegenstände, die bei Expeditionen in Polargebiete benötigt werden. Der Museumsbau wurde nach dem Vorbild grön-ländischer Torfhäuser gestaltet (Öffnungszeiten: im Sommer tgl. 12.00 – 18.00, sonst Di. – Fr. 12.00 – 16.00 Uhr).

✱
**Nanoq-Museum**

🕐

1994 wurde der originalgetreue Nachbau der Galeasse »Jakobstads Wapen«, dessen Original im Jahre 1767 vom Stapel gelaufen ist, im Alten Hafen von Pietarsaari fertig gestellt. Man kann im Sommer Kreuzfahrten entlang der finnischen Küste und nach Schweden un-ternehmen, aber auch kürzere Tagesausflüge machen.

**Alter Hafen und Jakobstad Wapen**

Rund 20 km südlich von Jakobstad liegt die Siedlung Nykarleby, die 1620 das Stadtrecht erhielt. Sie wurde 1640 von Per Brahe als Stand-ort der ersten weiterführenden Schule in Österbotten auserkoren. Nykarleby ist auch heute noch überwiegend schwedischsprachig. Hier wurde der Schriftsteller **Sakari** (Zacharias Topelius, 1818 bis 1898) geboren. Zu seinen Ehren ist ein Museum eingerichtet.

**Nykarleby**

# Polarkreis (Napapiiri)

**K 2 – 29**

**Lage :** 66,5 ° nördlicher Breite

**Der Polarkreis ist die Breite, nördlich derer das Phänomen der Mitternachtssonne zu beobachten ist. Gleichzeitig trennt er die nördliche gemäßigte Klimazone von der Polarzone. In Finnland verläuft der Polarkreis nördlich der Stadt Rovaniemi.**

**Mitternachtssonne**

Am Tag der Sommersonnenwende, dem 22. Juni, erreicht der Lauf der Sonne am nördlichen Polarkreis seine größte Deklination, so dass die Sonne auch um Mitternacht noch am Himmel steht. Diese so genannte Mitternachtssonne bietet bei klarem Himmel einen überwältigenden Anblick; doch auch wenn der Sonnenball glutrot durch Dunst und Wolken scheint, entstehen stimmungsvolle Bilder. Genau auf dem Polarkreis ist dieses Phänomen des **Polartages** nur in einer Nacht zu beobachten, nach Norden nimmt seine Dauer stetig zu. Das zumeist im Winter auftretende Phänomen der **Nord- oder Polarlichter** lässt sich ebenfalls besonders gut nördlich des Polarkreises genießen. Die skandinavischen Gebiete nördlich des Polarkreises werden auch als »Nordkalotte« (finn. Pohjoiskalotti) oder Lappland bezeichnet (Ausführliche Informationen ▶ Zahlen und Fakten: Klima).

## ✔ NICHT VERSÄUMEN

■ Hauptattraktion am Polarkreiszentrum ist das Büro des Weihnachtsmannes. Auf Finnisch heißt er übrigens Joulupukki. Er fährt zwar nur in den seltensten Fällen mit einem rotnasigen Rentier namens Rudolph ein, dafür kann er die jährlich an ihn gerichtete Post von über 700 000 Briefen aus aller Welt mit einem vis-à-vis-Gespräch per ISDN-Bildtelefon beantworten. Seit neuestem bekommt der alte Herr auch E-Mails, denn er verfügt über eine Internet-Homepage (www.santaclausoffice.fi). Bei den vielen Anfragen und den rund 500 000 Besuchern muss der Weihnachtsmann natürlich das ganze Jahr über arbeiten, man findet ihn deshalb jeden Tag in seinem Büro. Post an ihn schickt man an folgende Adresse: Santa Claus, Arctic Circle, FIN-96930 Rovaniemi, santa.claus@santaclausoffice.fi

## Sehenswertes am Polarkreis

Etwa 8 km nördlich von ▶Rovaniemi kreuzt die Straße nach Kemi-järvi den Polarkreis. Dort befindet sich ein Einkaufszentrum und ein eigenes Postamt, in dem der begehrte Sonderstempel zu erhalten ist. Ferner kann man ein Polarkreiszertifikat erwerben.

**Polarkreis-zentrum**

Hier lernt man alles über Weihnachtsbräuche in verschiedenen Ländern, kann allerlei Baumschmuck bewundern und alte Weihnachtsfilme sehen (Öffnungszeiten: tgl. 8.00 – 18.00 Uhr).

**Weihnachts-museum**
🕐

5 km vom Stadtzentrum und 2 km vom Weihnachtsmanndorf entfernt entführt der Santa Park seine Besucher in eine weihnachtliche Vergnügungswelt (Öffnungszeiten: Mitte Nov. – Mitte Jan. tgl. 10.00 bis 18.00, Mitte Juni Mitte Aug. Di. – Sa. 10.00 – 18.00 Uhr). Auf halber Strecke zwischen Weihnachtsmanndorf und Santa Park macht ein **Rentierpark** mit der traditionellen Rentierzucht vertraut.

**Santa Park**
🕐

# Pori

U/V 14

**Gebiet:** Südwestfinnland          **Einwohnerzahl:** 83 000

**Die südwestfinnische Handels- und Industriestadt Pori liegt größtenteils am Südufer des Kokemäenjoki, etwa 20 km vor dessen Mündung in den Bottnischen Meerbusen. Der Ort befand sich ursprünglich weiter flussaufwärts. 1365 wurde er zum ersten, 1558 zum zweiten Mal verlegt, weil die Flussmündung im Zuge der Landhebung ständig weiter nach Westen wanderte.**

Anno 1558 verlieh Herzog Johann III., ein Sohn des Schwedenkönigs Gustav Wasa, Pori die Stadtrechte. Beim letzten großen Brand (1852) wurden drei Viertel der Stadt zerstört. Das »neue« Pori entstand um zwei Esplanaden, die einander rechtwinklig kreuzen. Von wirtschaftlicher Bedeutung sind heute neben den Frachthäfen auf Tahkoluoto und Mäntyluoto auch der Fischereihafen auf der Insel Reposaari sowie Holzveredelungs- und metallverarbeitende Industrie.

**Geschichte**

## Sehenswertes in Pori

Die interessantesten Bauten liegen am nördlichen Ende der Esplanade Pohjoispuisto (Ufer des Kokemäenjoki). Dieses Quartier bietet bis heute ein geschlossenes Bild des ausgehenden 19. Jahrhunderts.

**Esplanade Pohjoispuisto**

Direkt an der Esplanade steht das alte Rathaus, ein Kaufmannspalais im venezianischen Palaststil, das von dem Architekten August Krook für die Familie Junnelius entworfen und 1895 fertig gestellt wurde.

**Rathaus**

## *Pori* *Orientierung*

**Essen**
① Raatihuoneen Kellari
② Ravintola Reposaari

**Übernachten**
① Hotel Amado
② Yteri Spa Hotel

© Baedeker

**Satakunta-Museum** Westlich der Esplanade liegt an der Hallituskatu 11 das Museum für die Landschaft Satakunta (1888 gegründet). Ausgestellt sind Exponate zur Geschichte der Stadt Pori, Gegenstände aus der gesamten Region, ferner Stilmöbel aus mehreren Jahrhunderten (Öffnungszeiten: Di.- So. 11.00 – 17.00, Mi. 11.00 – 20.00 Uhr).

**Kunstmuseum** Sehenswert ist ferner das Kunstmuseum (Eteläranta). Neben dem festen Bestand (moderne Malerei und Skulptur; Kunstfonds Maire Gullichsen) werden Wechselausstellungen gezeigt (Öffnungszeiten: Di. – So. 11.00 – 18.00, Mi. 11.00 – 20.00 Uhr).

**★**
**Juselius-Mausoleum** Westlich des Stadtzentrums befinden sich der Alte und der Neue Friedhof. Hier beeindruckt das Mausoleum, das der Industrielle F. A. Juselius 1902 für seine im Alter von elf Jahren verstorbene Tochter Sigrid erbauen ließ. Der weiße Sarkophag ist umgeben von naturalistisch wirkenden Fresken des finnischen Malers Akseli Gallen-Kallela (►Berühmte Persönlichkeiten; Öffnungszeiten: Mai – Aug. tgl. 12.00 bis 15.00, im Winter So. 12.00 – 14.00 Uhr).

# ► PORI ERLEBEN

### AUSKUNFT

**Pori Tourist Office**
Yrjönkatu 17
28100 Pori
Tel. 02 / 6 21 79 00
Fax 6 21 79 19
www.pori.fi

### ESSEN

#### ► Fein & teuer

① *Raatihuoneen Kellari*
Hallituskatu 9
Tel. 02 / 6 33 48 04
Im eleganten »Ratskeller« gibt es
exquisite finnische Küche und an
Wochentagen ein reichhaltiges und
schmackhaftes Lunchbuffet.

#### ► Erschwinglich

② *Ravintola Reposaari*
Satamapuisto 34
Tel. 02 / 6 38 40 44
Eines der hervorragenden Fischres-
taurants auf der Insel Reposaari: Ein
Ausflug zum Abendessen ist ein
schönes Erlebnis.

### ÜBERNACHTEN

#### ► Komfortabel

① *Hotel Amado*
Keskusaukio 2
Tel. 02 / 6 31 01 00
www.amado.fi
Das Amado liegt nahe am Busbahn-
hof und gehört zu den eher preisgünstigen Hotels in der Stadt.
Das à-la-carte-Restaurant genießt
einen guten Ruf.

② *Yyteri Spa Hotel*
Tel. 02 / 6 28 53 00
www.yyterinkylpyla.fi
Beliebte Hotelanlage an der Traum-
bucht von Yyteri mit Spa, Restaurant,
Café, Pianobar und Nachtklub.

## ❗ *Baedeker* TIPP

### Pori Jazz

An der Nordseite des Kokemäenjoki
liegt auf einer Halbinsel der Park
Kirjurinluoto. Dort finden – einer der
Höhepunkte des Jahres – alljährlich
Mitte Juli die Konzerte des Internationalen Pori-Jazz-Festivals statt.
Renommierte Musiker aus aller Welt
treten hier auf (über 100 000
Zuschauer, 11 Bühnen, 100 Gruppen,
600 Künstler). In der Festival-Woche
hat man kaum eine Chance, kurzfristig
ein freies Hotelzimmer zu finden, da
die Stadt hoffnungslos überfüllt ist.
Weitere Infos: www.porijazz.fi

## Umgebung von Pori

**Sandstrand von Yyteri** ✳

Lohnend ist eine Fahrt auf der Straße 265 zum Sandstrand von Yyteri mit seinem weitläufigen und naturbelassenen Dünengürtel und nach Mäntyluoto. Unterwegs passiert man den Wasserturm von Kaana mit einem Aussichtscafé. Am Strand von Yyteri, einem Urlaubsort mit modernem Komfort und einem vielseitigen Freizeitangebot – übrigens auch ein hervorragendes Surfrevier –, gibt es Hotels, einen Campingplatz und Ferienhütten.

**Reposaari**

Folgt man der Straße 265 weiter nach Nordwesten, kommt man auf einem Damm zur Insel Reposaari, die im 19. Jh. ein bedeutender Hafen war. Sehenswert ist die Kirche von 1875, in norwegischem Stil von norwegischen Seeleuten erbaut. Am äußeren Ende der Insel befindet sich mit großartigem Meeresausblick ein sehr schöner Campingplatz mit mehreren Ferienhäusern.

**Villa Mairea** ✳

Im ca. 20 km nördlich von Pori gelegenen Ort Noormarkku lohnt die von Alvar Aalto (▶ Berühmte Persönlichkeiten) entworfene und inzwischen schon über 70 Jahre alte Villa Mairea einen Besuch. Hier locken nicht nur die Architektur, sondern auch eine großartige Kunstsammlung mit Arbeiten von Picasso, Léger, Gris und anderen.

**Ulvila**

Wenn man von Pori auf der Straße Nr. 2 südöstlich stadtauswärts Richtung Helsinki fährt, zweigt etwa 7 km hinter Pori in nördlicher Richtung eine Stichstraße nach Ulvila ab. Hier ließen sich bereits im 11. Jh. Einwanderer aus Schweden nieder. Hübsch ist die Kirche von 1330. Mit der Gründung von Pori 1558 wurden die Bewohner von Ulvila zur Umsiedlung nach Pori gezwungen.

**Harjavalta**

Nach weiteren 29 km folgt an der Straße Nr. 2 der Ort Harjavalta. Hier werden im ehemaligen Studio und der Wohnung von **Emil Cederkreutz** (Museotie 1) Skulpturen des Bildhauers und finnische Kunst des frühen 20. Jh.s gezeigt.

# ✳ ✳ Porvoo · Borgå

**X 22**

**Gebiet:** Südfinnland                    **Einwohnerzahl:** 48 000

**Die südfinnische Stadt Porvoo liegt eine gute halbe Fahrstunde nordöstlich von Helsinki und ist ein lohnendes und viel besuchtes Tagesausflugsziel im Umkreis der Hauptstadt. Die historischen Gassen im alten Stadtviertel und die malerischen Speicherhäuser am Porvoonjoki lassen etwas vom beschaulichen Leben vergangener Jahrhunderte in Finnland erahnen.**

*Der Giebel des Doms von Porvo überragt die kleinen Altstadthäuschen am Fluss.*

Auf dem Berg Linnamäki wurde zu Beginn des letzten Jahrtausends die Festung Porvoo errichtet, nach der die Stadt auch ihren schwedischen Namen Borgå erhielt. Bedeutung erlangte die kleine Siedlung aber erst, als der schwedische König Magnus Eriksson zu Füßen der Burg 1346 eine Stadt gründete. Damit ist sie nach Turku die zweitälteste Stadt Finnlands. Noch heute zeugen die roten Magazine am Fluss sowie die gepflegten Kaufmanns- und Bürgerhäuser in der Altstadt vom regen Handel, der von hier aus betrieben wurde und Porvoo im Mittelalter eine große wirtschaftliche Blüte bescherte. Auch der schwedische Einfluss hat seine Spuren bis in die Gegenwart hinterlassen. Annähernd ein Drittel der Bevölkerung ist schwedischsprachig.

Porvoo ist als eine **Stadt schöpferischer Persönlichkeiten** bekannt: Die beiden Bildhauer Walter Runeberg und Ville Vallgren, dessen Werk »Das Haupt Christi« (1889) bei der Weltausstellung in Paris prämiiert wurde, wurden hier geboren. Außerdem lebten und leben mehrere andere Künstler in Porvoo und sei es nur, um sich eine Zeitlang von der Stimmung der Stadt inspirieren zu lassen.

## ! *Baedeker* TIPP

### Mit dem Schiff nach Porvoo

Von Mitte Mai bis Anfang September legt das Dampfschiff »J. L. Runeberg« jeden Tag um 10.00 Uhr von Helsinki aus nach Porvoo ab. Die kleine Seereise dauert ca. 3½ Std., die Rückfahrt nach Helsinki erfolgt dann um 16.00 Uhr. Weitere Informationen: Tel. 019/5 24 33 31, tourism.porvo.fi

## Sehenswertes in Porvoo

**★ ★**
**Altstadt**
Am linken Ufer des Porvoonjoki befindet sich der historische Kern der Stadt. Auch das idyllische Porvoo blieb nicht vor Zerstörung verschont: 1508 brannten die Dänen und 1708 die Russen die Stadt nieder. 1760 wurde ein Großteil der Altstadt auf Grund der Unachtsamkeit einer Hausfrau durch eine Feuersbrunst zerstört. Dennoch ist die mittelalterliche Stadtanlage mit ihren malerischen kleinen Häusern und den sich schlängelnden, mit Katzenkopfpflaster versehenen Gassen ein historisches Kleinod Finnlands geblieben.

**Empirestadt**
Neben Alt-Porvoo besitzt die Stadt noch ein zweites historisches Gesicht. Der Nachfolger von Alexander I., Zar Nikolaus I., ließ südlich von der engen Altstadt vom deutschen Architekten **Carl Ludwig Engel** (▶Berühmte Persönlichkeiten) einen dem Zeitgeist entsprechenden Stadtteil errichten. Auf einem quadratischen Grundriss reihen sich die Steinhäuser entlang der kerzengeraden Straßenzüge. Dadurch sollte zum einen die Stadtansicht eine stärkere russische Prägung erhalten und nicht mehr so deutlich an die Herrschaft der Schweden erinnern, zum anderen waren Steinbauten weniger feuergefährdet.

*Eine der berühmtesten finnischen Stadtansichten: die Speicher am Fluss von Porvoo*

Der gotische Mariendom mit seinem separaten 1710 errichteten Glockenturm steht auf einem kleinen Hügel in Alt-Porvoo. Die erste Kirche wurde in Porvoo bereits im 13. Jh. errichtet. Die dem Fluss zugekehrte weiße, mit Backsteinornamenten verzierte Giebelwand stammt aus dem frühen 15. Jahrhundet. 1732 wurde Porvoo Bischofssitz. Im Inneren des mit schönen Rokoko-Ornamenten ausgeschmückten Gotteshauses wurde 1909 ein Bronzestandbild des Zaren Alexander I. aufgestellt, das W. Runeberg geschaffen hat. Es soll an den 1809 in Porvoo abgehaltenen Landtag erinnern, auf dem der Zar die Unantastbarkeit der finnischen Verfassung und Religion garantierte und die Huldigung der Stände entgegennahm. Damit war die rund 600-jährige Bindung Finnlands an Schweden beendet und Finnland als Nation in die »Familie der Nationen« aufgenommen (Öffnungszeiten: Mai – Sept. Mo. – Fr. 10.00 – 18.00, Sa. 10.00 bis 14.00, So. 14.00 – 17.00, Okt. – April Di. – Sa. 10.00 – 14.00, So. 14.00 bis 16.00 Uhr).

✱
**Mariendom**

🕐

Vom Dom gelangt man bergab durch die Altstadt mit ihren Holzhäusern zum Stadtmuseum, das im Alten Rathaus (fertig gestellt 1764) untergebracht ist. Ausgestellt sind insbesondere Dokumente über die Fabrik Iris, in der um die Jahrhundertwende Jugendstilmöbel nach den Entwürfen Louis Sparres und Keramiken von A. W.

**Stadtmuseum**

 ## PORVOO ERLEBEN

### AUSKUNFT
**Porvoo City Tourist Office**
Rihkamakatu 4
06100 Porvoo
Tel. 0 40 / 4 89 98 03, Fax 5 20 23 17
www.porvoo.fi

### ESSEN
#### ▶ Erschwinglich
① *Helmi*
Välikatu 7
Tel. 0 19 / 5 24 51 65
www.cafehelmi.net
Mitten in der Altstadt lockt dieses nostalgische Kaffeehaus von 1893 mit seinen wunderhübsch eingerichteten Salons Gäste an.

② *Restaurantschiff Glückauf*
am Flussufer
Tel. 0 19 / 5 47 61
Fax 5 24 93 29

Auf einem Dampfsegler der Jahrhundertwende gibt es finnische Fleisch- und Fischspezialitäten.

### ÜBERNACHTEN
#### ▶ Luxus/Komfortabel
① *Haikko Manor Spa*
7 km südlich von Porvoo
Tel. 0 19 / 5 76 01
www.haikko.fi
Noble schlossähnliche Herberge mit 226 Zimmern und Suiten, Spa, Wellness & Beauty Center.

#### ▶ Günstig
② *Hotel Sparre*
Piispankatu 34
Tel. 0 19 / 58 44 55
www.avainhotellit.fi
Das zentral gelegene Hotel verfügt über 40 freundlich eingerichtete Zimmer.

## *Porvoo* *Orientierung*

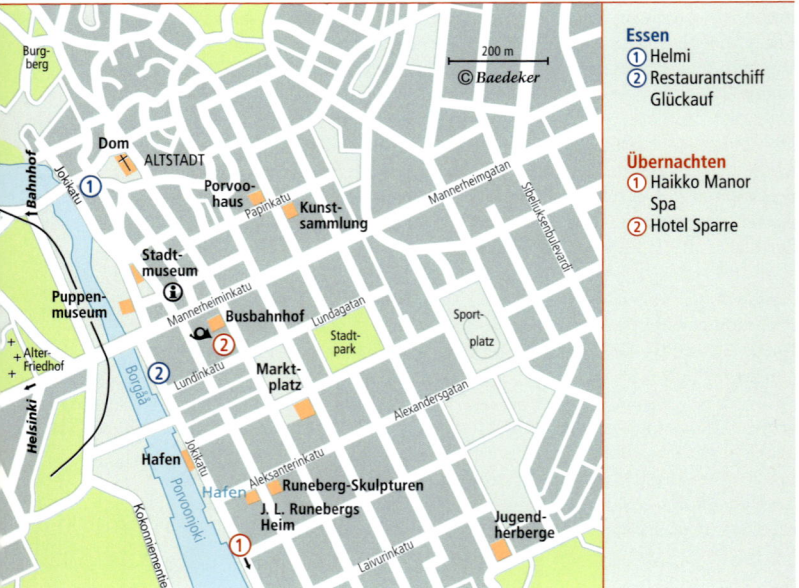

**Essen**
① Helmi
② Restaurantschiff
   Glückauf

**Übernachten**
① Haikko Manor
   Spa
② Hotel Sparre

Finch hergestellt wurden. Eine Multimedia-Schau zeigt die Verhältnisse in Porvo im Mittelalter (Öffnungszeiten: Mai – Aug. Di. – Sa.
10.00 – 16.00, So-. 11.00 – 16.00, sonst Mi. – So. 12.00 – 16.00 Uhr).

**Edelfelt-**
**Vallgren-Museum**
Im Eckhaus östlich daneben, dem ehemaligen Kaufmannshaus (gebaut 1762) der Familie Holm, sind die Skulpturensammlung des
Bildhauers Ville Vallgren (1855 - 1940) und die Werke des Malers Albert Edelfelt (1854 – 1905) sehenswert (Öffnungszeiten: Mitte Mai
bis Mitte Sept. Di. – So. 10.00 – 14.00, im Hochsommer bis 16.00).

**Runebergs Heim**
An der Ecke Runeberginkatu / Aleksanterinkatu steht im Empire-
Stadtteil das Wohnhaus des Dichters Johan Ludwig Runeberg (►Be-
rühmte Persönlichkeiten), der hier seit 1852 mit seiner Frau Fredrika
lebte. Der von ihr angelegte Garten ist noch in seinem ursprüngli-
chen Zustand erhalten. Runeberg arbeitete von 1837 bis 1857 am
Gymnasium in Porvoo und schrieb hier u. a. den Text zur finnischen
Nationalhymne (Öffnungszeiten: Mai – Aug. Di. – So. 10.00 – 16.00
Uhr, übrige Monate Mo., Di. geschl.).

**Runeberg-**
**Skulpturen**
Im Nachbarhaus (Aleksanterinkatu 5) ist die 140 Werke umfassende
Skulpturensammlung von Walter Runeberg (1838 – 1920), dem Sohn
des Dichters, untergebracht (Öffnungszeiten: Mai – Aug. Di. – So.
10.00 – 16.00, sonst nur Mi. – So.).

Auf dem alten Friedhof am Westufer des Porvoonjoki, an der Straße nach Helsinki, liegen die Gräber von Johan Ludwig Runeberg, Albert Edelfelt, Ville Vallgren und Eugen Schauman, der 1904 in Helsinki den russischen General Bobrikow erschoss und sich dann selbst das Leben nahm.

**Alter Friedhof**

Die Yrjö A. Jäntti-Kunstsammlung befindet sich in der Papinkatu 19. Im Nordflügel des Verlagshauses zeigt die Privatsammlung einen umfassenden Überblick über die finnische Malerei. Ferner sind Grafiken, Zeichnungen und Schnitzereien zu sehen (Öffnungszeiten: Di. – So. 12.00 – 16.00 Uhr).

**Kunstsammlung Yrjö A. Jäntti**

Am Flussufer reihen sich pittoresk die roten Magazinschuppen, die nach dem großen Brand von 1760 mit Blockstammwänden errichtet wurden. Hier landeten die Barken mit ihren Lasten an und wurden entladen. Porvoo war zu dieser Zeit ein geschäftiges Handelszentrum und Umschlagplatz für Exportgüter wie Butter, Trockenfisch, Schnittholz, Teer und Leinen. Aber auch südländische Waren wie Früchte, Gewürze, Kaffee, Tabak und Wein wurden von hier ins ganze Land transportiert. Den roten Anstrich erhielten die schwarz gedeckten Häuser erst Ende des 18. Jh.s, als König Gustav III. von Schweden nach Porvoo reiste. Der neue Anstrich sollte ihm einen freundlicheren Anblick bereiten; nebenbei bot er einen idealen Schutz gegen Witterungseinflüsse. Heute befinden sich hier Wohn- und Lagerräume.

★
**Magazin-schuppen**

### ? WUSSTEN SIE SCHON …?

■ Ein beliebtes Mitbringsel aus Porvoo ist der »Porvoo-Becher«. Meist aus Zinn, erinnert er an die Zeit der Schwedenherrschaft. Seine Besonderheit ist der doppelte Boden. Als Messbecher sollte er dem Vogt beim Eintreiben der Steuern für die Krone dienen. Der Vogt ließ aber einen zweiten Boden einziehen, so dass er mit der größeren Seite die Steuern erhob und bei der Abrechnung mit dem König den Becher drehte und die kleinere Seite benutzte. Die durchaus beträchtliche Differenz floss in seine Privatschatulle. Noch heute gibt es in Finnland die Redewendung, etwas sei »mit dem Maß von Porvoo« gemessen.

Von der großen Brücke (Mannerheiminkatu) über den Porvoonjoki bietet sich die schönste **Aussicht** auf die Ufermagazine mit der Altstadt Porvoos und der Kirche im Hintergrund.

## Umgebung von Porvoo

Im Süden der Stadt erstreckt sich ein reizvoller Schärengürtel, in dessen geschützter Lage die lange Bootsbautradition gepflegt wird.

**Schärengürtel**

Im Landesinneren gibt es zahlreiche alte Herrensitze und große Bauernhöfe, die z. T. aus dem 14. Jh. stammen und sich meist in Privatbesitz befinden. Etwa 7 km südlich von Porvoo liegt der alte herrschaftliche **Gutshof Haikko**, auf dem der Maler Albert Edelfelt

**Die Gutshöfe Haikko, Sannäs und Virvik**

mehr als 20 Jahre lang seine arbeitsreichen Sommer verbrachte. Heute ist das Hauptgebäude des Gutes Mittelpunkt einer noblen Ferienanlage mit Kongresszentrum und Spa. Etwa 10 km nordöstlich liegt der 1836 / 1837 erbaute, denkmalgeschützte **Gutshof Sannäs**, der als ein Kongresszentrum dient, während das am Meer gelegene **Gut Virvik** ein Ziel für Wanderer und Golfspieler ist.

**Gletschermühlen**  An der Straße Nr. 55, die von Porvoo in Richtung Lahti führt, folgt man nach ca. 26 km bei Korttia dem Hinweisschild **»Hiidenkirnu«**. Das bedeutet auf deutsch »Des Teufels Butterfass« und bezeichnet ein Feld von etwa 20 Gletschermühlen unterschiedlicher Größe. Die Löcher sind bis zu 10 m in den Granit gefräst. Die Löcher sind in der letzten Eiszeit vor 10 000 Jahren entstanden, als Gletscher über den Felsen schabten und Schmelzwasserfluten voller Geröll und Kies Wirbel bildeten.

# ★ Raahe

**O 19**

**Gebiet:** Nordfinnland                    **Einwohnerzahl:** 23 000

**Die alte Stadt Raahe mit ihren rund 200 hölzernen Bürgerhäusern aus dem 19. Jh. bietet ein schönes Beispiel finnischer Holzbautradition. Obwohl nicht viele Reisende hierher kommen, ist das Städtchen doch der sehenswerteste Ort zwischen Kokkola und Oulu.**

**Stadtbild**  1810 vernichtete ein verheerender Brand dreiviertel aller Häuser der komplett aus Holz errichteten Stadt. Raahe wurde daraufhin wiederaufgebaut. Der neue Bebauungsplan von Gustaf Odenvall orientierte sich zwar weiterhin an dem regelmäßigen Schachbrettmuster, sah aber u. a. einen neuen, größeren Marktplatz vor, den Pekkatori. Zahlreiche Blockhäuser wurden aus der nahen Provinz aufgekauft, abgetragen und in Raahe wieder aufgebaut.

**Geschichte**  Die Stadt wurde im Jahre 1649 von Per Brahe in der Nähe des alten Hafenplatzes der Stadt Salo gegründet. Bereits 1652 wurde die Stadt nach ihrem Gründer Brahestad benannt. Als die finnische Stadtbevölkerung allmählich in der Mehrzahl war, erhielt die Stadt den finnischen Namen Raahe. Mitte des 19. Jh.s besaß Raahe zeitweise die größte Handelsflotte Finnlands. Bis um die Mitte des vergangenen Jahrhunderts waren Seehandel und Seefahrt die wichtigsten wirtschaftlichen Grundlagen. Erst mit der Gründung der Stahlfabrik Rautaruckki in den 1960er-Jahren erhielt die Stadt neue Wachstumsimpulse.

*Fischerboot vor dem ältesten Heimatmuseum Finnlands, →*
*dem maritim bestückten Lokalmuseum am Hafen von Raahe*

## Sehenswertes in Raahe

★
**Altstadt**

Den besten Eindruck von der gut erhaltenen Altstadt erhält man anhand eines kleinen Rundgangs, der durch folgende Straßen führen sollte: Rantakatu, Saaristokatu, die ehemalige Seemanns- und Handwerkerstraße Reiponkatu und die bis 1960 als Hauptgeschäftsstraße dienende Kauppakatu.

**Sovelius-Haus**

Am Myhberg-Park, dem ersten Marktplatz der Stadt, steht, neben vielen Holzhäusern im Stil des 19. Jh.s, das älteste Haus Raahes. Das zweigeschossige Haus des Reeders Sovelius (Rantakatu 36) wurde 1780 errichtet. Als es 1890 seinen chromoxidgrünen Anstrich erhielt, wurde es von der Bevölkerung »gröna slottet« (grünes Schloss) genannt. Im oberen Stockwerk befindet sich eine Ausstellung über die Lebensweise einer Reederfamilie im letzten Jahrhundert (Öffnungszeiten: Juni – Aug. Mo. bis Fr. 12.00 – 18.00, Sa., So. 12.00 bis 16.00 Uhr).

## RAAHE

### AUSKUNFT

*Raahe Tourist Information*
Rantakatu 45-14
92100 Raahe
Tel. 044 / 4 39 32 40
www.raahe.fi

### ESSEN & ÜBERNACHTEN

▶ **Komfortabel**
*Hotelli Raahen Hovin*
Kirkkokatu 28
Tel. 08 / 2 11 64 00
Fax 2 11 64 98
www.kolumbus.fi
Das moderne Haus verfügt über zeitgemäß eingerichtete Zimmer und ein sehr empfehlenswertes Restaurant.

Der neuere Marktplatz der Stadt, **Pekkatori**, wird von Bürgerhäusern des 19. Jh.s gesäumt. Hier lag das Geschäfts- und Verwaltungszentrum jener Zeit, so dass in diesen herrschaftlichen Häusern vor allem Stadträte, Kaufleute und Reeder wohnten. In der Mitte des Platzes steht das Standbild des Stadtgründers Per Braahe.

Auf dem Grundstück der 1908 abgebrannten Holzkirche entstand von 1909 bis 1912 die neue neuromanische **Kirche** nach Entwürfen des Architekten Josef Stenbäck. Sehenswert ist das Altargemälde »Mit Jesus im Sturm« (1926), das von Eero Järnefelt (1863 – 1937) geschaffen wurde.

★
**Museum**

In einem alten Lagerhaus von 1848 (Rantakatu 33) wurde 1862 das älteste Lokalmuseum Finnlands eröffnet. Es zeigt eine Seefahrtssammlung, zu der auch zahlreiche Souvenirs der Seeleute gehören, die sie von ihren Fahrten auf den Weltmeeren mitbrachten. Bedeutendstes Ausstellungsstück ist der älteste Taucheranzug (18. Jh.) der Welt. Die Kopie dieses Originals erwies sich als funktionstüchtig

🕐 (Öffnungszeiten: Juni – Aug. Mo. – Fr. 12.00 – 18.00, Sa., So 12.00 bis 16.00, sonst Di. – Fr. 13.00 – 17.00, Sa. 12.00 – 16.00 Uhr).

# ✳ Rauma

**Gebiet:** Südwestfinnland  **Einwohnerzahl:** 39 000

**Rauma, die drittälteste Stadt Finnlands, besitzt die größte alte Holzhausstadt der nordischen Länder – und wird zu Recht in der Liste des UNESCO-Weltkulturerbes geführt. Den wenigsten Reisenden wird möglicherweise der spezielle Dialekt der Region auffallen, der im übrigen Finnland nur sehr schwer verstanden wird.**

Der Ort erhielt 1442 das Stadtrecht. Um 1550 wurde Rauma vorübergehend entvölkert, weil die Bewohner den Befehl erhielten, in das neu gegründete Helsinki umzusiedeln. Nach einigen Jahren durften sie jedoch wieder in ihre Heimatstadt zurückkehren. Im 17. Jh. entwickelte sich die Schifffahrt; Seeleute aus Rauma lernten in fremden Ländern das Spitzenklöppeln, das hier auch heute noch eine feste Tradition hat.

**Geschichte**

*In den malerischen Häusern im Zentrum von Rauma sind viele hübsche Läden zu finden.*

## *Rauma* Orientierung

**Essen**
① Ravintola
   Kapteeninhuone
② Kontion Kahvilat

**Übernachten**
① Hotel Vanha Rauma

## Sehenswertes in Rauma und Umgebung

★★
**Altstadt**

Der Grundriss der Altstadt, mit 28 ha das größte zusammenhängende Holzhäuser-Ensemble in Skandinavien, stammt aus dem 16. Jh. Die Häuschen wurden zumeist im 18. und 19. Jh. errichtet. Trotz etlicher Brände blieb der mittelalterliche Charakter der Stadt mit ihren verwinkelten Gassen erhalten. Der letzte große Brand wird auf das Jahr 1682 datiert. Danach wurde Rauma über 300 Jahre von Bränden verschont – eine absolute Seltenheit für eine Holzhausstadt!

**Heilig-Kreuz-Kirche**

Dieses Gotteshaus in der Altstadt geht auf ein Franziskanerkloster des 15. Jh.s zurück. Schön sind die Wandmalereien aus dem 16. Jh. im Chorgewölbe. Der weiße Turm wurde erst im Jahre 1816 angebaut und diente seinerzeit den Seefahrern als Orientierungspunkt.

**Altes Rathaus**

Im 1776 erbauten alten Rathaus (Kauppakatu 13) befindet sich das **Stadtmuseum**, in dem u. a. Modellsegelschiffe sowie alte Klöppelspitzen ausgestellt sind (Öffnungszeiten: Mitte Mai – Aug. tgl. 10.00 bis 17.00, sonst Di. – Fr. 11.00 – 17.00, Sa. 10.00 – 14.00 Uhr).

**Bürgerhaus Marela**

Aus dem 19. Jh. stammt dieses als Museum zugängliche Haus. Es spiegelt die Wohnverhältnisse einer reichen Reederfamilie an der Wende vom 19. zum 20. Jh. wider. Das Gebäude beeindruckt mit seiner komfortablen Inneneinrichtung. Dazu gehören Kachelöfen vom Beginn des 19. Jh.s sowie Spiegeltüren und Wand- und Deckenvertäfelungen, die jedoch später im Stil der Neorenaissance renoviert worden sind (Öffnungszeiten: Mitte Mai – Aug. tgl. 10.00 – 17.00, sonst Di. – Fr. 11.00 – 17.00, Sa. 10.00 – 14.00 Uhr).   ⏱

Das private Kunstmuseum (Valtakatu 7) befindet sich in einem Gebäude aus dem Jahre 1912. Hier wurde das **Museum für bildende Kunst, Design, Fotografie und Architektur** eröffnet (Öffnungszeiten: Juni – Sept. Mo. – Do. 12.00 – 18.00, Fr. – So. 12.00 bis 16.00 Uhr, übrige Zeit Mo. geschlossen).

**Lönnström Kunstmuseum** ⏱

Seit 2011 ist die Rauma westlich vorgelagerte Inselgruppe im Bottnischen Meerbusen als Nationalpark ausgewiesen. Per Fähre besuchen kann man u. a. die wildreiche Insel **Reksaari**, die geologisch interessante Insel **Kuuskajaskari** sowie die Insel **Kylmäpihlaja** mit ihrem zum Hotel umgewidmeten Leuchtturm.

★
**Nationalpark Bottnischer Meerbusen**

##  RAUMA ERLEBEN

**AUSKUNFT**

*Rauma Regional Tourist Office*
Valtakatu 2, 26100 Rauma
Tel. 02 / 83 78 77 31
www.rauma.fi

**ESSEN**

► **Erschwinglich**
① *Ravintola Kapteeninhuone*
Kalliokatu 25
Tel. 02 / 8 38 81
Das »Kapitänszimmer« im Zentrum der Stadt ist eine auch bei Einheimischen sehr beliebte Adresse für Fisch- und Steakgerichte.

► **Günstig**
② *Kontion Kahvilat*
Kuninkaakatu 9
Hier gibt es guten Kaffee sowie frisch gebackene Kuchen und Torten. Sehr schön sitzt man im Garten hinter dem Haus.

**ÜBERNACHTEN**

► **Komfortabel**
① *Hotel Vanha Rauma*
Vanhankirkonkatu 26
Tel. 02 / 83 76 22 00
Das Hotel liegt sehr schön im Herzen

der Altstadt. der Stadt. Der bestens geführte Beherbergungsbetrieb ist in einem ehemaligen Lagerhaus eingerichtet. Sein gutes Restaurant erfreut sich starken Zuspruchs.

*Typisch für das 19. Jh.: das Merala-Haus*

# ★ Rovaniemi

L 22

**Gebiet:** Lappland                **Einwohnerzahl:** 60 000

**Rovaniemi liegt knapp unterhalb des Polarkreises und ist eine beliebte Station für viele Nordkap-Fahrer. Bis zur nördlichsten Spitze Europas in Norwegen sind es noch 600 km. Der Ort entstand am Zusammenfluss von Kemijoki und Ounasjoki, wo einst Wildmarkgänger, Flößer und Goldgräber in der Wildnis ihr Glück suchten.**

**Lapplands Hauptstadt**

Die mehr als 800 km nördlich von Helsinki gelegene Stadt Rovaniemi ist die einzige Stadt und zugleich wirtschaftliches, kulturelles und Verwaltungszentrum Lapplands, der größten Provinz Finnlands.

**Geschichte**

Neuere Ausgrabungen haben ergeben, dass Nomaden auf der Jagd nach Robben bereits vor 8000 Jahren in das Gebiet von Rovaniemi kamen. Doch erst für das 11. und 12. Jh. sind Belege für eine ständige Besiedlung vorhanden. Bekannter wurde Rovaniemi im 16. Jh., als die Steuereintreiber der schwedischen und russischen Herrscher auch auf der Nordkalotte auftauchten und hier ein durchaus florierendes Handelszentrum vorfanden. Als der Holzbedarf im Zuge der Industrialisierung weiter anstieg, gewann Rovaniemi erheblich an Bedeutung, da im Stadtgebiet zwei der wichtigsten Flößwege aus dem Inneren Lapplands zusammentreffen. Auf dem Wasserweg konnten somit Holz und Teer aus dem Hinterland bis zum Frachthafen in Kemi transportiert werden. Erst 1992 wurde die Flößerei auf dem Kemijoki endgültig eingestellt.

 **NICHT VERSÄUMEN**

■ Dreimal im Jahr finden in Rovaniemi die berühmten Markttage statt (Frühlingsmarkt: Mitte März, Sommermarkt: zweite Junihälfte, Herbstmarkt: Mitte September).Sie wurden erstmals im Februar 1881 abgehalten, um Waren und Neuigkeiten auszutauschen, Ehen zu schließen oder sich einfach zu amüsieren. Seit Kriegsende wird diese Tradition wieder gepflegt.

**Wiederaufbau nach dem Zweiten Weltkrieg**

Rovaniemi bestand wie andere Orte der nördlichen Regionen einst fast nur aus Holzhäusern. Im Winter 1944/ 1945 brannte die Stadt, nachdem die Bevölkerung zum größten Teil evakuiert worden war, im Verlauf der Kampfhandlungen des »Lappland-Kriegs« zwischen finnischen und deutschen Truppen zu mehr als vier Fünfteln ab. Noch lange danach bedachte man in Finnland die Deutschen mit dem Schmähnamen »Lapplandverbrenner«. Dem Wiederaufbau lag der Bebauungsplan des finnischen Architekten **Alvar Aalto** (▶ Berühmte Persönlichkeiten) zugrunde. Als neuen Grundriss für die Führung der Hauptstraßen wählte er die Grundlinien des Rentiergeweihs; auch plante er die wichtigsten Gebäude: Stadthaus, Bibliothek und das Lappia-Haus.

# ROVANIEMI ERLEBEN

## AUSKUNFT

**Rovaniemi Tourist Information**
Lordi's Square, Maakuntakatu 29 – 31
96200 Rovaniemi
Tel. 0 16 / 34 62 70, Fax 3 42 46 50
www.visitrovaniemi.fi

## ESSEN

### ► Erschwinglich

② *Nili*
Valtakatu 20
Tel. 04 00/36 96 69
Rustikales Lappland-Restaurant mitten in der Stadt mit entsprechender landestypischer Küche

### ► Preiswert

① *Mariza*
Ruokasenkatu2
Tel. 0 16 / 31 96 16
Nur mittags an Werktagen geöffnet; reichhaltigeres Büfett mit finnischer Hausmannskost

## ÜBERNACHTEN

### ► Komfortabel

① *Rantasipi Pohjanjovi*
Pohjanpuistikko 2
Tel. 0 16 / 3 37 71
www.rantasipi.fi
Das Pohjanhovi ist das älteste, größte und berühmteste Hotel Lapplands. Es liegt direkt am Kemijoki, bietet allen modernen Komfort und schon lange hält sich der gute Ruf des dazugehörigen Gourmet-Restaurants.

② *Clarion Hotel Santa Claus*
Korkalonkatu 29
Tel. 0 16 / 32 13 21
Fax 3 21 32 22
www.hoteelsantaclaus.fi
Das Santa Claus ist Rovaniemis neuestes Hotel. Es liegt direkt im Stadtzentrum neben einer Einkaufspassage und bietet hohen Komfort und zwei anspruchsvolle Restaurants.

*Leuchtendes Stadtwahrzeichen Rovaniemis: die »Neue Brücke«*

## Sehenswertes in Rovaniemi

**Stadtbild**  Während die eigentliche Stadt am linken Ufer der Stromschnellen des Ounaskoski liegt, befinden sich am rechten Ufer mehrere öffentliche Gebäude und Sportanlagen. Im Stadtgebiet gibt es zahlreiche Halbinseln und Buchten, die im Sommer hervorragende Naherholungsgebiete sind und zum Baden einladen. Im Südosten von Rovaniemi spannt sich die große doppelstöckige Straßen- und Eisenbahnbrücke über den Fluss, in deren Nachbarschaft die Gebäude der Provinzialverwaltung beheimatet sind.

**Neue Brücke**  Über den Kemijoki führt die 320 m lange Brücke Jätkänkynttilä (1990) mit ihrem markanten zentralen Pfeiler, an dem die Zugseile befestigt sind und dessen Spitze die ewige Flamme ziert. Bei Dunkelheit ist das Stadtwahrzeichen schön beleuchtet.

**Kirche**  Etwas südlich, jenseits der Eisenbahn, steht die evangelische Kirche von 1950 mit dem sehenswerten Altarfresko »Lebensquelle«. Am Standort der 1944 zerstörten alten Kirche befindet sich links vom Eingang ein Gedenkstein. Hinter der Kirche liegt der Friedhof.

**Lappia-Haus**  In der Hallituskatu 11 befindet sich das markante Lappia-Haus, das 1975 von Alvar Aalto errichtet wurde. In diesem Gebäude finden Theater- und Konzertveranstaltungen sowie Kongresse statt.

**Stadtbibliothek**  Nebenan, in der Hallituskatu 9, steht die ebenfalls von Alvar Aalto (1965) entworfene Stadtbibliothek mit einem Ausstellungssaal und einer umfangreiche Literatursammlung über Lappland und die samische Urbevölkerung. Das Gebäude gilt als eine der bemerkenswertesten Arbeiten von Alvar Aalto.

**Orthodoxe Kirche**  Im Stadtteil am Ostufer der Ounaskoski-Stromschnellen steht die orthodoxe Kirche (1957; Ounasvaarantie 16). Sehenswert sind die wertvollen Ikonen aus dem Kloster Valamo, die nach vorheriger Anmeldung besichtigt werden können.

**Ethnografisches Museum und Forstmuseum**  Etwa 4 km südlich vom Stadtzentrum, ebenfalls am Kemijoki, liegen das Ethnografische Museum Pöykkölä (Bauernhäuser, bäuerliches Gerät, Öffnungszeiten Juni – Aug. Di. – So. 12.00 – 18.00 Uhr) und das lappländische Forstmuseum, das die für den hohen Norden wirtschaftlich bedeutsame Waldarbeitertradition beleuchtet und vom Leben und Arbeiten eines samischen »Jätkä« (Waldarbeiter) erzählt, den Kalervo Kallio dargestellt hat (Öffnungszeiten Juni – Aug. Di. bis So. 12.00 – 18.00 Uhr). Die zentrale Forstbehörde hat am Polarkreis den Informationsstand Etäinen eingerichtet. Hier sind Fischereigenehmigungen, Karten, Materialien zu Wildniswanderungen und Buchungsunterlagen von Wildmarkshütten erhältlich. Beide Museen sind mit der Stadtbuslinie 6 ab Ruokasenkatu zu erreichen.

# *Rovaniemi* *Orientierung*

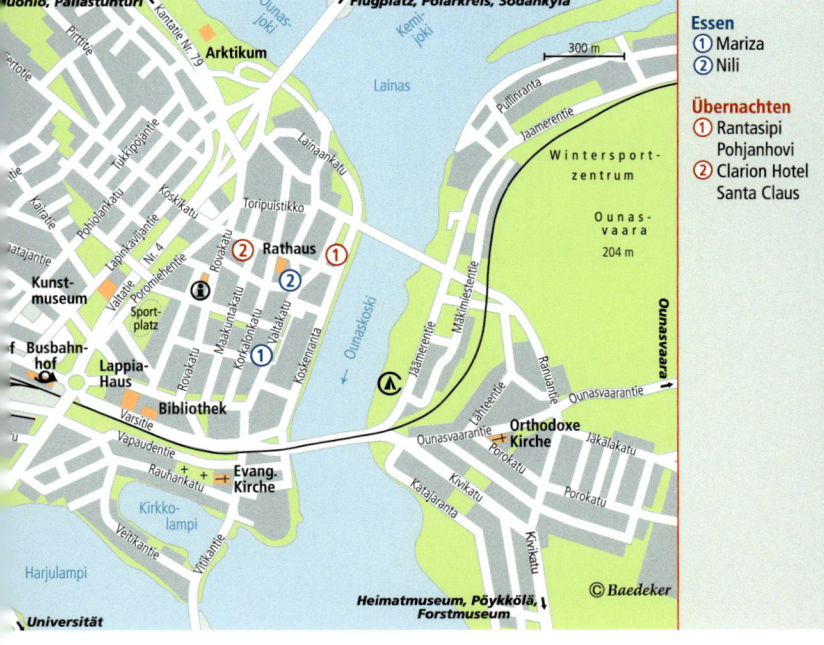

Nördlich der Innenstadt liegt am Ufer des Flusses Ounasjoki das Arktikum. In diesem architektonisch interessanten Bauwerk werden seit 1992 zwei beeindruckende Ausstellungen gezeigt, das **Arktische Zentrum** und das **Lappländische Provinzmuseum**

★ ★
**Arktikum**

Die dänische Architektengruppe Birch-Bonderup & Thorup-Waade entwarf das ungewöhnliche Gebäude mit der weithin sichtbaren, 172 m langen gewölbten Glaskuppel. Bei der Gestaltung der Innenräume wurden ausschließlich lappländische Materialien und Baustoffe verwendet. Die eigens entworfenen Einzelstühle und Theatersitze aus Birke sind mit Rentierleder bezogen. Dieser Philosophie des Hauses folgend, bietet auch das Museumsrestaurant nur heimische Spezialitäten wie Beeren, Pilze, Wild und Fisch.

Das Arktische Zentrum gibt einen Überblick über das Leben der Menschen in einem Gebiet, das durch klimatische Extreme geprägt wird. Langen Wintern stehen nur kurze Sommer gegenüber. Mit Hilfe moderner Techniken werden die unterschiedlichsten Landschaftsformen der Regionen nördlich des 60. Breitengrades vorgestellt. Daneben werden aber auch Zukunftsszenarien präsentiert, die von dem angeschlossenen Wissenschaftszentrum erarbeitet wurden. Sie zeigen, wie sich unachtsame Eingriffe in die empfindliche Natur auswirken könnten (Öffnungszeiten: Juni – Aug. tgl. 10.00 – 18.00, im Hoch-

◀ Arktisches
Zentrum

⏱

*Mehr als ein Museum: das Arktikum*

sommer 9.00 – 18.00, Sept. – Mai Di. – So. 10.00 – 18.00, Uhr, Dez. bis Mitte Jan. auch Mo.).

Im **Lappländischen Provinzmuseum** steht der Mensch im Blickpunkt des Interesses. Von prähistorischer Zeit bis heute wird dabei sein Überlebenskampf in den arktischen Gebieten vorgestellt. Betrachtet werden u. a. die Kultur der Inuits und der Sami mit ihrer traditionellen Rentierhaltung, Handwerk und Trachten, der Wandel der nomadisierenden Lebensform und die Entwicklung der Stadt Rovaniemi zum Handelszentrum der nördlichen Provinz Lappland.

## Umgebung von Rovaniemi

**Ounasvaara** Südöstlich von Rovaniemi erhebt sich am linken Ufer des Kemijoki der Berg Ounasvaara (204 m ü. d. M.). Dort gibt es ein Café, ein Hotel, ein Wintersportzentrum mit großer Sprungschanze und eine Skihütte. Ounasvaara hat sich insbesondere als Austragungsort von Wintersportwettkämpfen einen Namen gemacht, der Sportpark bietet aber auch Besuchern die Möglichkeit, fast 50 verschiedene Sportarten auszuprobieren. Angeboten werden z. B. Wandern auf Naturlehrpfaden, Golf, Skilanglauf, Schwimmen, Tennis, Trimm-dich-Pfade und eine Sommerrodelbahn. Vom Ounasvaara bietet sich ein herrlicher Blick über die Fluss- und Fjällandschaft der Umgebung Rovaniemis. Vom 18. bis 28. Juni kann man vom Gipfel des Berges die Mitternachtssonne sehen, und in der Mittsommernacht werden hier die Johannisfeuer entzündet. Sehr schöne landschaftliche Ziele und Rentierfarmen, die einen Einblick in die lappländische Kulturtradition ermöglichen, liegen zu Füßen des Berges an dem Fluss Ounasjoki entlang in Richtung Pello und Kittilä. Anders als in Norwegen und Schweden hat in Finnland auch die nicht-lappische Bevölkerung das Recht, Rentierhaltung zu betreiben. Etwa 8 km nördlich kreuzt die Straße nach Kemijärvi den Polarkreis (finn. Napapiiri).

**Soldatenfriedhof** Rund 22 km nordöstlich von Rovaniemi (nach 6 km vom Fahrweg nach Norvajärvi rechts ab, nach weiteren 4,5 km wieder links) liegt am Ufer des Norvajärvi auf einer Halbinsel ein deutscher Soldatenfriedhof (2495 Gefallene des Zweiten Weltkriegs, davon 690 unbekannt) mit einer Grabkapelle von Otto Kindt (1964).

**Kemijärvi** Etwa 86 km nordöstlich von Rovaniemi liegt malerisch am Ufer des Kemijoki und des Sees Kemijärvi die Stadt Kemijärvi (8000 Einwohner). Es ist die nördlichste Eisenbahnstation Finnlands; nur Güterzüge fahren von hier weiter nach Russland. Die Stadt selbst hat nur wenige Sehenswürdigkeiten zu bieten. Das kleine **Heimatmuseum** zeigt einige alte Holzhäuser und im Stil der Jahrhundertwende eingerichtete Zimmer im Hauptgebäude. Kemijärvi ist aber ein idealer Ausgangspunkt für Ausflüge in die umgebende Wildnis. Der eindrucksvolle 16 m hohe **Wasserfall Auttinköngäs** ist ganz in der Nähe von einem traditionellen Holzflößerplatz gelegen. Er ist umgeben von einem 400 ha großen Wildnisgebiet mit Canyons, leicht begehbaren Naturlehrpfaden und Hängebrücken. Der Kemijoki war einst einer der ergiebigsten Lachsflüsse Finnlands. Doch der Bau des Kraftwerks Isohaara sperrt seit 1948 die Mündung des Flusses ab, und so wurde die Wanderung des Lachses unterbrochen. Heute sind nur noch Felchen, Forelle, Äsche, Barsch, Plötze, Hecht und Aalquappe heimisch.

Nördlich von Kemijärvi folgt man der Straße Nr. 5 (E 63) nach Sodankylä bis zum Nationalpark Pyhätunturi. Vom Fluss Kemijärvi führt eine Straße in den Park (Busverbindung), wo es ein Informationszentrum, ein Hotel und weitere Herbergen gibt. Für den 45-minütigen Aufstieg vom Hotel zum Berg Pyhätunturi wird man mit einem herrlichen Rundblick belohnt. Der 1938 gegründete Nationalpark liegt in dem Gebiet des südlichsten Großfjälls Finnlands, das sich inmitten ebener Wald- und Moorlandschaften bis zu 540 m Höhe erhebt. Das Fjäll hat steile Hänge, und seine fünf Gipfel sind

**Nationalpark Pyhätunturi**

durch tiefe Schluchten und karge Geröllfelder voneinander getrennt. Die Vegetation ist aufgrund des quarzithaltigen Bodens karg und weist nur wenige Fjällpflanzen auf. Am Fuße des Fjälls erstrecken sich weite Aapamoore sowie Fichten- und Kiefernwälder. Der einsam aufragende Pyhätunturi war vormals eine heilige Stätte der Samen. Im Nordwesten grenzt der Park an einen ausgedehnten, geschützten Wald, der den lang gestreckten Bergrücken und große Moorgebiete einschließt. Von Luosto führt ein 30 km langer Wanderpfad, an dem Zeltplätze und mehrere Feuerstellen zu finden sind, zum Berg Pyhätunturi (Öffnungszeiten Besucherzentrum: Sommer tgl. 9.00 bis 17.00, sonst nur bis 16.00 Uhr; www.luontoon.fi).

**Polarkreis, Santa Park** ►S. 306/307

*Kraniche im Nationalpark*

# ★★ **Saimaasee** (Saimaa)

**Gebiet:** Südostfinnland

**Der Saimaa, der »See der tausend Inseln«, ist der südlichste Teil des größten Seensystems Europas, das den ganzen Osten der Finnischen Seenplatte umfasst und durch Sunde und Ströme verbunden ist. Das aus der Luft wie ein Labyrinth erscheinende Seengebiet ist besonders reich an Fischen.**

**Das wässrige Herz Finnlands**

Der eigentliche Saimaasee, 76 m ü. d. M. gelegen und bis 90 m tief bedeckt – ohne die vielen Inseln – eine Fläche von etwa 1300 km², während die Seenplatte insgesamt annähernd 7000 km² umfasst. Den niedrigen Rand des Saimaa bildet der Endmoränenwall des **Salpausselkä**, eines Höhenrückens, der den direkten Abfluss des Sees nach Süden verhindert. Das ganze Seensystem, dessen tief dunkles, an flachen Stellen gelblich wirkendes Wasser seinen Ursprung in den zahlreichen Mooren des Landes hat, wird durch den Vuoksi entwässert, der nördlich der Stadt Imatra den Saimaa verlässt und nach einem Lauf von 150 km auf russischem Gebiet in den Ladogasee mündet. Die hügeligen Ufer und die meisten Inseln sind fast überall von Nadelwald, weiter nördlich auch von Birkenwald bedeckt.

**Nationalpark Linnansaari**

Ungefähr 45 km nordwestlich von Savonlinna entfernt liegt die Region Rantasalmi, die den Hauptteil des Nationalparks Linnansaari im See Haukivesi beinhaltet. Er ist eines der drei großen Binnensee-Naturschutzgebiete Finnlands. Auf einem Gebiet von ca. 40 km Länge befinden sich 130 mindestens einen Hektar große Inseln sowie eine Vielzahl kleinerer Schären mit einer Gesamtfläche von 36 km². Den Nationalpark Linnansaari erreicht man auf der Str. 14 von Savonlinna nach Parkumäki, dann weiter auf der Str. 464 bis Rantasalmi. Bis hierher gibt es auch eine Busverbindung von Savonlinna. In den Park selbst gelangt man nur mit dem Boot. Von Rantasaari (Porosalmi) und Oravi verkehren in der Hauptsaison (Ende Juni – Mitte Aug.) regelmäßig Boote. Abfahrten von Porosalmi 11.00 und 17.00 Uhr, von Linnansaari 10.00 und 16.00 Uhr. Abfahrten von Oravi 9.30, 12.30, 15.30 Uhr, von Linnansaari 12.00, 15.00, 18.00 Uhr. Auf der Hauptinsel gibt es markierte

## ? WUSSTEN SIE SCHON …?

■ Das Süßwasser des Saimaa wurde die Heimat einer artenreichen Fauna. Der Saimaa-Lachs und die bei Tierliebhabern bekannte Saimaa-Ringelrobbe sind dabei einzigartig. Im nördlichen Teil des Sees lebt mit 220 – 250 Tieren die größte Population dieser stark vom Aussterben bedrohten Robbenart. Wer Glück hat, kann sie bei Wanderungen durch den Linnansaari-Nationalpark beobachten.

*Der Saimaa ist das größte zusammenhängende Seensystem Finnlands.* →

Wanderwege sowie einen Naturpfad. Ein gut ausgestatteter Campingplatz und Hütten stehen von Mai bis September in Sammakkoniemi zur Verfügung. Weitere 15 Campingplätze sind im Gebiet vorhanden. Weitere Informationen bekommt man im **Besucherzentrum Seenland** in Rantasalmi, Ohitustie 7 (Öffnungszeiten: Mitte Juni – Aug. tgl. 10.00 – 18.00, Sept., Okt. u. Mitte Feb. – Mitte Juni Mo. – Fr. 10.00 – 16.00 Uhr).

**Kreuzfahrten** Eine Reihe von Veranstaltern, größtenteils in ▶ Lappeenranta ansässig, führt im Sommer Kreuzfahrten auf dem Saimaa durch.

## ★ ★ Savonlinna

U 28

**Gebiet:** Südostfinnland          **Einwohnerzahl:** 27 000

**Savonlinna liegt malerisch auf einer Kette kleiner Inseln und ist das urbane Herz des Saimaa-Seengebietes. Sein besonderer Ruhm wurde durch die Burg Olavinlinna und durch die hier alljährlich stattfindenden Internationalen Opernfestspiele begründet. Im Sommer lockt der Ort Tausende von Touristen und Opernbesuchern an und ist das wohl beliebteste Ferienzentrum Finnlands.**

**Geschichte** Graf Per Brahe verlieh dem Ort Savonlinna 1639 Stadtrechte. Dieser hatte sich allmählich um die 1475 gegründete Burg Olavinlinna entwickelt. Die mächtige Burganlage sollte das Schwedisch-finnische Reich vor der aus dem Osten drohenden Gefahr schützen. 1714 wurde die Burg von Peter dem Großen erobert, der sie aber im Jahre 1721 im Frieden von Uusikaupunki wieder an Schweden abtreten musste. Im Frieden von Turku gerieten die inzwischen zu einem beliebten Handelszentrum herangewachsene Stadt und die Burg unter zaristische Herrschaft. 1812 wurde Savonlinna dem autonomen Großfürstentum Finnland angeschlossen.

## Sehenswertes in Savonlinna

**Olavinkatu Marktplatz Kuranstalt** Die lange, in Ost-West-Richtung verlaufende Olavinkatu ist die Hauptverkehrsstraße der Stadt. Im Westen der Altstadt liegt unmittelbar an dem Sund Haapasalmi der Marktplatz mit dem Anlegeplatz für die Schiffe des Saimaa-Verkehrs. Von hier führt in nördlicher Richtung eine Brücke über die Bucht Koululahti zur Halbinsel Väräsaari. Dort befinden sich die Kuranstalt Savonlinna mit modernen Kureinrichtungen sowie das Kurhotel »Casino«; ferner gibt es hier Parkanlagen und eine Freilichtbühne.

**Kleine Kirche** Östlich vom Marktplatz gelangt man durch die Olavinkatu zum weiten Platz Olavintori. Hier liegt die Kleine Kirche (Olavinkatu 29), die

1845 unter Leitung von L. T. K. Visconti erbaut wurde. Ursprünglich war die nunmehr evangelische Kirche orthodox und für Bewohner der russischen Garnison bestimmt (Öffnungszeiten: Anfang Juni bis Mitte Aug. tgl. 11.00 – 19.00 Uhr). 🕐

Am Südufer ragt die Halbinsel Riihisaari in den Pihlajavesi. Dort ist in einem ehemaligen Getreidemagazin (1851) das Provinzmuseum untergebracht, in dem wechselnde Ausstellungen stattfinden. Südlich befinden sich drei alte Museumsschiffe. Der mit Dampf betriebene Schoner »Salama« lief 1874 in Viipuri (Vyborg) vom Stapel. Er bediente eine kombinierte Linie für Fracht und Fahrgäste zwischen den Städten Savonlinna, St. Petersburg und Lübeck. 1898 ging er im Saimaasee unter und lag in mehr als 30 m Tiefe, bis er 1971 gehoben und nach Instandsetzung 1978 Museumsschiff wurde. Hier finden ferner Ausstellungen zur Schifffahrt auf dem Saimaasee statt (Öffnungszeiten: Juni – Mitte Aug. tgl. 10.00 – 17.00 Uhr, sonst nur Di. bis So.). 🕐

**Provinzmuseum; Museumsschiffe**

*Burg Olavinlinna ist die am besten erhaltene mittelalterliche Burg Finnlands.*

*Romeo und Julia oder Wagners »Fliegender Holländer« vor mittelalterlicher Kulisse im Burghof der Festung Olavinlinna*

# NORDISCHES »BAYREUTH«

**Sie werden in einem Atemzug mit Salzburg und Bayreuth genannt und gelten als international bedeutendstes Ereignis im sommerlichen Finnland: die Savonlinna-Opernfestspiele. Seit über dreißig Jahren sind sie Motor und Ausdruck der landesweiten Opernbegeisterung und nicht selten wurden sie zum Sprungbrett finnischer Sängertalente auf die großen Bühnen der Welt.**

**Schon tagsüber** sieht man Autos, in denen feine Jackets und Anzüge hängen, während die Insassen in kurzen Hosen und T-Shirt aus dem Wagen steigen, um sich an der Seepromade zu tummeln. Ab sechs Uhr abends strömen immer mehr festlich gekleidete Menschen in Richtung Burg Olavinlinna. Immerhin fasst der zum »Opernhaus« umfunktionierte Innenhof 2500 Sitzplätze, und die sind meist schon Monate vorher ausgebucht. Man muss schon Glück haben, um kurz vor Vorstellungsbeginn einzelne Karten von Privatpersonen kaufen zu können – da erscheint der Preis von bis zu 200 € noch das kleinere Problem zu sein.

## Olavinlinna Festspiele

**Was fasziniert** die rund 60 000 Besucher, davon 20 % ausländische Gäste, die jährlich von Anfang Juli bis Anfang August bei den Opernfestspielen in Savonlinna dabei sind? Bei einer Führung durch die Burg erfährt der erstaunte Besucher, dass die ersten Festspiele bereits in den Jahren 1912 bis 1916 stattfanden. Initiatorin war die auf den Bühnen der Welt beheimatete finnische Operndiva Aino Acktè, die von dem Wunsch beseelt war, finnische Opernkunst einem größeren Publikum bekannt zu machen. Der Erste Weltkrieg, die Unabhängigkeitserklärung Finnlands 1917 und die Weltwirtschaftskrise 1930 bedeuteten jeweils das vorläufige Ende der Olavinlinna-Opernfestspiele – so hießen sie damals.

## »Fenster finnischer Opernkunst«

**Zu neuem Leben** erwachten die Festspiele erst 1967 und finden nun seit fast vierzig Jahren regelmäßig statt. Das verschlafene Städtchen Savonlinna erwarb sich seitdem den Ruf einer kulturellen Touristenattraktion par excellence. Diesmal war es ein Wiener Gesangsprofessor, der Beethovens »Fidelio« auf der Bühne der Burg aufführen wollte. Die szenischen Möglichkeiten der Festung begeisterten ihn wie seinerzeit Aino Acktè und der erneute Auftakt der Festspiele war

ein durchschlagender Erfolg. Den geistigen Hintergrund bildete die auch in Finnland spürbare Studentenrevolte. Die »Hochkultur« sollte heraus aus dem Elfenbeinturm und einem breiten Publikum zugänglich werden.

## Die Ära Talvela

**Seit 1972 veranstaltet** ein von dem bedeutenden finnischen Bass-Sänger **Martti Talvela** (1935–1989) ins Leben gerufener Förderverein die Festspiele. Talvela war in seiner dreißigjährigen Karriere zum internationalen Star aufgestiegen. An der Metropolitan Opera in New York und am Bolschoi-Theater in Moskau wurde er gefeiert; das deutschsprachige Publikum kannte ihn durch seine Auftritte an der Deutschen Oper Berlin und bei den Bayreuther Festspielen als König Marke in Wagners »Tristan und Isolde«. In Salzburg begeisterte er sieben Jahre lang als Sarastro in Mozarts »Zauberflöte«, und unvergessen sind seine Auftritte als König Philipp in Verdis »Don Carlos«, als Boris Godunow und als Wagner-Interpret. Wie bereits von Aino Acktè propagiert, wusste Talvela, wie wichtig Uraufführungen für das internationale Image der Festspiele sind, wenngleich auch mit größeren finanziellen Risiken behaftet. Inzwischen werden die Produktionskosten zu 80 % durch Eintrittskarten eingespielt. Nach dem

Erfolg der ersten Oper von Aulis Sallinen »Der Reitersmann« – ein Auftragswerk zum 500-jährigen Jubiläum der Burg –, gab Talvela weitere Opern in Auftrag. Auch unter dem neuen künstlerischen Leiter, dem Sänger Jorma Hynninen, gab es zum dreißigjährigen Jubiläum der Festspiele 1997 eine Uraufführung: »Aleksis Kivi« von Einojuhani Rautavaara.

## Musiktheater vom Feinsten

**Doch sind es nicht** nur finnische Uraufführungen, die den Ruf der Opernfestspiele begründeten, sondern seit der Aufführung von Mozarts »Zauberflöte« unter Martti Talvela auch Opern wie Richard Wagners »Tannhäuser«, »Tristan und Isolde«, »Parsifal« und »Der fliegende Holländer«, ferner Charles Gounods »Faust«, Musorgskis »Boris Godunow« und die Verdi-Opern »Don Carlos«, »Aida«, »Rigoletto« oder »Macbeth«. Auch bekannte ausländische Opern-Ensembles gastieren mit eigenen Produktionen bei den finnischen Festspielen.

Bei hohen Staatsbesuchen bieten die historische Kulisse der Burg Olavinlinna und die künstlerisch hochwertigen Aufführungen ein angemessenes Rahmenprogramm – und es dauert nicht mehr lange, dann können die Festspiele ihr 100-jähriges Jubiläum feiern.

**Dom**
Auf der Halbinsel Savonniemi, zwischen dem Haapasalmi und der Bucht Haislahti, erhebt sich als neugotischer Ziegelbau der evangelische Dom, der im Winterkrieg 1939 / 1940 durch Bomben beschädigt und 1949 neu geweiht wurde (Öffnungszeiten: Juni – Mitte Aug. tgl. 11.00 – 19.00 Uhr).

**Nestori**
Die Ausstellungen des Naturzentrums (Aino Ackten puistotie 5) informieren über den Saimaasee, den Linnansaari- und Kolovesi Nationalpark, den Siikalahti Vogelsee und verschiedene andere geschützte Gebiete in der Umgebung von Savonlinna (Öffnungszeiten: Di. – So. 10.00 – 17.00 Uhr).

★★
**Burg Olavinlinna**
Unbedingt sehenswert ist die Burg Olavinlinna, die wohl am besten erhaltene Festung Skandinaviens. Sie liegt südöstlich der Altstadt auf einer kleinen Insel, zu der eine Brücke über die Bucht Kyrönsalmi führt. Benannt wurde die Festung nach einem norwegischen Heiligen, Olof, der im 11. Jh. lebte. Die 1475 von dem Vyborger Schlosshauptmann Erik Axelsson Tott gegründete Burg wurde nach dem Nordischen Krieg 1743 den Russen zugesprochen und von diesen mehrmals verstärkt. Man betritt sie durch ein Torgewölbe an der Westseite und gelangt in den kleinen Innenhof, den ältesten Teil der

# SAVONLINNA ERLEBEN

## AUSKUNFT
**Savonlinna Tourist Service**
Puistokatu 1,
57100 Savonlinna
Tel. 06 00 / 3 00 07
www.savonlinnatravel.com

## ESSEN
### ▶ Erschwinglich
① *Majakka*
Satamakatu 11
Tel. 0 15 / 2 06 28 25
Gleich gegenüber dem Hafen liegt das Restaurant Majakka. Es gibt gute Mittagsbuffets und ausgezeichnete Fischgerichte.

### ▶ Preiswert
② *Liekkilohi*
Kauppatori
Tel. 0 50 / 3 10 58 50
Auf einem Steg gleich neben dem Marktplatz liegt dieses Sommer-

restaurant und es bietet exzellente Fischspezialitäten wie geflammten Lachs oder gebackene Strömlinge.

## ÜBERNACHTEN
### ▶ Komfortabel
① *Perhehotelli Hospitz*
Linnankatu 20
Tel. 0 15 / 51 56 61
www.hospitz.com
Das kleine, ganzjährig geöffnete Hotel liegt in der Nähe der Burg. Es besitzt einen schönen Garten und Zugang zu einer schmalen Badebucht.

② *Villa Aria*
Puistokatu 15
Tel. 0 15 / 51 55 55
Das Mitte Juni bis Mitte August geöffnete Sommerhotel liegt in einer Holzvilla aus dem Jahre 1896. Heute befinden sich hier 20 anspruchsvolle Gästezimmer.

*»Oldtimer«-Rundfahrten auf dem Saimaa*

Burg. Die gut renovierte Burg enthält mehrere Säle, die auch für Festlichkeiten und Kongresse genutzt werden. Drei dicke Rundtürme sind erhalten; im dritten Stockwerk des so genannten Kirchenturms steht eine kleine Kapelle, in der Andachten gehalten und Hochzeiten zelebriert werden. In der Dicken Bastion befindet sich ein Sommercafé. Aus den Schießscharten und den Luken der Türme bietet sich ein schöner Blick auf die Landschaft. Die Burg beherbergt ein Museum über die Geschichte der Festung und eine Sammlung orthodoxer Kirchenschätze. Olavinlinna kann nur im Rahmen einer Führung besichtigt werden (Juni–Mitte Aug. tgl. 10.00–18.00, sonst Mo.–Fr. 10.00–16.00, Sa., So. 11.00–16.00 Uhr).

In dem von einem Zeltdach überspannten Burghof von Olavinlinna finden im Sommer (Juli) die internationalen Opernfestspiele statt, Finnlands bekannteste kulturelle Veranstaltung. Neben den Opern, u.a. auch Werke finnischer Komponisten, stehen Konzerte auf dem Programm (auch Gastspiele auswärtiger Opernensembles).  ◄ Opernfestspiele

## Umgebung von Savonlinna

Im Norden der Stadt erstreckt sich der Haapavesi, im Süden der Pihlajavesi. Die Gewässer der Region Savo sind von Natur aus nährstoffarm und vom Humus der zahlreichen Sümpfe leicht bräunlich gefärbt. Eine Ausnahme stellt der See Puruvesi dar (östlich des Pihlajavesi), der wegen seines klaren Wassers unter Einheimischen sehr beliebt ist. **Seen**

*Savonlinna* *Orientierung*

Essen
① Majakka
② Liekkilohi

Übernachten
① Perhehotelli Hospitz
② Villa Aria

*Der kleine Ort Kerimäki kann sich der größten Holzkirche der Welt rühmen.*

**Schiffsfahrten**

Von Savonlinna aus starten Schiffsfahrten zu allen anderen Städten am Saimaasee, etwa nach ►Kuopio oder ►Lappeenranta. Auch Punkaharju mit dem Kunstzentrum Retretti ist von Savonlinna aus mit dem Schiff zu erreichen; dasselbe gilt für die Klöster Uusi Valamo und Lintula (► Joensuu, Umgebung) sowie für die kürzere Strecke zum **Jagdschloss Rauhalinna**, das 1900 von dem russischen General Weckmann erbaut wurde. Heute ist der sehenswerte Holzbau ein Ferienhotel.

★

**Kerimäki**

Der am Westufer des Puruvesi gelegene Ort Kerimäki ist bekannt für die angeblich größte Holzkirche der Welt. Ein Gerücht unterstellt, dass das 1847 erbaute Gotteshaus nur deshalb so riesig geworden sein soll, weil die Maße, auf den Plänen des Stifters in Fuß eingetragen, als Meterangaben angesehen wurden. In der Kirche finden Konzerte im Rahmen der Opernfestspiele von Savonlinna statt (Öffnungszeiten: Mitte Juni – Mitte Aug. tgl. 10.00 – 18.00 Uhr).

★

**Punkaharju**

Zurück zur Straße Nr. 14 führt der Weg neben der Eisenbahnlinie auf einem schmalen Damm über den etwa 7 km langen und bis 25 m hohen Hügelrücken Punkaharju. Der nach beiden Seiten steil abfallende Rücken ist ein Relikt der Schmelzwasserströme aus der letzten Eiszeit. Er ist mit Kiefern-, Lärchen- und Birkenwald bedeckt und wird von mehreren Wanderwegen durchzogen. Eine touristische Attraktion für Familien mit Kindern ist der Freizeitpark »Kesämaa« bei Punkaharju (Öffnungszeiten: im Sommer witterungsabhängig tgl. 10.00 – 19.00 Uhr).

Gleich daneben liegt das Kunstzentrum Retretti, das größte seiner Art in den nordischen Ländern. Es wurde als Höhle in den Fels ge- **Retretti**
sprengt; die unterirdische Galerie und der Konzertsaal haben eine Größe von knapp 4000 Quadratmetern. Im Sommer werden dort Wechselausstellungen finnischer und internationaler Kunst gezeigt (Öffnungszeiten: Juni – Aug. 10.00 bis 17.00 Uhr).

Ebenfalls in Punkaharju wurde 1994 der architektonisch anspruchsvolle Holzbau des **Finnischen Forstmuseums Lusto** eröffnet. Das moderne Museum bietet Einblick in die Geschichte finnischer Forstkultur, die vielseitige Nutzung der Wälder, die Holzindustrie und vermittelt die neuesten Erkenntnisse zu den Themen Holz und Wald (Öffnungszeiten: Juni bis Aug. tgl. 10.00 – 19.00, sonst Di. bis So. 10.00 – 17.00 Uhr).

> ## ! Baedeker TIPP
>
> ### Das größte Ruderfestival der Welt
> Seit mittlerweile über 30 Jahren steht der kleine Ort Sulkava südwestlich von Savonlinna am zweiten Juliwochenende während der Regatta »Sulkavan Suursoudut« Kopf. Beim größten Ruderereignis der Welt treffen sich 10 000 Ruderer, vom schnellen Einer bis zum traditionellen Kirchenboot, um an diesem einmaligen Langstreckenrennen teilzunehmen. Angefangen hat die Veranstaltung im Jahre 1968 ganz bescheiden mit 36 Mutigen, die damals die 65 km lange Strecke vom Start in Hakovirta bis zum Ziel in Sulkava in Angriff nahmen. Bei der Premiere gewann das Einerrennen der 67-jährige Einar Luukkonen, der für die Stecke rund 8 ½ Stunden benötigte.

Ungefähr 45 km von Savonlinna entfernt liegt der Nationalpark Linnansaari im See Haukivesi (►Saimaasee). **Linnansaari-Nationalpark**

# ★ Tammisaari · Ekenäs

Y 17

**Gebiet:** Südfinnland                    **Einwohnerzahl:** 15 000

**Das malerische Küstenstädtchen mit dem ausgedehnten Schärengebiet ist dank seiner geschützten Lage mit einem außergewöhnlich milden Klima gesegnet. Im Sommer finden Paddler und Bootsbesitzer im Schärengarten ideale Bedingungen, auch Kreuzfahrten und Angeltouren sind beliebt. Da rund achtzig Prozent der Bevölkerung schwedischsprachig sind, ist der schwedische Ortsname Ekenäs gebräuchlicher.**

Ekenäs ist eine der ältesten Städte Finnlands. Bereits 1546 verlieh König Gustav Wasa dem Ort Stadtrechte, in der Hoffnung, ein konkurrenzfähiges Gegengewicht zur baltischen Hansestadt Reval (heute Tallin) zu schaffen. Kurze Zeit später wurde jedoch Helsinki gegründet, so dass Ekenäs eine Kleinstadt mit marginaler Bedeutung blieb. **Badeort mit südlichem Charme**

*Pierhaus von 1867*

Ein schwerer Brand verwüstete 1821 weite Teile der Stadt. In der Blütezeit der Stadt im 18. und 19. Jh. wurden hier Segelschiffe gebaut, die bis zum Mittelmeer segelten und Salz, Gewürze, Stoffe und Kolonialwaren nach Ekenäs brachten. Vor allem von der Jahrhundertwende bis zum Ausbruch des Ersten Weltkriegs war Ekenäs ein bei russischen Adligen beliebter Badeort. Lange Zeit war die Stadt Sitz eines Lehrerseminars und beherbergt heute eine Reihe beruflicher Bildungsanstalten.

## Sehenswertes in Ekenäs und Umgebung

**Altstadt** Im Altstadtviertel **Barckens udde** sind zahlreiche Holzgebäude des 19. Jh.s erhalten, die unter Denkmalschutz stehen. Die Namen der engen Straßen erinnern an die Hutmacher, Weber und Kunsthandwerker, die einst hier wohnten. Einer der wenigen alten Steinbauten ist die Stadtkirche, die 1672 errichtet und nach dem Brand von 1821 wiederaufgebaut wurde. Im Stadtmuseum (Gustav Vasa gata 11, Öffnungszeiten: im Sommer tgl. 11.00–17.00 Uhr) sind Gegenstände der ländlichen Kultur aus der Umgebung zu besichtigen. Vom berühmten finnischen Architekten Alvar Aalto stammt der Bau der Sparkasse (1964–1967).

##  EKENÄS ERLEBEN

### AUSKUNFT

*Ekenäs Tourist Office*
Rådhustorget
FIN-10600 Tammisaari/Ekenäs
Tel. 019 / 2 89 20 10
Fax 019 / 2 89 20 15

### ESSEN

► **Erschwinglich**
*Knipan*
Tel. 0 19 / 2 41 11 69
www.knipan.fi
In dem 1867 am Hafenpier gebauten Holzhaus (Abb. oben) gibt es das beste Sommerrestaurant der Stadt mit à-la-Carte-Menü oder reichhaltigem Mittags- und Abendbuffet.

### ÜBERNACHTEN

► **Komfortabel**
*Stadshotellet*
Strandgatan 1
Tel. 0 19 / 4 41 31 31
Fax 2 46 15 50
www.stadshotell.nu
Schon etwas bessere Tage gesehen hat das immer noch beste Hotel von Ekenäs. Die Zimmer haben Balkon, es gibt auch Sauna und Swimmingpool.

Über die Landstraße nach Snappertuna gelangt man zu den Ruinen der Burg Raasepori (schwed. Raseborg), die heute im Landesinneren liegt, zur Bauzeit im 14. Jh. aber von Wasser umspült war und mit Booten angefahren wurde. Sie wurde bereits im 16. Jh. aufgegeben.

**Burgruine Raasepori**

Auf dem Weg nach Salo empfiehlt sich ein Stopp in Tenhola, das zwischen zwei weit ins Land ragenden Fjorden liegt. In der im 14. Jh. erbauten **Olofskirche** sind ein Kruzifix von Bernt Notke (um 1470), einem Triumphkreuz (14. Jh.) und schöne Fresken (17. Jh.) beachtenswert. Die Glocke soll die älteste des Landes sein.

**Tenhola**

Im Schärengarten südlich der Stadt liegt mit der Insel Älgö als Zentrum der Nationalpark Tammisaaren Saaristo. Das Informationszentrum für den Nationalpark befindet sich im Hafen von Tammisaari (Öffnungszeiten: Juni und Juli tgl. 10.00 – 20.00, Aug. 10.00 – 18.00, sonst Di. – So. 10.00 – 15.00 Uhr). Eine Bootsverbindung nach Rödjan vom Nordhafen existiert nur an Wochenenden, in der Woche muss man ein Wassertaxi nehmen. Auskünfte über die diversen Sperr- und Schutzgebiete bekommt man im Besucherzentrum.

**Tammisaaren Saaristo Nationalpark**
🕐

# ★ Tampere (Tammerfors)

**U/V 18**

**Gebiet:** Südfinnland          **Einwohnerzahl:** 213 000

**Finnlands drittgrößte Stadt Tampere ist zugleich größte Binnenstadt Skandinaviens und bedeutendste Industriestadt Finnlands. Die Stadt wurde zwischen den Seen Näsijärvi und Pyhäjärvi angelegt, die miteinander durch die Tammerkoski-Stromschnelle mit 18 m Höhenunterschied verbunden sind. Deren Energie sollte dem Aufbau der Industriebetriebe dienen.**

Die Stadt wurde erst 1779 als industrieller Mittelpunkt vom schwedischen König Gustav III. gegründet. Nach der Machtübernahme durch Russland 1809 wurde Tampere von den russischen Zaren weiterhin gefördert, etwa durch die Befreiung von Zollabgaben bei Lieferungen nach Russland 1821 – 1906. Auf dem Stadtgebiet liegen fast 200 Seen mit 20 Badestränden, und von Tampere gehen mehrere Binnenschifffslinien aus, so die Motorschiffe der Silberlinie (▶ Hämeenlinna, Umgebung) und die gemütlichen Dampfer des Dichterwegs (▶ Näsijärvi-Seengebiet).

**»Finnisches Manchester«**

## Sehenswertes in Tampere

Die Hauptachse der Stadt ist die Straße Hämeenkatu, die vom Bahnhof über den zentralen Platz Keskustori zur Straße Hämeenpuisto führt. Am dortigen Zentralplatz steht die Brücke Hämeensilta mit

**Zentraler Platz (Keskustori)**

den Figuren Steuervogt, Jäger, Händler und Finnische Jungfrau. Sie wurde 1929 von Wäinö Aaltonen geschaffen. Die Alte Kirche, eine neuklassizistische Kreuzkirche, die 1824 von Carlo Bassi entworfen wurde, besitzt einen Glockenturm im Empirestil, der von Carl Ludwig Engel 1828 gebaut wurde. Weitere schöne Gebäude am Zentralplatz sind das 1890 von Georg Schreck entworfene Rathaus im Stil der Neorenaissance und das 1913 gebaute klassizistische Tampere-Theater. Am Wasserfall liegt das Einkaufszentrum Koskikeskus.

✱
**Dom** Der zwischen 1902 und 1907 unter Leitung von Lars Sonck gebaute Dom gilt als besonders typisches, weit über die Grenzen des Landes bekanntes Bauwerk des finnischen Jugendstils, der auch im übrigen Stadtbild immer wieder gestalterisch in Erscheinung tritt. An der farbenprächtigen ornamentalen Ausgestaltung des Inneren haben Hugo Simberg (Decken- und Wandmalereien), Magnus Enckell (Altarfresko »Die Auferstehung«) und Eric O. V. Ehrström mitgearbeitet.

*Kleinod des Jugendstils: der Dom*

Am Ufer des Tammerkoski (Veturiaukio 4), in Tamperes altem Industrieviertel, liegt das **Museumszentrum Vapriikki**, eines der vielseitigsten und interessantesten Museen der Stadt. Es ist in der ehemaligen Maschinenwerkstatt von Tampella in einem historischen Fabrikmilieu untergebracht. Der Bogen der sehenswerten Ausstellungen spannt sich von der Archäologie über zeitgenössische Kunst bis zu Technik und Natur. Das Vapriikki beherbergt auch das finnische Eishockeymuseum und als Neuheit im Jahr 2004 ein Schuhmuseum mit über 1000 Exponaten. Vom Restaurant Valssi genießt man einen schönen Blick auf den Fluss; im Sommer sitzt man auf der Terrasse direkt über der Stromschnelle (Öffnungszeiten: Di.–So. 10.00 bis 18.00 Uhr).

**Mineralienmuseum** Das Museum in der 1986 erbauten Hauptbibliothek Metso (Hämeenpuisto 20) zeigt eine Sammlung schöner Edel- und Schmucksteine sowie Bausteine, Erze und Fossilien (Öffnungszeiten: Di.–Fr. 9.00–17.00, Sa., So. 10.00–18.00 Uhr).

**Mumintal** In Finnland kennt jedes Kind die Geschichten der Autorin und Künstlerin **Tove Jansson** (1914–2001). Die liebenswert-naiven Trollfiguren bezaubern Kinder und so manchen Erwachsenen durch Humor und Toleranz, aber auch ein wenig Melancholie. In Deutschland

## *Tampere* Orientierung

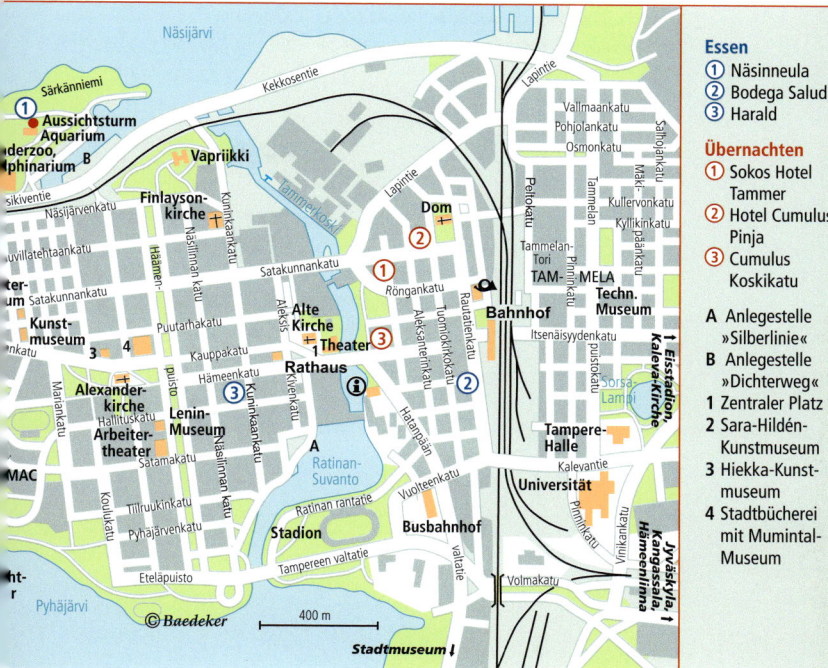

**Essen**
① Näsinneula
② Bodega Salud
③ Harald

**Übernachten**
① Sokos Hotel Tammer
② Hotel Cumulus Pinja
③ Cumulus Koskikatu

A Anlegestelle »Silberlinie«
B Anlegestelle »Dichterweg«
1 Zentraler Platz
2 Sara-Hildén-Kunstmuseum
3 Hiekka-Kunstmuseum
4 Stadtbücherei mit Mumintal-Museum

begann die Geschichte der Mumins 1954 mit der Veröffentlichung des Buches »Eine drollige Gesellschaft«. Durch die Augsburger Puppenkiste kamen sie ins Fernsehen und als animierte Trickfiguren wurden sie weltbekannt. Die holländisch-japanische Zeichentrickserie, die in den Kinderprogrammen wiederholt wird, machte sie zu Fernsehstars. In dem Museum (Hämeenpuisto 20) erfährt man alles über die Welt der Mumins und man kann das Muminhaus und die Originalillustrationen der Autorin besichtigen (Öffnungszeiten: im Sommer Di.–Fr. 9.00–17.00, Sa., So. 10.00–18.00 Uhr).

Im **Arbeitermuseum** in der Makasiininkatu 12 werden die Lebensverhältnisse der Arbeiter aus der

## ❗ *Baedeker* TIPP

### Lenin und die Welt der Spione

Gleich zwei Museumsraritäten hat Tampere zu bieten: Das einzige ständige Lenin-Museum der Welt (Hämeenpuisto 28) erzählt die Geschichte des Revolutionärs in erster Linie aus finnischer Sicht (Öffnungszeiten: Mo.–Fr. 9.00–18.00, Sa., So. 11.00–16.00 Uhr). Einen Einblick in die höchst geheime Welt der Geheimagenten und Privatdetektive bekommt man im Spionagemuseum (Hatanpään puistokuja 32, Öffnungszeiten: Juni–Aug. Mo.–Sa. 10.00–18.00, So. 11.00 bis 17.00, sonst tgl. 11.00–17.00 Uhr).

Zeit um 1880 bis zu den 1970er-Jahren gezeigt. Über 30 originalgetreu eingerichtete Häuser wie Bäckerei, Schusterwerkstatt, Genossenschaftsladen oder Gemeinschaftssauna sind zu sehen (Öffnungszeiten: Sommer Di. – So. 10.00 – 18.00 Uhr).

**Hiekka**

Im Kunstmuseum Hiekka (Pirkankatu 6) werden unter anderem Werke des finnischen Bildhauer-Titanen Wänio Aaltonen sowie Gold- und Silberarbeiten gezeigt (Öffnungszeiten: Di. – Do. 15.00 – 18.00, So. 12.00 – 15.00 Uhr).

**Alexanderkirche**

Von der Brücke Hämeensilta gelangt man über den Keskustori durch die lebhafte Hämeenkatu zur quer verlaufenden, wie eine Esplanade angelegten Straße Hämeenpuisto (puisto = Park). An ihr steht Tamperes zweitälteste evangelisch-lutherische Kirche (1881).

**Universität, Tampere-Halle**

Bemerkenswerte Profanbauten östlich des Bahnhofs sind die 1961 von Toivo Korhonen gebaute Universität und die moderne Konzert- und Kongresshalle in der Yliopistonkatu 55, eine der größten ihrer Art in Nordeuropa. Sie wurde 1990 nach Plänen von Sakari Aartelo und Esa Piironen fertiggestellt.

*Die Stromschnelle mitten in der Stadt lieferte die Energie für die vielen Fabriken.*

Einige Minuten nordöstlich der Tampere-Halle liegt die Kaleva-Kirche, ein abweisender Betonbau der bedeutenden finnischen Architekten Reima und Raili Pietilä, die viele moderne Bauwerke in Tampere entworfen haben. Drei Jahrzehnte nach seiner Fertigstellung 1966 ist die Kaleva-Kirche noch immer umstritten. Der Innenraum ist aber durchaus beeindruckend.

**Kaleva-Kirche**

Nördlich von der Kaleva-Kirche gelangt man in den großzügig angelegten Volkspark von Kauppi mit einem Bootshafen. Im Park befinden sich das Observatorium und eine Reihe von Sportanlagen.

**Volkspark von Kauppi**

 # TAMPERE ERLEBEN

### AUSKUNFT

**Tampere Tourist Office**
Rautatienkatu 25 A
(am Bahnhof)
33101 Tampere
Tel. 03 / 56 56 68 00
www.gotampere.fi

### ESSEN

#### ▶ Erschwinglich

① **Näsinneula**
Särkenniemi
Tel. 03 / 2 48 82 34
Vom langsam rotierenden Restaurant im höchsten Gebäude der Stadt, dem Näsineula-Turmrestaurant, genießt man eine hervorragende Aussicht über Tampere und sein Umland.

② **Bodega Salud**
Tuomiokirkonkatu 19
Tel. 03 / 7 41 21 21
www.salud.fi
Anspruchsvolles Gourmet-Restaurant mit den angeblich besten Steaks in ganz Finnland. Besonders das seit 20 Jahren erprobte Rezept für Pfeffersteak erfreut sich bei den Gästen großer Beliebtheit.

③ **Harald**
Hämeenkatu 23
Tel. 044 / 7 66 82 03

Beim Konzept des Restaurants standen die Wikinger Pate. Es gibt viele Rentierfleischgerichte.

### ÜBERNACHTEN

#### ▶ Komfortabel

① **Sokos Hotel Tammer**
Satakunnankatu 13
Tel. 020 / 1 23 46 32
www.sokoshotels.fi
Das Tammer liegt direkt am Tammerkoski und ist eines der Traditionshotels in Tampere. Es kombiniert modernen Komfort mit etwas nostalgischer Eleganz.

② **Hotel Cumulus Pinja**
Satakunnankatu 10
Tel. 03 / 2 41 51 11
Fax 2 41 55 55
Das Pinja liegt ruhig in der Nähe des berühmten Jugendstil-Doms in einem prächtigen Jugendstil-Gebäude. Das Restaurant und der Saal Olympia sind nostalgisch original ausgestattet.

#### ▶ Günstig

③ **Cumulus Koskikatu**
Koskikatu 5
Tel. 03 / 2 42 41 11
www.cumulus.fi
Modernes und zentral gelegenes Haus mit hellen Zimmern

*Spiel, Spaß und Vergnügen gibt es im Freizeitpark Särkämiemi, dem »Tivoli« von Tampere.*

**Park von Pyynikki**

Südwestlich vom Zentrum liegt an einer Anhöhe der große Park von Pyynikki, dessen Freilichttheater eine drehbare Zuschauertribüne hat; im Sommer finden hier u. a. Aufführungen des Arbeitertheaters statt. Westlich schließt sich an den Park der alte Stadtteil **Pispala** an, dessen von Holzhäusern gesäumte Straßen steil bergan oder bergab führen. Von hier bietet sich ein schöner Blick auf die Stadt.

**Willa MAC**

Die Willa MAC ist ein neues Privatmuseum für finnische zeitgenössische Kunst in Pyynikki (Palomäentie 23); es umfasst rund 800 Werke finnischer Künstler, eine kleine Abteilung naiver und traditioneller Kunst sowie einige Grafiken. Die Villa ähnelt einem venezianischen Palast und beherbergte lange Zeit das Museum für moderne Kunst der Stadt Tampere. Die meisten Werke stammen aus dem Besitz von

Antti Salovaara, der mit seiner Familie Teile des Museumsgebäudes bewohnt (Öffnungszeiten: Mi.–So. 12.00–17.00 Uhr).

Am See Näsijärvi liegt der **Vergnügungspark Särkänniemi**. Weithin sichtbarer Mittelpunkt des Geländes ist der **Aussichtsturm Näsinneula** (173 m ü.d.M.), um den in 124 m Höhe ein Aussichtsrestaurant rotiert. Von hier hat man den besten Ausblick auf Tampere und die grandiose Seenlandschaft, die direkt vor den Toren der Stadt be-

## Baedeker TIPP

### Lecker – oder doch nicht so lecker?

Mustamakkara – Blutwurst ist eine typische Spezialität aus Tampere. Die Meinungen über diese kulinarische Errungenschaft gehen allerdings weit auseinander, entweder man liebt sie oder man findet sie scheußlich. Am besten man geht in die Markthalle und sucht einen Stand, der die nahrhafte Blutwurst verkauft, die man dann gleich heiß mit Preiselbeermus direkt aus dem Einwickelpapier isst.

ginnt. Neben Karussells und anderen Vergnügungseinrichtungen gibt es ein Aquarium, ein Delphinarium und ein Planetarium. Zu dem ganzjährig geöffneten Vergnügungspark gehört auch das äußerst sehenswerte Sara-Hildén-Kunstmuseum (Öffnungszeiten: Di.–So. 11.00–18.00 Uhr). ☉

## Umgebung von Tampere

Die Insel Viikinsaari im See Pyhäjärvi ist das beliebteste Naherholungsgebiet der Einheimischen. Hier findet man ein breites Freizeitangebot wie Kinderspielplätze, Ruderboote, überdachte Grillplätze, malerische alte, verzierte Holzhäuser und auch einen schönen Badestrand. Es gibt regelmäßige Bootsverbindungen von Tampere.

**Viikinsaari**

Ein lohnender Ausflug in die landschaftlich reizvolle Umgebung von Tampere führt etwa 14 km östlich über das hübsch gelegene Örtchen Kangasala zu dem schmalen Landrücken Vehoniemenharju, der westlich vom Roinesee und östlich vom Längelmävesi umspült wird.

**Vehoniemen-harju**

## NICHT VERSÄUMEN

Landschaftlich sehr reizvoll ist auch ein **Schiffsausflug** in südöstlicher Richtung mit den Motorschiffen der **Silberlinie** von Tampere nach ► Hämeenlinna. Sie legen täglich in Tampere am Laukontori-Marktplatz an. Von Tampere verkehrt dreimal die Woche (Di., Do., Sa.) ein Schiff auf der **Dichterlinie** ab dem Mustalahti Hafen nach Virrat im ► Näsijärvi-Seengebiet.

- In Ikaalinen gibt es ein Museum, das von vielen finnischen Sportfans besucht wird, das aber kaum je ein ausländischer Besucher betreten hat – das Pesäpallo Museum. Pesäpallo, die finnische Version des Baseballspiels, ist besonders in West- und Ostfinnland äußerst beliebt. Dort ist es im Sommer unangefochten die Mannschaftssportart Nummer 1 und läuft König Fußball den Rang ab.
- Ebenso typisch finnisch wie Pesäpallo ist Akkordeonmusik. Und die zelebriert man Jahr für Jahr Ende Juni/Anfang Juli beim Akkordeonfestival »Sata-Häme Soi«.

# Tornio (Torneå)

**Gebiet:** Nordfinnland                    **Einwohnerzahl:** 23 000

**Die finnische Grenzstadt Tornio und das schwedische Haparanda
bilden seit jeher eine Doppelstadt mit vielfältigen familiären und
wirtschaftlichen Kontakten. Das einzige Problem, das bei Verabre-
dungen auftauchen kann, ist der Zeitunterschied, denn in Finnland
gehen die Uhren im Vergleich zu Schweden um eine Stunde vor.**

**Die »friedlichste
Grenze der Welt«**
Tornio liegt an der Mündung des Grenzflusses Tornionjoki in den
Bottnischen Meerbusen. Der westlichste Teil der Stadt liegt auf der
früheren Insel Suensaari, die mit dem Festland am schwedischen
Ufer verwachsen ist. Die in Finnland sehr bekannte Biermarke Lapin
Kulta wird seit 1873 in der ältesten
Fabrik des Ortes gebraut.

> **❗ *Baedeker* TIPP**
>
> **Lapin Kulta Brauerei**
> Die Brauerei in der Lapinkullankatu wurde 1873
> eröffnet und ist damit der älteste Betrieb im
> Norden Finnlands. Von Juni bis August werden
> dienstags und donnerstags einstündige Fabrik-
> besichtigungen angeboten, Treffpunkt ist am
> Haupteingang der Brauerei.

Tornio wurde bereits im 14. Jh. erwähnt, als dort Erzbischof Hem-
ming Finnen und Samen taufte.
1621 erhielt Tornio durch Gustav
II. Adolf Stadtrechte. Dank seiner
Lage wurde Tornio schnell zu einem Handelszentrum mit einer
Blütezeit im 17. und 18. Jahrhundert. Erst mit der Gründung Haparandas auf der schwedischen Seite
fast 200 Jahre später setzte die über Staatsgrenzen hinweg verlaufende
Entwicklung einer Doppelstadt Tornio / Haparanda ein.

## Sehenswertes in Tornio

**Holzkirche**
Die der schwedischen Königin Eleonora gewidmete Holzkirche wurde 1684 – 1688 erbaut und zählt zu den besterhaltenen und schönsten Holzkirchen des 17. Jh.s in Finnland. Ihr hohes Satteldach ist mit
Schindeln gedeckt. Der spitzgiebelige Glockenturm steht frei. Das
stimmungsvolle Innere wird vor allem durch die gemalte Holzdecke,
eine Kanzel mit Holzschnitzereien und einen Messingkronleuchter
geschmückt (Öffnungszeiten: Juni und Juli Mo. – Fr. 9.00 – 19.00,
Sa., So. 11.30 – 17.00, Mai und Aug. Mo. – Fr. 9.00 – 17.00 Uhr).
Nördlich der Kirche bieten die Aussichtsplattform und das dortige
Café auf dem Wasserturm einen Blick über die Stadt.

**Museen**
Sehenswert ist das Aine-Kunstmuseum (Torikatu 2), das aus der Privatsammlung eines reichen Geschäftsmanns hervorgegangen ist. Neben Wechselausstellungen werden Beispiele der finnischen Kunst des
19. und 20. Jh.s gezeigt. Einen Besuch lohnt auch das Regionalmu-

seum (Keskikatu 22) mit interessanten volkskundlichen Sammlungen aus dem Torniotal und aus Lappland (Öffnungszeiten: Kunstmuseum: Di.–Do. 11.00–18.00, Fr., Sa. 11.00–15.00; Regionalmuseum: Mo.–Fr. 12.00–17.00, So. 12.00–15.00 Uhr).

Das drei Hektar umfassende Arboretum ist im Stadtteil Kallipudas zu finden und ist mit über 2500 Pflanzenarten ein botanischer Anschauungsgarten für arktische Pflanzen. Nach der Sommersonnenwende werden vor allem die ufernahen Wiesen durch blühende Trollblumen in einen gelben Teppich verwandelt. **Arboretum**

Rund 3 km südlich des Zentrums liegt der Stadtteil Alatornio. Beachtenswert ist die Kirche, die 1794 bis 1797 im Stil des schwedischen Klassizismus errichtet wurde. Das Ostkreuz gegenüber dem Hauptportal stammt noch von einer Vorgängerkirche des 15. / 16. Jh.s. Neben der Kirche sind in dem zweistöckigen Gemeinde-Kornspeicher zahlreiche Ausstellungsstücke von Haushalts- und Gebrauchsgegenständen zu besichtigen (Öffnungszeiten: im Sommer Sa. 14.00 bis 18.00 Uhr). **Stadtteil Alatornio**

## Umgebung von Tornio

In südlicher Richtung sind es 9 km bis zur Insel Röyttä, dem Hochseehafen von Tornio. Er bildet den Ausgangspunkt für Schiffsfahrten in den Schärengürtel. **Insel Röyttä**

Die Wildmarkgebiete des Torniotals, durch das der Grenzfluss Tornionjoki fließt, sind mit mächtigen Bergen und klaren Seen eine schöne Kulisse für Kanutouren. Ungeübte Fahrer sollten allerdings die ruhigen Seen bevorzugen (z. B. den Miekojärvi-See), denn die Stromschnellen des Tornionjoki und seiner Nebenflüsse sind nicht **Kanu fahren auf dem Tornionjoki**

## ▶ TORNIO ERLEBEN

### AUSKUNFT

*Haparanda Tornio*
*Tourist Information*
95400 Tornio
Tel. 0505 / 90 05 62, Fax 48 29 20
www.tornio.fi

### ESSEN

#### ▶ Erschwinglich
*Golden Flower*
Eliaksenkatu 8, Tel. 0 16 / 48 13 84
In dem beliebte China-Restaurant gibt es auch Pizza.

### ÜBERNACHTEN

#### ▶ Komfortabel
*Tornion Kaupunginhotelli*
Itäranta 4
Tel. 0 16 / 4 33 11
Fax 48 29 20
www.tornionkaupunginhotelli.fi
Im Herzen von Tornio, direkt am Ufer des zum Rafting einladenden brausenden Tornijoki, liegt das »Stadthotel« mit internationalem Flair und einem anerkannten Spitzenrestaurant.

*Die Wolken eines nordischen Sommerabends spiegeln sich im Wasser.*

zu unterschätzen und nur von erfahrenen Wildwasserfahrern zu bewältigen, an einigen Stellen ist der Fluss gar nicht zu befahren.

**Torniotal**
**Kukkolankoski**

Nach Norden führt ein lohnender Ausflug auf der Straße Nr. 21 in das Torniotal. Nach 15 km kann man einen ersten Abstecher zum Fluss und den Stromschnellen Kukkolankoski machen. Diese haben ein Gefälle von 13,8 m auf einer Strecke von 3,5 km und sind somit die längsten frei fließenden Stromschnellen Finnlands. Hier werden von örtlichen Veranstaltern Wildwasserfahrten angeboten. In den am Ufer des Flusses gelegenen Restaurants (z. B. die Cafeteria Myllypirtti oder das Kukkolaforsen Touristcenter auf der schwedischen Seite) gibt es sehr gute Fischgerichte. Berühmt ist der Fluss bereits seit dem Mittelalter für seinen reichen Fischgrund.

**Matkakoski**

Rund 36 km nördlich von Tornio gelangt man zu den Stromschnellen von Matkakoski, die eine Länge von 800 m haben.

**Kattilakoski,**
**Kontajoki**

Besonders schön sind auch die Stromschnellen von Kattilakoski unweit des Polarkreises, die mit ihrer Länge von fast 4 km eine Gesamtgefällstrecke von 8 m überbrückten. In der Nähe von Pello liegt am Konttaköngäs die größte, fast wie ein Wasserfall erscheinende Stromschnelle des Kontajoki-Flusses. Auf einer Länge von 400 m weist sie ein Gefälle von 13 m auf.

In **Ylitornio** findet man eine moderne Steinkirche, neben der ein alter hölzerner Glockenturm steht. 10 km nördlich teilt sich die Hauptstraße: Rechts führt die Straße Nr. 930 nach Rovaniemi. Von dieser zweigt bald eine kleine Straße zum Parkplatz am Fuße des Berges **Aavasaksa** (242 m ü. d. M.) ab, der vom Tengeliönjoki umflossen wird. Über einen kurzen Fußweg gelangt man zur Spitze des Berges, von der aus man am Johannistag die **Mitternachtssonne** sehen kann, obwohl der Aavasaksa südlich des Polarkreises liegt.

> ## ! *Baedeker* TIPP
>
> ### Edles Kunsthandwerk
> In der Kemintie 6 hat der Silberschmied Jorma Smeds sein Atelier in dem er wunderschönen traditionellen samischen Silberschmuck in ausgezeichneter Qualität herstellt und verkauft (Smeds Gold & Silver Gallery ,Tel. 0 16 / 43 08 75). In Laivainiemi, 10 km südöstlich von Tornio, kann man einen Blick in die Welt der Porzellanmalerei werfen, Paula Salminen bei der Arbeit zuschauen und erstklassiges Kunsthandwerk erwerben (Postelli Paula Salminen, Niemeläntie 2, Tel. 04 00 / 59 96 82, Mo. – Fr. 12.00 – 17.00, Sa. 12.00 – 15.00 Uhr).

### Umgebung von Haparanda (Schweden)

Der Nationalpark vor der Küste Haparandas besteht aus den beiden Inseln Sandskär und Seskar-Furö sowie einer größeren Anzahl von Schären. Die flachen Inseln haben weitläufige Sandstrände und Dünen. Im Frühjahr und Herbst, wenn hier die Zugvögel rasten, ist ein Besuch besonders lohnend. Bootstouren und Hüttenvermietung unter Tel. 09 / 2 21 33 95 oder im Touristenbüro. **Haparanda Skärgård**

An den Stromschnellen 15 km nördlich von Haparanda befindet sich ein Touristenzentrum mit Campingplatz und Hüttenvermietung und vielfältigen Aktivitätsangeboten. Angeboten werden verschiedene Saunen, Raftingtouren auf dem wilden Torneälv sowie Angelausflüge. Auch das Fischereimuseum ist einen Besuch wert. **Kukkolaforsen**

# ✶ Turku · Åbo

**X 15**

**Gebiet:** Südfinnland      **Einwohnerzahl:** 177 000

**Turku ist die älteste Stadt des Landes sowie einstige Hauptstadt und liegt an der Mündung des Aurajoki in den Bottnischen Meerbusen Die Universitätsstadt ist Sitz des lutherischen Erzbischofs von Finnland und besitzt bereits seit 1623 ein Oberlandesgericht. 2011 war Turku – neben Tallinn – Europäische Kulturhauptstadt.**

Die Stadt liegt etwa dort, wo Nachfolger der schwedischen Wikinger Mitte des 12. Jh.s an Land gingen und zur Eroberung des heutigen Finnland ansetzten. Vor allem die kirchliche Eroberung spielte eine **Geschichte** entscheidende Rolle bei der Wahl Turkus als Platz für eine größere Siedlung. Bereits während des ersten Kreuzzuges nach Finnland (1155) taufte Bischof Henrik von Uppsala hier in der Nähe einige Finnen, und so war es nur konsequent, dass Papst Gregorius IX. 1229 den Bischofssitz hierhin verlegte. König Gustav Wasa verlieh Turku 1525 die Stadtrechte. Im Jahre 1630 legte Gustav II. Adolf durch Stiftung eines Gymnasiums, das seine Tochter, Königin Kristina, 1640 zur Hochschule erweiterte, das geistige Fundament für Finnlands erste Universität. 1743 wurde hier der Frieden geschlossen, der einen zweijährigen Krieg zwischen Russland und Schweden be-

---

**? WUSSTEN SIE SCHON ...?**

- Einer der berühmtesten Söhne Turkus ist der 1897 geborene Paavo Johannes Nurmi (▶Berühmte Persönlichkeiten), der mit 23 anerkannten Weltrekorden, neun Gold- und drei Silbermedaillen bei drei Olympischen Spielen Sportgeschichte schrieb.

---

## *Turku* *Orientierung*

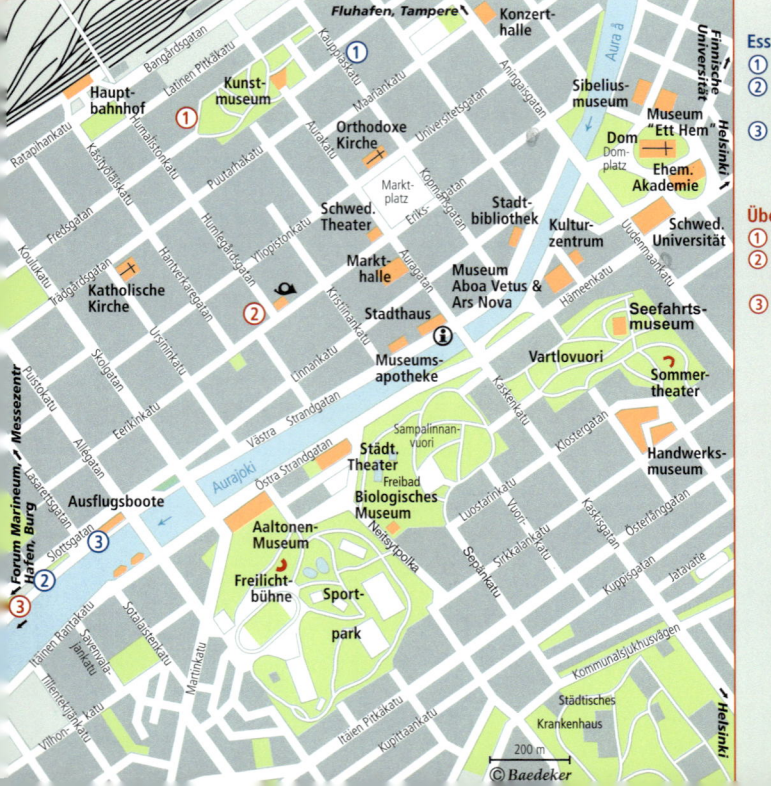

© Baedeker

**Büfett**

*Das skandinavi-
sche Buffet auf
den Fähren ist an
Fülle und
Abwechslung
kaum zu
überbieten.*

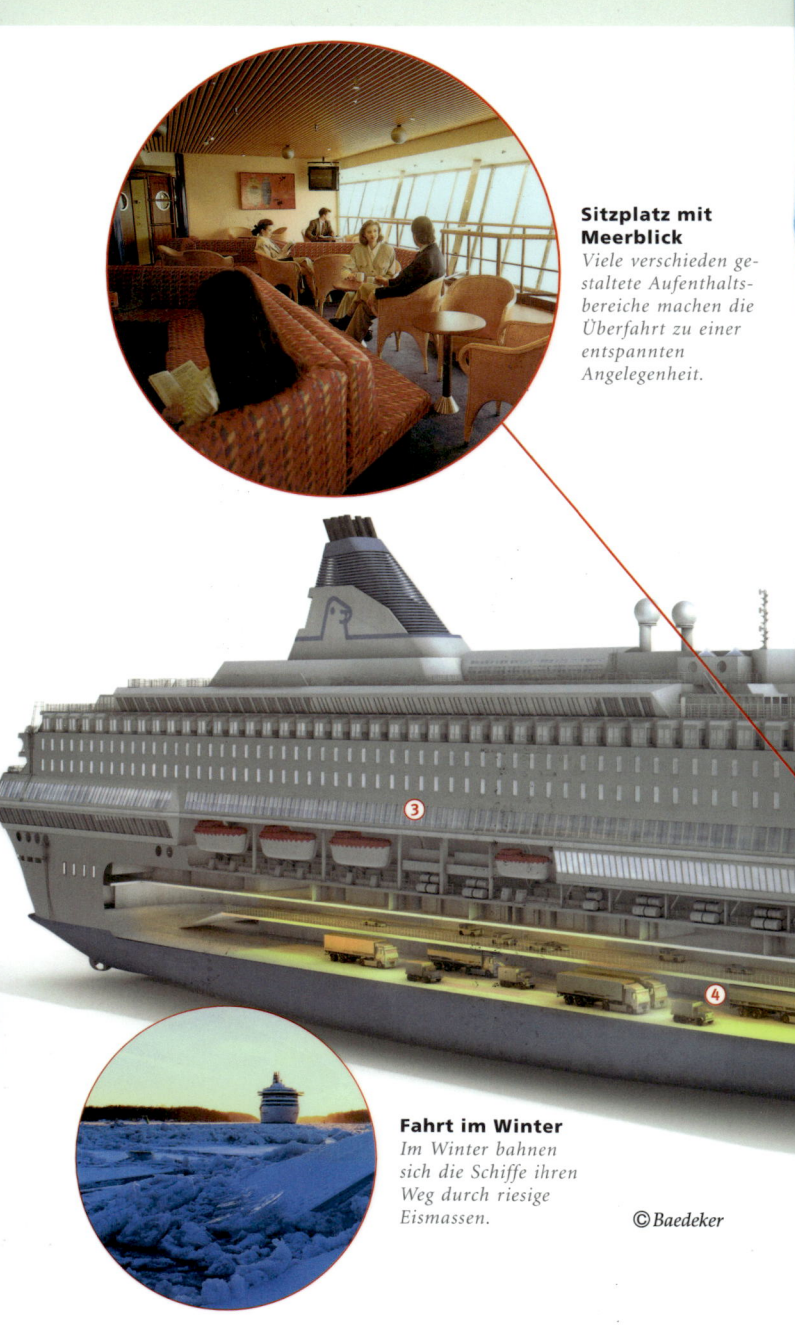

**Sitzplatz mit Meerblick**
*Viele verschieden ge-
staltete Aufenthalts-
bereiche machen die
Überfahrt zu einer
entspannten
Angelegenheit.*

③

④

**Fahrt im Winter**
*Im Winter bahnen
sich die Schiffe ihren
Weg durch riesige
Eismassen.*

© *Baedeker*

# ⏵ TURKU ERLEBEN

## AUSKUNFT

**Turku Touring**
Aurakatu 4
FIN-20100 Turku
Tel. 02 / 2 62 74 44, Fax 2 62 76 79
www.turkutouring.fi

## ESSEN

### ▶ Erschwinglich

① *Enkeliravintola*
Kauppiaskatu 16
Tel. 02 / 231 80 88
Das »Restaurant der Engel« ist für seine himmlischen Kreationen bekannt. Sie reichen vom »Vegetable Angel's Feast« (Pilze und Gemüse) bis zum »Fallen Angel« (Schokoladenkuchen mit Erdbeeren).

② *Panimoravintola Herman*
Läntinen Rantakatu 37
Tel. 02 / 230 33 33
Freundliches Restaurant mit Bierstube, Hausbrauerei und Terrasse am Ufer des Flusses Aura. Hier werden leckere und typisch skandinavische Gerichte serviert.

③ *Sergio's*
Läntinen Rantakatu 27
Tel. 02 / 233 00 33
Turkus bester Italiener bietet nicht nur Pasta und Pizza, sondern auch »Agnello con patate novelle e salsa di more« (Lamm mit neuen Kartoffeln und Brombeer-Balsamico-Sauce).

## ÜBERNACHTEN

### ▶ Komfortabel

① *Park Hotel*
Rauhankatu 1
Tel. 02 / 22 73 25 55
Fax 2 51 96 96
www.parkhotelturku.fi
Turkus romantischstes Hotel ist in einem Jugendstilgebäude aus dem Jahr 1902 eingerichtet. Jedes der gemütlichen Zimmer ist anders eingerichtet und es gibt günstigere Wochenendtarife. Unschlagbar ist der sprechende Papagei »Jaakko«, der seine Kommentare zum Geschehen in der Hotelbar abgibt.

② *Sokos Hotel Seurahuone*
Eerikinkatu23
Tel. 02 / 33 73 01
Fax 3 37 22 00
www.sokoshotels.fi
Bei den 131 Zimmern im Sokos Seurahuone kann man sich für italienisches, orientalisches oder amerikanisches Flair entscheiden. Gleich im Haus liegt das Speiserestaurant »Sevilla«.

③ *Seaport Hotel*
Toinen Poikkikatu (Passagierhafen)
Tel. 02 / 22 83 30 00
Fax 22 83 31 00
www.bestwestern.com
In einem renovierten Zollspeicher direkt am Passagierhafen ist das Hotel Seaport der Best-Western-Kette untergebracht. Die Burg liegt gleich nebenan und auch ins Stadtzentrum sind es nur drei Kilometer.

## GALERIEN

Turku hat eine ganze Anzahl von sehenswerten Galerien zu bieten, die man mit Muße erkunden sollte. Einige Adressen: Galerie Raya (Kaskenkatu 2), Galerie Aura (Yliopistonkatu 7), Galerie Forsblom (Kau-piaskatu 15), Turku Galerie Åbo (Nunnankatu 1), Galerie Joella (Läntinen Rantakatu 21), Gallery Berne (Vanha Suurtori 5), Galerie Regina (Linnankatu 1) und Titanik (Itäinen Rantakatu 8).

# GIGANTEN DER OSTSEE

✳ ✳ **Die riesigen Fährschiffe der Reedereien Silja und Viking, die zwischen Schweden und Finnland verkehren, sind Tempel des modernen Schiffsbaus und bieten an Bord alle Bequemlichkeiten. Das Schiff »Silja Europa« ist mit knapp 60 000 BRZ eine der größten Kreuzfahrt-Fähren der Welt. Sie verkehrt zwischen Stockholm und Turku.**

**Fakten Silja Europa**
Baujahr: 1993,
Meyer Werft (Papenburg, Deutschland)
Kosten: 405 Mio. DM
Heimathafen: Mariehamn
Länge: 202 m
Breite: 32 m
Tiefgang: 6,8 m
Geschwindigkeit: 21,5 Knoten
Leistung Hauptmaschine: 31 800 kW
Passagiere: 3013
Pkw: 400
Kabinen: 1152
Besatzung: 300

**① Brücke**
Etwa 10 000 Messpunkte der verschiedenen technischen Systeme an Bord laufen hier zusammen.

**② Suiten**
Die sechs Luxussuiten mit großen Panorama-fenstern sind unterschiedlich ausgestattet.

**③ Restaurants**
Bars, Cafés, Restaurants, Casino und Shops vertreiben Hunger, Durst und Langeweile.

**④ Wagendeck**
950 m² Stellfläche stehen für Pkws und Lkws zur Verfügung.

*Einkaufsvergnügen auf hoher See: Die haushohe Passage im Schiffsinneren der »Silja Serenade« lädt zum Flanieren ein.*

endete. 1809 fiel die Stadt mit ganz Finnland an Russland. Nachdem
bereits Helsinki die Hauptstadt Finnlands geworden war, wurde 1819
auch der Sitz des finnischen Senats und 1827 nach einem verheerenden Brand auch die Universität
von Turku nach Helsinki verlegt.
Im selbständigen Finnland wurde
1918 eine neue, private schwedischsprachige Universität, die Åbo
Akademi, und 1920 eine finnischsprachige, staatliche Universität gegründet. Turku, das einzige finnische Mitglied der modernen Han-
se, war im Jahre 2004 zum 775-
jährigen Stadtjubiläum Gastgeber
der Hansetage.

> **! Baedeker TIPP**
>
> **Zurück ins Mittelalter**
>
> In der zweiten Julihälfte wird der Alte Markt von
> Turku für einige Tage zum Schauplatz eines
> mittelalterlichen Spektakels. Spielmannsmusik,
> Ritterumzüge und zünftiger Handel, dazu Hun-
> derte von Schauspielern in bunten Kostümen –
> die Mittelalter-Illusion ist perfekt!

**Wirtschaft**
Lange Zeit war die Stadt Zentrum des Schiffsbaus für Eisbrecher. Als
Im- und Exporthafen hat Turku zusammen mit Naantali einen leb-
haften Schiffsverkehr. Die bedeutende Industrie umfasst u. a. eine
Schiffswerft, Maschinenfabriken, Nahrungsmittelverarbeitung und
Textilwerke. In den letzten Jahren hat sich Turku zu einer Kongress-
stadt und zu einem Zentrum der Computer- und Biotechnologie
entwickelt; weitere wichtige Wirtschaftsfaktoren sind die zwei Uni-
versitäten und die Kunsthochschule. Als »Tor zu Finnland« profitiert
Turku von einem lebhaften Fremdenverkehr.

## Sehenswertes in Turku

**Marktplatz**
Verkehrsmittelpunkt von Turku ist der Marktplatz (finn. Kauppatori)
am Nordufer des Aurajoki. Werktags sind hier bis 14.00 Uhr die
Stände aufgebaut, und es herrscht ein geschäftiges Markttreiben. Am
Marktplatz liegen das schwedische Theater (1838), die historische
Markthalle, das abwechslungsreiche, mit Glas überdachte Einkaufs-
zentrum Hansa und die orthodoxe Kirche, die um 1840 nach Plänen
von Carl Ludwig Engel erbaut worden ist.

**Kunstmuseum**
Vom Markt führt die belebte Aurakatu nordwestlich zum Kunstmu-
seum (finn. Taidemuseo), das von Grünanlagen umgeben auf einer
Anhöhe liegt. Der stattliche Granitbau wurde 1904 nach Plänen von
G. Nyström errichtet. Er enthält eine vielfältige Sammlung von Bil-
dern und Gemälden meist finnischer Künstler (Öffnungszeiten:
Di. – Fr. 11.00 – 19.00, Sa. – So. 11.00 – 17.00 Uhr).

**Stadthaus, Apotheken- museum**
Die Aurakatu mündet südlich auf die Brücke Aurasilta über den
Fluss Aura. Rechts am Flussufer steht das Stadthaus (Kaupungintalo)
von 1885. Nahebei, im ältesten noch vorhandenen Holzhaus der
Stadt (1957 restauriert), wurde das Apothekenmuseum eingerichtet
(Läntinen Rantakatu 13). In dem großbürgerlichen Haus befinden

sich Zimmer im Rokoko- und Gustavianischen Stil. Ein Teil der Museumseinrichtung mit ihren Material- und Kräuterkammern sowie einem Labor entstammt einer Apotheke in Oulu (Öffnungszeiten: Mai – Sept. Di. – So. tgl. 10.00 – 18.00, Okt. – April bis 16.00 Uhr). Im Haus befindet sich auch das Informationsbüro des Fremdenverkehrsamtes.

## ℹ Turku Card

- Mit der Turku Card hat man freien Zugang zu alle Museen und Sehenswürdigkeiten der Stadt und kann den öffentlichen Nahverkehr beliebig oft nutzen. Außerdem ermäßigen sich einige Übernachtungs- und Restaurantpreise mit der Karte. Sie ist im Touristenbüro erhältlich und gilt für 24 oder 48 Stunden (21 bzw. 28 Euro).

**Stadtbücherei**

Flussaufwärts gelangt man auf der rechten Uferseite zur Stadtbücherei, die 1903 von C. Wrede nach dem Vorbild des Stockholmer Ritterhauses erbaut wurde und einen hübschen Schmuckbrunnen hat.

**Altes Rathaus**

Auf dem gegenüberliegenden Flussufer liegt eines der Zentren geistiger Macht: An der westlichen Seite befinden sich ein Bronzestandbild des finnischen Historikers H. G. Porthan (1739 – 1804), das schon 1630 gegründete schwedische Lyzeum (1724) und das alte Rathaus (Brinkkala-Haus), von dessen Balkon am Heiligabend um 12.00 Uhr der Weihnachtsfriede auf Finnisch und Schwedisch verkündet wird. Turku gilt als die einzige Stadt Nordeuropas, in der diese Tradition seit dem Mittelalter ohne Unterbrechung bewahrt wurde. Seit 1935 wird die Zeremonie auch vom Rundfunk und Fernsehen übertragen.

**★ ★**
**Dom**

An der Ostseite des Domplatzes steht auf dem Unikankari-Hügel die um 1230 gegründete und 1300 geweihte Domkirche, die Hauptkirche der evangelisch-lutherischen Kirche in Finnland. Dieses Nationalheiligtum Finnlands ist ein massiver Backsteinbau aus spätromanischer Zeit mit gotischen und Renaissanceanbauten sowie einem 98 m hohen markanten Turm. Sie ist der Jungfrau Maria geweiht und hat den Heiligen Henrik als Schutzheiligen.

## ❗ *Baedeker* TIPP

### Uusi Apteeki

Eine besonders empfehlenswerte Adresse für den späteren Abend ist die Kultkneipe »Neue Apotheke«. Die gemütliche Kneipe ist in einer alten Apotheke eingerichtet, die antiken Original-Regale sind mit Hunderten alter Bierflaschen gefüllt. Sie diente schon als Kulisse für Filme und man trifft hier die Crème der Turkuer Intelligenzia Seite an Seite mit etwas abgestürzten trinkfesten Kneipenoriginalen (Kaskenkatu 1).

Das **Innere des Doms** wurde nach einem Brand 1827 wieder hergestellt und beherbergt zahlreiche **Grabmäler** bedeutender Männer. Rechts vom Haupteingang liegt die Grabkapelle des schwedischen Feldobersten Torsten Stålhandske († 1644), der im Dreißigjährigen Krieg die finnische Reiterei befehligte; links vom Eingang steht die Tavastsche Kapelle, mit den Grabmälern der Bischöfe Magnus Tavast

> **Baedeker** TIPP
>
> **Kneipe auf dem Klo**
> Sehenswert sind die Toiletten des Puutori, des Baumplatzes. Warum Klohäuschen in einem Reiseführer stehen? Das Toilettenhäuschen aus dem Jahre 1933 ist seit 1977 ein Restaurant, das im Sommer auch Sitzmöglichkeiten draußen auf dem Platz anbietet.

(† 1452), Olaus Tavast († 1460) und Magnus Stjernkors († 1500). Links vom Chor  befindet sich die so genannte Kankassche Kapelle der Geschlechter Horn und Kurck, die schönste der Kirche; in der Mitte steht der Granitsarkophag der vielgeprüften Königin Katharina Månsdotter († 1612), eines armen Soldatenkindes, das Erik XIV. ehelichte und zu sich auf den Thron erhob. Rechts vom Chor sieht man schließlich die Tottsche Grabkapelle, 1678 von Per Brahe gestiftet, mit den Grabmälern des schwedischen Generals Åke Tott († 1640) und seiner Gemahlin Sigrid Bjelke (Öffnungszeiten: Mitte April bis Mitte Sept. tgl. 9.00 – 20.00, im Winter bis 19.00 Uhr).

Nördlich vom Dom liegt das Sibelius-Museum (Piispankatu 17). Neben Sammlungen über den Komponisten kann man hier auch noch Hunderte von Musikinstrumenten aus aller Welt besichtigen (Öffnungszeiten: Di.- So. 11.00 – 16.00, Mi. auch 18.00 – 20.00 Uhr).

**Sibelius-Museum**

Im Nachbarhaus Nr. 14 befindet sich das Kultur- und Heimatmuseum »Ett Hem«. Das Bürgerhaus des Konsuls Alfred Jacobsen und seiner Frau Helene ist im Stil der Jahrhundertwende vom 19. zum 20. Jh. eingerichtet. Außerdem befinden sich in dem Museum Werke von Malern und Bildhauern aus dieser Zeit (Öffnungszeiten: Mai bis Sept. Di. – So. 12.00 – 15.00 Uhr).

**Museum Ett Hem**

In der Itäinen Rantakatu 4 – 6 sind die Museen Aboa Vetus und Ars Nova in dem prachtvollen Rettig-Palast am Aurajoki-Fluss zu finden, der einst das Privathaus eines Tabakfabrikanten war. Das äußerst sehenswerte Doppelmuseum wurde 1999 als **zweitbestes Museum Europas** ausgezeichnet. Der Kern des Museums Aboa Vetus ist der mittelalterliche Stadtteil, der 1990 zufällig bei Bauarbeiten entdeckt wurde. Im Keller sieht man die Ausgrabungen aus dem 14. Jh., die zusammen mit den Ausstellungen ein gutes Bild des mittelalterlichen Turku vermitteln. Ars Nova, das Museum der modernen Kunst, ist ein farbenfroher Kontrast zum mittelalterlichen Turku. Zentraler Bestandteil ist die Sammlung der Matti-Koivurinta-Stiftung, die durch

**★ ★**
**Museum Aboa Vetus & Ars Nova**

← *Der Turm des spätromanischen Doms ragt hoch über die Stadt.*

⏱ Wechselausstellungen ergänzt wird (Öffnungszeiten beider Museen: Di. – So. 11.00 – 19.00 Uhr, im Sommer auch Mo.).

**Alte Akademie** Dem Dom südöstlich gegenüber steht an der Hämeenkatu die alte Akademie (1802 – 1815), einst Sitz der Universität, die im Jahre 1827 nach Helsinki verlegt wurde. Heute sind dort die Provinzialregierung, das Oberlandesgericht und das Domkapitel untergebracht.

*Korbflechterin im Handwerksmuseum*

Das Gebäude südwestlich daneben, an der Ecke der Uudenmaankatu, beherbergt die Åbo Akademi genannte, 1919 eröffnete **Schwedische Universität**. In den Anlagen vor dem Gebäude steht ein Bronzestandbild Per Brahes, des schwedischen Statthalters in Finnland (in den Jahren 1637 – 1640 und 1648 – 1654) und Universitätsgründers, geschaffen von W. Runeberg (1888); der Sockel trägt die Inschrift: »Jagh war med landett, och landett med mig wääl tillfreds« (= »Ich war mit dem Land und das Land mit mir wohl zufrieden«).

Vom Domplatz führt die Uudenmaankatu südöstlich zum **Kupittaa-Park**. Hier befinden sich ein Schwimmbad und die St.-Heinrich-Quelle, mit deren Wasser die ersten Finnen christlich getauft worden sein sollen.

Südlich vom Domplatz liegen auf dem **Wartberg** (finn. Vartiovuori) das Observatorium, das Carl Ludwig Engel 1819 erbaut hat, und der frühere Wasserturm von 1903.

★★
**Handwerksmuseum Luostarinmäki**
Den großen Brand von Turku 1827 überstand unbeschadet ein Viertel auf der stadtabgewandten Seite des Vartivuori. Mit seinen historischen Holzhäusern, niedrigen kleinen Höfen und unregelmäßigen Gassen ist das geschlossene Ensemble von ganz besonderem kulturgeschichtlichem Wert. Es ist heute zum Handwerksmuseum (finn. Käsityöläismuseo) zusammengefasst und bietet mit seinen rund 30 Werkstätten einen hervorragenden Einblick in die vorindustrielle Handwerksproduktion und Lebensweise einfacher Leute von vor ca. 200 Jahren. Im Sommer arbeiten täglich Handwerker in den Werkstätten, und in den beiden Verkaufsläden kann man ihre Produkte

als besonders stilvolle Reiseandenken erwerben (Öffnungszeiten:
Mai – Sept. Di. – So. 10.00 – 18.00,
Dez. bis Mitte Jan. Di. – So. 10.00
bis 16.00 Uhr).

Auf dem Hügel von Sampanlinna
gibt es ein Freilichttheater und eine
alte Windmühle; am Westabhang
liegen das Schwimmstadion. Nicht
weit davon (Neitsytpolku 1) lädt
das **Biologische Museum** zu einem
Besuch ein. Es vermittelt einen
Überblick über die finnische Tier-
und Pflanzenwelt von der Schärenküste bei Turku bis zu den Fjälls in
Lappland gewährt (Öffnungszeiten:
Di. – So. 10.00 – 18.00 Uhr).

Weiter westlich (Itäinen Rantakatu
11), befindet sich das von Irma
und Matti Aaltonen entworfene

> **!**  *Baedeker* TIPP
>
> ### Weihnachten in Turku
> Vom ersten Advent bis zum Knuts-Tag im
> Januar verwandelt sich die Stadt in ein
> Weihnachtsmärchen. Die Flussufer sind
> erleuchtet und viele Museen und Kirchen
> veranstalten zu Weihnachten Sonderaus-
> stellungen und Konzerte. Auf dem Alten
> Markt findet an den Adventswochenenden
> ein traditioneller Weihnachtsmarkt statt, auf
> dem unter anderem hochwertiges Kunsthand-
> werk angeboten wird. In der Burg werden
> die Weihnachtstische gezeigt, der Weihnachts-
> friede wird öffentlich und feierlich verkündet,
> der Lucia-Tag wird gefeiert und die Restaurants
> bieten spezielle Weihnachtsmenüs an. Aktuelle
> Veranstaltungshinweise bekommt man unter
> www.christmascity.com.

**Wäinö-Aaltonen-Museum** (1967), wo Skulpturen des Bildhauers und
moderne Kunst ausgestellt sind (Öffnungszeiten: Di. – So. 10.00 bis
18.00 Uhr).

Unweit von Hafen und Burg (Linnankatu 72) befindet sich das Forum Marinum, das die Geschichte von Handelsseefahrt und Marine
anhand von wechselnden Ausstellungen zeigt. Zum Museum gehört
auch eine Flotte von historischen Schiffen, die von Juni bis August
(tgl. 11.00 – 19.00 Uhr) besichtigt werden können. Unter ihnen sind
die eindrucksvollen, über 100 Jahre alten Segelschiffe »Sigyn« und
**»Suomen Joutsen«** (Schwan von Finnland), außerdem das Minen-
suchboot »Keihässalmi« und das Kanonenboot »Kajala« (Öffnungszeiten Museum: Mai – Sept. tgl. 11.00 – 19.00, sonst Di. – So. 11.00
bis 18.00 Uhr).

**Forum Marinum**

Westlich vom Forum Marinum (Linnankatu 80) liegt unweit vom
Hafen am rechten Ufer des Aurajoki die massive Feldsteinburg (finn.
Turun linna). Die Burg wurde 1941 bei Bombenangriffen stark zerstört, nach dem Krieg aber bis 1961 umfassend renoviert. Sie ist heute eine der bedeutendsten Sehenswürdigkeiten Finnlands. Die Festung wurde wahrscheinlich um 1280, damals auf einer Insel in der
Auramündung, erbaut und während der Wasazeit im 16. Jh. erweitert, nachdem König Gustav Wasa seinen Sohn Johan zum Herzog
von Finnland ernannt hatte. In dieser Zeit wurde das Renaissance-
Stockwerk der Burg gebaut. Zu den Attraktionen der Burg gehört
das Verließ, in dem Herzog Johan um 1570 seinen Bruder, den ent-

**Burg von Turku**

*Er verleiht Turku seinen besonderen Charme: der Fluss Aurajoki*

machteten Erich XIV., gefangen hielt. Die Ausstellungen der Burg zeigen alte Gewänder und Spielzeug sowie Glas, Porzellan, Gold- und Silbergegenstände. In der Burgkirche ist eine Sammlung mittelalterlicher Holzskulpturen zu sehen, in der Vorburg wird die Stadtgeschichte präsentiert (Öffnungszeiten: Mai – Sept. Di. – So. 10.00 bis 18.00, Winter Di. u. Do. So. 10.00 – 18.00, Mi. 12.00 – 20.00 Uhr).

**Skanssi, Flowpark**

An der Autobahn in Richtung Helsinki (Exit 4) liegt das moderne Einkaufszentrum Skanssi mit dem Abenteuerpark Flowpark. In diesem kann man seine sportlichen Fähigkeiten auf über einem Dutzend verschiedenen Abenteuer-Parcours in Baumwipfelhöhe testen (Öffnungszeiten: Mai Mi., Do., Fr. 15.00 – 20.00, Sa. 12.00 – 20.00, So. 12.00 – 18.00, Juni – Mitte Aug. Mo. – Sa. 12.00 – 20.00, So. 12.00 – 18.00, Mitte Aug. – Sept. Mi., Do., Fr. 15.00 – 19.30, Sa. 12.00 – 20.00, So. 12.00 18.00 Uhr; www.flowpark.fi).

## Umgebung von Turku

**★ ★ Schären**

Der Schärengarten vor Turku besteht aus 14 Gemeinden und der Stadt Parainen, die sich auf mindestens 20 000 Inseln und Inselchen verteilen. Jedenfalls ist es das weltweit größte Schärengebiet und die meisten Inseln sind nur winzige, unbewohnte und kahle Felsbuckel. Die Zahl der festen Einwohner beträgt ca. 20 000, im Sommer, wenn sich die Ferienhäuser mit Gästen füllen, sind es erheblich mehr.

**Entstehung und Besiedlung ▶**

Entstanden ist die faszinierende Inselwelt erst nach der letzten Eiszeit vor rund 10 000 Jahren. Nachdem das Land von der gewaltigen Last des Eises befreit war, begann es sich ganz allmählich zu heben, im

Schärengebiet um ca. 60 cm in hundert Jahren. Immer mehr der einst vom Meer bedeckten Felsen erschienen über dem Meeresspiegel und manch ufernahe Insel verschmolz mit dem Festland. Eine ständige Besiedlung der Schäreninseln setzte schon gegen Ende der vorgeschichtlichen Zeit ein und erreichte ihre höchste Dichte Anfang des 20. Jh.s. Heute versucht man die Inselbewohner, z. B. durch die Schaffung von Telearbeitsplätzen, zum Bleiben zu animieren.

Eine gute Möglichkeit, die Inselwelt auf eigene Faust kennen zu lernen, ist die **Schärenringstraße**. Sie ist mit braunen Wegweisern »Saariston Rengastie / Skärgårdens Ringveg« ausgeschildert. Die rund 200 km lange Rundtour beginnt in Turku und führt über zwölf Brücken und acht Fähren wieder zum Ausgangspunkt zurück. Mit dem Auto schafft man die Runde an einem Tag. Wegen der vielen Möglichkeiten für interessante Zwischenstopps empfiehlt sich aber mindestens eine Übernachtung. Kleine Pensionen und Gasthäuser gibt es genügend unterwegs. Auch mit dem Fahrrad ist die Schärenrunde ein Erlebnis. Wer die Inselwelt nicht auf eigene Faust erkunden möchte, bucht eine der Pauschalreisen mit Tagesetappen von 25 bis 40 km (Turku TouRing, Praktisch-Kasten ►Auskunft). Auch abseits der Schärenrunde erreicht man jede bewohnte Insel mit der Fähre. Dreizehn Schiffe befahren von Hanko bis Uusikaupunki ebenso viele Linien. Für einen

◄ Schärenrundfahrt

> **!** *Baedeker* TIPP
>
> **Feinschmeckerhafen**
>
> Segler können direkt anlegen: Das maritime Gourmet-Restaurant L'Escale auf der Schäreninsel Nagu / Nauvo liegt idyllisch direkt am Hafen (L'Escale, Rantatie 1, 21660 Nauvo, Tel. 02 / 4 60 44 00, www.lescale.fi). Wem der Sinn gerade nicht nach Edel-Küche steht, der kann im nebenan liegenden Restaurantschiff Najaden Pizza ordern oder einen edlen Tropfen aus der Hinterhof-Schnapsbrennerei erwerben. Wer dann die einstündige Rückfahrt nach Turku scheut, kann im nebenan gelegenen romantischen Hotel Strandbo übernachten.

ersten Eindruck von der Schärenwelt eignet sich eine Fahrt mit dem nostalgischen Seedampfer **»Ukkopekka«**, der im Sommer zwei Mal täglich zwischen Turku und Naantali pendelt (Abfahrt von Turku 10.00 und 14.00 Uhr).

Knapp 20 km nordöstlich von Turku, nahe dem Bahnhof von Lieto, in Nautelankoski, liegen die schönsten **Stromschnellen** des Aurajoki (16 km nordöstlich von Turku). Der Fluss und die Ufer stehen unter Naturschutz, man kann aber die Gegend auf einem 1,5 km langen Natursteig erkunden. Am Ostufer befinden sich das steinzeitliche Wohngebiet und das Gräberfeld Kukkarkoski. Eine Mühle aus dem 19. Jh. und das alte **Heimatmuseum** von Lieto kann man hier ebenfalls besuchen (Öffnungszeiten: Mitte Juni – Mitte Aug. tgl. 10.00 bis 18.00 Uhr). In unmittelbarer Nähe (Eläintarhantie 51) befindet sich der Tierpark **Zoolandia** mit einem attraktiven Angebot an Spielmöglichkeiten für Kinder (Öffnungszeiten: Juni – Mitte Aug. tgl. 10.00 bis 19.00, im Winter Fr. u. Sa. 11.00 – 17.00 Uhr).

**Lieto**

**Insel Ruissalo**  Im Südwesten von Turku liegt die Insel Ruissalo vor der Auramündung. Sie ist durch eine Brücke mit dem Festland verbunden. Hier gibt es ein großes Freizeitgelände mit Campingplatz, Gelegenheit für Golf, Reiten, Minigolf und Wasserski. Mitte Juli wird hier das **Rockfestival »Ruisrock«** veranstaltet. Im Süden der Insel befindet sich ein Strandbad. Das Inselufer ist gesäumt von prachtvollen Villen aus der Zeit der Jahrhundertwende. Sehenswert ist die Villa Roma mit Kunstausstellungen und Ateliers. Südlich von Ruissalo liegt die kleine per Boot zu erreichende Insel **Pikku-Pukki** im Ruissalo-Sund, d.h. in der Haupteinfahrt der Schiffe nach Turku. Pikku-Pukki ist ein beliebtes Ausflugsziel mit Yacht Club und Sommerrestaurant.

**Von Turku nach Parainen**  Von Turku fährt man stadtauswärts auf der Straße Nr. 1; nach 9 km gibt es bei Kaarina eine Abzweigung der landschaftlich schönen Straße Nr. 180, die südlich über den Pojoissalmi zur Insel Kuusisto (schwed. Kustö) führt. Kurz hinter der Brücke links zweigt man zu den Überresten von Schloß Kuusisto im Osten der Insel ab. Im Jahre 1317 gegründet, gehörte es ursprünglich den Bischöfen von Finnland und wurde nach Einführung der Reformation 1528 abgetragen.

**Insel Kuusisto ▶**

**Rävsund / Insel Kirjala ▶**  Dann gelangt man auf einer ca. 300 m langen Hängebrücke über den Rävsund zur Insel Kirjala. Hier nimmt man links die Abzweigung einer Straße zum guterhaltenen Schloss Kvidja (15. Jh.), das 7,5 km südöstlich am Nordrand der Insel Lemlahti liegt und einst dem Bischof Magnus Tavast gehörte.

**Parainen**  Die Straße nach Parainen (schwed. Pargas) überquert 2 km hinter der zuvor genannten Abzweigung den Hässund. Nach 4 km erreicht man Pargas, eine wegen ihrer Kalksteinbrüche bekannte Stadt. Die Hälfte des finnischen Bedarfs an Zement stammt aus Pargas. Aus einer 2 km langen und 100 m tiefen Grube wird Kalkstein im Tagebau abgetragen, während das Wasser ständig abgepumpt wird. Jeden Tag um 14.00 Uhr gibt es eine Explosion, die den Kalkstein aus dem Erdreich heraussprengt. Noch weitere 40 Jahre wird dieser größte Kalksteinbruch Skandinaviens genutzt. Früher waren die Bäume weiß vom Zementstaub der Kalk- und Zementfabriken. Heute sorgen Filter für eine umweltfreundliche Produktion. Im Jahre 1985 wurde hier der Film »Weiße Nächte« mit Isabella Rosselini gedreht, dessen Handlungsort Sibirien ist. Sehenswert in Pargas ist eine alte Steinkirche mit schöner Innenausstattung.

**Stormälö**  Etwa 13 km südwestlich der Stadt liegt inmitten großartiger Schären die zum Baden einladende Insel Stormälö; hier steht das Ferienhotel Airisto, das im Sommer von der Finnischen Zentrale für Tourismus bewirtschaftet wird.

★
**Schärenrundfahrt**  Von Turku und einigen anderen Häfen kann man zu lohnenden Ausflügen in die Schären aufbrechen. Besonders preiswert geht dies mit den Linienschiffen der finnischen Seefahrtsbehörde, die bis zu den

*Schärenhäuschen vor Turku*

äußersten Inseln hinausfahren (Fahrpläne im Internet unter: www.fma.fi oder www.saaristo.org). Auch einige Charterboot-Unternehmen bieten Ausflüge in den einzigartigen Naturraum an (Auskunft: www.turkutouring.fi). Seit dem Beitritt Finnlands zur EU wird hier ein touristisches Förderprogramms durchgeführt, im Rahmen dessen auch Ferienhaussiedlungen entstehen sollen.

Rund 16 km südwestlich von Parainen – man folgt anfangs der Stra-ße wie zum Hotel Airisto – liegt der kleine **Hafen Lillmälö**. Von Lill-mälö gelangt man auf Fähren (gratis) und auf einer Landstraße süd-westlich über die Nagu-Inseln zur **Insel Korpo**, die schon weit von der eigentlichen Küste entfernt ist. Bis zur Kirche von Korpo, die mehrere alte Holzbildwerke enthält, sind es 35 km.

**Lillmälö, Korpo**

## ★ Straße der sieben Kirchen

Diese lohnende Rundfahrt führt an sieben alten Kirchen vorüber. Man verläßt Turku auf der Straße Nr. 8 Richtung Pori. Etwa 7 km hinter der Stadtmitte, vor der Abzweigung der Straße nach Naantali, sieht man links die Feldsteinkirche von Raisio (1305). Etwa 10 km weiter liegt die kleine Steinkirche von Masku, unweit südwestlich das Schloß Kankainen. 4,5 km hinter Masku folgt Nousiainen; die alte

**Raisio, Masku, Nousiainen**

Steinkirche liegt 3,5 km nordöstlich abseits der Hauptstraße. Hier ruht – in einem Sarkophag aus Flandern – der finnische Nationalheilige Henrik (um 1430).

**Lemu, Askainen**  Nun verläßt man die Straße Nr. 8 und fährt links auf einer Landstraße in Richtung Askainen weiter. Nach 7,5 km erreicht man Nynäinen; 1,5 km südwestlich abseits findet man die Kirche von Lemu. Etwa 8 km hinter Nynäinen folgt Askainen mit einer alten Steinkirche. 2 km westlich liegt an der Küste das Gut Luohisaari (1655), der Geburtsort des legendären Marschall Mannerheim (► Baedeker Special S. 202).

**Merimasku Rymättylä**  Von Askainen geht die Fahrt in südlicher Richtung weiter; vor Merimasku setzt man mit der Fähre auf eine buchtenreiche Insel über. Nach 11 km erreicht man Merimasku, eine kleine Siedlung am Nordrand der Insel, mit einer Holzkirche von 1726. Etwa 4 km hinter Merimasku kommt man zu einer Straßenkreuzung: Geradeaus gelangt man nach 15 km zur Kirche von Rymättylä, die im 15. Jh. errichtet wurde und schöne Wandmalereien besitzt; nach Turku fährt man links weiter. Rund 1,5 km hinter der oben genannten Kreuzung kommt man über eine Brücke auf die Insel Luonnonmaa, die man durchquert; die Strecke führt am östlichen Ufer der Insel entlang – unweit an Schloß Kultaranta vorbei – und über die Ukkuopekka-Brücke. – Dann 6 km bis ► Naantali. Von hier fährt man über Raisio zurück nach Turku (17,5 km).

*In den Schären gibt sich Finnland von seiner lieblichsten Seite.*

# Urho-Kekkonen-Nationalpark (Urho Kekkonen kansallispuisto)

G/H 25 – 29

**Gebiet:** Nordfinnland, Lappland　　**Informationen:** www.luontoon.fi

**Im äußersten Nordosten Lapplands liegt der Nationalpark Urho-Kekkonen, benannt nach Finnlands langjährigem Präsidenten. Wandern ist hier Freizeitvergnügen Nummer eins, wobei auch ein ausgedehnter Urlaub kaum ausreichen dürfte, den Nationalpark zur Gänze kennenzulernen.**

In dem oftmals schlicht UKK genannten zweitgrößten Nationalpark Finnlands wird die großartige Wald-, Moor- und Fjäll-Landschaft Ostlapplands geschützt. Den besten Eindruck von diesem abwechslungsreichen Gebiet aus kargen Fjällgipfeln, Flusstälern mit Schluchten, Steilwänden und Geröllfeldern erhält man am Luirosee, auf dem Sokosti-Fjäll (718 m ü. d. M), aber auch in den Flusstallandschaften des Suomu-, Lutto- und Nuottijoki sowie in den Schluchten Lumikuru, Ukselmakuru und Paratiisikuru. Die Flüsse werden von Kiefern-, andernorts von Fichtenwäldern und ausgedehnten Teppichen aus Rentierflechte sowie Weißmooren gesäumt. Der Nationalpark ist Heimat von ca. zwei Dutzend Bären, und nicht ganz selten streifen auch Wölfe über die russische Grenze in den Park.

Im Goldwäscherdorf Tankavaara befindet sich das Informationszentrum des Nationalparks Urho-Kekkonen. Es folgt das Ski- und Urlaubsgebiet Saariselkä (nach 30 km), das mit vielen kürzeren Wanderwegen ein guter Ausgangspunkt für die Erkundung des Nationalparks ist. Eine weite Aussicht auf den Park bietet sich vom Gipfel des 438 m hohen **Kaunispää**, besonders zur Zeit der Mitternachtssonne. In den Park gelangt man über Waldautowege. Parkplätze und Informationstafeln findet man am Fluss Luttojok, Aittajärvi und Kemihaara. Es gibt eine tägliche Busverbindung auf der Strecke Rovaniemi – Sodankylä – Vuotso – Tankavaara – Kiilopää – Saariselkä und von Kemijärvi (► Rovaniemi, Umgebung) über Ruuvaoja nach Tulppio.

 **U. KEKKONEN-NP**

### AUSKUNFT

*Koilliskaira Visitor Centre*
Tankavaara
Tel. 02 05 / 64 72 51
www.luontoon.fi
Öffnungszeiten: Juni bis Sept. tgl. 9.00 – 18.00, sonst Mo. – Fr. 9.00 – 16.00 Uhr.

### ANREISE

Den UKK-Nationalpark erreicht man über die E 75, die sog. Eismeerstraße, die von Rovaniemi nach Norden führt. Nach knapp 100 km hinter Sodankylä tauchen bei Vuotso die ersten samischsprachigen Ortsschilder auf. Hier beginnt das Schutzgebiet.

*»Lakka«, die wertvolle Moltebeere, findet man in moorigen Gebieten.*

Um 1870 begannen im südwestlichen Teil des heutigen Parks die Gebirgssamen feste Siedlungen zu errichten. Fallgruben für Waldrene, Rentiergehege, Waldarbeiterhütten und einige samische Bauten sind hierfür Zeugnisse. Bereits vor 2000 Jahren diente dieses Gebiet für die aus den Wäldern um den Sompio-See kommenden Samen als Jagdrevier auf Wildrene. Noch heute lebt man hier von Rentierzucht, ca. 20 000 Tiere leben im Park. Sie gehören den Kooperativen der Rentierzüchter von Ivalo, Lappi und Kemin-Sompio. Vor allem während der Kalbungszeit (April bis Mai) sollten Besucher auf die dann besonders scheuen Rentierkühe Rücksicht nehmen.

**Gold waschen** In den klaren Flüssen des Parks versuchten noch vor einigen Jahren Glücksritter durch das Waschen von Gold und die Suche nach Perlen Reichtümer zu erlangen. In Tankavaara kann der Besucher die alte Goldgräbertradition Lapplands kennenlernen (Museumsdorf, Goldmuseum); es besteht die Möglichkeit, Gold zu waschen.

**Wanderungen im Nationalpark** Die für Wanderungen im Park wichtigen Informationen sind im Informationszentrum bei Tankavaara (Kolliskaira) erhältlich. Hier erfährt man, ob einzelne Flüsse überschwemmt sind, und es können Reservierungen für einige der vierzig Hütten im Park vorgenommen werden. Eine beliebte einwöchige Wanderung durch den Nationalpark folgt der Route Kiilopää – Suomunruoktu – Tuiskukuru – Luirojärvi – Lankojärvi – Rautulampi – Kiilopää. Im Winter werden über 200 km Skiwanderrouten in der Nähe von Saariselkä, Kiilopää und Tankavaara unterhalten.

# Uusikaupunki (Nystad)

**W 13**

**Gebiet:** Westfinnland          **Einwohnerzahl:** 16 000

**Uusikaupunki liegt malerisch an einer Meeresbucht. Der Stadtname bedeutet übersetzt soviel wie »Neustadt« – dabei handelt es sich in Wahrheit um eine der ältesten Städte in Finnland.**

**Geschichte** Die Stadt wurde als Nystad bereits 1617 von Gustav II. Adolf gegründet. 1721 wurde in Nystad der Frieden geschlossen, der den großen Nordischen Krieg beendete. Damals wurden den Russen Ingermanland, Estland, Livland und ein Teil Kareliens zugesprochen.

Die Autoproduktion in Uusikaupunki, in der **nördlichsten Auto-
fabrik der Welt**, begann schon vor
mehr als 30 Jahren als Kooperation
der Unternehmen Valmet (finnisch) und Saab (schwedisch). Im
September 1997 rollten dann die
ersten Porsche Boxster bei Valmet
vom Band. Der Stuttgarter Konzern hatte sich bei der Auslagerung
eines Teils der Produktion ganz bewusst für das nordische Land entschieden, denn das technische Know-How und die lange Erfahrung
von Valmet in der Produktion von Sonderserien überzeugten den
deutschen Hersteller.

*i* **Festival**

■ Im August treffen sich Freunde der Holzbläser-
Musik zur international beachteten Crusell-
Musikwoche. Kammer- und Klassikkonzerte
sowie Freiluftkonzerte sind fester Bestandteil
des Programmes.

### Sehenswertes in Uusikaupunki

In der Nähe des Hafens Pakkahuone (Kirkkokatu 2) steht diese alte **Alte Kirche**
Feldsteinkirche von 1629. Das mit Sternen dekorierte Tonnengewöl-
be erinnert an einen umgedrehten Schiffsrumpf. Die Einrichtung der
Kirche stammt aus dem 18. Jh. (Öffnungszeiten: Juni – Mitte Aug. ☉
11.00 – 17.00, So. 12.00 – 16.00 Uhr). Vor der alten Kirche ist die
26 m lange Marsrahe des Seglers »Bark Peking« zu sehen. Die neue
Kirche von 1863 steht am Rathausplatz.

## ► UUSIKAUPUNKI ERLEBEN

**AUSKUNFT**

*Uusikaupunki Tourist Office*
Rauhankatu 10, 23501 Uusikaupunki
Tel. 02 / 84 51 52 09, Fax 8 41 28 87
http://uusikaupunki.fi

**ESSEN**

► **Erschwinglich**
*Sualaspuar*
Aittaranta 8, Tel. 02 / 8 41 35 70
Das Lokal in einem ehemaligen
Salzlager bietet leckeren Fisch und
geräuchertes Rentierfleisch sowie
Pasta, Pizza und Burger.

**ÜBERNACHTEN**

► **Komfortabel**
*Hotelli Aquarius*
Kullervontie 11

Tel. 0 2 / 8 41 31 23, Fax 8 41 34 50
Das größte Hotel der Stadt. Es liegt
auf einem parkähnlichen Grundstück
und verfügt über einen Tennisplatz
und einen Swimmingpool.

*Baedeker-Empfehlung*

► **Günstig**
*Gasthaus Pooki*
Ylinenkatu 21
Tel. 02 / 8 47 71 00, Fax 8 47 71 10
Besonders hübsch ist das Granitgebäude
am Marktplatz. Einst war es eine Bank,
heute ist es ein bezauberndes Gasthaus
mit allerdings nur vier tollen Zimmern.
Im Sommer geht also ohne Reservierung
gar nichts!

**Museen**  Im 19. Jh. besaß Uusikaupunki die zweitgrößte Handelsflotte des Landes. Exponate, die aus dieser Zeit der Stadt stammen, befinden sich im **Kulturhistorischen Museum** (Ylinenkatu 11; Öffnungszeiten: Sommer Mo. – Fr. 10.00 – 17.00, Sa., So. 12.00 – 15.00, Winter Di. bis Fr. 12.00 – 17.00 Uhr), im **Seemannsheim** (Myllymäki-Hügel) und im **Lotsenmuseum** (auf dem Vallimäki-Hüge; Öffnungszeiten: Sommer Di. – Fr. 11.00 – 16.00, Sa. So. 12.00 – 15.00 Uhr. Das **Automobilmuseum** (Autotehtaankatu 14) zeigt eine große Sammlung von Saab-Modellen, unter ihnen viele wertvolle Oldtimer (Öffnungszeiten: Juni – Aug. tgl. 10.00 – 18.00, sonst 11.00 – 17.00 Uhr).

**Myllymäki**  Auf dem als Park gestalteten Hügel Myllymäki stehen vier verschiedenartige Windmühlen: eine Bock-, eine Elstern-, eine Mamsell- und eine Kreisflügelmühle.

**Museum Bonk**  Vom Marktplatz kommt man über eine Brücke zum Museum Bonk (Siltakatu 2). In einem alten Dynamo-Zentrum eröffnete Alvar Gullichsen im Jahre 1988 eine Ausstellung nicht funktionstüchtiger, jedoch phantasievoller Maschinen. Die begleitenden Texte offenbaren den Sinn für Humor, den der Museumsgründer besitzt (Öffnungszeiten: Juni – Aug. tgl. 10.00 – 18.00 Uhr).

## Umgebung von Uusikaupunki

**Opferkirche von Pyhämaa**  Etwa 25 km nördlich von Uusikaupunki kommt man zu der beeindruckenden Holzkirche von Pyhämaa. Sie besticht vor allem durch die Malereien (1667) an der Decke und an den Innenwänden (Öffnungszeiten: Juni – Aug. Mo. – Sa. 11.00 – 17.00, So. nach dem Gottesdienst bis 16.00 Uhr).

# Vaasa (Vasa)

**R 14**

**Gebiet:** Westfinnland          **Einwohnerzahl:** 60 000

**Die Stadt Vaasa liegt an der engsten Stelle des Bottnischen Meerbusens, etwa auf halber Strecke zwischen Turku und Oulu. Ein Viertel der Einwohner Vaasas ist schwedischsprachig, und es bestehen enge Beziehungen sowie eine direkte Fährverbindung zur gegenüber liegenden schwedischen Küstenstadt Umeå.**

**Landhebung**  Die Küstenlinie auf der Höhe von Vaasa wird auf Grund der Landhebung in jedem Jahrhundert um einen Meter ins Meer vorgelagert. Dieser ehemalige Meeresboden bildet den fruchtbaren Ackerboden für die Kornkammer Finnlands. Unzählige rote Korn- und Heuspeicher prägen das Bild. Wegen der Bodenerhöhung hatte der Hafen, der ursprünglich bei Korsholm angelegt war, wenig Wasser und

*Markantes Industriedenkmal: Silotürme im Hafen von Vaasa*

musste deshalb näher ans Ufer verlegt werden. Auch heute muss regelmäßig Schlamm aus dem Hafen ausgehoben werden, um eine ungehinderte Schifffahrt zu ermöglichen.

Bereits im 14. Jh. kamen Seefahrer in die Region des heutigen Vaasa, das von dem im Jahre 1370 errichteten Schloss Korsholm beherrscht wurde. Die Stadt lag bei der Gründung durch König Karl IX. im Jahre 1606 etwa 6 km landeinwärts bei Mustasaari, wo damals die Küste verlief. Im Jahre 1611 erhielt die Siedlung Stadtrechte und den Namen des schwedischen Königsgeschlechts Wasa, dessen Wappen auch Teil des Stadtzeichens wurde. Vaasa erlebte zwei Zerstörungen durch Kriege (1714 und 1808) und eine Vernichtung durch einen Stadtbrand 1852. Der Wiederaufbau erfolgte ab dem Jahre 1862 an der neuen, weiter westlich gelegenen Küstenlinie. Ähnlich wie in Pori versuchte man auch in Vaasa, die Brandgefahr durch Anlage breiter Esplanaden einzudämmen.

**Geschichte**

### ❓ WUSSTEN SIE SCHON …?

■ Vaasa gilt als die sonnigste Stadt Finnlands. Sie zählt durchschnittlich 220 niederschlagsfreie Tage im Jahr und ist stolz auf sommerliche Temperaturen von 25 °C – das Ziel der Wahl also für sonnenhungrige Badefreunde.

Nach der Unabhängigkeitserklärung Finnlands (1917) wurde Vaasa zur provisorischen Hauptstadt des »weißen Finnlands«, da Helsinki sich bis zum Ende des Bürgerkriegs 1918 noch in den Händen der »roten« sozialistischen Milizen befand.

## Sehenswertes in Vaasa

**Marktplatz** Zwischen den beiden großen Esplanaden Hovioikeudenpuistikko und Vaasanpuistikko liegt der stets belebte Marktplatz. Mit der dort 1938 errichteten Freiheitsstatue soll an den Bürger- und Freiheitskrieg von 1918 erinnert werden.

**Dreieinigkeitskirche** Südwestlich vom Markt steht die neugotische Dreieinigkeitskirche, der man deutlich ihre englischen Vorbilder ansieht. In der Nähe befindet sich das Stadthaus, 1881 in neubarockem Stil erbaut.

**Hofgericht** Den westlichen Abschluss der Esplanade Hovioikeudenpuistikko bildet auf einem Platz am Meer der neugotische Backsteinbau des Hof- oder Oberlandesgerichts.

**Österbotten-Museum** ✳ Nördlich vom Gericht liegt das Landschaftsmuseum Österbotten (Pohjanmaa-Museum) mit Sammlungen zur regionalen Kultur und zur Stadtgeschichte sowie einem Modell der Stadtansicht von Alt-

## ▶ VAASA ERLEBEN

### AUSKUNFT
*Vaasa City Tourist Office*
Raastuvankatu 30, 65101 Vaasa
Tel. 06 / 3 25 11 45
Fax 3 25 36 20
www.vaasa.fi

### ESSEN
#### ▶ Fein & teuer
① *Gustav Wasa*
Raastuvankatu 24
Tel. 0 50 / 4 66 32 08
Finnische Küche vom Feinsten: Ganz nahe beim Tourist Office liegt das Kellerrestaurant mit der kleinen, aber sehr anspruchsvollen Karte.

#### ▶ Erschwinglich
② *Seglis*
Niemeläntie 14
Tel. 06 / 3 26 76 11
Das Sommerrestaurant liegt auf dem Gelände des Segelclubs. Hier bekommt man edle Fleisch- und Fischgerichte, aber auch ein günstiges

Lunchbuffet. Besonders schön sitzt man auf der Terrasse mit Sicht auf den Hafen.

### ÜBERNACHTEN
#### ▶ Luxus
① *Radisson Blu Royal Hotel*
Hovioikeudenpuistikko 18
Tel. 0 20 / 1 23 47 20
www.radissonblu.fi
Das anspruchsvolle Radisson ist mit Pub, Nachtclub und zwei Restaurants das größte der Top-Hotels in Vaasa.

#### ▶ Komfortabel
② *Rantasipi Tropiclandia*
Lemmenpolku 3
Tel. 06 / 2 83 80 00
Fax 6 28 38 88, www.rantasipi.fi
Gigantomanischen Badespaß für die ganze Familie hat man in den 1100 m² großen Pools als Gast des Tropiclandia frei Haus.

*Badevergnügen XXL im Tropiclandia →*

## *Vaasa* Orientierung

**Essen**
① Gustav Wasa
② Seglis

**Übernachten**
① Radisson Blu Royal
② Rantasipi Tropic-
landia Spa Hotel

Vaasa. Ferner werden Einrichtungsstile der unterschiedlichsten Epochen vorgestellt und Kunstwerke der finnischen Malerei des 19. und 20. Jahrhunderts gezeigt (Öffnungszeiten: Di. – So. 12.00 – 17.00, Mi. bis 20.00 Uhr).

**Freilichtmuseum-Bragegården**
Im Süden der Stadt erstreckt sich der Park von Hietalahti mit dem Freilichtmuseum Bragegården. Hier kann man in die Atmosphäre finnisch-schwedischer Bauernkultur eintauchen und sich im Sommerrestaurant gemütlich stärken (Öffnungszeiten: Juni – Aug. Di. bis Fr. 11.00 – 17.00, Sa., So. 12.00 – 16.00 Uhr).

**Tikanoja-Kunstgalerie**
In der Hovioikeudenpuistikko Nr. 4 liegt das Haus des kunstinteressierten Kommerzienrates Frithjof Tikanoja, der das Haus mit der gesamten Inneneinrichtung 1952 der Stadt vermachte. Gleichzeitig stiftete er seine umfangreiche Kunstsammlung mit etwa 1000 Gemälden (Öffnungszeiten: Di. – Sa. 11.00 – 16.00, So. 12.00 – 17.00 Uhr).

**Wasalandia**
Die Vaasanpuistikko führt über einen engen Sund zur Insel Vaskiluoto hinüber. Dort lohnt der Vergnügungspark Wasalandia, zu dem auch ein Tierpark gehört, einen Besuch (Öffnungszeiten: Mitte Juni bis Mitte Aug. tgl. 11.00 – 17.00, im Juli bis 19.00 Uhr). Südlich von Wasalandia befindet sich das tropische Bad **Tropiclandia** (Öffnungszeiten: tgl. 10.00 – 20.00, Fr., Sa. bis 21.00 Uhr).

## Umgebung von Vaasa

Alt-Vaasa (finn. Vanha Vaasa) liegt etwa 6 km südöstlich vom Zentrum. An diesem Platz befand sich ursprünglich die von Carl IX. gegründete Stadt bis zum alles vernichtenden Brand von 1852. Die einst strategisch günstige Lage Alt-Vaasas am Meer und an der Mündung eines Flusses wurde durch die stetige Landhebung beeinträchtigt; die Stadt rückte weiter landeinwärts. **Alt-Vaasa in Korsholm / Mustasaari**

Erhalten ist die Ruine der Marienkirche, die ursprünglich eine Basilika aus dem 14. Jh. war und zu einer Kreuzkirche umgebaut wurde. **Kirche von Korsholm**
Das frühere Hofgericht im gustavianischen Stil entstand in der Regierungszeit von Gustav III. und ist heute die Kirche von Korsholm / Mustasaari (1786). Die Ruinen der alten Kirche (14. Jh.) von Mustasaari sind alljährlich Schauplatz von Musikfestspielen.

*Kirchenruine von Korsholm*

Südlich der E 12 liegt bei Sulva das österbottnische **Handwerkerdorf Stundars** mit 60 alten Gebäuden, mehreren Werkstätten und volkskundlichen Ausstellungstücken. Stundars wurde von dem Lehrer und Ethnologen Gunnar Rosenholm gegründet und ständig erweitert. Die Bauernhäuser sind Kulisse der Freiluftbühne des Sommertheaters, bei dem vor allem Volksstücke auf dem Programm stehen.

Besonders reizvoll ist der abwechslungsreiche Schärengürtel im Bottnischen Meerbusen. Die noch immer aktive Landhebung hat seit der Eiszeit immer wieder neue Inseln entstehen lassen. Man kann zum Angeln Boote mieten oder auch auf Fischerbooten mitfahren. Auf den Inseln gibt es zahlreiche Hütten, die über das Verkehrsbüro der Stadt zu mieten sind. Empfehlenswert ist bei Ausflügen in die Schärenwelt Nordkvarks die Mitnahme eines Fernglases, denn Dutzende von Wasservögeln sind auf Raippaluoto und Björkö anzutreffen; sogar einige Seeadler haben hier ideale Lebensbedingungen gefunden. Im äußeren Bereich der Schären hat sich in den letzten Jahren auch der Bestand an Robben deutlich erhöht. In besonders kalten Wintern besteht die Möglichkeit, mit dem Auto zunächst bis Björköby auf der Straße und von dort weiter über das Eis des Bottnischen Meerbusens nach Umeå auf der schwedischen Seite zu fahren. **★ Schärengürtel**

Nur eine halbe Stunde Autofahrt von Vaasa in südöstliche Richtung gelangt man nach Isokyrö am Fluss Kyrönjoki. Neben den Möglich- **Isokyrö**

In den Schären vor Vaasa

keiten zum Sportfischen und Kanufahren gibt es auch kulturhistorische Sehenswürdigkeiten: Die **Feldsteinkirche** von 1304 mit ihren 114 Wandgemälden von 1560 und das **Heimatmuseum** mit einem typischen ostbottnischen Familienhof.

**Ilmajoki**  Noch etwas weiter den Kyröjoki flussaufwärts trifft man auf Ilmajoki. Neben der schönen bäuerlichen Landschaft sind es auch die handwerklichen Fähigkeiten der Bewohner, die Ilmajoki berühmt machten. Zu ihnen gehört u. a. eine Glasfabrik und die seit 1750 bestehende Herstellung von großen Standuhren aus Holz.

**Seinäjoki** liegt inmitten der endlosen Felder Pohjanmaas und ist an sich für Reisende wenig interessant. Zweimal im Jahr jedoch erwacht das Provinzstädtchen mit dem modernen, von Alvar Aalto entworfenen Stadtzentrum zu ungewohnter Geschäftigkeit: Im Juni treffen sich Künstler und Gäste des Festivals **Provinssrock** und im Juli versetzt der **Tangomarkkinat** eine ganze Stadt ins Tangofieber.

# Vantaa (Vanda)

**H 21**

**Gebiet:** Südfinnland          **Einwohnerzahl:** 200 000

**Der rapide Aufschwung der kleinen Landgemeinde zu einer der am schnellsten wachsenden Städte Finnlands begann 1952 mit der Eröffnung des Flughafens Vantaa. Seit Ende der 1990er-Jahre, als die finnische Wirtschaft zu ihrem jüngsten Höhenflug durchstartete, siedeln sich fast täglich neue Unternehmen in der Boom-Region vor Helsinkis Toren an. Trotzdem ist der Weg in die Natur nie weit, und die dichten Wälder bieten mit Wanderwegen und Loipen reichhaltige Möglichkeiten für Entspannung.**

In Tikkurila, dem eigentlichen Zentrum von Vantaa, wurde 1989 das Wissenschaftszentrum Heureka eröffnet. Das viel gelobte innovative Ausstellungs- und Aktionszentrum ist als interaktiver Erlebnispark gestaltet, in dem Besucher selbst Experimente zum Stand der Wissenschaft und möglicher zukünftiger Entwicklungen durchführen können. Auf der dreidimensionalen, halbkugelförmigen Leinwand des Jules-Verne-Theaters lassen neueste Projektionstechniken die Grenze zwischen Realität und den Wundern der Technik verschwimmen. Auch Kinder und Jugendliche lassen sich von den Experimenten begeistern (Öffnungszeiten: Sa, So. 10.00 – 18.00, Mo. – Mi., Fr. 10.00 – 17.00, Do. 10.00 – 20.00 Uhr, letzter Einlass jeweils eine Stunde vor Schließung).

**✷ ✷**
**Wissenschafts-**
**zentrum**
**Heureka**

In der Tietotie 3, direkt neben dem Flughafen, liegt das **Finnische Luftfahrtmuseum**, in dem auf 3800 m² über 70 Flugzeuge ausgestellt sind. Ebenfalls zum Museum gehört die größte Bibliothek zum Thema Luftfahrt in Finnland (Öffnungszeiten: tgl. 10.00 – 17.00, Mi. bis 20.00 Uhr).

 **VANTAA**

### AUSKUNFT

***Vantaa Travel Centre***
Ratatie 7, 01300 Vantaa
Tel. 09 / 83 92 21 33, Fax 83 92 23 71
www.vantaa.fi

### ESSEN & ÜBERNACHTEN

► **Erschwinglich**
***Herrenhof Hämeenkylä***
Tel. 09 / 54 07 75 00
Fax 54 07 71 60
Bereits im 16. Jh. wurde die Küche dieses Herrenhauses gerühmt, und sicherlich ist das prächtige, von einem schönen Park umgebene Gutshaus auch heute noch einen Ausflug wert. Es bietet auch Hotelzimmer und wird gerne als Tagungsort gebucht.

Der Besuch des Aquariums in der Tiilenlyöjänkuja 3 hat sich in den letzten Jahren zu einer beliebten Familienattraktion entwickelt (Öffnungszeiten: Mo. – Fr. 11.00 – 18.00, Sa. – So. 10.00 – 16.00, im Sommer ebenfalls bis 18.00 Uhr).

**Aquarium**

🕐

# Varkaus

**T 26**

**Gebiet:** Südfinnland                    **Einwohnerzahl:** 23 000

**Die zunächst unscheinbar erscheinende Stadt Varkaus liegt im Gebiet der südfinnischen Seenplatte zwischen Kuopio und Mikkeli. Für Besucher interessant ist sie durch ihre landschaftlich reizvolle Lage mit weiten Wäldern sowie klaren Seen, Flüssen und Kanälen.**

## Sehenswertes in Varkaus

**✳**
**Mechanisches Musikmuseum**

Wenn man von Kuopio auf der Straße Nr. 5 nach Varkaus abbiegt, erreicht man gleich rechts das 2 km außerhalb der Stadt gelegene Mechanische Musikmuseum in der Pelimanninkatu 8. In dem von dem Deutschen Jürgen Kempf und seiner Familie geführten Museum wird auf z. T. skurrile Art gezeigt, was Instrumentenbauer für diejenigen schufen, die keine Ahnung von Noten haben. Selbst die einstündige, zweisprachige Führung wird zu einem Erlebnis, wenn Kempf mit 170 mechanischen Instrumenten neue Klangerlebnisse vorführt (Öffnungszeiten: Juli tgl. 11.00 – 18.00, Juni Di. – Sa. 11.00 bis 18.00, sonst Di. – Sa. 11.00 – 18.00, So. 11.00 – 17.00 Uhr, Jan. u. Feb. geschl.).

**Kunstmuseum Väniölä, Varkaus Museum**

Einen Besuch lohnt auch das Kunstmuseum Väniölä (Ahlströminkatu 8 – 10) im Zentrum. In den Galerien sind wechselnde Kunstausstellungen zu sehen, außerdem arbeiten in den drei Ateliers des Kunstzentrums ständig Künstler (Öffnungszeiten: Di. 11.00 – 19.00, Mi., Do. 11.00 – 18.00, Fr., So. 11.00 – 16.00 Uhr).

 VARKAUS ERLEBEN

### AUSKUNFT

*Varkaus Information*
Ahlströminkatu 6
78250 Varkaus
Tel. 017 / 579411
www.varkaus.fi

### ESSEN

▶ **Erschwinglich**
*Restaurant Tyyskänhovi*
Wredenkatu 4
Tel. 040 / 7 17 84 91
In einem Holzhaus des 19. Jh.s liegt das gemütliche Restaurant mit gutem Mittagsbuffet.

### ÜBERNACHTEN

▶ **Komfortabel**
*Spa Hotel Kuntoranta*
Kuntorannantie 14
Tel. 0 17 / 5 60 14 03
Fax 5 60 14 10
www.kuntoranta.fi
Etwas außerhalb von Varkaus, direkt am Wasser, liegt das große Hotel mit 101 Zimmern und einem Restaurant. Wer es gerne ein wenig rustikaler hat, kann auf dem dazugehörigen Campingplatz logieren oder eine der vielen kleinen Ferienhütten mieten.

*Sonnenaufgang am See – jetzt beißen die Fische am besten.*

Mit Exponaten zur Stadtgeschichte von Varkaus und deren Entwicklung von einer ländlichen Siedlung zu einer modernen Industriestadt gibt das Varkaus Museum (Wredenkatu 5a) einen guten Überblick. Eine schöne Aussicht über die Wald-, Seen- und Flusslandschaft bietet der neunstöckige Wasserturm (Nakskovinkatu 8) von 1954, der auch als Wohnhaus genutzt wird.

Südöstlich des Zentrums, am 1835 - 1849 erbauten Taipale-Kanal, ist **Kanal-Museum** das Kanal-Museum zu finden. Es zeigt die Geschichte des Kanalbaus und dessen Bedeutung für die Schaffung eines guten Verkehrswegenetzes (Öffnungszeiten: im Sommer tgl. 10.00 – 18.00 Uhr). 🕐

Mit dem »Aquabus« kann man von Mitte Juni bis Mitte August mitt- **Ausflüge** wochs und sonntags verschiedene Ausflugsfahrten unternehmen. Weitere Informationen: www.aqualines.fi.

# REGISTER

# BILDNACHWEIS

# VERZEICHNIS DER KARTEN & GRAFISCHEN DARSTELLUNGEN

 atmosfair

nachdenken · klimabewusst reisen

Reisen bereichert und verbindet Menschen und Kulturen. Jedoch wer reist, erzeugt auch $CO_2$. Dabei trägt der Flugverkehr mit bis zu 10% zur globalen Erwärmung bei. Wer das Klima schützen will, sollte sich somit nach Möglichkeit für die schonendere Reiseform entscheiden (wie z. B. die Bahn). Wenn keine Alternative zum Fliegen besteht, kann man mit atmosfair handeln und klimafördernde Projekte unterstützen.

atmosfair ist eine gemeinnützige Klimaschutzorganisation unter der Schirmherrschaft von Klaus Töpfer. Die Idee: Flugpassagiere spenden einen kilometerabhängigen Beitrag für die von ihnen verursachten Emissionen und finanzieren damit Projekte in Entwicklungsländern, die dort den Ausstoß von Klimagasen verringern helfen. Dazu berechnet man mit dem Emissionsrechner auf **www.atmosfair.de** wieviel $CO_2$ der Flug produziert und was es kostet, eine vergleichbare Menge Klimagase einzusparen (z.B. Berlin – London – Berlin 13 Euro). atmosfair garantiert die sorgfältige Verwendung Ihres Beitrags. Auch der Karl Baedeker Verlag fliegt mit *atmosfair*. Unterstützen auch Sie unser Klima. Alle Informationen dazu auf www.atmosfair.de.

# IMPRESSUM

**Ausstattung:**
221 Abbildungen, 39 Karten und grafische
Darstellungen, eine große Reisekarte

**Text:**
Astrid Feltes-Peter, J. Holzleitner, Dr. Teppo
Jokinen, Christoph Merten, Guido Pinkau, Silwen
Randebrock, H. J. Schmidt, J. Schneider-Rapp,
Werner Strasdat, P. Almoslechner

**Überarbeitung:**
Dr. Christian Nowak, Andrea Mecke

**Bearbeitung:**
Baedeker Redaktion (Silwen Randebrock,
Helmut Linde)

**Kartografie:**
Franz Kaiser, Sindelfingen, Klaus-Peter Lawall,
Unterensingen, MAIRDUMONT/Falk Verlag,
Ostfildern (Reisekarte)

**3D-Illustrationen:**
jangled nerves, Stuttgart

**Gestalterisches Konzept:**
independent Medien-Design, München
(Kathrin Schemel)

**Sprachführer** in Zusammenarbeit mit Ernst
Klett Sprachen GmbH, Stuttgart,Redaktion PONS
Wörterbücher

**Chefredaktion:**
Rainer Eisenschmid,
Baedeker Ostfildern

6. Auflage 2012

**Urheberschaft:**
Karl Baedeker Verlag, Ostfildern

**Nutzungsrecht:**
MAIRDUMONT GmbH & Co KG; Ostfildern
Der Name Baedeker ist als Warenzeichen
geschützt. Alle Rechte im In- und Ausland sind
vorbehalten. Jegliche – auch auszugsweise –
Verwertung, Wiedergabe, Vervielfältigung,
Übersetzung, Adaption, Mikroverfilmung,
Einspeicherung oder Verarbeitung in EDV-
Systemen ausnahmslos aller Teile des Werkes
bedarf der ausdrücklichen Genehmigung durch
den Verlag Karl Baedeker.

**Anzeigenvermarktung**:
MAIRDUMONT MEDIA
Tel. 0049 711 4502 333
Fax 0049 711 4502 1012
media@mairdumont.com
http://media.mairdumont.com

Printed in China
Gedruckt auf 100% chlorfrei gebleichtem Papier

# BAEDEKER VERLAGSPROGRAMM

Baedeker Greece

# LIEBE LESERINNEN, LIEBE LESER,

ein herzliches Dankeschön, dass Sie sich für einen Baedeker Allianz Reiseführer entschieden haben. Er wird Sie zuverlässig auf Ihrer Reise begleiten und Sie nicht im Stich lassen.

Natürlich beschreibt er die wichtigen Sehenswürdigkeiten, aber er empfiehlt auch die nettesten Kneipen und Bars, dazu Hotels für den großen und kleinen Geldbeutel, gibt Tipps für Restaurants, Shopping und für vieles mehr, was eine Reise zum Erlebnis macht. Dafür haben unsere Autoren und die Redaktion Sorge getragen. Sie sind für Sie regelmäßig nach Finnland gereist und haben all ihre Erfahrungen und Kenntnisse in diesen Reiseführer gepackt.

Trotzdem: Die Erfahrung zeigt, dass Fehler und Änderungen nach Drucklegung, für die der Verlag keine Haftung übernehmen kann, nicht ausgeschlossen werden können. Für Kritik, Berichtigungen und Verbesserungsvorschläge sind wir Ihnen außerordentlich dankbar. Schreiben Sie uns, mailen Sie uns oder rufen Sie an:

▶ **Verlag Karl Baedeker GmbH**
  Redaktion
  Postfach 3162
  D-73751 Ostfildern
  Tel. (0711) 4502-262, Fax -343
  E-Mail: info@baedeker.com

Besuchen Sie uns auch im Internet unter www. baedeker.com. Hier finden Sie jeden Monat den aktuellen Reisetipp der Redaktion und das gesamte Verlagsprogramm. Hier können Sie auch lesen, wer Karl Baedeker war und wie er seinen ersten Reiseführer geschrieben hat. Mit seinen über 180 Jahren ist der Karl Baedeker Verlag der älteste Reiseführer-Verlag der Welt.

## www.baedeker.com

## ⊙ ZU GEWINNEN: STADTREISE NACH LONDON

Unter allen Einsendungen verlost der Verlag am Jahresende – unter Ausschluss des Rechtswegs – eine Städtekurzreise für zwei Personen nach London.
Freuen Sie sich auf ein spannendes Wochenende in London. Natürlich ist ein Baedeker Allianz Reiseführer London auch dabei!